LE MOUVEMENT PHILOSOPHIQUE
de 1748 à 1789

Étude
sur la diffusion des idées des philosophes à Paris
d'après les documents
concernant l'histoire de la librairie.

Thèse principale pour le doctorat ès lettres

PRÉSENTÉE

à la Faculté des Lettres de l'Université de Paris

PAR

J.-P. BELIN

PARIS
BELIN FRÈRES, LIBRAIRES-ÉDITEURS
RUE DE VAUGIRARD, 52

1913

LE MOUVEMENT PHILOSOPHIQUE

de 1748 à 1789

Étude

sur la diffusion des idées des philosophes à Paris
d'après les documents concernant l'histoire de la librairie.

LE
MOUVEMENT PHILOSOPHIQUE
de 1748 à 1789

Étude

sur la diffusion des idées des philosophes à Paris
d'après les documents
concernant l'histoire de la librairie.

Thèse principale pour le doctorat ès lettres

PRÉSENTÉE

à la Faculté des Lettres de l'Université de Paris

PAR

J.-P. BELIN

PARIS
BELIN FRÈRES, LIBRAIRES-ÉDITEURS
RUE DE VAUGIRARD, 52

1913

BIBLIOGRAPHIE

I. — Documents relatifs à l'histoire de la librairie.

1° Collection Anisson-Duperron.

La Bibliothèque Nationale possède une collection très riche de documents concernant l'histoire de la librairie sous l'ancien régime, notamment au dix-huitième siècle. Cette collection, réunie par l'inspecteur de police d'Hémery, chargé de 1748 à 1773 de surveiller la librairie parisienne, a été rachetée lors de la Révolution par le directeur de l'Imprimerie royale, Anisson-Duperron, dont elle porte aujourd'hui le nom. Elle fait maintenant partie du fonds français de la Bibliothèque Nationale, où elle est cotée sous les numéros 22061-22193. Quelques volumes de documents rachetés plus tard, mais provenant de la même origine, sont classés dans les Nouvelles Acquisitions françaises. Les *Archives de la Chambre syndicale des libraires et imprimeurs de Paris* se trouvent également à la Bibliothèque Nationale au fonds français, nos 21813-22060. M. E. Coyecque a dressé un catalogue détaillé et très précieux de tous ces documents (1). Voici l'indication sommaire des volumes dont nous avons plus spécialement fait usage :

22071-73. Privilèges et permissions.
22075. Livres contrefaits, 1731-1787.
22084-5. Souscriptions, Gazettes, Journaux.
22086. L'*Encyclopédie* et l'affaire Luneau de Boisjermain (1770-1789).
22087-102. Libelles diffamatoires et livres prohibés.
22103-105. Libraires et imprimeurs de Paris (détention à la Bastille).
22108-109. Anecdotes, querelles, pièces fugitives.
22110-112. Université de Paris; ses rapports avec les libraires et les imprimeurs.
22115-116. Colporteurs et afficheurs.
22132. Dictionnaires réimprimés ou défendus sous l'administration de Malesherbes.
22133-135. Gazettes, Petites affiches, Almanachs, Journaux.
22136. Difficultés, contestations des auteurs, libraires et imprimeurs pendant et après l'administration de Malesherbes.
22137-140. Jugements des censeurs sous l'administration de Malesherbes.
22141-152. Lettres et mémoires sur différents ouvrages composés sous l'administration de Malesherbes.
22153. Pièces concernant les lieutenants généraux de police. Ordres de Sartine, 1757-1777.
22154. Ordres de Sartine, 1767-1774.
22156-165. Journal de la librairie rédigé par l'inspecteur d'Hémery, 1750-1769, et notant régulièrement toutes les semaines les nouvelles concernant les auteurs et les libraires.

---

(1) Paris, Leroux, 1900. 2 vol. in-8°.

22166-170. Duplicata d'ordres adressés à la Chambre syndicale à l'effet de restituer des ouvrages suspendus ou de les adresser au magistrat, 1750-1772.

22182. Mémoire de Malesherbes sur la liberté de la presse (rédigé en 1789 et imprimé en 1814).

22191. Correspondance de Malesherbes concernant les ouvrages parus durant son administration.

Nouv. Acq., 1181. Lettres de Voltaire et documents originaux relatifs à des ouvrages de Voltaire.

— 1182. Lettres relatives au *Père de famille* de Diderot.

— 1183. Documents originaux relatifs à plusieurs ouvrages de J.-J. Rousseau.

— 1214. Lettres de d'Hémery, 1750-1771.

— 1311. Documents relatifs à Diderot, 1747-1749.

— 3344-3348. Librairie sous M. de Malesherbes, 1751-1763.

— 3531. Documents relatifs aux affaires de Fréron.

— 6149-6150. Notes sur l'imprimerie de Kehl, 1782.

Enfin la collection de Joly de Fleury contient dans les volumes 1682, 1683 et 2192 des documents sur les libraires et sur la censure, et, dans les 560 premiers volumes, les dossiers 3090, 3105, 3201, 3460, 3632, 3807, 4045, 4260, 4576, 4853, 4926, 5026, 5419, 5572 se rapportent à diverses condamnations de livres (1).

2° *Archives de la Bastille.*

Les Archives de la Bastille sont conservées à la Bibliothèque de l'Arsenal et ont été, au moins en partie, publiées par M. Ravaisson (2). Beaucoup d'imprimeurs, de libraires, de colporteurs et d'auteurs ont été enfermés à la Bastille. Le douzième volume de la publication Ravaisson contient un grand nombre de ces affaires, dont les documents se trouvent surtout dans les cartons 10301-3 : *Surveillance de la librairie et de la presse de 1748 à 1789*, et 10305 : *Dépôt des livres prohibés à la Bastille de 1749 à 1789*. Les numéros 10330-12471 contiennent des dossiers individuels et des documents biographiques, dont quelques-uns se rapportent à des libraires ou à des colporteurs.

3° *Archives Nationales.*

Les registres de l'ancien Parlement sont déposés aux Archives Nationales, et dans la série X¹ᴬ (Conseil secret) aux numéros 8480 et suivants, ils contiennent les condamnations des livres pour la période 1748-1789. Les cartons AD¹¹¹, 21-27, renferment les arrêts imprimés condamnant les livres. Enfin les volumes MM 257-259 sont les registres des conclusions de la Faculté de théologie.

4° *Divers documents déjà publiés.*

D'autres documents du même genre ont déjà été publiés dans les ouvrages suivants :

La Bastille dévoilée ou *recueil de pièces authentiques pour servir à son histoire*. Paris, Desenne. 1789, attribuée à Charpentier, 3 vol. in-8°.

---

(1) Voir le Catalogue de ces dossiers dans les volumes 2553-2555 de la collection Joly de Fleury.

(2) 20 vol. in-8°, 1866-1905.

La Police de Paris dévoilée, de Manuel, an II. 2 vol. in-18.

Delort, *Histoire de la détention de Fouquet, de Pellisson et de Lauzun, suivie de celle des philosophes et des gens de lettres à la Bastille et à Vincennes, avec les documents authentiques et inédits*, 1829. 3 vol. in-8°.

Enfin Malesherbes, qui fut directeur de la librairie de 1750 à 1763, a laissé sur l'organisation de ce département cinq *Mémoires sur la librairie* écrits en 1759 et imprimés en 1809 (Paris, Agasse) et un *Mémoire sur la liberté de la presse* écrit en 1790, manuscrit à la Bibliothèque Nationale, 22182, et imprimé à Paris en 1814. Et, en 1767, Diderot écrivit une *Lettre sur le commerce de la librairie* pour être présentée par les libraires à Sartine (tome XVIII de l'édition Assézat et Tourneux).

Le syndic de la communauté des libraires et imprimeurs de Paris, Saugrain, a donné en 1744 *aux dépens de la communauté*, sous le titre de *Code de la librairie et imprimerie de Paris*, un recueil de tous les règlements, édits, déclarations, etc., qui régirent le commerce des livres sous l'ancien régime; et, en 1789, le libraire Lottin de Saint-Germain édita chez lui un *Catalogue chronologique des libraires et des libraires-imprimeurs depuis l'an 1470, époque de l'établissement de l'imprimerie dans cette capitale jusqu'à présent*.

II. — Documents relatifs à l'histoire littéraire.

1° *Journaux, mémoires secrets et correspondances littéraires*.

Outre les principaux journaux littéraires imprimés, comme le *Mercure de France*, le *Journal de Trévoux*, le *Journal encyclopédique*, l'*Année littéraire* de Fréron, l'*Observateur littéraire* de l'abbé De La Porte, nous avons surtout fait usage des ouvrages suivants qui relatent au jour le jour les événements littéraires de l'époque.

Journal de la librairie, 1750-1769, rédigé par l'inspecteur d'Hémery, ms. à la Bibliothèque Nationale : collection Anisson-Duperron, 22156-165.

Correspondance de Grimm, rédigée de 1753 à 1768 par Grimm, de 1768 à 1773, par Diderot et Mme d'Epinay, de 1773 à 1790, par Meister et Mme d'Epinay, puis par Meister seul. — Edition Tourneux, 1877-1882. 16 vol. in-8°.

Mémoires secrets de Bachaumont, tirés des registres de Mme Doublet, 1762-1771, continués de 1771 à 1787 et publiés par Pidansat de Mairobert et Moufle d'Angerville, Londres, 1777-1787. 36 vol. in-12.

Correspondance littéraire secrète de Métra. Neuwied, 1774-1793. 19 vol. in-12.

Correspondance de Favart avec le comte de Durazzo, de 1760 à 1766. 1809, 3 vol. in-8°.

Correspondance de La Harpe avec le grand-duc de Russie, 1772-1789. 1806, 6 vol. in-8°.

Gazette à la main de Marin, 1768-1772, ms. à la Bibliothèque de la ville de Paris.

2° *Correspondances privées* :

VOLTAIRE. — Edition Moland, t. XXXIII L.
— Lettres inédites de Thiériot à Voltaire, p. p. Caussy R. H. L., 1908.
— — de Voltaire à Thiériot, — 1909.
— — de Marin à Voltaire, — Merc. Fr. 1908.
— — de Voltaire à Lambert, — R. H. L., 1909.

DIDEROT. — Edition Assézat et Tourneux, t. XIX et XX.
ROUSSEAU. — *Correspondance générale*. Edition Belin, 1817, t. VII et VIII.
— *Lettres à M.-M. Rey*, p. p. Bosscha, 1858. In-8°.
— *Œuvres et correspondance inédites*, p. p. Streckeisen-Moultou, 1861. In-8°.
— Streckeisen-Moultou. *J.-J. Rousseau, ses amis et ses ennemis* (Lettres adressées à Rousseau, mss. à la Bibliothèque de Neufchâtel), 1865. 2 vol. in-8°.
D'ALEMBERT. — *Correspondance générale*. Edition Belin, 1822, t. V.
— *Correspondance inédite*, p. p. Henry.
Mme DU DEFFAND. — *Correspondance complète*, p. p. Lescure, 1865. 2 vol. in-8°.
— *Correspondance inédite avec la duchesse de Choiseul*, p. p. Saint-Aulaire, 1869. 2 vol. in-8°.
Correspondance de Marie Leckzinska au Président Hénault, 1886. In-8°.
Lettres de Lord Chesterfield à son fils Philip Stanhope, 2 vol. in-16.
Correspondance inédite de Condorcet et de Turgot, 1770-1779, p. p. Henry. 1882. In-8°.
Lettres inédites de Mlle de Lespinasse à D'Alembert, à Condorcet, au comte de Crillon, p. p. Henry, 1887. In-8°.
Correspondance de B. de Saint-Pierre, p. p. Aimé Martin, 1836. 3 vol.
Lettres de Mirabeau à Julie, p. p. Dauphin-Meunier.
Correspondance de Malesherbes et Sartine, Bull. Soc. Hist. de France. 1835.
Correspondance d'Helvétius avec sa femme, p. p. Ant. Guillois, Carnet hist., 1900.
NISARD (Ch.). *Mémoires et correspondance historiques et littéraires* (d'après les documents de Suard), 1858.

3° *Journaux particuliers.*

BARBIER. — *Journal historique et anecdotique du règne de Louis XV*, 1857. 8 vol. in-12.
D'ARGENSON. — *Journal et mémoires inédits*, p. p. Rathery, 1859-1867. 9 vol. in-8°.
HARDY. — *Journal*, ms. à la Bibliothèque Nationale, 13 733.
COLLÉ. — *Journal historique*. Edition Bonhomme, 1864. 3 vol. in-8°.
LUYNES. — *Mémoires sur la cour de Louis XV*, p. p. Dussieux et Soulié, 1860-1864. 17 vol.

4° *Mémoires.*

LONGCHAMP ET WAGNIÈRE. — *Mémoires sur Voltaire et sur ses ouvrages*, 1825. 2 vol. in-8°.
COLINI. — *Mon séjour auprès de Voltaire*, 1807. In-8°.
J.-J. ROUSSEAU. — *Confessions*. Edition Belin, t. VI.
Mme DE VANDEUL. — *Mémoires*. Edition Assézat et Tourneux des Œuvres de Diderot, t. Ier.
MORELLET. — *Mémoires*. 2° édition, 1822. In-8°.
MARMONTEL. — *Mémoires d'un père pour servir à l'instruction de ses enfants*. Edition Belin 1819, in-8°, t. I et II.
Mme D'ÉPINAY. — *Mémoires et correspondance*, 3 vol. in-8°.
GARAT. — *Mémoires historiques sur Suard et le dix-huitième siècle*, Belin, 1820. 2 vol. in-8°.

La Harpe. — *Les Philosophes du dix-huitième siècle*, 1805, 2 vol., t. XVIII et XIX du *Lycée*.
Souvenirs de la Maréchale Princesse de Beauveau, p. p. Mme Standisch, née Noailles, 1872.
Ségur. — *Mémoires*, Paris, 1827.
Dutens. — *Souvenirs d'un voyageur qui se repose*, 1806. 2 vol.
Thibault. — *Mes souvenirs de vingt ans de séjour à Berlin*. 2 vol. in-12.
Mme de Genlis. — *Mémoires inédits sur le dix-huitième siècle*, 1825. 10 vol.
Gudin de la Brenellerie. — *Histoire de Beaumarchais*, éd. par M. Tourneux, 1886. In-8°.

III. — Ouvrages modernes.

1° *Etudes générales sur l'histoire des philosophes du dix-huitième siècle.*

Damiron. — *Mémoires pour servir à l'histoire de la philosophie au dix-huitième siècle*, 1857-1862. 3 vol. in-8°.
Barni. — *Histoire des idées morales et politiques en France au dix-huitième siècle*, 1865-1867. 2 vol. in-12.
Barni. — *Les moralistes français au dix-huitième siècle*, 1873. In-18.
Ducros. — *Les Encyclopédistes*, 1900. In-8°.
F. Rocquain. — *L'Esprit révolutionnaire avant la Révolution*. In-8°.
Aubertin. — *L'Esprit public au dix-huitième siècle*, 2° éd., 1873.
Lanfrey. — *L'Eglise et les Philosophes*, 1857. In-12.
Roustan. — *Les Philosophes et la société française au dix-huitième siècle*, 1906. In 16.
Brunel. — *Les Philosophes et l'Académie française au dix-huitième siècle*, 1884. In-8°.
Pellisson. — *Les Hommes de lettres au dix-huitième siècle*, 1911. In-12.
Gaullieur. — *Etudes sur l'histoire littéraire de la Suisse française.*
Sainte-Beuve. — *Lundis*. Ed Garnier, t. II, p. 512 sqq., art. sur *M. de Malesherbes*.
Brunetière. — *Etudes critiques*, II° série, p. 144 sqq., art. sur *la Direction de la librairie sous M. de Malesherbes*.
Mornet. — *L'Enseignement des bibliothèques privées*, 1750-1780, dans la Revue d'histoire littéraire, 1910, p. 467.

2° *Etudes particulières sur les philosophes.*

Lanson. — *Questions diverses sur l'histoire de l'esprit philosophique en France avant 1750* (Rev. d'hist. litt., 1912).
Desnoiresterres. — *Voltaire et la société du dix-huitième siècle*, 1867-1876. 8 vol. in-8°.
Léouzon Le Duc. — *Voltaire et la police*, 1867.
Maugras. — *Voltaire et Rousseau*, 1886.
Lanson. — *Quelques documents sur la condamnation et la censure de l'Emile et la condamnation des Lettres de la Montagne*, Ann. J.-J. Rousseau, t. Ier.
Mornet. — *Le Texte de la Nouvelle Héloïse et les éditions du dix-huitième siècle*. Ann. J.-J. Rousseau, 1909.
Morley. — *Diderot and the Encyclopædists*, Londres, 1891. 2 vol. in-8°.
Assezat. — *Notice sur l'Encyclopédie* dans le tome XIII des Œuvres de Diderot.
Keim. — *Helvétius, sa vie et son œuvre*, 1907. In-8°.

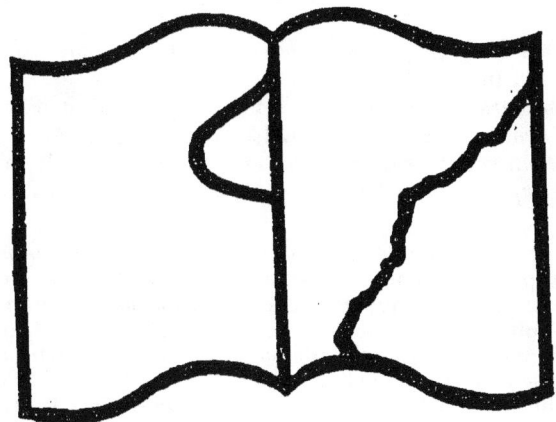

Texte détérioré — reliure défectueuse
NF Z 43-120-11

Baron Angot des Rotours. — *Le bon Helvétius et l'affaire de l'Esprit*. Revue hebdomadaire, 1909.
Loménie. — *Les Mirabeau*, 2 vol. in-8°.
Loménie. — *Beaumarchais*, in-8°.
Bettelheim. — *Beaumarchais*, Francfort, 1886. In-8°.
Delafarge. — *Palissot*, 1912, in-8°.
Delafarge. — *L'affaire de l'abbé Morellet*, 1912, in-8°.
D'Haussonville. — *Le salon de Mme Necker* (1).

IV. — Bibliographies.

Lanson. — *Manuel bibliographique de la littérature française, dix-huitième siècle*. Paris, 1911, in-8°.
Bengesco. — *Bibliographie des œuvres de Voltaire*. 4 vol. in-8°.
Quérard. — *La France littéraire*, 1830. 12 vol. in-8°.
Barbier. — *Dictionnaire des ouvrages anonymes*, 1874. 4 vol. in-8°.
Quérard. — *Les Supercheries littéraires dévoilées*, 1869. 3 vol. in-8° (2).

(1) Nous n'avons signalé que les ouvrages où sont étudiés les points spéciaux de la vie des philosophes que nous avons envisagés. C'est ainsi que ne figurent pas dans cette bibliographie les ouvrages généraux critiques ou philosophiques sur les écrivains du dix-huitième siècle, tels que Lanson, *Voltaire*; — Lemaitre, *J.-J. Rousseau*; — Chuquet, *J.-J. Rousseau*; — Reinach, *Diderot*; — Bertrand, *D'Alembert*; — Guerrier, *Mably*; — Gay, *Turgot*: etc., etc.

(2) Voir à la fin de cette étude la liste des ouvrages qui y sont cités.

INTRODUCTION

I

Dans le système d'aspect si solide et si majestueux que présentait la France de Louis XIV, la littérature occupait une place d'honneur. Exprimant selon les règles du goût les idées traditionnelles et nationales, elle était comme un art parfait, comme le luxe suprême de la pensée.

Mais, après la mort du Grand Roi, elle perdit vite l'incomparable éclat dont elle avait brillé. Le goût classique se refroidit et se dessécha. Aucun disciple des grands maîtres disparus ne venait prendre leur place. On passa du beau au joli, du sublime à l'agréable. On chercha seulement à plaire et à amuser; au lieu d'émouvoir, de convaincre ou de charmer, on ne voulut que divertir. On se désintéressa de l'art littéraire, qui cessa d'être, en quelque sorte, l'exposé de l'orthodoxie nationale.

On se mit alors à « tout examiner, tout remuer sans exception et sans ménagement ». On se révolta contre les règles étroites des genres; « il faut, disait Diderot dans son article *Encyclopédie*, fouler aux pieds toutes ces vieilles puérilités, renverser les barrières que la raison n'aura point posées, rendre aux sciences et aux arts une liberté qui leur est précieuse. »

Cette révolution se fit sentir dans tous les domaines de l'activité humaine. Le mouvement d'affranchissement intellectuel, qui avait pris naissance au seizième siècle et qui avait traversé comme souterrainement le règne de Louis XIV, devenait plus puissant et plus irrésistible vers le milieu du dix-huitième. On lisait avec respect et admiration les philosophes du début du siècle, les Bayle, les Fontenelle. On avait la sensation d'étouffer dans les cadres de la vieille société et des systèmes anciens : on menaçait de secouer les traditions; l'esprit de critique minait de toute part le principe d'autorité.

La religion et la politique devenaient également impuissantes à retenir les esprits. Le catholicisme était sérieusement atteint par des querelles qui tenaient bien plus des rivalités de parti que des discussions théologiques et qui engendraient une indifférence méprisante. La vie intérieure semblait morte en lui.

D'autre part, l'époque des grands succès politiques était passée. La diplomatie se perdait dans les dédales du secret du roi et dans les intrigues les plus basses; le sort des armées, comme les soins de l'administration intérieure, était confié à des ambitieux frivoles et incapables. Alors que l'édifice social semblait prêt à s'effondrer, c'est en vain qu'on cherchait à trouver un sens à la vie; on ne pouvait plus s'attacher à aucune des grandes causes pour lesquelles le dix-septième siècle s'était dévoué.

Seule, la science avait encore le pouvoir de passionner les esprits. Les mathématiques, la physique, puis l'histoire naturelle devenaient une source d'études inépuisables. Mme du Châtelet se faisait l'élève des grands géomètres de l'époque, et tous les hommes de lettres avaient une culture scientifique sérieuse. Etudiant les faits et les lois, on était naturellement porté à en rechercher la cause première et à appliquer le raisonnement scientifique au domaine de la métaphysique. On sacrifia tout au culte de la logique, et, pour trouver un équilibre nouveau, c'est à la raison qu'on adressa un appel suprême. L'on se mit au dix-huitième siècle à philosopher avec fureur. « Philosopher, disait Mme de Lambert, c'est rendre à la raison toute sa dignité et la faire rentrer dans ses droits, c'est rapporter chaque chose à ses principes propres et secouer le joug de l'opinion et de l'autorité (1). »

Sans doute tous les philosophes du dix-huitième siècle n'ont pas eu la même doctrine. Aucun d'eux n'imposa aux autres un système cohérent et parfaitement défini. L'ironie de Voltaire, sa critique négative et spirituelle des idées communément admises, son bon sens bourgeois ne s'accordaient nullement avec les revendications âpres et passionnées de Rousseau ni même avec les affirmations audacieuses d'Helvétius. Sa théorie morale encore assez traditionnelle, son déisme, ses timides vœux de réformes politiques ne s'accommodaient pas davantage du déterminisme matérialiste et de l'athéisme du baron d'Holbach, ni des violentes déclamations de Naigeon ou de Raynal contre le despotisme. Les

---

(1) Voici d'ailleurs le portrait que fait Diderot du philosophe à l'article *Eclectisme* de l'*Encyclopédie* : « L'éclectique est un philosophe qui, foulant aux pieds le préjugé, la tradition, l'ancienneté, le consentement universel, l'autorité, en un mot tout ce qui subjugue la foule des esprits, ose penser de lui-même, remonter aux principes généraux les plus clairs, n'admettre rien que sur le témoignage de son expérience et de sa raison. »

idées de Montesquieu n'étaient pas mieux acceptées de l'école holbachienne que de Voltaire ; et le Diderot de l'*Encyclopédie* n'était pas le même que celui qui fréquentait les salons du Val.

Mais chez tous on trouvait le même mépris des opinions traditionnelles, le même désir de solutions individuelles, rationnelles aux grands problèmes de la philosophie, la même ardeur à bousculer les vieux préjugés et à imposer leurs propres conceptions. Persuadés qu'ils avaient découvert la vérité immuable, ils voulurent en éclairer le monde, et, bien loin d'imiter Fontenelle, qui affirmait qu'il se garderait d'ouvrir la main s'il l'y tenait enfermée, ils prétendirent répandre largement les connaissances qu'ils avaient acquises et faire partager à tous leurs convictions.

Or, pour convertir toute une société à des idées si nouvelles, il fallait une action méthodique. Aussi les philosophes agirent-ils encore plus qu'ils ne pensèrent. Ce n'étaient pas des spéculatifs. Ils avaient des âmes d'apôtres, ou plutôt de chefs de parti ; et c'est une grande lutte politique qu'ils engagèrent contre tout le système administratif, juridique et religieux organisé depuis tant de siècles. Leur effort patient, leur habile tactique, l'art avec lequel ils surent présenter leurs idées, la maladresse aussi de leurs adversaires, l'incohérence et l'inefficacité des mesures par lesquelles on tenta de se défendre contre eux, tout contribua à faire leur succès rapide et éclatant. En 1750, ils étaient peu nombreux et leur renommée ne dépassait pas le cercle assez restreint de quelques initiés ; en 1789, presque tous les esprits étaient gagnés à leurs idées.

II

C'est par les livres que cette transformation si rapide et si complète s'est opérée. Il n'y avait pas de tribunes d'où l'on pût haranguer le peuple ; mais on se mit à écrire. « Dans un siècle où chaque citoyen peut parler à la nation entière par la voix de l'impression, disait Malesherbes en 1775 (1), ceux qui ont le talent d'instruire les hommes ou le don de les émouvoir, les gens de lettres, en un mot, sont au milieu du peuple dispersé ce qu'étaient les orateurs de Rome et d'Athènes au milieu du peuple assemblé (2). »

---

(1) Dans son Discours de réception à l'Académie.
(2) Cf. Mme de Staël. *De la littérature*. Disc. prél., p. 20. « A Athènes, à Rome,

Les philosophes du dix-huitième siècle ont été merveilleusement habiles à se servir de l'imprimerie pour répandre leurs idées. Ils ont su leur donner une forme infiniment variée, agréable, pratique, capable de retenir l'attention des esprits les plus frivoles et de les convaincre. S'ils ont si bien réussi, c'est qu'ils ont tout fait pour réussir. Dans cette étrange et gigantesque bataille, ils furent des stratégistes de premier ordre ; ils surent donner des coups qui portèrent, et, puisque l'action se passait dans le domaine des idées, leurs armes étaient les livres, leurs opérations étaient la publication de leurs ouvrages.

C'est donc les livres eux-mêmes qu'il faut étudier et leur histoire qu'il faut faire. Car les livres sont des êtres vivants. Ils ont leur longue période de gestation dans le cerveau de l'écrivain, puis ils apparaissent, soit brusquement dans l'éclatante lumière d'un scandale (1), soit après une longue et savante préparation de l'opinion publique (2). Ils vivent alors plus ou moins longtemps, plus ou moins brillamment jusqu'au moment où on les enterre dans les bibliothèques. Alors leur vie ralentie ressemble souvent étrangement à la mort. Mais il y a toujours quelques années, quelques jours au moins où ils font du bruit dans le monde : ils sont la nouveauté du jour, l'actualité dont on parle.

Mais qui les achète? qui les lit? et qu'en pense-t-on? Pourquoi s'oppose-t-on à leur publication? et quels moyens emploie-t-on pour y parvenir? L'étude des mémoires, des journaux, surtout de ces correspondances secrètes qui mettaient les étrangers au courant des événements littéraires de Paris, de tous les documents enfin qui concernent l'histoire de la librairie permet de répondre à ces questions.

Or la vie des livres est d'autant plus curieuse au dix-huitième siècle que leur existence est plus incertaine et plus menacée par l'organisation sévère de la librairie. La liberté de la presse n'a été proclamée que par la Révolution. Pendant tout l'ancien régime, la librairie fut soumise à une réglementation minutieuse et à une surveillance incessante. Obligation pour l'auteur de soumettre son manuscrit à la censure avant l'impression, obli-

---

dans les villes dominatrices du monde civilisé, en parlant sur la place publique, on disposait des volontés d'un peuple et du sort de tous ; de nos jours c'est par la lecture que les événements se préparent et que les jugements s'éclairent. »

(1) Par exemple l'*Esprit* d'Helvétius.
(2) Voltaire était particulièrement habile à attirer l'attention du public sur ses ouvrages au moment de leur apparition.

gation pour l'imprimeur de subir toutes les visites des officiers syndicaux et de se conformer aux règles étroites de l'organisation corporative ; enfin, le livre une fois paru, risques d'une condamnation toujours possible du Parlement ou de la Sorbonne ; telles étaient les vicissitudes auxquelles était en butte tout ouvrage nouveau (1).

III

Quand les premiers livres philosophiques (2) parurent vers 1748, le gouvernement effrayé usa des mesures de répression les plus sévères, embastillement des auteurs, arrestation des imprimeurs, destruction des livres, condamnation solennelle par le Parlement. On pensait sans doute que cette Inquisition allait suffire à contenir un mouvement, qui était déjà beaucoup trop puissant pour pouvoir être endigué ni arrêté.

On le reconnut bientôt ; et, comme la Direction de la librairie eut à sa tête à partir de 1750 et jusqu'en 1763 un homme extrêmement libéral, remarquablement intelligent et, de plus, très ami des philosophes (3), ceux-ci ne furent guère inquiétés pendant toute la période où leur parti s'organisait et où ils élaboraient leur système. Alors s'ouvre l'époque féconde des ouvrages sérieux, de la *Lettre sur les sourds* et de l'*Interprétation de la nature* de Diderot, des premiers volumes de l'*Encyclopédie*, des *Discours* de Rousseau, du *Traité des sensations* de Condillac, des *Mélanges* de d'Alembert, des œuvres historiques de Voltaire, qui tous échappent aux sévérités gouvernementales. Cette tolérance s'explique d'ailleurs par le caractère trop abstrait de ces livres, qui se vendent peu et ne dépassent pas le cercle étroit des philosophes et de quelques amis déjà tout gagnés à leurs idées. De plus ces théories sont assez modérées, plus scientifiques que philosophiques, plus réalistes même que matérialistes, et n'ont encore aucun caractère agressif.

En 1758, pourtant, la hardiesse excessive du livre de l'*Esprit*, la situation de son auteur Helvétius, l'audace qu'il a de faire paraître son ouvrage avec un privilège du roi, déchaînent une

---

(1) Voir notre étude sur le *Commerce des livres prohibés à Paris de 1750 à 1789*.
(2) Les *Pensées philosophiques* de Diderot sont de 1746 et sa *Lettre sur les aveugles* de 1749. Les *Mœurs* de Toussaint sont également de 1749, l'*Esprit des lois* de Montesquieu de 1748 et le premier volume de l'*Histoire naturelle* de Buffon de 1749.
(3) Lamoignon de Malesherbes.

violente opposition du parti dévot. Mais, pendant ces dix ans, les philosophes se sont groupés, organisés ; et, tandis que l'attaque de 1748 les avait laissés un peu désemparés, celle de 1758 les trouve prêts à répondre. On les combat à coups de condamnations, de mandements, d'emprisonnements ; ils ripostent, en lançant les mille flèches de leurs pamphlets, de leurs libelles, qui couvrent leurs ennemis de ridicule et fixent sur eux l'attention du grand public jusque-là assez indifférent ou ignorant.

Et, pendant que le sauvage Rousseau, qui se brouille décidément avec le parti encyclopédiste, fait paraître ses principaux ouvrages, pour la plus grande satisfaction de ses fervents admirateurs et pour le plus grand tourment de sa vie, au moment où il fuit à l'étranger, au moment où il laisse pour quelque temps, sinon l'oubli, du moins le silence, se faire autour de son nom, toute l'école philosophique, enhardie par ses premiers succès, continue à mener joyeusement la bataille.

Pendant une dizaine d'années encore, c'est Voltaire presque seul qui dirige le mouvement ; il crible Paris des pointes de ses innombrables brochures, où il répète sans se lasser, sous une forme nouvelle et presque toujours aussi spirituelle et heureuse ses critiques des dogmes et des mœurs intolérantes. Ce sont maintenant de petits ouvrages légers, piquants, faciles à lire. Ils sont prohibés par le gouvernement. Mais qu'importe! Ils sont imprimés à Genève ; ils parviennent bien toujours jusqu'à Paris ; et les pauvres diables de colporteurs n'y manquent pas qui, pour gagner quelque argent, courent le risque d'une arrestation et vont porter la « manne de Ferney » à tous les fidèles qui l'attendent. Car l'église croît et prospère. On n'hésite pas à payer, même assez cher, ces petits « catéchismes » où l'utile se mêle à l'agréable. Les condamnations, toujours menaçantes, souvent réellement prononcées, les poursuites de la police font seulement monter le prix de ces brochures. Elles deviennent ainsi presque le monopole des privilégiés, qui sont les seuls d'ailleurs à avoir assez de temps et de culture pour les lire. Mais dans la bonne société, à la cour comme à la ville, personne n'est indifférent aux idées de Voltaire, et presque tout le monde leur est favorable.

Cependant les pouvoirs les mieux constitués tentent de s'opposer au flot montant de l'impiété et de la critique philosophique ; mais ils sont bientôt submergés, démantelés. Le clergé est fort affaibli par la destruction des jésuites ; la Sorbonne sombre dans le ridicule; les condamnations du Parlement deviennent aussi incohérentes qu'inefficaces.

En même temps l'assaut est plus violent, plus acharné; et, à mesure que le succès de la philosophie s'affirme, les idées, en se précisant, se divisent et s'opposent les unes aux autres. Voltaire lui-même et l'*Encyclopédie*, qui vient de paraître achevée (1766), se trouvent dépassés au moment même où la majorité de l'opinion est gagnée à leurs doctrines. Leur rationalisme prudent paraît terne et fade; leur déisme semble vieillot, et leurs théories morales démodées. Une autre armée vient prendre leur place et se montre plus hardie. C'est celle du baron d'Holbach, la « secte holbachique », qui vers 1768 produit une quantité innombrable de petits livres où l'audace de la pensée propose les solutions les plus avancées aux grands problèmes philosophiques : avec le *Système de la nature* on en arrive au matérialisme radical (1770).

A la mort de Louis XV (1774), la philosophie a donné tout ce qu'elle pouvait produire. L'audace de sa logique ne peut pas lui faire dépasser les limites qu'elle a atteintes; elle a conquis en même temps cette liberté de la presse, qui assurément ne lui est pas officiellement reconnue, mais qui lui suffit en pratique. Car ses adversaires, découragés par son succès et trahis de toutes parts, n'osent plus lutter contre elle. Il ne lui reste plus qu'à consolider ses positions et à étendre son action. Elle ne gagne pas encore directement le peuple, sans doute; mais d'une part elle a déjà brisé toute force de résistance chez ces nobles qui l'ont acceptée si légèrement, et d'autre part elle atteint la bourgeoisie et cette classe intermédiaire de clercs, d'avocats, de médecins où vont se recruter les chefs de la Révolution.

Alors les questions politiques deviennent plus importantes, plus angoissantes même. Depuis le milieu du siècle, on s'y intéressait chaque jour davantage; les économistes remplacent les philosophes; les philosophes eux-mêmes s'occupent plus de politique que de métaphysique. Enfin, quand le malaise devient général sous le règne de Louis XVI, les hommes sont prêts à agir. On abandonne les livres pour avoir recours aux armes. Dès 1777, Pidansat de Mairobert résume ainsi le mouvement qui entraînait le siècle vers la Révolution :

« L'invasion de la philosophie dans la république des lettres en France est une époque mémorable par la révolution qu'elle a opérée dans les esprits. Tout le monde en connaît aujourd'hui les suites et les effets. L'auteur des *Lettres persanes* et celui des *Lettres philosophiques* en avaient jeté le germe; mais trois sortes d'écrivains ont surtout contribué à le développer. D'abord les *Encyclopédistes*, en perfectionnant la métaphysique, en y portant la clarté, moyen le plus propre à dissiper les ténèbres dont la théologie l'avait enveloppée, ont détruit le fanatisme et la superstition. A ceux-ci ont succédé les *Économistes*; s'occupant essentiellement de la morale et de la politique pratique, ils ont cherché à rendre les peuples plus heureux en resserrant les liens de la société par une communication de services et d'échanges mieux entendus, en appliquant l'homme à l'étude de la nature, mère des vraies jouissances. Enfin des temps de trouble et d'oppression ont enfanté les *Patriotes*, qui, remontant à la source des lois et de la constitution des gouvernements, ont démontré les obligations réciproques des sujets et des souverains, ont approfondi l'histoire et ses monuments et ont fixé les grands principes de l'administration. Cette foule de philosophes, qui se sont placés comme à la tête des diverses parties de la littérature, a principalement paru après la destruction des jésuites, véritable point où la Révolution a éclaté (1). »

IV

Pour suivre ainsi l'évolution de l'opinion publique, la méthode doit être toute historique. Il ne s'agit pas d'étudier les doctrines de l'extérieur ni de les critiquer; nous ne rechercherons pas davantage quels peuvent être les mérites purement littéraires, artistiques de ces ouvrages, et nous ne négligerons pas absolument certains écrivains inférieurs dont l'influence fut plus considérable que le talent. En présence de ce flot d'idées qui passent, il ne faut pas rester sur la berge en les observant curieusement : il faut en suivre le cours; il faut tâcher de revivre un peu cette vie du dix-huitième siècle, de sympathiser avec ces gens du monde qui étaient le public ordinaire des philosophes, de nous identifier avec eux, de ressentir leurs aversions comme leurs enthousiasmes. Quelle était leur attitude au moment de tel événement? à la publication de tel livre? qu'en pensèrent-ils?

(1) Début de la préface de Pidansat de Mairobert aux *Mémoires secrets* de Bachaumont (1777).

pourquoi Voltaire, par exemple, l'écrivit-il au moment où il le fit ? comment enfin préparait-il l'apparition de ses ouvrages ? Telles sont les questions auxquelles nous voudrions essayer de répondre.

Nous aurons à poursuivre une double étude parallèle. D'une part, en recherchant à quels obstacles étaient en butte les philosophes et quelles résistances ils durent vaincre, nous ferons comme l'histoire négative de leur succès et nous verrons comment ils réussirent à abattre peu à peu les barrières qui semblaient les séparer du public. D'autre part, en étudiant directement la diffusion de leurs ouvrages, nous ferons l'histoire positive de leur victoire. Nous suivrons ainsi un ordre chronologique, ne tenant aucun compte de la diversité des formes littéraires. Car si l'on veut bien comprendre Voltaire, pendant les trente dernières années de sa vie, il ne faut pas séparer ses œuvres historiques, philosophiques, poétiques, mais suivre l'évolution des idées qu'il y a exprimées sous tant de formes diverses et même les replacer au milieu des événements littéraires contemporains.

Essayons donc de nous représenter quelle a pu être la vie intellectuelle d'un de ces nobles qui, ayant de vingt à trente ans vers 1748, a été d'abord séduit par Montesquieu et Voltaire et qui a souscrit à l'*Encyclopédie*. Puis il est devenu inquiet, incertain ou même indifférent lors de la publication des ouvrages philosophiques de Diderot ou de D'Alembert. La polémique littéraire de 1760 l'amuse. A la fin du règne de Louis XV, il est constamment occupé par la lecture facile et rapide des libelles de Voltaire, dont tout le monde parle dans les salons autour de lui ; et les idées rationalistes deviennent vite familières à son âge mûr. Effrayé sans doute un peu par l'audace de d'Holbach, il finit par se lasser dans sa vieillesse de ce jeu un peu vain des idées abstraites. Quand il songe à s'intéresser à des questions plus pratiques, il se trouve dépassé par les jeunes générations formées par les mêmes auteurs, mais plus hardies, plus avides d'action, plus exaspérées aussi par le mal dont souffre le peuple. Et, s'il a vécu jusqu'à la convocation des Etats généraux, il ne tarde pas sans doute à mourir, pris dans une des nombreuses journées révolutionnaires, étourdi, étonné et désemparé devant l'explosion subite et sauvage de ces colères où ont échoué ses rêves humanitaires.

CHAPITRE PREMIER

LES PREMIERS GRANDS LIVRES PHILOSOPHIQUES
LES PREMIÈRES MESURES DE RÉPRESSION (1748-1750)

I. Caractères généraux de l'époque (1748-1750). — II. Les premiers grands ouvrages philosophiques : Montesquieu, l'*Esprit des lois*, 1748; Buffon, l'*Histoire naturelle*, 1749 (1er volume). — III. Diderot, *Pensées philosophiques*, 1746; *Lettre sur les aveugles*, 1749; Toussaint, *les Mœurs*, 1749. — IV. Voltaire, édition contrefaite de ses *Œuvres*, 1748. — V. Les colporteurs. Les mesures de répression du comte d'Argenson. — VI. Arrestation de Diderot, 1749. Echec de cette première persécution. Progrès des idées philosophiques.

I

En 1748, après la signature du traité d'Aix-la-Chapelle, une période nouvelle commençait pour la monarchie française. Depuis la mort de Louis XIV, elle avait vécu des années singulièrement confuses et troublées, elle avait été bouleversée par les combinaisons diplomatiques les plus obscures et les plus instables, par les intrigues intérieures les plus compliquées; elle s'était longtemps débattue au milieu des crises financières et des querelles religieuses, sans réussir à trouver l'équilibre ni la paix. Les mœurs s'étaient d'autant plus relâchées que, pendant ses dernières années, le Grand Roi leur avait imposé une apparence plus sévère; et, après les scandales de la Régence, la cour de Louis XV ne donnait pas des exemples beaucoup plus édifiants. On ne voyait partout que confusion, incohérence, anarchie, en matière religieuse comme en matière financière, en politique comme en littérature.

Pourtant un travail s'était sourdement accompli dans les esprits et était bientôt prêt à porter ses fruits. Ces mouvements de révolte allaient se discipliner et les hommes qui allaient les diriger étaient déjà tout préparés. On était un peu las de cette longue période de fêtes et d'intrigues; et tout en rejetant d'un geste un peu hâtif les idées traditionnelles, qu'on appelait trop facilement des préjugés, on aspirait réellement à plus de liberté, à plus de science, à plus de justice aussi. On voulait reprendre les grandes études qui avaient fait la gloire du dix-septième siècle, en les conduisant vers de tout autres conclusions. On voulait ruiner les anciennes conceptions du monde et de la vie pour en rebâtir d'autres qui convinssent mieux aux générations nouvelles.

Sans doute, depuis longtemps déjà Bayle et Fontenelle et, avant eux, les libertins du dix-septième siècle avaient posé des principes qu'il suffisait de développer; mais en 1748 « l'esprit anglais n'avait gagné tout au plus qu'une centaine de têtes à Paris (1) », et jusque-là il n'y avait eu encore qu'un certain nombre de beaux esprits et de gens du monde pour « traiter de haut en bas ce qu'ils appelaient la prêtraille monastique... Encore ne se permettaient-ils ces insultes et ces hauteurs que dans les conversations, et tout ce qui en transpirait dans le public ne venait que de petits auteurs ténébreux et anonymes, la plupart jeunes et licencieux (2) ».

Mais en 1748 « la conversation policée des hommes et des femmes comme il faut » commençait à rouler sur des sujets de philosophie. Duclos observait qu'il y avait en France « une fermentation universelle de la raison qui tendait à se développer... et que ce développement ne pouvait manquer d'être fatal aux prétentions royales et papales (3) ».

Ainsi les idées philosophiques se faisaient jour tout d'un coup au milieu de la confusion générale; et les livres où on les exprimait commençaient à être évidemment recherchés.

Il y a alors comme une explosion subite des forces depuis longtemps contenues. Le gouvernement, les autorités sociales, qui se sentent abandonnés, menacés même, sont étonnés, hésitent et cherchent d'abord à se défendre. Le public au contraire est vite séduit; il semble qu'il attendait déjà depuis longtemps ces

---

(1) D'Argenson cité par Aubertin. L'*Esprit public*, p. 283.
(2) Nisard (Ch.), *Mémoires et Correspondance historiques et littéraires* (1858), p. 49-50. Lettre du P. Cassel à Montesquieu, 1734.
(3) Lettre de Lord Chesterfield à son fils Stanhope, 22 avril 1751, 11 avril 1752, II, 167.

ouvrages qui lui conviennent si bien ; et quelque nouveaux que lui paraissent les gros volumes de Montesquieu ou de Buffon, même les brèves *Pensées philosophiques* de Diderot, il les accepte tout de suite avec joie, avec enthousiasme, tant ils répondent à un impérieux besoin des esprits.

II

Sans doute Montesquieu n'était pas un débutant, et on n'avait pas oublié en 1748 le succès retentissant des *Lettres persanes*. Mais son nouvel ouvrage, l'*Esprit des lois*, n'avait plus grand'chose de commun avec ces lettres qui avaient tant charmé les petits-maîtres de 1720.

Montesquieu avait voulu, en vrai savant, déterminer les lois qui régissent les sociétés, et il avait apporté une lumière toute nouvelle sur les principes politiques. Mais il avait mis dans son livre toute la variété qui faisait dire à Mme du Deffand : « C'est de l'esprit sur les lois. » Il voulait, en effet, être lu et il ne pouvait l'être que s'il arrivait à plaire à son public frivole.

Pour arriver jusqu'à lui, il avait pris le seul moyen qu'il y eût d'éviter les censures de la Sorbonne, il avait semé son ouvrage de propositions très orthodoxes, et avait supprimé les chapitres qui auraient risqué d'attirer sur lui les condamnations du gouvernement, comme celui des *Lettres de cachet;* ou bien encore il avait voilé ses critiques du luxe des Français, en intitulant son chapitre *Fatale conséquence du luxe à la Chine*.

Il avait travaillé pendant vingt ans à son grand ouvrage dans la retraite et le silence. Il n'avait pas recherché les vains applaudissements du monde dans des lectures de salon. Il avait communiqué seulement son manuscrit à son ami Helvétius et à Saurin qui, du reste, n'y comprirent pas grand'chose, et lui conseillèrent vivement de ne pas le publier. Il se décida pourtant à le faire imprimer à Genève sans y mettre son nom (1) ; il évitait ainsi

(1) En 1747, Montesquieu envoya son manuscrit à Jacob Vernet, un Genevois avec qui il s'était lié lors d'un voyage en Italie. Vernet surveilla l'impression. « Jusqu'au milieu de l'année 1748, où parut la première édition de l'*Esprit des lois*, Vernet fut en correspondance réglée avec Montesquieu qui lui envoyait ses additions et ses corrections... L'auteur était singulièrement attentif au choix des termes et des expressions. La substitution d'un mot à un autre exigeait parfois de longs pourparlers. Montesquieu voulait allier les grâces du style à la profondeur, satisfaire à la fois l'esprit et l'oreille ». (Gaullieur. *Études sur l'Histoire littéraire de la Suisse française*, p. 63.)

tout scandale et assurait sa tranquillité. Le livre ne tarda pas à venir jusqu'à Paris où l'on savait bien à qui l'attribuer. On le reçut avec enthousiasme; tout le monde voulut le lire. On le trouvait aussi bien sur la toilette des dames et des petits-maîtres que dans les cabinets des savants (1). On se hâta de le réimprimer furtivement à Paris, et Montesquieu alla lui-même à Genève pour surveiller la nouvelle édition qu'on y préparait (2). Il y en eut vingt-deux éditions en un an et demi. « Quand toutes les bibliothèques en furent fournies », le gouvernement, qui s'était d'abord tenu sur la réserve, prit le parti de l'autoriser en France (3). Même les esprits les plus frivoles voulaient l'avoir, pour faire croire au moins qu'ils l'avaient lu. C'est qu'on avait trouvé dans un ouvrage sérieux ces études scientifiques, ces principes modérés, libéraux, qui venaient d'Angleterre, ces idées de tolérance qu'avait déjà défendues Voltaire ; c'est qu'on était fier de lire ces gros in-quarto où la science avait su se faire aimable.

Au même moment, un autre savant non moins sérieux, mettait à la portée de tous le résultat de ses expériences et de ses réflexions sur l'*Histoire naturelle*. Le premier volume de l'œuvre immense de Buffon paraissait en 1749, et le succès en était aussi grand que celui de l'*Esprit des lois*. L'on y trouvait beaucoup de choses libres et les femmes étaient charmées de pouvoir les lire avec bienséance (4). « La science habitait autrefois un rocher aride et désert, disait-on; elle s'est enfin rendue accessible (5). » La classification utilitariste de Buffon n'était pas pour choquer le dix-huitième siècle. Son style noble et admirablement clair en imposait; et tous ces aperçus nouveaux, souvent profonds, faisaient réfléchir.

C'étaient bien là, en effet, des livres de science faits par des esprits modérés, soucieux uniquement de la vérité et du travail scientifique sérieux. C'étaient de ces connaissances positives dont on avait besoin et qu'on accueillait si bien, tandis que la philosophie matérialiste et athée de La Mettrie passait presque inaperçue. Les ouvrages du médecin philosophe ne furent goûtés que plus tard. On n'était pas encore mûr alors pour ces conclu-

(1) Grimm, I, 265.
(2) Barni. *Idées morales et philosophiques du dix-huitième siècle*, I, ch. VII.
(3) Malesherbes. *Liberté de la presse*, p. 43.
(4) Grimm, I, 336.
(5) Fréron, *Lettres sur quelques écrits de ce temps*, 4 janvier 1750.

sions extrêmes auxquelles on finirait bien pourtant par arriver un jour. Mais, dans ces premières années, on voulait seulement se livrer à l'étude et on ne demandait rien de plus que la liberté intellectuelle.

III

On la réclamait d'autant plus impérieusement que les pouvoirs établis s'y opposaient avec plus d'intolérance. On n'était encore que théiste ; en métaphysique, on croyait que Dieu a créé le monde et même que sa Providence le gouverne ; on respectait tous les principes de la morale traditionnelle ; mais il suffisait qu'on ne fût pas parfaitement d'accord avec la théologie catholique pour mériter de graves condamnations.

C'est ainsi qu'on poursuivait Diderot qui composait alors hâtivement ses premiers ouvrages philosophiques et les vendait cinquante louis à son libraire Durand pour subvenir aux besoins de Mme de Puisieux, sa maîtresse (1). Quoique encore assez modérées, ses idées n'en étaient pas moins sévèrement condamnées. Après la traduction de l'*Essai sur le mérite et la vertu*, il avait donné en 1746 ses *Pensées philosophiques*. Tout en condamnant l'athéisme et en affirmant sa croyance en Dieu, il y laissait percer un scepticisme inspiré de Bayle, et sa critique rationaliste du dogme imitait celle de Voltaire (2). Aussitôt paru, le livre était condamné par le Parlement comme « présentant aux esprits inquiets et téméraires le venin des opinions les plus criminelles et les plus absurdes, dont la dépravation de la raison humaine soit capable, et plaçant par une incertitude affectée toutes les religions presque au même rang pour finir par n'en reconnaître aucune (3). »

Peu ému de cet anathème, Diderot écrivait, trois ans après, sa *Lettre sur les aveugles*, qu'il faisait éditer à Paris par Durand. Les idées philosophiques y étaient beaucoup plus hardies, puisque d'un simple déisme sceptique il y passait au sensualisme absolu, à une attaque beaucoup plus directe, beaucoup plus sérieuse de la philosophie chrétienne. Ces idées étaient toujours présentées

---

(1) Mme de Vandeul, *Mémoires*.
(2) Les quelques pensées qu'ajouta Naigeon dans l'édition de 1770 étaient plus violentes contre la religion.
(3) Bibl. Nat., Rés. F. 718. 31.

d'une façon vivante, frappante, à propos du cas des aveugles nés opérés de la cataracte, dont il imaginait les idées sur l'art, la morale ou la religion.

Elles étaient assez goûtées, quoique encore assez peu répandues. Dans l'esprit de Diderot, ces ouvrages n'étaient destinés qu'à un petit nombre d'initiés. Il proclamait en 1746, en tête de ses *Pensées* : « J'écris de Dieu, je compte sur peu de lecteurs et n'aspire qu'à quelques suffrages. Si ces Pensées ne plaisent à personne, elles pourront n'être que mauvaises, mais je les tiens pour détestables si elles plaisent à tout le monde. » Il ne songeait alors qu'« à ceux qui avaient déjà fait quelques progrès dans l'étude des lettres et de la philosophie ».

Diderot n'était pas seul à exposer ces idées. En 1748, un de ses amis, un avocat, nommé Toussaint, fit un livre qu'il intitula *Des Mœurs*, et où il traitait en philosophe les questions morales et religieuses. Il déclarait que les cultes extérieurs étaient indifférents à Dieu, et il conseillait au sage de pratiquer le culte intérieur et la vertu selon ce que lui conseillait la loi naturelle écrite au cœur de tout homme. Il s'élevait enfin contre la peine de mort qu'il jugeait contraire à cette loi naturelle. Il n'en fallait pas davantage pour encourir une condamnation retentissante, dont le premier effet fut de donner à ce livre assez plat la plus grande vogue. Aussitôt « tout le monde, homme ou femme, se piquant un peu de quelque sorte d'esprit dans un certain monde, voulut voir ce livre. Chacun se demandait : Avez-vous lu le livre des *Mœurs* ? un seul exemplaire passait rapidement dans plusieurs mains (1). »

Mais cette célébrité soudaine nuisit à la tranquillité de Toussaint, qu'on avait vite reconnu comme étant l'auteur des *Mœurs*. Il s'en était peu caché du reste, ayant signé son livre de la traduction grecque de son nom, Panage. Il fut obligé de s'exiler de France et alla s'établir en Prusse, où il fut reçu à la cour philosophique du grand Frédéric.

IV

C'était vers la même époque que Voltaire allait s'y installer. Il venait, lui aussi, de jouer son rôle dans cette première échauf-

---

(1) Barbier, mai 1748, IV. 300.

fourée ; il était déjà un vétéran de la philosophie ; et, quoiqu'il fût jusqu'alors considéré surtout comme un poète, ses *Lettres anglaises* et divers autres morceaux avaient annoncé qu'il pourrait bien un jour être aussi un philosophe. Il avait déjà pris cette attitude habile et bizarre qui fut constamment la sienne. Il voulait être à la fois le plus audacieux et le plus officiellement respecté des philosophes. Aussi passa-t-il toujours son temps, tantôt à composer et à publier ses ouvrages et tantôt à les désavouer. Vers 1748, au moment où il espérait pouvoir rester à la Cour de France, et où il accompagnait Mme du Châtelet à Lunéville, à Sceaux et à Versailles, c'était surtout de désaveux et de dénonciations qu'il s'occupait.

C'est aussi qu'il a découvert une édition de ses « prétendus ouvrages » faite à Rouen ou à Dreux avec le titre d'Amsterdam (1). Des douze volumes qui la composent, il y en a quatre formés par « des pièces étrangères remplies des plus affreux scandales, des libelles diffamatoires contre des personnes respectables et des impiétés les plus abominables ». Aussi Voltaire écrit-il au Premier Président de Rouen, à M. Clément, receveur des tailles à Dreux, au lieutenant de police Hérault (2) ; il se propose d'aller jusqu'à Maurepas, jusqu'au roi lui-même.

La difficulté est qu'il y a bien à Paris un magasin de cette horrible marchandise, mais qu'on ne sait où, qu'on ne la trouve pas chez les libraires, mais seulement chez des étaleurs ou des colporteurs. Voltaire fait faire des recherches par ses amis : Mme de Champbonin le prévient que c'est un certain Lefebvre, de Versailles, qui est le coupable. Il en avise aussitôt Hérault ; mais les perquisitions que fait la police ne donnent aucun résultat. Enfin, quand, après un voyage à Lunéville, il revient à Paris, il a percé le mystère ; le libraire de Rouen qui a imprimé ces livres, effrayé par toutes ces recherches, lui a écrit pour le prier de l'autoriser à faire une édition complète de ses œuvres, moyennant quoi il brûlerait les quatre volumes condamnables. C'est un certain Ratillon (3), que Voltaire appelle Vatiltin ou Ratiltin, et

---

(1) On ne connaît pas d'exemplaires de ces douze volumes sauf du premier qui contient la *Henriade*. Peut-être furent-ils brûlés comme le demandait Voltaire. (Bengesco, 2128.)

(2) Le 11 juin 1748.

(3) Ce Ratillon n'était d'ailleurs pas du tout imprimeur à Rouen, c'était un relieur de Paris, rue Saint-Étienne du Grés, qui servait d'intermédiaire à Machuel de Rouen (22075, 5, 6).

qu'il s'empresse de dénoncer à la police en demandant toujours instamment qu'on brûle cette édition infâme (1). On verra plus loin comment il finit par obtenir du libraire ce qu'il voulait.

L'année suivante il recommençait à faire des démarches semblables. Un autre libraire venait de publier un *Almanach du diable* et un *Recueil* de chansons où étaient insérées quelques pièces de lui qu'il ne voulait absolument pas qu'on lui attribuât, notamment l'*Epître à Uranie*. Son neveu Mignot, le correcteur des comptes, « se donnait des mouvements » pour en connaître les imprimeurs. Lui, même, chaque fois qu'il était à Paris, faisait des recherches actives « quand il n'était pas de quartier auprès du roi ». Il écrivait lettre sur lettre à Hérault à qui il avait bien soin de rappeler qu'il avait été élevé quelques années avec lui, et qu'« il était assurément un de ses plus anciens et de ses plus tendres serviteurs ». Enfin, il assurait « qu'il emploierait volontiers son loisir dans la vue de servir l'Etat (2) ».

V

Mais Voltaire avait beau déployer tout son zèle, l'on « continuait à inonder Paris de brochures infâmes ». Car c'est à ce moment que se développa et s'organisa le commerce illicite du colportage.

Pour se procurer tous ces livres qui allaient devenir leur aliment nécessaire, il fallait que les disciples des philosophes pussent passer outre aux prohibitions du gouvernement. C'étaient les colporteurs qui, à leurs risques et périls, venaient chez eux leur vendre au poids de l'or des brochures qu'ils n'eussent pas trouvées dans les boutiques de la rue Saint-Jacques, qui sortaient des imprimeries de Hollande ou de Suisse, ou qui avaient été tirées en cachette à Paris même par quelque presse clandestine (3).

---

(1) Léouzon-le-Duc, *Voltaire et la police*, p. 153-163.
(2) *Ibid.*, p. 166-169.
(3) C'étaient sans doute aussi les colporteurs, qui vendaient au public les manuscrits dont la circulation fut intense dans la première moitié du dix-huitième siècle. (Voir Lanson, *Revue d'Hist. litt.*, 1912, I.) Il ne semble pas pourtant qu'elle ait été aussi considérable dans la période qui nous occupe. L'audace est alors plus grande et la sévérité du gouvernement se relâche peu à peu : les œuvres impies, dont des copies se sont répandues jusque vers 1760, sont alors publiées intégralement ou en extraits; et les ouvrages nouveaux ne circulent manuscrits que peu de temps : il se

Il y avait ainsi à Paris tout un monde un peu interlope, gens de basse extraction, compagnons imprimeurs ou relieurs, colporteurs proprement dits, brocanteurs d'estampes, domestiques ou anciens valets qui couraient les rues en cachant leurs marchandises sous leurs manteaux pour échapper à la police. Ils se connaissaient et s'entr'aidaient les uns les autres ; ils avaient des magasins où quelque ami dévoué recélait leurs livres. Ils formaient comme une *maffia* de librairie dont les affaires étaient très florissantes. Ils jouissaient d'ailleurs des plus hautes protections et avaient souvent partie liée avec de grands seigneurs, dont le concours leur était particulièrement précieux (1).

Aussi leur succès était-il si grand qu'il inquiéta bientôt sérieusement le gouvernement. Cette première explosion des idées nouvelles ne tarda pas à amener une répression sévère dont eut fort à souffrir tout le monde des imprimeurs, des colporteurs, même des auteurs.

Le Directeur de la librairie était alors le comte d'Argenson. Il ordonna en 1748 des mesures générales de police sur lesquelles on fondait le plus grand espoir pour rétablir immédiatement l'ordre et le calme. On se mit à surveiller de très près tous les colporteurs qui se chargeaient de faire entrer à Paris et de vendre tous ces ouvrages défendus, les *Voltairiana*, les *Mœurs*, les *Pensées philosophiques*, et particulièrement celui d'entre eux qui était le plus en vue, un nommé Bocheron. Un certain Bonin, homme de la police, était entré dans sa confiance et avait obtenu de lui quelques renseignements. Il était attaché à une imprimerie clandestine de la rue de la Clef qui appartenait à MM. des Essarts. Le lieutenant de police lui-même y alla faire une perquisition une nuit, à trois heures du matin. On enfonça la porte. Mais le portier qui veillait prévint les neuf hommes qui travaillaient au moyen d'une sonnette. Ceux-ci s'enfoncèrent dans une trappe fermée d'une barre de fer et y restèrent vingt-quatre heures, au bout desquelles ils en sortirent, armés de fusils et de pistolets, et se sauvèrent si bien par-dessus les toits qu'on ne put les rattraper (2).

---

trouve vite un colporteur pour les faire imprimer. Nous n'avons guère rencontré dans nos recherches d'arrestations pour vente de manuscrits, et cependant c'étaient évidemment les mêmes inspecteurs qui surveillaient ce commerce et celui de la librairie.

(1) Voir notre étude sur *le Commerce des livres prohibés à Paris de 1750 à 1789*.

(2) Finalement Bocheron parvint sans doute à échapper à la police ; car, malgré toutes les mesures prises quelques jours plus tard pour l'arrêter dans l'un de ses

On arrêtait aussi les libraires et on les interrogeait pour bien s'assurer qu'ils avaient obéi aux ordres du gouvernement. Durand fut ainsi mandé par-devant le lieutenant de police (1) et dut affirmer qu'il avait bien brûlé lui-même tous les exemplaires des *Mœur*, des *Pensées philosophiques* et de la *Lettre sur les aveugles* qu'il avait fait imprimer par L'Epine et par Simon, l'imprimeur du Parlement (2).

VI

Enfin, on surveillait les auteurs eux-mêmes ; et, quand ils ne prenaient pas à temps la précaution de fuir à l'étranger, comme Toussaint, on les mettait en prison aussi bien que les colporteurs.

Diderot était particulièrement suspect depuis la condamnation des *Pensées philosophiques*. En juin 1747, un homme de la police, Perrault, alla dans son quartier se renseigner sur son compte (il habitait alors rue Mouffetard) et apprenait qu'il était « encore après à finir un ouvrage, qu'il y avait un an qu'il était après, dans le même goût que les Lettres ou amusements philosophiques, que c'était un homme très dangereux et qui parlait des saints mystères de notre religion avec mépris, enfin qui corrompait les mœurs » ; tous renseignements que confirmait le curé de Saint-Médard, en concluant qu'il fallait agir contre lui promptement et avec ménagement (3).

Cependant, on attendit deux ans, et quoiqu'on l'accusât d'être l'auteur d'un roman très licencieux, *Thérèse philosophe*, qu'il n'avait pas fait, et des autres ouvrages qu'il avait effectivement écrits, il n'aurait peut-être pas été arrêté si, dans sa *Lettre sur les aveugles*, il ne s'était permis quelques plaisanteries sur les beaux yeux de Mme Dupré de Saint-Maur, la maîtresse du comte d'Argenson. Il fut mis au donjon de Vincennes, le 24 juillet 1749, et, le 31, subit un interrogatoire de Berryer. Il nia avoir composé aucun des ouvrages qu'on lui reprochait ; mais, quinze jours après, trouvant sans doute bien sévère ce régime d'incarcération

---

entrepôts, on ne voit pas qu'il ait été emprisonné comme tant d'autres colporteurs. (*Archives de la Bastille*, xii, 297.)

(1) Berryer remplaça Hérault en 1748.
(2) Nouv. Acq., 1311, 10.
(3) Nouv. Acq., 1311, 4 et 6.

où l'on consacrait pourtant quatre livres (1) par jour à sa nourriture, mais où il en était réduit à écrire avec un cure-dents comme plume, et des ardoises pilées dans du vin comme encre, il se décida à s'avouer l'auteur des « Pensées, des Bijoux (2) et des Aveugles », et obtint d'être transféré au château de Vincennes, où on le laissa prisonnier sur parole, avec permission de se promener dans le parc et de recevoir des personnes du dehors. C'est alors que Rousseau lui fit cette visite restée célèbre, pendant laquelle il conçut pour la première fois les grands principes de son système. Mais ce furent surtout les libraires associés pour l'impression de l'*Encyclopédie* qui vinrent l'y voir et qui, finalement même, obtinrent sa liberté, puisque, par une anomalie fréquente sous l'ancien régime, le prisonnier, auteur de ces ouvrages condamnés, était à la tête de la plus grande entreprise de librairie du siècle, à laquelle le gouvernement donnait alors sa protection (3). Il était resté cent jours à Vincennes.

En même temps que Diderot, on avait arrêté « quantité de beaux esprits, de savants, de professeurs de l'Université, accusés d'avoir frondé contre le ministère ou d'avoir écrit pour le déisme et contre les mœurs; on les mit à la Bastille, on voulait donner des bornes à la licence qui était devenue très grande, et faire taire les mauvais discours des cafés, des promenades, tous les libelles indécents qui couraient Paris » (4). — « Cela devient une inquisition, ajoute le marquis d'Argenson, l'inquisition française qui commence, et l'on crie contre mon frère, qu'on en nomme l'introducteur (5). »

C'est en effet la première persécution qu'éprouvent les philosophes. On est étonné de cette attaque soudaine et on cherche à se défendre comme on peut. Mais on ne sait pas trop à qui s'en prendre, le parti philosophique n'étant pas encore organisé, comme il va l'être bientôt; et on n'ose pas poursuivre les plus grands écrivains et les plus savants, Montesquieu ni Buffon.

Pourtant le clergé vient soutenir le gouvernement dans sa lutte contre les philosophes, dont les coups atteignaient bien plus la religion que la monarchie. L'assemblée du clergé se réunissait

---

(1) Dix à douze francs aujourd'hui.
(2) Les *Bijoux indiscrets*.
(3) *Arch. de la Bast.*, XII, 330-337. Delort, *Détention des philosophes*, p. 211. Nouv. Acq., 1311, 12 sqq. Mme de Vandeul, *Mémoires*.
(4) *Mém.* d'Argenson, VI, 10.
(5) *Ibid.*, VI, 81.

justement en 1750. L'archevêque de Sens y dénonce « les livres écrits contre la révélation et pour la religion naturelle qui se multiplient tous les jours ». Mais les prélats, occupés de leurs démêlés avec la cour et de leurs plaisirs, ne jugent pas à propos de se mêler de cette affaire si délicate ; ils chargent la Sorbonne d'examiner l'*Esprit des lois*, l'*Histoire naturelle*, les *Mœurs*, les *Pensées philosophiques*, la *Lettre sur les aveugles*, l'*Histoire de l'âme* (1).

La Sorbonne s'assemble souvent pour chercher matière à une condamnation (2). Finalement, des *Propositiones excerptæ ex libro cui titulus : De l'Esprit des lois : à Genève, chez Barillot et fils, 1750, édition in-12*, sont censurées par la Faculté, qui refusa même plus tard, dans sa séance du 5 juin 1754, de tenir compte des observations que lui présenta Montesquieu (3).

Par contre, Buffon échappe à une condamnation semblable, en signant une déclaration, où il affirme humblement : « Je n'ai eu aucune intention de contredire le texte de l'Ecriture ; je crois très fermement tout ce qui y est rapporté sur la création, soit pour l'ordre des temps, soit pour les circonstances des faits, et j'abandonne ce qui dans mon livre regarde la formation de la terre, et en général tout ce qui pourrait être contraire à la narration de Moïse, n'ayant présenté mon hypothèse sur la formation des planètes que comme une supposition philosophique (4). »

Cependant, on a trop bien vu déjà que les livres examinés par la Sorbonne font honneur à la nation et au siècle, que tout le talent est du côté des philosophes, que la Faculté de théologie, dont la censure est parfaitement inefficace, n'est plus qu'une « carcasse, et ressemble à Gros-Jean qui en remontre à son curé » (5).

Bref, cette tentative de répression échoue lamentablement. Le mouvement était trop rapide pour qu'on pût l'arrêter ainsi tout d'un coup. En effet, les esprits commençaient à accepter les idées nouvelles. Les philosophes étaient admis à l'Académie. Duclos et Voltaire y étaient déjà entrés en 1746. En 1754, D'Alem-

---

(1) Grimm, 21 septembre 1750, I, 475.
(2) D'Argenson, *Mémoires*, VI, 308.
(3) Arch. Nat., MM. 257, f° 441. — Cette censure fut envoyée par le syndic au Procureur général, qui cependant ne déféra pas le livre au Parlement. (Joly de Fleury, dossier 3105. Vol. 293, f° 238-241.)
(4) Arch. Nat., MM. 257, f° 373, 375.
(5) D'Argenson, *Mémoires*, VII, 423.

bert y viendra à son tour faire un discours de réception tout empreint de philosophie, où il louera son prédécesseur (un prélat, l'évêque de Vence!) de n'avoir pas connu « ce zèle aveugle et barbare qui cherche l'impiété où elle n'est pas et qui, moins ami de la religion qu'ennemi des sciences et des lettres, outrage et noircit des hommes irréprochables dans leur conduite et dans leurs ouvrages »; et le succès en sera grand auprès d'un auditoire particulièrement brillant et nombreux (1).

En 1751, le gendre de M. d'Argenson, M. de Maillebois, compose une chanson affreuse et pleine d'impiétés sur Jésus-Christ, et on la chante dans les dîners, même chez des bourgeois (2). Les imprimeurs et les libraires exploitent le goût du public. « Plus de soixante libraires de Paris font venir de Hollande quantité de ballots de livres, parmi lesquels il y en a beaucoup de suspects, qui ont passé à la Chambre syndicale, entre autres le *Dictionnaire* de Bayle, de 1720, l'*Histoire des papes*, l'*Histoire de Louis XIII* » (3). D'autres vont rechercher de vieux ouvrages parus jadis en Hollande, comme le *Discours sur Tacite*, et les font paraître à Paris à meilleur marché (4). Le chancelier de Lamoignon s'émeut fort des *Lettres d'un sauvage dépaysé* qu'on exhume ainsi et qu'un papetier, Bougy, et un libraire de Paris, Robustel, font imprimer à Chartres. Car ce livre « a pour objet d'attaquer les principes de la religion » (5).

« La philosophie et presque tous les gens d'étude et de bel esprit, dit le marquis d'Argenson en 1751, se déchaînent contre notre sainte religion. La religion révélée est secouée de toutes parts, et ce qui anime davantage les incrédules, ce sont les efforts que font les dévots, et particulièrement les jansénistes, pour obliger à croire. Ils font des livres qu'on ne lit guère. On ne dispute plus, on se rit de tout et l'on persiste dans le matérialisme. Les dévots se fâchent, injurient et voudraient établir une inquisition sur les écrits et sur les discours; ils poussent les choses avec injustice et fanatisme, ce qui fait plus de mal que de bien.

(1) Brunel, *les Philosophes et l'Académie*, p. 42.
(2) 22156, 64 r°.
(3) 22156, 71 r°.
(4) Nouv. Acq., 1214, 18. — Arch. de Bast., 10302.
(5) Nouv. Acq., 1214, 71. — 22157, 141, r°. — 22109, 68. — *Lettre d'un sauvage dépaysé à un correspondant d'Amérique, contenant une critique des mœurs du siècle et des réflexions sur des matières de religion et de politique;* attribué par Barbier à Joubert de La Rue; Amsterdam, Joly, 1738, in-8°.

Ce vent d'anti-monarchisme et d'anti-révélation nous a soufflé d'Angleterre, et, comme le Français enchérit toujours sur les étrangers, il va plus loin et plus effrontément dans ces carrières d'effronterie (1). »

Les idées les plus avancées du siècle sont déjà en germe dans les esprits. C'est la même année, 1751, que le marquis d'Argenson écrit sa fameuse page prophétique de la Révolution : « Il peut se faire que ce gouvernement libre et anti-monarchique soit déjà dans les têtes pour l'exécuter à la première occasion... Qu'on ne dise pas qu'il n'y a plus d'hommes pour accomplir ces grands changements : toute la nation prendrait feu, et, s'il en résultait la nécessité d'assembler les Etats généraux du royaume, ces Etats ne s'assembleraient pas en vain; qu'on y prenne garde (2). »

Les grands écrivains ont déjà commencé à exprimer leurs idées; mais il faut encore qu'elles se précisent. Il faut aussi qu'elles se répandent davantage pour devenir une force dans la nation. C'est ce double travail qui va s'accomplir pendant la fin du règne de Louis XV.

L'échec de cette première répression, la nomination de Malesherbes à la Direction de la librairie, les difficultés politiques où se débat le gouvernement vont permettre aux philosophes de mûrir en paix leurs idées. Pendant quelques années, on ne va plus user des mesures répressives que contre les pamphlets et les romans licencieux, où les idées philosophiques s'infiltrent d'ailleurs peu à peu.

(1) *Mémoires* d'Argenson, vii, 51.
(2) *Ibid.*, vi, 320.

CHAPITRE II

LES PREMIÈRES ANNÉES DE L'ADMINISTRATION DE MALESHERBES. LES PAMPHLETS ET LES ROMANS LICENCIEUX

I. Les brochures politiques. — II. Malesherbes. — III. Pamphlets et romans : Méhégan ; Génard ; Fougère de Montbron ; *Thérèse philosophe*. — IV. Voltaire : La *Pucelle*.

I

Les premiers grands ouvrages des philosophes paraissaient à un moment propice. Le gouvernement devenait volontairement tolérant, protecteur même. C'est un de leurs amis, Malesherbes, qui était nommé, en 1750, par son père, le chancelier de Lamoignon, à la direction de la librairie. D'autre part, ils ne risquaient pas trop d'attirer les foudres du ministère, qui était fort occupé à poursuivre ou à faire paraître des livres de polémique sur les événements politiques. Quant au clergé, il ne pouvait guère leur opposer une résistance plus efficace, alors qu'il était en pleine lutte avec le gouvernement.

Machault qui avait les sceaux, en plus du contrôle général, dans le nouveau cabinet constitué en 1750, venait de remplacer l'impôt sur le dixième, créé pendant la guerre de la Succession d'Autriche, par un impôt sur le vingtième auquel il prétendait soumettre le clergé. Ce projet soulevait les plus vives oppositions, et de part et d'autre on défendait âprement ses intérêts. Pour préparer l'opinion à cette réforme, le gouvernement avait fait écrire par un avocat, Daniel Burgeton, un volume de Lettres qu'on désignait d'après leur épigraphe, *Lettres : Ne repugnate (vestro bono)* (1) et où l'on prouvait, par de savantes raisons, que

---

(1) Londres (Paris), in-8°.

le clergé devait payer le vingtième comme le reste du royaume. L'assemblée du clergé protesta énergiquement et obtint du roi la suppression de cet ouvrage. Le conseil rendit un arrêt qu'on fit afficher ostensiblement aux coins des rues, moins pour donner satisfaction au clergé que pour prévenir contre lui le public, qui ne lisait point ces sortes de livres. On s'inquiétait sans doute fort peu d'en empêcher le débit, car il n'était pas vendu aussi cher que l'étaient ordinairement les livres défendus (1).

En revanche, on saisissait le *Compte rendu* que le clergé avait fait de son assemblée (2). Le chapelain des chanoinesses du couvent de Bellechasse, l'abbé Constantin, qui avait écrit des *Remontrances du second ordre du clergé au roi*, des *Mémoires concernant l'utilité des Etats provinciaux* et une brochure intitulée la *Voix du prêtre*, était arrêté et mis à la Bastille (3).

Le gouvernement trouvait pour lui répondre une plume plus vive que celle de l'avocat Burgeton. Voltaire, toujours prêt à donner un coup de patte au clergé, surtout quand il savait être ainsi agréable au ministre, Voltaire qui proposait vers la même époque au lieutenant de police de faire un ouvrage contre les convulsionnaires (4), saisissait l'occasion et publiait sa *Voix du peuple et du sage* où il demandait que le clergé ne fût pas exempté d'impôt, qu'il ne fût pas une seconde puissance à côté de l'Etat et où il avait soin de glisser ce sage conseil : « C'est un très grand bonheur pour le prince et pour l'Etat qu'il y ait beaucoup de philosophes qui impriment toutes ces maximes dans la tête des hommes. »

Pour bien mettre ce principe en application, il lançait en même temps une autre brochure, *Remerciment sincère à un homme charitable*, où il prenait la défense de Montesquieu qu'un gazetier janséniste avait traité d'athée et où il faisait une apologie de la religion naturelle en se moquant de l'intolérance et de l'ignorance du journaliste des *Nouvelles ecclésiastiques*. Ces deux brochures se distribuaient assez facilement dans le public.

Par contre La Beaumelle, qui allait bientôt devenir l'ennemi mortel de Voltaire, publiait en même temps un ouvrage qu'on

---

(1) Barbier, juin 1750, IV, 442. Cf. Grimm, I, 431, 1er juin 1750; et Luynes, 4 juin 1750, X, 275.
(2) Barbier, mai 1751, V, 51.
(3) *Archives de la Bastille*, XVI, 103.
(4) Lettre de Voltaire au lieutenant de police, vers 1750, Léouzon-Le-Duc, *Voltaire et la police*, p. 168.

condamnait impitoyablement, *Mes pensées* ou le *Qu'en-dira-t-on*. C'était un recueil de maximes politiques assez plates, où il soutenait quelques thèses hardies sur le mariage des prêtres. Surtout il y « avilissait le ministère sous des éloges affectés et un vrai sarcasme : il louait et encourageait le zèle du Parlement (1) ». Enfin, il osait écrire des phrases comme celle-ci : « Un roi sans maîtresse est bien estimable, s'il est en même temps sans dévotion (2). »

La Beaumelle était à Copenhague, quand, en 1751, il fit imprimer son livre. Il en envoya cinquante exemplaires à son frère à Paris, en janvier 1752. Arrivés à la Chambre syndicale, on les arrêta et on fit des difficultés pour les relâcher, mais on trouva des accommodements. Les officiers préposés à la visite trouvèrent le livre amusant, augurèrent bien de son succès et décidèrent de fermer les yeux à condition qu'on leur en donnât huit exemplaires (3). Une fois introduits dans la place, La Beaumelle, le frère, les distribua avec le plus grand soin, allant les porter lui-même chez quelques personnes de qualité, et aussi chez des libraires et des colporteurs. Le succès fut aussitôt très grand et proportionné au scandale. On en parla beaucoup et on s'arracha les quelques exemplaires qui étaient mis en vente. On les paya jusqu'à vingt-quatre livres. On avait beau prohiber l'ouvrage très sévèrement, rien n'y faisait. Dès le 20 janvier 1752 le bruit courait qu'on en préparait une édition à Berlin, où La Beaumelle était allé en quittant Copenhague. On le réimprimait encore en province. L'année suivante, en 1753, Dumarchais en faisait faire une nouvelle édition pour Lamarche, tout en ayant bien soin de faire mettre sur la couverture : « Copenhague, avec approbation ». Desaint et Saillant, libraires importants de Paris, en recevaient cinquante exemplaires en paiement et les vendaient très publiquement (4). Ils demandaient même à Balard de le réimprimer pour leur compte. Ce Balard, prudent et craintif, accepta, mais à condition qu'on lui montrât une permission du directeur de la librairie ou du lieutenant de police; et il est à croire que l'affaire n'eut pas de suite.

Le succès de tous ces libelles sur « les affaires du temps »

---

(1) D'Argenson, VII, 86.
(2) *Qu'en dira-t-on*, C.
(3) Nouv. Acq., 1214, 29.
(4) *Journal de la librairie*, 22158, 63 v°.

était si grand que le nombre s'en multipliait sans cesse (1) ; et, parmi tous ceux qui traitaient des querelles jansénistes ou parlementaires, il se glissait de petits écrits qui dépassaient ces questions d'actualité ; ainsi celui que fit, en 1758, un chanoine d'Etampes, l'abbé Desforges, sur les *Avantages du mariage et combien il est nécessaire et salutaire aux prêtres et aux évêques de ce temps d'épouser une fille chrétienne*. Les ministres s'émouvaient. Bernis en avisait Saint-Florentin qui demandait des renseignements à Bertin, et le pauvre abbé ne tardait pas à être arrêté, exilé à Etampes ; les deux mille exemplaires qu'il avait rue de la Harpe, étaient saisis et confisqués (2) ; et l'ouvrage était condamné par le Parlement, le 30 septembre (3).

II

Le gouvernement, fort absorbé par ces difficultés politiques, s'occupait peu de poursuivre les auteurs trop audacieux. Le temps des grandes sévérités du comte d'Argenson était passé. La librairie avait maintenant à sa tête un homme d'une rare honnêteté, d'une grande largeur de vues, le Premier Président de la Cour des Aides, le fils du Chancelier, Lamoignon de Malesherbes.

Ami des philosophes et haut fonctionnaire d'un gouvernement qui les persécutait, il traita ces questions délicates pendant treize ans avec la plus grande tolérance, au mieux des intérêts de tous. A quoi servaient en effet ces condamnations retentissantes qui arrivaient toujours trop tard ou ne faisaient qu'éveiller l'attention sur des ouvrages qui, sans elles, eussent peut-être passé inaperçus ? Il avait pour principe de ne sévir contre un auteur que quand son ouvrage avait fait un gros scandale. Plutôt que de tracasser continuellement les hommes de lettres et que de leur faire, par ses condamnations, une réclame dont ils n'avaient pas toujours à se plaindre, il préférait attendre que l'opinion publique s'émût pour donner alors seulement à la Cour ou au parti dévot la satisfaction toujours assez platonique de la

---

(1) Barbier, V, 463, sqq.
(2) *Archives de la Bastille*. XVIII, 219, sqq. Cf. Nouv. Acq., 1214, 272.
(3) Arch. nat., AD III, 24.

sévérité gouvernementale. Il réussit presque ainsi, malgré la réglementation officielle de la librairie, à accorder en fait la liberté de la presse.

Dès son arrivée aux affaires, il fit preuve de ce libéralisme si inconnu jusqu'à lui. En 1750, l'*Histoire du règne de Louis XI* qui avait été supprimée en 1745, comme « contenant plusieurs endroits contraires... au respect avec lequel on doit parler de ce qui regarde la religion, ou les règles des mœurs et la conduite des principaux ministres de l'Eglise », reparaissait sans modification et son auteur, Duclos, était nommé historiographe du roi, après la retraite de Voltaire, en considération de cette même *Histoire de Louis XI* (1). Une autre histoire, celle de Louis XIII, par Le Vasson, proscrite jusque-là, était réimprimée (2).

Les ouvrages des philosophes étaient tolérés, patronnés même par le gouvernement et l'Encyclopédie commençait à paraître avec privilège du roi. La police ne s'occupait plus que des romans licencieux ou pamphlétaires, où le goût philosophique du jour commençait à s'infiltrer. Quand le gouvernement ou l'opinion publique s'inquiétaient, il fallait bien se montrer un peu sévère, mais ces condamnations étaient rares et assez incohérentes. Malesherbes savait d'ailleurs y mettre des formes. Quand il lui fallut poursuivre une certaine *Sagesse des mousquetaires*, qu'il avait permise tacitement, il eut soin de prévenir l'auteur et le libraire qui mirent les exemplaires en sûreté avant qu'on ne fit les perquisitions. Et l'auteur était-il bien coupable? C'était le censeur Pidansat de Mairobert qui avait ajouté cinq ou six des pièces les plus fortes qu'on y trouvait (3).

III

Les livres qu'on poursuivait alors étaient presque toujours des romans. Il faut encore attendre pour voir apparaître les petits catéchismes de Voltaire ou du baron d'Holbach.

Un auteur assez ignoré donna pourtant, en 1751, une brochure qui les annonçait déjà et qui « occupa alors beaucoup les

---

(1) Barni, *Les moralistes français au dix-huitième siècle*, p. 84.
(2) 22156, 137 et 175.
(3) 22159, 99, r°, 1755.

esprits (1) ». Il était intitulé *Zoroastre*. C'était une biographie de ce sage qui avait trouvé dans la méditation solitaire les principes de la religion naturelle et qui avait converti à ses idées l'heureux peuple des Guèbres. L'auteur en était un jeune abbé de Méhégan qui l'avait composé un jour, à la suite d'un dîner où les hasards de la conversation l'avaient amené à soutenir sa doctrine de la tolérance. La compagnie charmée avait beaucoup applaudi et l'avait invité à écrire ce qu'il avait dit. Non seulement il l'écrivit, mais il le donna pour une centaine de livres à un garçon imprimeur, un certain Dufour, qui en tira sept cent cinquante exemplaires, qu'on vendit aussitôt dix-huit à vingt sols.

On n'en vendit pas longtemps, car Dufour fut arrêté et les exemplaires qui lui restaient furent saisis. Quant à l'abbé, dénoncé par Dufour, il fut mis à la Bastille, où sa détention dut être assez longue ; sa mère, qui se désolait à Sens de la conduite déréglée qu'il avait à Paris, fit écrire par l'archevêque et écrivit elle-même au lieutenant de police pour qu'on l'y gardât longtemps, afin qu'elle pût toucher les mille livres de rente qu'il avait sur l'évêché de Saint-Claude et payer ainsi ses dettes (2).

Mais pour tromper l'ennui, ce mal terrible qui la guettait constamment, cette société oisive et trop civilisée cherchait surtout des distractions dans la lecture des ouvrages légers, véritables romans ou pamphlets dont le goût, très vif pendant les premières années du siècle, ne lui passa jamais ; et ceux qui avaient alors le plus de vogue étaient généralement très licencieux d'abord, et philosophiques par surcroît. C'est en achetant très cher ces petits livres défendus, dont l'amusement lui était devenu nécessaire, qu'elle prit insensiblement l'habitude de se rassasier de toutes ces productions clandestines, dont les philosophes allaient bientôt la fournir amplement.

Il y avait un certain nombre d'auteurs, dont le talent était petit et le sens moral moindre encore, qui, sortis de peu, écrivaient, pour gagner quelque argent, des livres qu'ils colportaient parfois eux-mêmes. Ces tristes personnages étaient naturellement poursuivis à l'égal des colporteurs. Ils passaient leur vie à l'étranger, où ils étaient souvent obligés de fuir, ou à la Bastille, où on les enfermait dès qu'ils étaient en France. Ils étaient comme les

---

(1) Grimm, 17 mai 1754, II, 60.
(2) 22109, 49. Nouv. Acq., 1214, 17. *Archives de la Bastille*, XII, 362.

valets de l'armée encyclopédique et préparaient la voie aux vrais soldats.

On vendait ainsi à Paris, en 1752, une sorte de pamphlet contre les mœurs du temps, l'*Ecole de l'homme*, qui eut beaucoup de vogue pendant quelques jours. Outre beaucoup d'impiétés et des raisonnements assez hardis, il contenait des portraits très forts du roi et de la marquise de Pompadour. C'était l'œuvre d'un mauvais sujet nommé Génard, fils d'un marchand de vin, arrêté plusieurs fois pour vol et que son père avait dû dégager à plusieurs reprises du régiment des gardes, où on l'avait enrôlé. Il avait fait imprimer quinze cents exemplaires de son libelle à Noyon, et il était arrivé à en faire entrer sept cents à Paris, par petits paquets de trente (1). Il avait évidemment de hautes protections. Le comte de Charolais en avait fait passer une centaine dans son carrosse, et ils étaient déposés à son hôtel de la rue des Francs-Bourgeois, où son suisse les vendait. Le suisse du marquis de Champigny et le domestique de Mme de Meuze en débitaient aussi aux colporteurs.

Quant à lui, Génard, il prenait mille précautions, avait plusieurs domiciles, un chez M. de l'Hôpital, rue Pastourelle, un autre dans la petite maison que M. le comte de Montboissier avait pour sa maîtresse, Mlle Coupée, un autre rue du Temple chez sa maîtresse à lui, une ouvrière en robes assez jolie. Il se faisait souvent accompagner par elle, quand il allait dans les maisons particulières, où il vendait très mystérieusement sa brochure ; pas assez mystérieusement cependant pour que la police ne remarquât pas cet étrange personnage, travesti en domestique et portant une épée. On fit une perquisition chez lui et on l'enferma à la Bastille (2), après avoir saisi le manuscrit d'un autre libelle du même genre, l'*Ecole de la femme* (3). Il dut ensuite s'exiler en Hollande.

Un autre folliculaire du même genre était un certain Fougère de Montbron, ancien garde du corps et valet de chambre du roi. Il fréquentait beaucoup les cafés et les promenades et se répandait en discours inconsidérés contre les ministres et les seigneurs. Ayant voulu faire imprimer un pamphlet, il fut emprisonné, puis

---

(1) *Archives de la Bastille*, XII, 378.
(2) 22157, 13, et Nouv. Acq., 1214, 38-40.
(3) Il en avait tout de même conservé une copie, car trois ans après, en 1755, il est en Hollande, où il la fait imprimer, ainsi que des épigrammes affreuses contre le roi, la religion et les bonnes mœurs. Et, comme il a la sottise de revenir à Paris, il ne tarde pas à être de nouveau arrêté et embastillé. (Nouv. Acq., 1214, 171.)

exilé à cinquante lieues de Paris. Mais il se réfugia en Hollande et y publia le *Cosmopolite*, *Margot la ravaudeuse* et la *Fille de joie*. Au milieu d'obscénités et d'attaques assez vives contre certaines personnes en place, il y semait des passages ironiques sur la religion et l'Eglise. On réussit d'ailleurs à le faire arrêter en Hollande, par l'intermédiaire de l'ambassadeur (1).

Parfois les auteurs de ces pamphlets parvenaient si bien à se cacher qu'on avait toutes les peines du monde à les découvrir. C'est ainsi qu'il parut, en 1753, un petit volume intitulé : *L'idée de la personne, de la manière de vivre et de la cour du roi de Prusse*, qu'on était évidemment forcé de poursuivre très sévèrement, et dont on savait seulement qu'il avait été imprimé par l'entremise d'un colporteur, Crétot, et d'un prêtre de Périgueux, l'abbé Rouzier (2).

Bonin, « la mouche » qui travaillait déjà pour la police en 1748, proposait encore ses services avec insistance à Malesherbes ; il filait tous les colporteurs de ces petits ouvrages et voulait rivaliser avec l'inspecteur d'Hémery (3).

Car, à côté de ces pamphlets, on avait aussi à surveiller les livres licencieux qui obtenaient encore bien plus de succès, et où, d'ailleurs, parmi beaucoup d'obscénités, les idées nouvelles se faisaient jour.

Sans doute, Crébillon le fils n'était guère philosophe, et Diderot lui-même mettait plus d'indécence que de philosophie dans ses *Bijoux indiscrets*. Mais dans le *Déjeuner de la Rapée*, de Vadé, il y avait des passages contre la religion, au milieu de beaucoup de polissonneries. Il est vrai que cette édition de 1749 fut dénoncée, saisie immédiatement, et remplacée par une autre plus licencieuse, mais « où l'on avait retranché tout ce qui pouvait blesser la religion (4) ».

Dans un autre roman encore plus licencieux, *Thérèse philosophe*, il y avait également, à côté des peintures les plus scabreuses, des développements philosophiques qui annonçaient l'esprit nouveau. Des trois parties de ce petit ouvrage attribué à

---

(1) 22109, 30-32. — Nouv. Acq., 1214. 73. — *Archives de la Bastille*, XVI, 324. — Funck-Brentano, *Lettres de cachet*, n° 4277.
(2) Nouv. Acq., 1214. 77. — *Archives de la Bastille*, XII, 407. — Mém. d'Arg., VIII, 106.
(3) Nouv. Acq., 1214, 107. — Archives de la Bastille (Bib. de l'Arsenal), 10302.
(4) D'Hémery à Berryer, 1754. Nouv. Acq., 1214, 106.

Darles de Montigny ou au marquis d'Argens, il y en avait une, consacrée aux aventures du P. Girard et de la Cadière, où l'on condamnait le fanatisme, et une autre toute remplie de discussions sur la liberté et sur la distinction du bien et du mal (1). L'honnête Barbier, qui jugeait d'ailleurs le livre charmant, avouait qu'il s'y trouvait « des conversations sur la religion naturelle de la dernière force et très dangereuses (2) ».

Tant à cause de ces passages qu'à cause des estampes lubriques qui l'ornaient, l'ouvrage était très défendu, mais aussi fort recherché. Il avait été imprimé à Liége par un certain Delorme-Delatour (3), et n'était entré à Paris qu'avec beaucoup de difficultés et uniquement grâce à la complicité d'un seigneur, ami du maréchal de Saxe et du prince de Conti. Ce seigneur avait monté une sorte d'entreprise pour l'introduction à Paris des livres licencieux et impies. C'était aussi bien des *Homme-machine*, de La Mettrie, que des *Tourière des Carmélites*, des *Portier des Chartreux* ou des *Thérèse philosophe*, qu'il se chargeait de faire parvenir aux Parisiens. Il avait plusieurs entrepôts où il cachait ses livres, et où même sans doute il les faisait brocher. Bocheron, avant son arrestation, les y faisait apporter par un sien cousin, « un fiacre nommé Comtois », homme très habile à reconnaître les mouches et à les dépister, et, quand tout était prêt, on les délivrait au public (4). L'opération ne devait pas être mauvaise, puisque chaque exemplaire de cette petite brochure valait entre un et cinq louis d'or. Le succès en était d'ailleurs durable. La première édition, qui était de 1748, fut suivie de plusieurs autres, qui furent toutes aussi sévèrement poursuivies (5).

Aussi les colporteurs ne chômaient-ils pas : on continuait à inonder Paris de « brochures infâmes », et le dévot qui les signalait à l'indignation du lieutenant de police n'était autre que Voltaire lui-même (6).

Il ne se privait pourtant pas de répandre, lui aussi, dans le public, des contes où la fantaisie et l'esprit recouvraient des satires des mœurs et des institutions contemporaines à peine

(1) Grimm, I, 256.
(2) Voir Roustan, *les Philosophes et la Société française*, p. 271.
(3) *Archives de la Bastille*, XII, 344.
(4) *Archives de la Bastille*, XII, 296.
(5) 1755. Nouv. Acq., 1214, 143, et *Archives de la Bastille*, XII, 428. — 1761. Nouv. Acq., 1214, 345, 350.
(6) Léouzon-Le-Duc, *Voltaire et la police*, p. 166.

voilées par la fiction orientale, et qui concluaient à cet optimisme relatif où son bon sens naturel se complaisait.

Il venait d'écrire son roman de *Memnon*, qu'il publia d'abord en 1747, puis l'année suivante sous le titre de *Zadig* (1). Il y avait introduit des satires contre les tribunaux, les prêtres et les pratiques religieuses, à côté d'histoires fantastiques qui pouvaient faire paraître ironique le sous-titre de *La Destinée*, qu'il aurait même voulu remplacer par celui de *La Providence* (2).

La police connaissait très bien l'ouvrage, même avant qu'il parût. Le dévoué Bonin avait eu communication du manuscrit par un secrétaire de Voltaire et avait prévenu Berryer avant l'impression. Mais on ne prit aucune mesure pour l'empêcher de paraître (3). Voltaire était alors assez bien en cour. Il désavouait d'ailleurs énergiquement ce « roman moral », quoiqu'il ne réussît ainsi à tromper personne : c'était une simple précaution que prenait pour son repos le gentilhomme ordinaire de la chambre du roi.

Peu après, il quittait Paris pour se rendre à la cour du grand Frédéric, et l'on n'entendit plus en France que de lointains échos de ses querelles avec le docteur Akakia, puis avec le roi de Prusse. Mais, dès qu'il s'éloigna de Berlin, il fit de nouveau parler de lui.

IV

Le plus célèbre de tous ces petits ouvrages légers, si à la mode alors, celui dont la publication fut le plus difficile, mais dont le succès aussi fut le plus grand, ce fut la *Pucelle*.

Ce poème était déjà écrit depuis longtemps, mais il n'avait encore jamais été imprimé. En 1749, Mme du Châtelet avait voulu faire venir à Cirey le libraire Lambert afin qu'il lui en tirât quelques exemplaires pour elle et ses amis. Mais Voltaire s'y était opposé (4), et c'est seulement en 1755 que la *Jeanne* vit le jour.

---

(1) Longchamp raconte (II, 153) qu'il avait écrit *Zadig* pour la duchesse du Maine et qu'il en avait donné en même temps à imprimer la première moitié à Prault et la seconde à Machuel, pour les faire brocher ensuite lui-même et en conserver la primeur pour la cour de Sceaux. Cette histoire est fausse (v. Bengesco, 1420).
(2) Voltaire à Bernis, 14 oct. 1748, publiée par F. Caussy, *Corresp.*, 25 août 1911.
(3) Bonin à Berryer, 10 septembre 1748. *Archives de la Bastille*, XVI, 293.
(4) Longchamp, II, 189.

Voltaire était déjà passé maître en l'art de manœuvrer au milieu de tous ces règlements vexatoires, qui entravaient tant le commerce des livres, et nous voyons ici, pour la première fois, son adresse à combiner les intrigues les plus savantes pour faire connaître ses œuvres au public.

Après l'aventure tragi-comique de Francfort, Voltaire errait en Alsace, avant de se fixer définitivement en Suisse, quand il est pris d'une soudaine terreur. Il reçoit à Colmar, en novembre 1754, deux lettres qui lui mandent qu'on imprime *la Pucelle* et qu'on l'imprime avec le chant de l'*âne*, tel qu'il l'a d'abord écrit et « non tel qu'il l'a corrigé depuis (1) ». « Il y a là de quoi faire frémir le bon goût et l'honnêteté. C'est le comble de l'opprobre de voir le nom de Voltaire à la tête d'un tel ouvrage (2). » De fait, il est certain que de nombreuses copies manuscrites circulent alors à Paris où on les vend généralement quatre louis (3). « Un nommé Chévrier en parle. M. Pasquier l'a lue tout entière en manuscrit chez un homme de considération qui tient son exemplaire de Mlle de Thil (4). » Il est inévitable que la *Pucelle* tombe entre les mains d'un libraire et même le mal doit être déjà fait : « On me mande qu'elle est imprimée et qu'on la vend un louis à Paris (5). » Qui peut bien avoir commis cette infidélité, se demande le bon apôtre; d'Argental a-t-il eu quelque domestique infidèle ? Non ; ses papiers sont sous clefs. D'autre part, le roi de Prusse n'a jamais eu communication de ce chant de l'*âne*. Donc il doit y avoir eu erreur. Il faut tout de même se renseigner ; et il prie d'Argental d'en parler à Thiériot, de voir Lambert qui « est bien au fait de la librairie (6) ». Puis il se tranquillise un peu.

Cinq mois après, en mai 1755, il s'agite de nouveau. Il est installé avec sa nièce aux Délices, aux environs de Genève. Cette *Jeanne* l'empêche de goûter les charmes de la retraite. Mme Denis écrit à d'Argenson ; elle écrit aussi à Malesherbes, Voltaire prie d'Argental d'aller lui en parler, de tout faire pour empêcher qu'on ne l'imprime (7) ! Dès le reçu de ces lettres, d'Argenson donne des

(1) Voltaire à d'Argental, 7 novembre 1754.
(2) *Ibid*, 24 mai 1755.
(3) Grimm, 1er janvier 1755, II, 466.
(4) Voltaire à d'Argenson, 7 novembre 1754. Cf. *ibid.*, 2 décembre.
(5) Voltaire à d'Argenson, 23 janvier 1755.
(6) *Ibid.*, 7 novembre.
(7) D'Hémery à Berryer, 19 juin 1755. — Nouv. Acq., 1214, 139 et 142. — Cf. *Archives de la Bastille*, XII, 425.

ordres pour qu'on fasse des recherches ; il en avise le lieutenant de police Berryer, qui prévient d'Hémery.

Mais d'Hémery ne découvre rien. Il connaît bien Voltaire d'ailleurs, et il est intimement convaincu que si la *Pucelle* s'imprime, ce ne sera jamais que du consentement de l'auteur et que, si elle se distribue manuscrite à Paris, c'est de Voltaire lui-même que viennent toutes ces copies. Le chevalier de La Morlière, une de ses âmes damnées, n'en a-t-il pas vendu un exemplaire au colporteur Corbie cinquante louis ? (1) et c'était sans doute dans l'espoir qu'il l'imprimerait, de la même façon que trois ans auparavant il avait été chargé par Mᵐᵉ Denis de faire imprimer sa *Défense de Brolingbroke* (2). Il n'y a que ses amis qui en ont : M. d'Argental, Mᵐᵉ de Graffigny, Mᵐᵉ la comtesse de la Marck, M. le duc de La Vallière, qui l'a sûrement montré à Mᵐᵉ la Marquise (3). Voltaire leur en a en effet envoyé à tous (4) ; et la police et d'Argenson lui-même sont mieux renseignés sur ces envois que fait Voltaire que sur les ventes qu'on en aurait déjà faites à Paris pour des prix exorbitants (5). Ils sont même si bien renseignés, qu'ils arrêtent le paquet de toile cirée envoyé à Thiériot, ce qui n'empêche pas celui-ci de le recevoir, ainsi que tous ses amis (6).

Et pendant qu'il fournit tout le monde de copies qui se multiplient rapidement, le malicieux philosophe, de sa retraite de Suisse, cherche toujours qui a bien pu être coupable de ces indiscrétions. Ce doit être Mˡˡᵉ de Thil (7), se dit-il un jour ; puis le lendemain, autre hypothèse ; il a tout découvert, c'est le roi de Prusse qui l'a confié à Darget dans le temps que lui, Voltaire, était encore en France. Frédéric comptait bien que Darget allait la faire imprimer et que le scandale, qui ne manquerait pas de s'ensuivre, forcerait Voltaire à se réfugier à la cour de Potsdam. Et toute cette intrigue aboutissait maintenant à cette lamentable affaire !

(1) D'Hémery à Berryer, 30 août 1755. Nouv. Acq., 1214, 133. — Cf. *Archives de la Bastille*. XII, 428.
(2) *Journal de la librairie*, 22157, 143 r⁰ et 192 r⁰.
(3) D'Hémery à Berryer, 24 juillet. Nouv. Acq., 1214, 142. — Cf. *Archives de la Bastille*, XII, 425.
(4) Voltaire dit à d'Argental (13 juin) qu'il en enverra à M. de La Vallière et à Mᵐᵉ de Pompadour. Il l'envoie à Thiériot, le 22 juillet.
(5) Mille écus au duc de La Vallière. *Ibid*.
(6) *Archives de la Bastille*, XII, 425. — Cf. Voltaire à Thiériot, 22 juillet.
(7) Elle avait été attachée au service de Mᵐᵉ du Châtelet.

« Tous les libraires de l'Europe sont aux aguets... Les copies se multiplient (1). » En effet ; et ce sont les amis de Voltaire qui les font faire. En août, c'est un prêtre qui vend la *Pucelle*, un sieur abbé De la Chaux, lequel « est connu de M. de la Marck et de la maison de Noailles, aussi bien que de Mme de Brancas (2) ». En octobre, il s'en répand deux mille exemplaires à Paris (3) ; « les uns ont douze chants, d'autres quatorze et quinze, quelques-uns dix-neuf. » Quoique Malesherbes défendît rigoureusement toute impression, il n'était pas douteux que la *Pucelle* dût paraître bientôt autrement qu'en manuscrit (4).

Et même si elle n'avait pas été imprimée plus tôt, la faute n'en était pas à Voltaire. Il avait bien compté qu'une des copies qu'il avait envoyées à Paris serait imprimée, mais il avait été déçu. Il s'y prit alors autrement. Si on ne se laisse pas convaincre par toutes les affirmations de cet illustre menteur, voici comment ont dû se passer les choses entre lui et ce Grasset qu'il a tant accusé, tant persécuté, mais qui parait avoir été un assez honnête homme (5) et dont nous avons par ailleurs le témoignage (6).

Grasset venait de séjourner deux ans à Paris comme représentant de la maison Bousquet de Lausanne. Il y avait vaguement entendu parler de la *Pucelle*, et il était sans doute rentré en Suisse, quand il reçut de Voltaire la lettre suivante (7) :

« On m'a renvoyé de Paris, Monsieur, une lettre que vous avez écrite au sieur Corbie. Vous lui mandez que vous allez faire une édition d'un poème intitulé *la Pucelle d'Orléans*, dont vous me croyez l'auteur, et vous le priez de la débiter à Paris. On m'a envoyé, en même temps, des lambeaux du manuscrit que vous achetez. Je dois vous avertir que vous ne pouvez faire un plus mauvais marché ; que ce manuscrit n'est point de moi ; que c'est une infâme rapsodie aussi plate, aussi grossière qu'indécente ; qu'elle a été fabriquée sur l'ancien plan d'un ouvrage que j'avais

---

(1) Voltaire à d'Argenson, 15 juin.
(2) D'Hémery à Berryer, Nouv. Acq., 1214, 152.
(3) « Les copies s'en sont si fort multipliées qu'il n'y a pas de maison où il n'y en ait au moins une ». Thiériot à Voltaire, 1er octobre. (*R. Hist. litt.*, 1908.)
(4) Collé, *Journal*, octobre 1755, II. 34. — Cf. 22151, 113.
(5) Il avait les contre-seings du chancelier, de d'Argenson et de Berryer, et ce dernier signait les lettres qu'il lui adressait avec un grand « Votre très humble ». Voltaire à d'Argenson, 20 août 1755.
(6) Grasset a laissé des mémoires qui sont cités dans Gaullieur, *Études sur l'histoire littéraire de la Suisse française* (p. 215, sqq.). Grasset, dans ce récit de l'affaire, donne des dates très précises et qui concordent avec celles de Voltaire.
(7) Voltaire à Grasset, 26 mai, n° 2921 de l'édition Moland.

ébauché il y a trente ans ; que c'est l'ouvrage d'un homme qui ne connaît ni la poésie, ni le bon sens, ni les mœurs ; que vous n'en vendriez jamais cent exemplaires ; et qu'il ne vous resterait, après avoir vendu votre ouvrage, que la honte et le danger d'avoir imprimé un ouvrage scandaleux. J'espère que vous profiterez de l'avis que je vous donne ; je serai d'ailleurs aussi empressé à vous rendre service qu'à vous instruire du mauvais marché qu'on vous propose. »

La lettre est bien aimable pour être adressée à un voleur ; et cette phrase finale : « J'espère que vous profiterez... » n'a-t-elle pas l'air d'une proposition, d'une invitation à imprimer ? Grasset d'ailleurs protesta qu'il n'avait jamais acheté un manuscrit si plein d'infamies.

Cependant Voltaire fait faire des démarches à Paris pour que personne et surtout Corbie n'y imprime rien (1) ; et il cherche encore à voir Grasset (2). Enfin, comme Grasset ne comprend toujours pas ou ne veut pas comprendre, Voltaire lui fait écrire par Colini, son secrétaire, le 10 juin 1755 : « M. de Voltaire sait qu'il y a à Lausanne une copie extrêmement incorrecte de ce manuscrit. Si ceux qui le possèdent avaient voulu avoir le véritable ouvrage qui est du double plus considérable, j'aurais pu le leur procurer avec la permission de l'auteur (3). » Et, comme Grasset ne mettait pas encore assez d'empressement à venir, Colini écrivait de nouveau le 18 juillet : « Vous ferez fort bien de venir vous présenter vous-même à une personne satisfaite de vos procédés et qui vous rendra tous les bons offices qui dépendront d'elle » ; et le 22 : « Si vous pouvez venir sur-le-champ et apporter les papiers que vous savez, vous ne serez pas mécontent de votre voyage. »

Pendant qu'il cherchait si opiniâtrément à voir Grasset, Voltaire prenait ses précautions pour désavouer l'édition dès qu'elle serait faite ou pour expliquer ses démarches, si elles échouaient, et il racontait à d'Argental que ce coquin de Grasset avait rapporté de Paris « une copie infâme et détestable », que peut-être même il avait déjà mise sous presse (4).

---

(1) Voltaire à Richelieu, 26 mai ; à d'Argenson, 28 mai.
(2) Voltaire à Breules, 6 juin.
(3) Gaullieur, p. 216.
(4) Voltaire à d'Argenson, 23 juin : D'Argental, facilement convaincu par Voltaire, chercha à persuader Malesherbes, qui, avec plus de perspicacité, avait sans

Enfin, le 22 juillet, Grasset, qui partait faire en Espagne un voyage d'affaires, passe à Genève. Colini va l'y chercher et le mène aux Délices ; il y déjeune avec Mᵐᵉ Denis, il y voit Voltaire, mais celui-ci comprend sans doute tout de suite qu'il n'y a rien à faire avec lui ; il se contente de lui exprimer sa satisfaction « de tout ce qu'il dit sur la prétendue impression du livre qui lui donnait tant d'inquiétude (1) » ; et il l'invite à dîner pour le lendemain. Mais soit pour se venger de cet échec, soit plutôt pour se réserver un moyen de désavouer les éditions futures, il combine toute une petite intrigue. Il prie Grasset de lui rendre en ville un service concernant ce malheureux manuscrit ; Grasset s'en défend longtemps, enfin s'en charge, et, quand le lendemain il vient lui en rendre compte, Voltaire lui fait une scène fort désagréable (2), part aussitôt à la ville, chez le magistrat, et fait arrêter le pauvre Grasset, qui ne resta d'ailleurs qu'une nuit en prison, les syndics lui ayant promptement rendu justice. Le lendemain, il partait pour l'Espagne.

Mais Voltaire raconte à tout le monde que Grasset lui a proposé pour cinquante louis d'or un manuscrit infâme de la *Pucelle* fait par « le laquais d'un athée (3) », qu'indigné, il l'a aussitôt fait arrêter, et que le malheureux a avoué sa complicité avec un capucin défroqué, un certain Maubert, qui se trouve ainsi introduit dans cette histoire et qui va y jouer un rôle important (4). Voltaire explique qu'il tient ce manuscrit du fils de M. de Montolieu, lequel le tient lui-même d'un certain fripon, nommé Tinois. Il en écrit au roi de Prusse, à la Margrave de Baireuth, et tout le monde est ainsi bien prévenu, quand l'édition se fait enfin par les soins dudit Maubert, à Francfort.

Voltaire savait fort bien à la fin de l'année que cette édition

doute deviné le secret de l'intrigue (d'Argenson à Malesherbes, septembre 1755. — Nouv. Acq., 3346, 79).

(1) Mémoires de Grasset. Gaullieur, p. 216.

(2) Mᵐᵉ Dufournet, la fille de Grasset, a même raconté, dans le *Journal de Lausanne* du 16 février 1793, que Voltaire, « gonflé de fureur », avait sauté à la gorge du libraire en criant au voleur, à l'assassin, et en ameutant ses gens. (Voir Desnoiresterres, V, 112.)

(3) Wagnière, *Mém.*, I, 25, qui dit, à tort d'ailleurs, « en 1756 ». — Voltaire à M. le Premier Syndic du Conseil de Genève, 2 août. — Voltaire à Darget, 5 août, à Polier de Bottens, à Breules, etc.

(4) Il était l'auteur d'un *Testament politique d'Albéroni*, et connu comme l'ennemi de Voltaire (d'Alembert à Voltaire, 13 décembre 1755). Maubert avait bien un manuscrit de la *Pucelle*. Il l'avait montré à Covelle, et celui-ci en avait copié dix-sept vers qu'il avait donnés à Grasset. C'est tout ce que Grasset posséda jamais de la *Pucelle* (Gaullieur, p. 217).

était toute prête et qu'elle allait bientôt paraitre à Paris (1). Il se demandait s'il n'allait pas encore publier une protestation dans un journal, mais il en avait déjà fait assez pour se mettre à l'abri. Il se contentait de se plaindre aux magistrats de Genève, dont il était beaucoup plus près que de Paris. Il obtenait leur promesse « d'empêcher cette capucinade effrontée d'entrer dans leur petit district (2) » et il faisait saisir un mémoire que Grasset avait envoyé à Bousquet, sur la lecture duquel le Conseil de Genève décernait un décret de prise de corps contre Grasset. Mais celui-ci était à Marseille, loin des affaires de Genève (3).

Plusieurs autres éditions paraissaient presque en même temps (4). Voltaire accusait même La Beaumelle d'en avoir fait une en Hollande sur un manuscrit qu'il lui avait envoyé de Paris (5). Tout le bruit qu'il avait fait autour de cette affaire attirait forcément l'attention sur la publication de la *Pucelle*, qu'on attendait depuis longtemps ; et c'est sans doute ce que souhaitait l'auteur.

Quand le livre fut bien lu par tout le monde, deux ans plus tard, en août 1757, un arrêt du Parlement le condamna avec d'autres ouvrages du même genre. Huit particuliers, imprimeurs, relieurs étaient condamnés en même temps au carcan dans la Grève et à trois ans de bannissement. Un sieur de la Martelière, auteur de vers, était envoyé, par contumace il est vrai, aux galères pour neuf ans, et un abbé de Capmartin encourait la même peine, comme « auteur d'écrits tendant à troubler la tranquillité de l'Etat (6) ».

Telles étaient les sévères condamnations auxquelles on s'exposait en écrivant ou en vendant des ouvrages défendus ; mais elles n'étaient pas fréquentes.

Les occasions ne faisaient cependant pas défaut pour les prononcer. Car, à côté de ces petits livres plus ou moins scandaleux

(1) Voltaire à d'Argental, 29 octobre ; à Brenles, 24 octobre.
(2) Voltaire à Polier de Botens, 14 novembre.
(3) Voltaire à Bertrand, 26 septembre. — Voltaire semble s'être réconcilié par la suite avec Grasset. En 1765, il le recommandait à Marin, le secrétaire de la librairie (Marin à Voltaire, 5 mai 1765, *Mercure de France*, 1908).
(4) Bengesco note, outre l'édition princeps de Francfort (Louvain) (477), deux éditions de Louvain, 1755, trois de 1756, Paris, Genève et Londres, deux de 1757, Amsterdam et Genève, et deux de 1758, Londres (478-483) ; il ne parle pas de celle de La Beaumelle.
(5) Nouv. Acq., 3348, 206. — Voltaire à d'Argental, 1er novembre 1756. — Voltaire donna une édition avouée chez les Cramer en 1762 (Longchamp. *Mém.*, II, 187).
(6) Barbier, septembre 1757, VI, 577.

et généralement poursuivis, il en paraissait beaucoup d'autres dont les maximes, quoique bien autrement graves et sérieuses, n'en étaient pas moins rigoureusement défendues. C'est pendant l'administration de Malesherbes que paraissent les ouvrages les plus importants des philosophes. Tandis que les gens du monde s'amusent encore à la lecture des pamphlets et des contes licencieux, les hommes de lettres pensent dans la retraite et le silence et commencent à faire part au public du résultat de leurs méditations ; et les colporteurs, habitués jusque-là à vendre les petits ouvrages condamnés que nous avons vus, vont désormais se charger de distribuer à leurs clients les livres les plus sérieux et les plus volumineux.

Les premiers colporteurs de l'*Encyclopédie* en sont un peu effrayés ; mais ils reconnaissent vite dans le Dictionnaire condamné leur marchandise ordinaire. L'un d'eux vient dire à Diderot :

> Je ne blâme ici que la forme
> Et par ma foi, j'en suis fâché ;
> Cet écrit, sans sa masse énorme,
> Pourrait être un écrin caché.
> Si sa taille était plus petite,
> J'en répandrais incognito,
> Car il a, dit-on, le mérite
> De ce qu'on vend sous le manteau.
> J'y voudrais pourtant une chose,
> C'est qu'il eût été défendu ;
> Pour cela seul sans autre cause
> Il serait alors bien vendu (1).

Ce colporteur ne tarda pas à être servi à souhait.

(1) *Dialogue entre un colporteur et Diderot dans la boutique d'un libraire sur le Dictionnaire de l'Encyclopédie.* — 22156, 118.

CHAPITRE III

LES DÉBUTS DE L'ENCYCLOPÉDIE (1746-1753)

I. Diderot et l'organisation de l'*Encyclopédie*. — II. Premières difficultés. Emprisonnement de Diderot, 1749. Apparition du premier tome, novembre 1750. Nouvelles difficultés. — III. La thèse de l'abbé de Prades, novembre 1751. Sa condamnation. — IV. La condamnation de l'*Encyclopédie*, février 1752. — V. *L'Apologie de l'abbé de Prades*. Reprise de l'*Encyclopédie*.

I

L'*Encyclopédie* est la grande entreprise du dix-huitième siècle. On ne saurait exagérer son importance. L'histoire de sa publication est comme un symbole de toute l'histoire des idées sous le règne de Louis XV. Avant son apparition, les philosophes sont quelques hommes de lettres isolés et peu écoutés. Quand son dernier volume a paru, ils forment un parti puissant et universellement respecté (1). C'est que pendant vingt ans, en même temps qu'ils vont réfléchir et fixer les principes de leur système, les Encyclopédistes vont être assez habiles pour se faire entendre du public malgré tant d'obstacles qu'on va leur opposer. C'est autour du célèbre Dictionnaire, que va se livrer la grande bataille littéraire du siècle.

On sait quelle est l'origine de l'*Encyclopédie*, comment la première idée en vint aux libraires Le Breton et Briasson, qui voulaient faire traduire l'ouvrage de Chambers par Mills et Godefroy Sallius, et comment, ce premier projet ayant avorté,

---

(1) Ce parti n'est peut-être que la franc-maçonnerie. M. Lanson, dans son très intéressant article de la *Revue d'histoire littéraire* (1912), *Questions diverses sur l'histoire de l'esprit philosophique en France avant 1750*, a publié quelques documents très curieux sur les origines maçonniques de l'*Encyclopédie*.

ils s'adressèrent à Diderot, qui travaillait alors avec Eidous et Toussaint à la traduction du Dictionnaire de médecine de James (1).

En 1745 Diderot était peu connu du public, et, chose piquante, c'est par le pieux chancelier d'Aguesseau qu'il fut recommandé à Le Breton. D'Aguesseau scella le 21 janvier 1746 le privilège de l'*Encyclopédie* pour Le Breton qui en céda la moitié à Briasson, David et Durand (2).

Diderot avait accepté avec enthousiasme de diriger cette entreprise à laquelle il allait se consacrer pendant vingt années. Il avait immédiatement abandonné l'idée primitive des libraires, pour concevoir un plan autrement vaste et original. Au lieu d'une simple traduction, il voulait faire une Somme des connaissances de son temps, y réserver une large place à toutes les questions scientifiques, y consigner les résultats acquis dans tous les domaines techniques, y traiter les problèmes philosophiques selon l'esprit rationaliste du siècle. C'était une grande œuvre de reconstruction qu'il entreprenait, et, pour remplacer le vieil édifice de la théologie autoritaire qu'il allait achever d'ébranler, il voulait bâtir un immense palais pour les temps nouveaux selon la méthode scientifique, positiviste même, pourrait-on presque dire (3).

C'est pour travailler à ce grand ouvrage que Diderot rassemblait autour de lui tous les savants et tous les philosophes. Il faisait appel à toutes les compétences et à toutes les célébrités. Montesquieu et Buffon, à défaut de longs articles, lui donnaient leurs noms. Quesnay et Forbonnais allaient collaborer pour l'économie politique, d'Holbach pour la chimie et la minéralogie, La Condamine pour les sciences, Duclos pour les mœurs, Du Marsais pour la grammaire, Des Brosses pour l'histoire ancienne, Morellet et Yvon pour la théologie, etc., etc. Enfin l'infatigable chevalier de Jaucourt devenait l'esclave de l'*Encyclopédie*, et d'Alembert était un des premiers à donner à Diderot

---

(1) Voir la notice d'Assézat dans l'édition des Œuvres de Diderot, XIII.
(2) 22086. *Mémoire* pour Luneau de Boisjermain.
(3) « Je distingue deux moyens de cultiver les sciences, dit-il dans l'article *Encyclopédie*, l'un d'augmenter la masse des connaissances par des découvertes, et c'est ainsi qu'on mérite le nom d'inventeur; l'autre de rapprocher les découvertes et de les ordonner entre elles, afin que plus d'hommes soient éclairés et que chacun participe, selon sa portée, à la lumière de son siècle. » Et plus loin : « Le caractère que doit avoir un bon dictionnaire est de changer la façon commune de penser. »

pour cette œuvre colossale le concours de sa science et de son autorité.

Jusque-là les hommes de lettres, sans s'ignorer tout à fait, étaient peu unis ; ils n'agissaient pas de concert vers un but commun ; ils étaient comme des francs-tireurs isolés. Mais, vers 1750, leur armée s'organise et se discipline. Ils ont déjà été en butte à une première persécution, ils vont avoir à en subir d'autres. Ces attaques vont les rendre eux-mêmes plus agressifs, au moment où, grâce à l'*Encyclopédie*, ils vont se mieux connaître. Le temps est venu où ils vont divulguer leurs idées dans une société qui est toute prête à les recevoir. « Ce livre d'*Encyclopédie* est encore un livre rare, cher, abstrait, qui ne pourra être lu que des gens d'esprit, amateurs de science, et le nombre en est petit (1). » Mais il va s'accroître rapidement. « Je ne sais si j'ai trop bonne opinion de mon siècle, dit alors Duclos, mais il me semble qu'il y a une certaine fermentation universelle... dont on pourrait diriger et hâter les progrès par une éducation bien entendue (2). »

C'est cette éducation que nos philosophes entreprirent de donner au public. « La suite et l'application qu'ils mirent à faire des prosélytes, dit Dutens (3), les rendirent maîtres des esprits pendant quelque temps... Ils vinrent à bout enfin de mettre au jour l'*Encyclopédie*... Une foule d'écrivains parut sur la scène, sûrs d'être bien accueillis, s'ils ornaient leurs ouvrages de quelque lieu commun contre les choses les plus saintes et les plus respectables. »

II

C'est en novembre 1750 que parut le *Prospectus de l'Encyclopédie* et le premier volume était presque terminé au début de 1751. Cependant Diderot avait eu à surmonter bien des difficultés. En 1746, « il était déjà noté chez beaucoup de dévots pour la liberté de penser » et on l'avait dénoncé à d'Aguesseau comme suspect. Mais le pieux chancelier avait été enchanté de quelques traits de génie qui éclatèrent dans une conversation qu'il eut avec

(1) Barbier, V, 152.
(2) Voir Ducros, *Les Encyclopédistes*, p. 134.
(3) II, p. 73.

lui, et il prit seulement le soin de nommer les censeurs lui-même et de choisir un théologien pour les articles de théologie et de métaphysique, un avocat pour ceux de jurisprudence et un homme compétent dans chaque spécialité (1).

En 1749, le travail fut suspendu par l'emprisonnement de Diderot au moment même où on allait mettre sous presse (2). Les libraires étaient fort inquiets. Ils avaient déjà avancé plus de quatre-vingt mille livres, ils comptaient que l'ouvrage en coûterait au moins deux cent cinquante, et Diderot, « homme d'un mérite et d'une probité reconnus », était le seul homme de lettres capable d'une aussi vaste entreprise. « Il possédait seul la clef de cette opération et sa détention pouvait entraîner leur ruine (3). » Mais nous avons vu qu'ils eurent bientôt gain de cause. Diderot fut relâché en novembre 1749.

Un an après, en novembre 1750, il publiait son *Prospectus* en tête duquel il écrivait : « L'ouvrage que nous annonçons n'est pas un ouvrage à faire. Le manuscrit et les dessins en sont complets. Nous pouvons assurer qu'il n'aura pas moins de huit volumes et de six cents planches et que les volumes se succéderont sans interruption », paroles pleines de confiance dans l'avenir et que l'événement devait cruellement démentir. Mais c'était l'enthousiasme du succès qui animait alors Diderot. Il faisait une énumération de toutes les matières dont traiterait le Dictionnaire encyclopédique, il traçait d'après le principe de Bacon un vaste tableau des connaissances humaines, il affirmait que « cet ouvrage pourrait tenir lieu de bibliothèque dans tous les genres à un homme du monde et dans tous les genres excepté le sien à un savant de profession... qu'il contribuerait à la certitude et au progrès des connaissances humaines et qu'en multipliant le nombre des vrais savants, des artistes distingués et des amateurs éclairés il répandrait dans la société de nouveaux avantages ». Enfin il concluait, plein d'optimisme, en espérant que « le concours d'un aussi grand nombre de circonstances telles que les lumières de ceux qui ont

(1) Malesherbes, *Liberté de la presse*, p. 89.
(2) D'Alembert à Cramer, 16 juin 1748. *Correspondance inédite* de d'Alembert, p. p. Henry, p. 12.
(3) *Archives de la Bastille*, XII, 331. Les libraires associés adressèrent deux placets au comte d'Argenson pour lui représenter que Diderot ne pouvait absolument pas travailler à Vincennes, qu'il avait besoin d'aller perpétuellement à la Bibliothèque royale, de consulter un nombre considérable d'ouvriers, d'être en relations constantes avec ses collaborateurs et de surveiller les dessinateurs et les graveurs (Nouv. Acq., 1311, 8. Cf. Assézat et Tourneux, *OEuvres* de Diderot, XX, 111).

travaillé à l'ouvrage, les secours des personnes qui s'y sont intéressées et l'émulation des éditeurs et libraires, produirait quelque bon effet (1) ». Les souscriptions étaient reçues jusqu'au 1er mai 1751 pour deux cent quatre-vingts livres (2).

Aussitôt paru, ce *Prospectus* est fort goûté (3). Il est vrai que les Jésuites, qui flairent dans l'*Encyclopédie* un dangereux adversaire, sont peu enthousiastes. Le *Journal de Trévoux* en fait, dans son numéro de janvier, un éloge assez ironique, qui n'est pas sans faire une grande impression sur l'esprit du public et sans inquiéter beaucoup les libraires (4). Mais Diderot répond aussitôt au P. Berthier par une lettre non moins ironique, à la suite de laquelle il insère l'article *Art*.

En juillet 1751, le premier volume paraît, les souscriptions ne sont plus reçues pour deux cent quatre-vingts livres, il en faut maintenant payer trois cent soixante-douze, et l'on continue de souscrire (5). Ce premier volume remporte autant de succès que le *Prospectus* de Diderot. C'est aussi qu'il contient le *Discours préliminaire* de d'Alembert, qui y a tracé un vaste tableau généalogique des connaissances humaines, qui y a donné une explication sensualiste de leur origine et qui, après avoir fait l'histoire des progrès de l'esprit humain depuis la Renaissance, a dressé le plan du nouveau dictionnaire destiné à accélérer ces progrès et à en consigner les résultats acquis.

Ce *Discours* suscite un grand enthousiasme. Montesquieu trouve que c'est « une chose forte, une chose charmante, une chose précieuse (6) ». Voltaire compare d'Alembert à Descartes. On lit avec avidité ce premier volume (7). Le *Journal de Trévoux* lui-même est obligé de faire des éloges aux encyclopédistes, quoiqu'il y mêle quelques remarques amères sur les articles empruntés au *Dictionnaire de Trévoux* (8).

Mais, après ce grand succès, il se produit soudain dans les esprits une de ces révolutions comme on n'en voit qu'en France (9).

(1) *Œuvres* de Diderot, XIII, 144.
(2) Voir le modèle de Reconnaissance de souscription à la page 10 du *Mémoire* du 15 avril 1771 pour Luneau de Boisjermain.
(3) *Mercure*, de décembre 1750.
(4) *Journal de la librairie*, 22.156, 22, v°.
(5) Grimm, 16 novembre 1750, I, 486.
(6) Lettre de Montesquieu à d'Alembert (voir Damiron, *Mém. sur l'hist. de la philosophie au dix-huitième siècle*).
(7) De La Porte, 1781, p. 18.
(8) Janvier-février-mars 1752.
(9) Grimm, 20 septembre 1751, II, 101.

On trouve que l'exécution laisse à désirer, qu'il y a bien des critiques à faire. On se met à lancer des épigrammes contre l'*Encyclopédie* (1). Clément, qui a d'abord été très élogieux, trouve bientôt Diderot « verbeux, dissertateur, enclin à la digression... M. Diderot nous inondera de mots et de phrases. C'est le cri universel contre son premier volume » ; il reconnaît bien qu'« un fond de choses infiniment riche et un grand goût de bonne philosophie couvrent toutes ces superfluités ». Mais cette bonne philosophie elle-même commence à effrayer un peu ; on trouve « plusieurs endroits où la religion n'est pas respectée » ; il s'élève un cri universel contre l'*Encyclopédie* (2).

Son plus ardent ennemi était Boyer, l'ancien évêque de Mirepoix, qui avait la feuille des bénéfices. « Il porta ses plaintes au roi lui-même, et lui dit, les larmes aux yeux, qu'on ne pouvait plus lui dissimuler que la religion allait être perdue dans son royaume. Le chancelier Lamoignon, successeur de M. d'Aguesseau (3), était un magistrat aussi religieux qu'aucun évêque du royaume et que l'évêque de Mirepoix lui-même. Il jugea cependant qu'il ne fallait pas ruiner quatre familles de libraires, manquer aux engagements pris avec les souscripteurs pour des sommes considérables, et priver le public de l'ouvrage que M. d'Aguesseau avait regardé comme le plus utile qui pût paraître, parce qu'il y avait quelques propositions condamnables dans le premier volume : il pensa qu'il suffirait de prendre des mesures pour qu'il ne s'en trouvât plus dans les tomes suivants. »

« On m'ordonna d'en conférer avec M. l'évêque de Mirepoix, ajoute Malesherbes (4). Il me dit qu'on avait trompé les censeurs nommés par M. d'Aguesseau, en insérant dans les articles de médecine, de physique ou d'autres sciences profanes, des erreurs qui ne pouvaient être aperçues que par un théologien. Je lui offris de censurer tous les articles sans exception, par des théologiens qu'il choisirait lui-même. Il accepta ma proposition avec joie, et me nomma les abbés Tamponnet, Millet et Cotterel, qui étaient ceux en qui il avait le plus de confiance.

» Les tomes II, III, IV, V, VI et VII de l'*Encyclopédie* ont été

---

(1) 22156, 118.
(2) *Journal de Trévoux*, mars 1752, et les bons Pères ajoutent naïvement : « Sur quoi nous prions sincèrement tous ceux qui mettent la main à cet ouvrage d'être infiniment circonspects sur un point d'une si grande importance. »
(3) Lamoignon de Blancmesnil, le père de Malesherbes.
(4) *Liberté de la presse*, p. 90.

censurés en entier par ces trois docteurs. Il n'y a pas un seul article dont le manuscrit n'ait été paraphé par un des trois. »

Grâce à cette médiation de Malesherbes, l'*Encyclopédie* ne s'arrêta pas au premier volume, comme elle en avait été menacée. Mais elle faillit bien ne pas aller plus loin que le second.

III

Un nouvel orage ne tarda pas, en effet, à éclater sur elle. L'occasion en fut une thèse soutenue en Sorbonne, dernier endroit à coup sûr où la philosophie dût se produire ; mais l'audace des jeunes ambitions ne lui manquait pas, et c'est par des coups de ce genre qu'elle devait peu à peu s'imposer.

L'abbé de Prades était un jeune bachelier qui se préparait, vers 1750, à subir en Sorbonne les épreuves de la licence en théologie (1). Comme il connaissait plusieurs hommes de lettres, et entre autres Diderot et Toussaint, il ne voulut pas présenter sa thèse sans leur demander leur avis sur le sujet qu'il traitait. Diderot, qui n'avait pas l'habitude d'être consulté sur des thèses de théologie, sauta sur l'occasion pour développer longuement à son jeune ami, dans une de ces conversations brillantes où il excellait, force propositions assez peu orthodoxes. Bref, il lui en dit tant et si bien que l'abbé de Prades, converti à ses paradoxes, changea plusieurs passages de sa thèse (2).

Il la présenta alors au syndic qui, selon la règle, devait la signer, ainsi que le président du jury, avant la soutenance. Se doutant bien qu'il pourrait avoir quelques difficultés, si elle était lue attentivement, il la fit imprimer en caractères extrêmement fins et la déposa à un moment où il savait que le syndic, vieillard d'ailleurs âgé de plus de soixante-dix ans, était accablé d'affaires. Il vint ensuite lui réclamer la signature si fréquemment et avec tant d'insistance que le pauvre homme, pour se débarrasser de ses importunités, signa un beau jour sans avoir rien lu. Tout heureux, l'abbé de Prades courut alors chez le

---

(1) *Mémoires* de Luynes, XI, 369. *Journal* de Barbier, V, 146-153. *Mémoires* d'Argenson, VII, 30, 47, 56, 63, 80, 95.
(2) Luynes, XI, 369.

président qui, voyant la signature du syndic, ne fit aucune difficulté pour y joindre la sienne (1).

C'est ainsi qu'il fut admis le 18 novembre 1751 à soutenir publiquement sa thèse. La séance dura douze heures. On ne fit aucune attention aux propositions dangereuses qui y étaient semées. « Les quatre censeurs qui assistaient toujours aux thèses furent bien étonnés de voir tout à coup un de ceux qui étaient venus pour argumenter, se lever, en disant, en latin suivant l'usage, qu'il venait soutenir la cause de Jésus-Christ (2). » Néanmoins, la thèse fut fort applaudie et il n'y eut pas une boule noire.

Ce n'est que quatre jours après que quelqu'un s'avisa de l'examiner de plus près et y découvrit des propositions pernicieuses, dangereuses et tendant à l'athéisme. La chronologie de la Genèse y était peu respectée; la croyance à la spiritualité de l'âme y était représentée comme fort douteuse, mais une phrase surtout paraissait très scandaleuse : « Ergo omnes morborum curationes a Christo peractæ, si seorsim sumuntur a prophetiis, quæ in eas aliquid divini refundunt, æquivoca sunt miracula, utpote illarum habent vultum et habitum in aliquibus curationes ab Esculapio factæ. »

A vrai dire, l'audace philosophique de ces assertions n'émut d'abord le public que fort peu. Le marquis d'Argenson trouvait « ces matières théologiques si délicates et si embrouillées qu'à moins de copier les Saints Pères *de verbo ad verbum*, il serait facile d'exagérer les sujets de scandale aux ignorants et aux gens du monde (3) », tandis que l'honnête Barbier estimait « ces propositions trop fines et trop délicates et qu'en bonne police on ne devrait point admettre toutes ces disputes de l'Ecole fondées sur des distinctions et des interprétations des passages de l'Ecriture (4) ». Il n'en est pas moins vrai que si on n'appuyait la croyance aux miracles de Jésus-Christ que sur les prophéties, et si on les rabaissait au niveau de ceux d'Apollonius de Thyane et d'Esculape, on enlevait à la religion un des principaux arguments sur quoi elle se fondait; et que, pour peu qu'on rapprochât ces assertions de toutes les propositions ironiques que Voltaire

---

(1) Luynes, XI, 369 et 434.
(2) *Ibid.*, XI, 369.
(3) 25 décembre. VII, 56.
(4) Janvier 1752. V, 117.

commençait à insinuer sur les prophéties, on portait un coup terrible à l'apologétique.

IV

C'est peut-être ce que virent les Jésuites et leur parti, à moins que ce ne fût surtout la publication de l'*Encyclopédie* et la querelle qu'elle avait suscitée l'hiver précédent entre les philosophes et les journalistes de Trévoux qui les décidèrent à intriguer contre cette thèse d'un ami de Diderot (1). Ils réussirent à émouvoir l'opinion publique et les autorités ecclésiastiques à la fois contre la thèse de l'abbé de Prades et contre le célèbre Dictionnaire.

La Sorbonne s'émut du scandale ainsi provoqué; on s'y remuait beaucoup en décembre: le bruit courait que le président de la thèse et le prieur allaient être repris pour l'avoir signée sans l'avoir lue, que l'abbé allait être suspendu de son ministère jusqu'à sa rétractation et que l'autorité royale allait l'exiler (2). Prades demanda à être entendu pour se justifier; on le lui refusa. La Sorbonne se réunissait très fréquemment, discutait, examinait, nommait des commissaires, intriguait. Tous les religieux qui en faisaient partie étaient déchaînés contre Prades. On lui reprochait ses liaisons avec les philosophes; on disait que les Encyclopédistes avaient voulu par le moyen de cette thèse tâter le terrain et se donner des garanties pour le cas où ils seraient inquiétés : une fois leurs idées approuvées en Sorbonne, ils seraient bien libres de les développer dans leur Dictionnaire. Or l'*Encyclopédie* était très mal vue des Cordeliers parce que D'Alembert et Diderot dans le premier volume s'étaient un peu égayés sur le compte de Scot, un des grands docteurs de l'ordre de Saint-François. On avait même publié pour répondre à ces attaques une petite brochure, à laquelle était jointe une estampe représentant un cordelier qui donnait le fouet à Diderot (3). D'autre part, les Jésuites étaient furieux de voir paraître un ouvrage important dont ils n'étaient ni les éditeurs ni les protec-

---

(1) Diderot craignit toujours de voir son ouvrage repris par les Jésuites. « Le danger auquel il faudra principalement obvier et que nous aurons prévu, dit-il dans l'article *Encyclopédie*, c'est que le soin des éditions subséquentes ne soit pas abandonné au despotisme d'une société, d'une compagnie, quelle qu'elle puisse être. »
(2) D'Argenson, 11 et 31 décembre 1751, VII, 47 et 56.
(3) Barbier, janvier 1752, V, 149-153.

teurs. Ils voulaient détruire, s'il en était encore temps, cette puissance rivale de la leur et qui semblait devoir être plus dangereuse encore que le jansénisme.

Aussi on cabalait ferme à la Faculté, afin de faire passer l'abbé de Prades pour un impie et d'arrêter la publication de l'*Encyclopédie*, dont le second volume était sous presse. Le 25 janvier on arrivait enfin à réunir quatre-vingt-douze voix contre cinquante-quatre pour décider que la fameuse thèse serait condamnée, que l'abbé de Prades serait exclu et rayé de la licence. Cette censure était confirmée dans la séance générale et extraordinaire du 27; elle était imprimée et publiée à la fin du mois (1).

Mais on n'avait pas pu empêcher que, deux jours avant, le second volume de l'*Encyclopédie* ne parût et ne fût délivré aux souscripteurs. Les libraires s'étaient même donné beaucoup de mouvements, cherchant à en avoir du débit et voulant « empêcher toutes les satires qu'on faisait contre cet ouvrage (2) ».

Aussi ne s'en tint-on pas à cette simple condamnation, et, pendant que les esprits frondeurs chansonnaient la censure (3), on intriguait auprès de l'archevêque qui publiait un mandement le 29. Ce mandement condamnait la thèse comme contenant plusieurs propositions « fausses, captieuses, blasphématoires, erronées, hérétiques », prononçait l'interdiction contre l'abbé de Prades et s'étendait longuement sur ses opinions dangereuses. L'archevêque profitait même de l'occasion pour protester contre le déisme et le matérialisme régnant, faisant des allusions transparentes à l'*Encyclopédie* (4).

C'était faire le jeu de ses adversaires, et s'attacher à répandre dans le public des idées qu'on aurait dû laisser dans des thèses latines ou dans des in-folio coûteux. Les Jésuites, aussi zélés que maladroits, faisaient crier ce mandement dans tout Paris et le donnaient si bon marché que des gens de boutique même l'achetaient (5). Pour faire encore plus de bruit, le *Journal de Trévoux* tonnait toujours contre l'*Encyclopédie* et « les pauvres jansénistes, qui auraient voulu ravir aux Jésuites l'honneur de haïr

---

(1) 22092, 65. Arch. Nat. MM 257, f° 387.
(2) *Journal de la librairie*, 22157, 18, r°.
(3) Voir Barbier, V, 152.
(4) 22092, 66.
(5) Barbier, V, 153.

encore davantage les matérialistes », la critiquaient aussi âprement dans les *Nouvelles ecclésiastiques* (1).

V

Enfin, à force d'intrigues et grâce à l'influence de M. de Mirepoix, les Jésuites arrivaient à leurs fins; le 7 février un Arrêt du Conseil était rendu qui supprimait les deux premiers volumes du *Dictionnaire encyclopédique*.

Malesherbes patronnait l'*Encyclopédie*, il la protégeait contre les critiques; il avait même, voyant cette crise dangereuse, donné l'hospitalité de sa maison aux papiers que Diderot avait réunis en vue de la suite de l'ouvrage (2); enfin il avait ordonné qu'on en arrêtât seulement le débit pour y mettre des cartons, quand survint l'arrêt tranchant du Conseil. Il reçut même vraisemblablement l'ordre de faire faire une saisie, mais les officiers de la Chambre syndicale de la librairie s'y refusèrent, ce dont on ne s'étonnera pas trop, quand on saura que Michel-Antoine David, un des imprimeurs de l'*Encyclopédie*, était alors adjoint de la Communauté (3).

Le 12 on publia un arrêt qui « supprimait l'*Encyclopédie* avec des qualifications épouvantables comme de révolte à Dieu et à l'autorité royale et de corruption des mœurs ». On s'en alarma beaucoup; d'Argenson pensa aussitôt qu'on n'allait pas « pouvoir s'empêcher de rechercher les auteurs et de faire informer contre eux », et déclara que l'Inquisition jésuitique allait régner en France (4). En effet Diderot, qui était le plus dangereusement compromis, prenait la fuite, ne voulant pas risquer un second embastillement, et, le 21, Malesherbes faisait une visite solennelle chez Le Breton, muni d'une lettre de cachet pour saisir tous les manuscrits originaux du Dictionnaire et les planches de gravure. Naturellement il ne trouvait rien, puisque tout était chez lui (5).

(1) D'Argenson, 5 février, VII, 95.
(2) *Mémoires* de Mme de Vandeul. Ed. Assézat et Tourneux. T. I, p. XLV.
(3) Barbier, février 1752, V, 157. — Lottin, p. 224.
(4) D'Argenson, VII, 109.
(5) Barbier, février 1752, V, 168. Barbier semble confirmer le récit de Mme de Vandeul, puisqu'il dit au sujet de cette visite : « Le Breton n'avait pas ce manuscrit même pour le troisième tome. Il est certain que M. Diderot, le principal éditeur et un des libraires ont porté et remis tous les manuscrits à M. de Lamoignon de Malesherbes. »

D'autre part, quelques personnes plus sceptiques se disaient qu'en somme, cet arrêt ne défendait pas de continuer l'impression du troisième tome, qu'on ne l'avait peut-être rendu que pour satisfaire les Jésuites et pour justifier le mandement de l'archevêque et même pour prévenir le Parlement qui aurait pu être plus sévère.

Les ennemis des philosophes, cependant, ne trouvaient pas leur succès assez complet, et ils s'acharnaient encore contre l'abbé de Prades et contre ses juges. Le Parlement était saisi de l'affaire et entamait une enquête. Le Procureur général Joly de Fleury se renseignait sur les cas semblables qui s'étaient déjà présentés et sur le cérémonial employé dans les soutenances de thèses. Il notait tous les textes qui pouvaient compromettre l'abbé. Le second tome de l'*Encyclopédie*, à la page 862, n'invitait-il pas l'abbé de Prades « à suivre sa carrière avec courage et à employer ses grands talents à la défense du seul culte sur la terre qui méritât un défenseur tel que lui (1) ! » Des tableaux étaient dressés notant les concordances entre la thèse condamnée et le *Discours préliminaire de l'Encyclopédie* ou les *OEuvres* de Voltaire (2). On pensait exercer des poursuites contre le syndic Dugard, coupable d'avoir approuvé la thèse et qui n'échappait à une condamnation qu'en envoyant à Nosseigneurs de la Cour du Parlement, la lettre suivante :

« Messeigneurs, j'ai cru qu'il était de mon devoir d'informer la Cour du bruit et du scandale que cause depuis quelque temps une thèse soutenue dans la Faculté de théologie par un des bacheliers de licence nommé de Prades, le 18 novembre de la présente année. Cette thèse, qui est plutôt un livre qu'une thèse, tant elle est longue, étant composée avec beaucoup d'art et un style élevé et en beau latin, m'avait paru, à la première lecture, remplie de beaux sentiments en faveur de la religion et par là mériter mon approbation, mais je me suis aperçu, après un examen beaucoup plus réfléchi, que l'auteur employait des expressions trop hardies et peu mesurées, et plusieurs propositions répréhensibles qui choquent notre sainte religion. C'est pourquoi je condamne cette thèse ; tel est mon sentiment et celui de la Faculté, laquelle après avoir nommé des députés pour examiner la dite thèse, et après

---

(1) Collection Joly de Fleury, dossier 3090. Vol. 292. fº 317.
(2) *Ibid.*, fº 319, 327.

le rapport qui en a été fait, l'a condamnée dans l'assemblée du 15 du présent mois indiquée extraordinairement pour cette seule affaire, et le bachelier a été exclu de tous les exercices de la licence. Telle est ma déclaration. *Signé :* DUGARD (1).

Il dut néanmoins démissionner dans la suite.

Enfin, le 11 février, une condamnation était prononcée contre la thèse, après un réquisitoire de Lefebvre d'Ormesson, et l'abbé était décrété de prise de corps (2). Joly de Fleury prévenait aussitôt l'intendant de Montauban, d'où l'abbé de Prades était originaire (3). Mais l'abbé ne songeait nullement à se réfugier dans son diocèse, dont l'évêque lançait d'ailleurs un mandement contre lui.

VI

C'était maintenant au tour des Encyclopédistes de se remuer, et ils ne s'en firent pas faute. On avisa d'abord au plus pressé, qui était de trouver une retraite au pauvre persécuté. On pensa tout de suite au grand souverain protecteur des gens de lettres, à la cour duquel Voltaire venait d'arriver. D'Alembert alla voir Mme Denis et la pria d'écrire à son oncle en faveur de l'abbé. Voltaire fut enchanté de rendre service à un philosophe. D'accord avec le marquis d'Argens, il lui prépara les voies ; le roi accepta et Prades quitta aussitôt la Hollande où il s'était réfugié et arriva à Potsdam au mois d'août. On le trouva « le plus drôle d'hérésiarque qui eût jamais été excommunié, gai, aimable et supportant en riant sa mauvaise fortune (4) ». Il réussit si bien à la cour qu'il devint lecteur du roi de Prusse, lequel se mit en tête, en 1753, de lui faire avoir un bénéfice dans son royaume. La chose n'était cependant pas facile.

L'abbé commença par donner une justification très savante de sa thèse à Berlin ; puis le roi s'adressa à l'évêque de Breslau qui en référa au pape (5). Benoît XIV, peu au courant de l'affaire, écri-

---

1) *Ibid.*, f° 323.
(2) Arch. Nat., X^{1a}. 8485, f° 288.
(3) Collection Joly de Fleury, *ibid.*, 322.
(4) Voltaire à Mme Denis, le 19 août 1752.
(5) Barbier. VI, 1-3.

vit au cardinal de Tencin (1), qui avertit aussitôt la Sorbonne dont il était le prieur (2). Lui-même était du parti favorable à l'abbé de Prades. On lut sa lettre au *primâ mensis* de janvier 1754, puis on nomma trois commissaires qui exigèrent une rétractation. L'abbé, qui pensait sans doute qu'un bon bénéfice valait bien cette concession, fit paraître à Berlin, le 5 avril suivant, une rétractation de sa thèse qu'il envoya au pape, à l'évêque de Montauban, à l'archevêque de Paris et à la Sorbonne; moyennant quoi il obtint son bénéfice.

Pendant qu'il fuyait à l'étranger, ses amis prenaient soin à Paris de défendre sa cause. Vers le milieu d'octobre 1752, paraissaient trois petits volumes in-12 contenant une *Apologie de l'abbé de Prades* (3). Diderot et d'Alembert passaient pour en être les auteurs. C'était Le Breton, un des libraires de l'*Encyclopédie*, qui s'était chargé de l'imprimer, voulant se venger de la suppression du fameux *Dictionnaire*; et, comme c'était naturellement un livre défendu et recherché, un de ses garçons, Rhinville, lui en volait des exemplaires qu'il vendait à des colporteurs (4). L'ouvrage ne tarda pas à se répandre dans les librairies dont la marchandise était plus ou moins louche. Chose curieuse : c'était surtout dans les boutiques qui vendaient des livres jansénistes qu'on trouvait l'*Apologie de l'abbé de Prades*. Sans doute, les colporteurs ne savaient pas encore trop bien distinguer de tous les opuscules jansénistes, dont la vogue commençait à décliner, cette brochure qui annonçait les libelles philosophiques. La police en recherchait activement les exemplaires. Un jour, en novembre 1752, on en trouvait quatre-vingt-neuf qu'on saisissait dans l'appartement de Prault fils, libraire au Palais, lié avec plusieurs imprimeurs clandestins (5). L'un d'eux, Cloche, en faisait une édition en 1754, au moment où les démarches du roi de Prusse et les délibérations de la Sorbonne attiraient de nouveau l'attention sur cette question. Il put bien acheter pour cent sous le silence d'un exempt de robe courte qui vint perquisitionner chez lui, mais il ne put se soustraire à la visite de d'Hémery, qui saisit tous ses exemplaires (6).

(1) Voir ces lettres dans la *Correspondance de Benoît XIV*, publiée par M. de Heeckeren, 1912.
(2) D'Argenson, VIII, 201.
(3) Luynes, XII, 182.
(4) Nouv. Acq., 1214, 46. Cf. *Archives de la Bastille*, XII, 394.
(5) Nouv. Acq., 1214, 51. Cf. *Archives de la Bastille* Bib. Ars., 10303, 30.
(6) Nouv. Acq., 1214, 114. Cf. *Lettres de cachet*, 4269.

Diderot avait fait ce petit livre pour répondre aussitôt à la condamnation de la Sorbonne ; mais il n'était pas vengé du coup qu'on avait porté à son grand ouvrage de l'*Encyclopédie*. La question était très embarrassante. Les libraires avaient déjà reçu plus de huit mille louis des souscriptions ; mais ils avaient fait des frais considérables, assurés qu'ils étaient par l'octroi du privilège de mener à bien leur entreprise, et il était évident que les souscripteurs allaient demander qu'on les remboursât.

On pensa un instant que les jésuites allaient continuer l'ouvrage pour ne pas léser leurs intérêts. Et c'était là sans doute le but secret de la puissante Compagnie : se réserver « toute la gloire de la grande entreprise de l'*Encyclopédie* en arrangeant et mettant en ordre des articles » que les bons Pères croyaient tout prêts. « Mais ils avaient oublié d'enlever au philosophe sa tête et son génie et de lui demander la clef d'un grand nombre d'articles que, bien loin de comprendre, ils s'efforçaient en vain de déchiffrer... Le gouvernement fut obligé, non sans quelque espèce de confusion, de faire des démarches pour engager M. Diderot et M. d'Alembert à reprendre un ouvrage inutilement tenté par des gens qui depuis longtemps tenaient la dernière place en littérature (1). »

Les protecteurs ne manquaient pas à la cour, pour servir d'intermédiaires entre le gouvernement et les philosophes, à commencer par le marquis d'Argenson, à qui l'ouvrage était dédié ; les Encyclopédistes le savaient bien, quand ils refusaient les propositions que leur faisait Frédéric d'imprimer leur œuvre en Allemagne. Dès le mois de mai 1752, « Mme de Pompadour et quelques ministres firent solliciter Diderot et d'Alembert de se redonner au travail de l'*Encyclopédie* (2) », en leur recommandant seulement d'être prudents sur les matières religieuses et politiques. Mais nos philosophes répondirent qu'il y avait impossibilité pour des savants à écrire s'ils n'écrivaient pas librement. D'Alembert refusa « pendant six mois, cria comme le Mars d'Homère et ne se rendit finalement qu'à l'empressement extraordinaire du public » ; ce qui veut dire sans doute que d'Argenson trouva moyen d'arranger l'affaire et de faire lever l'interdiction.

Grimm annonçait triomphalement en novembre 1753 la reprise

---

(1) Grimm, novembre 1753. II, 298.
(2) D'Argenson, 7 mai 1752. VII, 223.

de la fameuse publication, dont le troisième volume paraissait avec une préface de d'Alembert (1).

Elle continua ainsi jusqu'en 1758, sans grand risque, toujours examinée par ses trois censeurs théologiens. Quelquefois un article était dénoncé par l'archevêque (2) ou par quelque dévot ; mais en somme les philosophes pouvaient être assez satisfaits de leur ouvrage. « Sans doute, disait d'Alembert à Voltaire, nous avons de mauvais articles de théologie et de métaphysique, mais, avec des censeurs théologiens et un privilège, je vous défie de les faire meilleurs. Il y a d'autres articles moins au jour, où tout est réparé (3). »

Les forces du parti se groupaient toujours autour de la grande œuvre. Voltaire lui-même, quoique un peu jaloux de n'être pas le chef reconnu de la troupe, aidait Diderot de sa collaboration et lui envoyait souvent des articles. Il se servait même de l'enveloppe de Malesherbes pour éviter le port aux libraires. Tout le monde travaillait, se dévouait pour la cause. C'était la période vraiment héroïque de labeur et de méditation. A côté du grand Dictionnaire qui réunissait toutes les forces du parti, chacun poursuivait pour son propre compte l'étude des graves questions qui passionnaient le siècle ; et, comme Malesherbes accordait toujours aux philosophes sa protection et son amitié, ils allaient jouir de quelques années relativement tranquilles et qui furent prodigieusement fécondes (4).

---

(1) Cf. d'Alembert à Mme du Deffand, fin octobre 1753 (*Corresp.* de Mme du Deffand, I, 183).

(2) Il se plaint ainsi, en 1756, qu'on ait laissé passer cette affirmation que la Sorbonne ne peut donner à l'*Encyclopédie* que « de la théologie, de l'histoire sacrée et des *superstitions* ». (Nouv. Acq., 3345, 175.)

(3) D'Alembert à Voltaire, 21 juillet 1757.

(4) Diderot fut très reconnaissant à Malesherbes de la protection qu'il accorda aux philosophes. Il écrit dans l'article *Librairie*, de l'*Encyclopédie* : « C'est à ce magistrat, qui aime les sciences et qui se récrée par l'étude de ses pénibles fonctions, que la France doit cette émulation qu'il a allumée et qu'il entretient tous les jours parmi les savants, émulation qui a enfanté tant de livres excellents et profonds. »

CHAPITRE IV

LES GRANDS OUVRAGES PHILOSOPHIQUES (1750-1758)

I. Tolérance du gouvernement. Condamnation du Parlement. L'*Abrégé du Dictionnaire de Bayle*. — II. **Les ouvrages philosophiques**. Diderot, *Lettre sur les sourds*, *Pensées sur l'interprétation de la nature*. Maupertuis, la *Philosophie morale*. Buffon, quatrième volume de l'*Histoire naturelle*. Condillac, le *Traité des sensations*. D'Alembert, les *Mélanges*. — III. **Les ouvrages politiques**. Les deux *Discours* de J.-J. Rousseau. Morelly, le *Code de la nature*. Burlamaqui, *Principes du droit public*. — IV. Voltaire. Éditions générales de ses *Œuvres*. Le *Désastre de Lisbonne* et la *Loi naturelle*. **Les ouvrages historiques**. Le *Siècle de Louis XIV*; l'*Histoire universelle*; les *Annales de l'Empire*; la *Guerre de 1741*; l'*Histoire de Russie*. — V. Malesherbes et les philosophes.

I

A côté de l'*Encyclopédie*, de 1750 à 1758, paraissent sans grande difficulté beaucoup de livres philosophiques. C'est le moment où l'on travaille sérieusement, sans rechercher les scandales ni les succès retentissants. On écrit alors quelques-uns des livres les plus profonds du siècle, et comme on ne les destine, en somme, qu'à une élite d'esprits cultivés déjà familiarisés avec les idées nouvelles, la philosophie gagne en force et en précision ce qu'elle n'acquiert pas encore en puissance et en influence. Ces idées n'étonnent pas des hommes qui ont déjà lu Bayle et Voltaire et Montesquieu; elles les intéressent, et ils suivent avec passion le travail qui s'accomplit en paix.

Diderot ne sera plus poursuivi pour ses grands ouvrages, comme il l'a été naguère pour sa *Lettre sur les aveugles*; Maupertuis, Condillac, Buffon, d'Alembert, Rousseau même ne seront guère inquiétés. Toute la sévérité du gouvernement est réservée à ces productions légères, dont nous avons vu le triste commerce en butte à tant de difficultés.

Quant au Parlement, lorsqu'il lance quelque condamnation, ce n'est pas contre les ouvrages de Diderot, de d'Alembert ou de Voltaire, mais contre la *Christiade* de l'abbé de La Beaume ou l'*Histoire du peuple de Dieu* du jésuite Berruyer, qu'on ne peut guère compter parmi les livres philosophiques.

L'une et l'autre mêlaient aux récits de la vie du Christ des fictions et des incidents fabuleux, au point d'en faire des romans pleins d'imaginations galantes. L'archevêque de Paris, qui s'était fort scandalisé de ces deux ouvrages, n'avait pas réussi à en faire interdire la publication en 1754 (1). Deux ans après, le Parlement prononçait contre eux une condamnation solennelle, et Joly de Fleury, qui n'était pas encore célèbre par sa lutte contre les philosophes, les dénonçait dans un réquisitoire violent (2).

Il dénonçait en même temps à la Cour un extrait du *Dictionnaire* de Bayle qui était, sans doute, bien autrement dangereux que cette *Christiade* ou que ces ouvrages de Berruyer (3).

De tous les écrivains du début du siècle, Bayle était en effet celui qu'on lisait le plus volontiers et il mérite d'être placé en tête de la liste des grands philosophes du dix-huitième siècle. Il leur préparait la voie, alors qu'on les connaissait peu ou mal. Son *Dictionnaire* était devenu comme classique. On le trouvait dans toutes les bibliothèques (4). Son érudition, son scepticisme rationaliste conversaient au goût du jour. Il était le précurseur de Voltaire et Voltaire était attendu comme le Messie, qui allait régner en maître incontesté, jusqu'à ce que d'Holbach vint lui disputer la première place.

---

(1) Il s'était beaucoup ému de la *Christiade* et avait tout fait pour l'empêcher lui-même de paraître, allant jusqu'à proposer au libraire Lambert de lui rembourser tous les frais qu'il avait déjà faits. Mais il ne put obtenir une défense de Malesherbes, qui au contraire indiquait à Lambert un moyen ingénieux de sortir de difficulté : il « n'avait qu'à envoyer quelques exemplaires dans quelque province, et les faire venir à Paris à l'adresse de quelqu'un ; on les saisirait à la Chambre syndicale, comme venant de l'étranger » et l'édition française pourrait alors se vendre. Mgr de Beaumont ne réussissait pas mieux avec l'*Histoire* de Berruyer, qu'il accusait d'être ultramontaine. Il avait beau faire un mandement et envoyer des indications à la police pour qu'on fit des perquisitions, l'*Histoire* n'en paraissait pas moins à la grande satisfaction des Jésuites, « qui voulaient principalement renouveler les livres en tous genres et les accommoder à leur manière ». (*Journal de la librairie*, 22158, 180, 29 septembre 1753 ; 22151, 3, 5 septembre 1754 ; d'Argenson, VIII, 141, 15 octobre 1753.)

(2) Arch. Nat., X¹ᴬ, 8495, fº 56, 70. Collection Joly de Fleury, 1682, fº 96, et dossier 3460, vol. 316 et 317.

(3) 22093, 49 ; 22177, 75. — Cf. Res. F. 718, 35, et Barbier, avril 1755, VI, 291.

(4) « Le grand livre du siècle, pour un certain public tout au moins, c'est le *Dictionnaire* de Bayle. Pour 500 catalogues nous le trouvons dans 288 bibliothèques. » Mornet (*L'enseignement des bibliothèques privées, Revue d'histoire littéraire*, juillet-septembre 1910, p. 463.)

Bayle était si universellement accepté qu'on avait reconnu la vanité de tout effort pour en interdire la vente en France, et, quand on demanda au magistrat l'autorisation de laisser entrer les éditions étrangères du *Dictionnaire*, il refusa, en ajoutant : « C'est qu'il faut faire mieux, il faut l'imprimer », et le Bayle fut imprimé (1).

Mais on fit plus encore, et comme ces gros volumes in-quarto étaient trop lourds et trop coûteux pour des gens dont ils devenaient les livres de chevet, on voulut vers 1750 en faire des éditions plus portatives.

Deux abréviateurs étaient en concurrence, Le Bret et l'abbé de Marty. Ils se proposaient tous deux le même but.

Le Bret voulait en 1752 transformer le *Dictionnaire* en un ouvrage dogmatique, mieux composé, moins indigeste et d'un prix plus abordable : il le réduisait à quatre volumes in-douze, à douze ou quinze francs, incorporait les notes dans le texte pour qu'elles fussent plus lisibles et faisait des coupures dans les articles trop longs. Il donnait « quelques réflexions qui pouvaient servir de correctifs aux endroits trop vifs », mais il « ne retranchait pas les endroits condamnables, les lecteurs n'aimant pas à être corrigés ». Il rédigeait enfin une table des noms et des matières fort pratique (2). Malesherbes, à qui il exposa son plan, lui donna comme censeur Bonami, puis l'abbé Frénel, et la lenteur qu'ils mirent à l'examiner ne lui permirent pas de paraître avant l'*Analyse* de l'abbé de Marty.

Celui-ci aussi fit part à Malesherbes de ses intentions, qui étaient à peu près les mêmes que celles de Le Bret. Il était sans doute plus entreprenant ou mieux recommandé ; il obtint un censeur, Capperonnier, avec qui il s'entendit très vite. Il donna lui-même à l'administration d'excellents conseils pratiques : comme il pensait bien que l'ouvrage pourrait faire quelque rumeur, il proposait qu'on le « débitât avec le plus grand mystère... L'auteur ne le confierait qu'à deux ou trois libraires qui le vendraient incognito, en recommandant aux colporteurs de le débiter secrètement et en leur disant même que c'était un ouvrage défendu » ; il représenta encore fort habilement que le *Dictionnaire de Bayle* avait été im-

---

(1) Diderot, *Lettre sur le commerce de la librairie*, p. 65. Cf. *Mémoires sur l'état actuel et ancien de la librairie*, 22 183, 62. Cette édition est sans doute celle de 1740 (Lanson, n° 7245).
(2) 22 132, 6, 7, 8, 9.

primé en France sous le ministère de Chauvelin, qu'il était depuis quatre-vingts ans entre les mains de tout le monde, que « les temps étaient d'ailleurs bien plus favorables qu'alors, le public s'accoutumant et s'aguerrissant (1) ». Bref, il obtint de son censeur un rapport très favorable. Capperonnier reconnaissait que « les préjugés où était Bayle contre l'Église romaine, le peu de ménagements qu'il avait eu pour les oreilles chastes, son acharnement à détruire les opinions les mieux fondées pour établir un pyrrhonisme universel, l'affectation de montrer partout l'insuffisance de la Raison humaine, rendaient la lecture de ses ouvrages aussi dangereuse qu'elle était intéressante » ; et il ajoutait que « M. l'abbé de Marty, dans le plan qu'il s'était fait, offrait un tableau fidèle des bonnes et des mauvaises qualités de Bayle. Cependant, concluait-il, comme ses ouvrages sont entre les mains de tout le monde, et qu'on les vend très publiquement à Paris, il m'a paru que l'on pourrait accorder une permission tacite pour ces *Analyses* (2) ».

L'ouvrage parut ainsi au début de 1755 en quatre volumes in-douze. Mais, malgré les précautions prises et les assurances de Marty, les dévots s'émurent, sans doute, et le Chancelier ordonna qu'on saisît l'*Analyse* de Bayle ; les adjoints perquisitionnèrent chez Lambert, chez Cellier et confisquèrent les exemplaires qu'ils y trouvèrent (3). On en fut quitte pour le vendre réellement « avec le plus grand mystère, comme s'il s'agissait d'un livre proscrit par le gouvernement » ; et il fallut qu'en 1756 le Parlement le comprît dans l'autodafé qu'il faisait de La Beaume et de Berruyer. Il déclarait que cet *Extrait* présentait tout le venin de l'impiété « comme dans une coupe... en rassemblant toutes les obscénités, les histoires infâmes, les invectives et les blasphèmes de l'auteur. Ce qui n'était presque accessible à personne devenait à la portée de tout le monde », remarquait tristement Joly de Fleury (4). Décidément le Parlement était plus sévère que l'administration, plus perspicace peut-être aussi. L'on s'apercevait, quoique un peu tard, que l'*Abrégé* de Bayle pourrait faire quelques prosélytes nouveaux, et c'est avant tout ce qu'on voulait éviter. Cependant le

---

(1) 22132, 10, 11.
(2) 16 janvier 1755, 22132, 16.
(3) Mars-avril, 22132, 17, 18.
(4) Res. F. 718, 35. Cf. Collection Joly de Fleury, 1682, 96, et dossier 3460, vol. 316 et 317.

prix et l'importance de ces quatre volumes n'en faisaient guère des œuvres de vulgarisation. Or, on ne redoutait pas les ouvrages trop sérieux, et c'est avec plus de facilité encore qu'on laissait paraître les livres nouveaux des grands philosophes.

II

C'est ainsi que parut en 1751 la *Lettre* de Diderot *sur les sourds et muets à l'usage de ceux qui entendent et qui parlent*. Le censeur, La Virotte, n'y avait « rien trouvé qui pût en empêcher l'impression (1) ». Et pourtant, n'est-ce pas dans cette *Lettre* que se trouvent développées les théories sensualistes de Diderot? N'est-ce pas là qu'il émet cette hypothèse du « muet de convention », et cette autre, d'une société de cinq hommes qui n'auraient chacun qu'un seul sens; premières expressions de cette étrange supposition, qui séduisit tout le dix-huitième siècle et que Condillac allait imiter dans son *Traité des sensations*.

Mais c'était là vraiment un ouvrage philosophique. Diderot savait bien qu'il ne s'adressait pas au « grand public », comme nous dirions aujourd'hui, lui qui écrivait à son libraire (2) en lui demandant de maintenir les citations grecques : « La plupart des lecteurs en sont effrayés, et j'ôterais d'ici cet épouvantail, si je pensais en libraire. Mais il n'en est rien. Laissez donc le grec, partout où je l'ai mis. Si vous vous souciez fort peu qu'un ouvrage soit bon pourvu qu'il se lise, ce dont je me soucie, moi, c'est de bien faire le mien au hasard d'être un peu moins lu. » Il disait encore : « Il y a, je le répète, des lecteurs dont je ne veux ni ne voudrais jamais; je n'écris que pour ceux avec qui je serais bien aise de m'entretenir. J'adresse mes ouvrages aux philosophes; il n'y a guère d'autres hommes au monde pour moi (3). »

Et, en effet, il ne dut guère être lu que par les philosophes. « La doctrine de l'auteur anonyme, dit le *Journal de Trévoux* (4), paraîtra sans doute trop peu sensible au commun des lecteurs; la plupart diront, après l'avoir lue : que nous reste-t-il dans

---

(1) 22131, 21, 12 janvier 1751.
(2) 20 janvier 1751, I, 347.
(3) *Observations sur l'extrait que le Journal de Trévoux a fait de la Lettre*, etc...
I, 414.
(4) Avril 1751.

l'idée ? » On n'y trouvait pas « ces traits faciles à saisir, ces images, ces descriptions, ces applications frappantes » qui savaient seuls fixer l'attention de ces charmants mondains.

Deux ans plus tard, Diderot faisait paraître, toujours sans y mettre son nom, un nouvel ouvrage, où les idées scientifiques, ingénieuses et profondes, abondaient et où son matérialisme commençait à se préciser. Les *Pensées sur l'interprétation de la nature* étaient, comme les *Pensées philosophiques*, divisées en une cinquantaine de paragraphes, où, sous une forme claire et simple, étaient exposés les principes d'une philosophie vraiment positiviste. Répudiant les procédés de la physique rationnelle, Diderot lui opposait la méthode expérimentale et formulait quelques idées singulièrement justes sur l'évolution, l'acoustique, les atomes chimiques. Il terminait par une prière à Dieu qu'il reléguait dans une région très éloignée, incertaine même, et il penchait plutôt vers une explication matérialiste du monde éternel, où la vie ne serait qu'une qualité fortuite de la matière.

Aucune condamnation ne venait troubler la publication de ce livre. Evidemment il ne dut pas non plus franchir la limite de ce cercle étroit de savants et de philosophes, auxquels Diderot s'adressait. Du moins il les enthousiasma. Le fond autant que la forme leur en paraissait admirable : « Il faut le lire et le relire, disait Grimm (1). Je dirais aux jeunes gens qui se disposent à l'étude de la philosophie naturelle : voilà votre *Enchiridion* ; apprenez-le par cœur avant de faire un pas dans cette science. »

C'était avec la même tolérance ou plutôt avec la même permission tacite que paraissait l'*Essai de philosophie morale* de Maupertuis. C'était un système plus stoïcien qu'épicurien fondé sur une arithmétique des plaisirs et des maux, où le savant géomètre se proposait de « rendre les hommes heureux avec nombre, poids et mesure (2) ». L'ouvrage, également destiné à quelques philosophes initiés, n'était tiré qu'à mille exemplaires chez Durand et au compte de l'auteur (3).

Maupertuis ne se préoccupait d'ailleurs pas beaucoup des Parisiens ; il travaillait surtout pour son Académie de Berlin, et quand il vint en France, en 1753, il n'y apporta que deux exem-

---

(1) Décembre 1753, II, 308.
(2) De La Porte, *Observation*..., 1750.
(3) D'Hémery à Berryer. Archives de la Bastille (Bibl. Ars.), 10 302, et Nouv. Acq., 1214, 15.

plaires de sa *Thèse sur la formation des corps organisés*. Il l'avait fait imprimer en latin sous le nom du docteur Baumann, de l'Université d'Erlangen. Les Français, même philosophes, ne pouvaient se plaire beaucoup à la lecture d'une thèse latine. Aussi l'abbé Trublet la traduisait-il en français, donnant ainsi le véritable original. Les théories de Buffon y étaient développées, mais Maupertuis n'en tirait pas encore toutes les conclusions dont elles contenaient les prémices, au moins au gré de Diderot qui, sous l'adroit prétexte de réfuter le docteur Baumann, « poussait les conséquences aussi loin qu'elles pouvaient aller (1) ».

Buffon lui-même de son côté continuait la majestueuse publication de son *Histoire naturelle*, dont le quatrième volume paraissait en 1753. Son « imagination sublime et brillante, admirable jusque dans ses écarts, ces lueurs, cette hardiesse enfin qui caractérisait sa métaphysique (2) » enthousiasmaient autant que la philosophie de Diderot.

Car il fallait de la vivacité, de l'imagination, de la poésie même à ces esprits pourtant si froids et si raisonneurs : ils n'aimaient pas l'exagération de leur logique. L'ouvrage qui représente dans tous nos manuels de philosophie le sensualisme français du dix-huitième siècle, le *Traité des sensations*, fit très peu de bruit au moment de sa publication. Le gouvernement ne s'en occupa pas, parce qu'on en parla peu. L'abbé de Condillac était pourtant lié avec les philosophes; il exprimait en somme les mêmes idées que son ami Diderot. Mais « on disait qu'il avait noyé la statue de M. de Buffon dans un tonneau d'eau froide » et « qu'il y avait plus de génie dans quelques lignes de la *Lettre sur les sourds* que dans tout le *Traité des sensations* (3) ». Condillac était regardé comme « un de ces auteurs qu'on admire sur parole, faute de les entendre ». Il était « si peu à la portée du commun des lecteurs que, parmi ses confrères de l'Académie, il en était peu qui eussent lu ses ouvrages (4) ». Pour que ce jeu de l'esprit qu'était la philosophie plût aux hommes du dix-huitième siècle, il fallait qu'elle fût revêtue des charmes littéraires que savaient lui donner un Diderot, un Voltaire ou un Rousseau. Les dissertations trop métaphysiques n'étaient nullement goûtées.

(1) Dans les *Pensées sur l'interprétation de la nature*. (Grimm, 1er mai 1754, II, 351.)
(2) Grimm, 1er décembre 1754, II, 440.
(3) Grimm, décembre 1754, II, 442.
(4) *Mém. sec.*, XV, 289.

D'Alembert, qui n'était pourtant pas un profond métaphysicien, mais qui n'était pas non plus un écrivain de grand talent, n'avait pas beaucoup plus de succès avec ses *Mélanges de littérature, d'histoire et de philosophie*, qui avaient paru un peu avant, en 1753 (1). Comme tous les livres de cette époque, il est attendu, lu avec empressement et enthousiasme par quelques « gens de lettres et quelques frondeurs » qui croient y découvrir leurs portraits, et dans les huit premiers jours ils en enlèvent sept à huit cents exemplaires (2). Mais le reste de l'édition s'épuise bien lentement et d'Alembert, qui comptait en tirer rapidement deux mille francs, n'en avait encore touché que cinq cents cinq mois après. A ce premier moment de vogue avait succédé une grande accalmie (3).

Pourtant cinq ans plus tard d'Alembert en donna une seconde édition, à laquelle il avait du reste ajouté quelques morceaux nouveaux. C'était en 1758, à un moment où les attaques étaient vives contre les philosophes. Malesherbes ne les en protégeait pas moins, et la sollicitude avec laquelle il s'occupait de ce pauvre ouvrage est un des plus curieux exemples de sa bienveillance pour les Encyclopédistes.

Les *Mélanges* venaient justement d'être dénoncés par un certain Robineau, secrétaire du roi. Ce Robineau en avait fait une critique qu'il avait voulu faire passer dans le journal de Fréron; mais le censeur ne l'y avait pas autorisé et il en exhalait ainsi son dépit (4) : « Cet affreux amas d'injures et d'outrages contre toute autorité (les *Mélanges* de d'Alembert) était bien dans le cas d'être proscrit par les lois. Je me suis contenté de le ridiculiser. J'ai adressé mon ouvrage à M. Fréron qui ne l'a pas jugé indigne d'être inséré dans ses feuilles, ne fût-ce que pour garantir le public du poison qu'exhale cette dangereuse compilation; mais le censeur secret de ces feuilles a pensé qu'il ne devait point souffrir qu'on portât la moindre atteinte au respect et à la vénération qu'il croit apparemment être dus aux nouvelles opinions et

---

(1) Ils furent imprimés à Paris par Briasson avec la mention Berlin. Ces deux petits volumes contenaient le *Discours préliminaire de l'Encyclopédie*, mis ainsi à la portée de « ceux qui ne sont pas en état de se procurer l'*Encyclopédie* », les *Eloges de Bernoulli* et de *l'abbé Terrasson*, des *Anecdotes et Réflexions sur la reine Christine*, et la traduction de quelques morceaux de Tacite.
(2) D'Alembert à Mme du Deffand, 17 janvier 1753, V, 33.
(3) *Ibid.*, 10 mai 1753, V, 36.
(4) Lettre de Robineau à Malesherbes, 7 mai 1758. Nouv. Acq., 3346, 292.

à leurs éditeurs; faut-il donc que ces messieurs règnent seuls et impunément? Faut-il qu'ils nous abreuvent à leur gré, au gré de leurs moteurs (sic), des liqueurs funestes dont l'ivresse a tant de fois désolé l'univers?... » Mais Malesherbes répondit qu'il s'en rapportait aux censeurs. Et, quand quelques mois plus tard d'Alembert préparait une nouvelle édition de ses *Mélanges* à Lyon, chez J.-M. Bruyset, il lui donnait toutes les facilités possibles pour l'imprimer.

Il lui permet de se servir de son enveloppe pour l'envoi des épreuves; il prévient La Michodière, l'intendant de Lyon. D'Alembert ne veut aucun privilège, il ne demande que le silence et affirme que, « quoiqu'il compte faire plusieurs additions à son ouvrage, il aura grand soin qu'il n'y ait rien qui fasse crier les dévots. Il est trop excédé de leurs clabauderies pour s'y exposer (1). » Néanmoins La Michodière trouve plus régulier de faire passer l'ouvrage à un censeur et propose Bourgelas. Malesherbes accepte tout de suite : Bourgelas est un ami de d'Alembert et un collaborateur de l'*Encyclopédie* (2). Naturellement Bourgelas approuve d'autant plus volontiers que l'ouvrage aura l'air d'avoir été imprimé à Genève, à Amsterdam ou à Leipsig, puisque d'Alembert ne demande pas de privilège (3); et c'est avec cette assurance officielle de tolérance que les *Mélanges* paraissent à Lyon.

Quand ils sont sur le point d'entrer à Paris, Malesherbes consulte son confident ordinaire, l'abbé Morellet. Evidemment, l'abbé, qui collabore à l'*Encyclopédie*, est tout désigné pour juger de l'orthodoxie de l'ouvrage. Il en confère avec son ami Turgot, et ils trouvent tous deux que « l'auteur, en quelques endroits, est même un peu plus dévot qu'il n'était obligé de l'être ». Pourtant Turgot voudrait un carton au passage où d'Alembert déclare que Descartes est le premier qui ait approfondi les preuves de la spiritualité de l'âme. Mais Morellet, lui, trouve que « ce serait tirer les choses par les cheveux que de vouloir examiner avec cette rigueur ». Et à quoi bon mettre des cartons, quand il y a déjà quatre mille exemplaires en vente à Lyon ? « Ces cartons feraient perdre à M. d'Alembert le fruit de sa modération (4). »

(1) 6 octobre 1758, d'Alembert à Malesherbes, 22191, 155.
(2) *Ibid.*, 158 et 159.
(3) *Ibid.*, 160. — Bourgelas ne pouvait d'ailleurs donner aucune approbation valable, puisque tous les censeurs royaux étaient à Paris.
(4) Morellet à Malesherbes, 22191, 61.

La seconde édition des *Mélanges* parvient ainsi jusqu'aux Parisiens avec la tolérance de Malesherbes, facilement convaincu par Morellet. D'Alembert était d'ailleurs trop lourd, trop pâteux pour exciter beaucoup d'admiration et faire des disciples. Ses ouvrages, en somme, n'étaient réellement pas dangereux.

III

Il n'en était pas de même de Rousseau, qui publiait alors ses premiers ouvrages philosophiques. La curiosité était piquée tant par les paradoxes du citoyen de Genève que par son style enchanteur. Néanmoins, ses *Discours* n'étaient encore que des dissertations très théoriques et abstraites sur des sujets qui ne pouvaient intéresser qu'assez peu de personnes, et Rousseau ne sut jamais faire un livre de polémique ou de propagande.

On fut d'abord charmé par la chaleur de son génie (1), à moins qu'on ne fût un peu inquiet du sérieux avec lequel il développait ses idées étranges (2). « Ce n'est pas le scandale qui fut général, dit plus tard Garat (3), c'est l'admiration et une sorte de terreur qui furent presque universelles. »

Les censeurs à qui Malesherbes avait envoyé le manuscrit de son *Discours sur la question proposée par l'Académie de Dijon* furent les plus effrayés. Ils s'imaginèrent aussitôt que « l'éloquence funeste, dont cet auteur était malheureusement doué, lui donnerait des sectateurs », et qu'apparemment les Français allaient avoir une envie furieuse de se réduire incontinent « à l'état des hommes bruts qui ne connaissent ni religion ni morale ». Ils vinrent faire une démarche auprès de Malesherbes et le prièrent de « prendre des mesures pour étouffer dans son principe cette affreuse doctrine (4) ». Mais Malesherbes passa outre et, après avoir pris la précaution de lui présenter le livre, ainsi qu'à Berryer, le libraire Pissot se crut en droit de le publier (5). C'est ce *Discours* qui fonda la réputation de Jean-Jacques. C'est le premier de tous ces ouvrages où le dix-huitième siècle élabora sa philo-

---

(1) *Journal de Trévoux*, février.
(2) Fréron, 1751, 5 octobre, p. 97.
(3) *Mém. sur Suard*, I, 165.
(4) Malesherbes, *Liberté de la presse*, p. 77.
(5) Archives de la Bastille (Bibl. Ars., 10302, 26 septembre 1756.

sophie sociale, dont l'influence devait être si grande sur la marche des événements révolutionnaires.

Mais on ne pouvait alors croire sérieusement à aucune tentative de réalisation de ces paradoxes, et Malesherbes lui-même était le plus zélé et le plus innocent des protecteurs de Rousseau.

Celui-ci avait-il été effrayé par la perquisition qu'on avait faite un beau jour, en janvier 1751, chez Pissot (1), ou est-ce Malesherbes lui-même qui lui avait recommandé de s'adresser à un libraire étranger? Toujours est-il que quand, en 1754, il eut écrit son second *Discours sur l'origine et le fondement de l'inégalité parmi les hommes*, il s'adressa à un célèbre libraire d'Amsterdam, Marc-Michel Rey. Rousseau avait rencontré Rey à Genève, dont ils étaient tous deux originaires, pendant le voyage qu'il y fit en juin 1754. En octobre, Rey, passant par Paris, prenait le *Discours* et, aussitôt rentré à Amsterdam, se mettait à l'imprimer. Les épreuves étaient envoyées sous l'enveloppe du fermier général, Dupin de Chenonceaux, le protecteur de Rousseau, et corrigées en Hollande par l'abbé Yvon, alors employé chez Rey et naguère collaborateur de l'*Encyclopédie*. Après beaucoup de lenteurs de la part de l'imprimeur, l'ouvrage fut prêt à paraître en mai 1755 (2).

C'est alors que commencèrent les difficultés, quoique Malesherbes fît tout au monde pour être agréable au philosophe. Jean-Jacques, persuadé que « son ouvrage ne contenait rien de blâmable en quelque pays que ce fût (3) », n'avait rempli aucune formalité pour la censure; il ne voulait pas s'en mêler parce qu'il « se regardait en France comme un homme qui n'avait rien de commun avec l'ouvrage » en question (4); mais il priait Rey de s'en charger, car il ne voulait pas non plus « exposer sa personne » en laissant introduire son ouvrage en France sans permission (5). Ce fut donc Rey qui se préoccupa de se mettre en règle. Il avait voulu montrer le manuscrit à Malesherbes, lors d'un voyage à Paris; mais il n'avait pu le rencontrer. Toute une correspondance s'échangea alors entre le libraire et le magistrat.

Rey commence par lui envoyer, le 20 mai, toute la partie du *Discours* qui était déjà imprimée, en le priant de bien vouloir per-

---

(1) Archives de la Bastille (Bibl. Ars.). 10302.
(2) *Lettres inédites de J.-J. Rousseau à M.-M. Rey*, publiées par Bosscha, 1858.
(3) *Ibid.*, 23 mars, p. 25.
(4) *Ibid.*, 10 avril, p. 27.
(5) *Ibid.*, 6 mars, p. 19.

mettre à Paris l'entrée de deux ballots de l'ouvrage. Il comptait les négocier avec ses confrères parisiens, et il offrait à Malesherbes de lui en envoyer autant d'exemplaires qu'il voudrait pour lui et ses amis, en plus de ceux qu'il devait au chancelier et au bibliothécaire du roi (1). Malesherbes répond aussitôt en demandant le nombre de volumes que contiendront ces deux balles, et le nom des libraires à qui Rey veut les adresser (2). Et Rey de préciser : « Mon dessein est d'en envoyer quinze cents exemplaires à Paris, de les négocier contre d'autres livres à quelques-uns des suivants, MM. Pissot, Durand, Briasson, Jumbert, David l'aîné, Guérin et De la Tour... Je vous avoue sincèrement que cet ouvrage me coûte beaucoup en fabrique suivant mes facultés, et que ce serait une perte bien réelle pour moi, si la permission que je prends la liberté de vous demander m'était refusée... (3). »

Malesherbes répond le 12 mai : « Entre les libraires de Paris avec qui vous voulez traiter des exemplaires du discours de M. Rousseau, celui en qui j'ai le plus de confiance est le sieur Guérin ; ainsi, dès que votre édition sera en vente, vous pourrez lui en envoyer d'abord cent exemplaires, et, huit à dix jours après, je vous manderai si vous pouvez faire entrer le reste en France (4). » C'est bien là l'application d'un principe cher à Malesherbes : voir l'effet que font dans le public quelques volumes et ne permettre le débit d'un livre que s'il n'y a pas de scandale.

Mais cela ne satisfaisait pas du tout le libraire, qui se souciait fort peu de voir tous ses frais perdus ; car ce n'était évidemment pas le produit de la vente de cent exemplaires qui les couvrirait. Aussi insiste-t-il le 22 mai : « Je ne mets point l'ouvrage en vente jusqu'à ce que vous m'ayez fait la grâce de me permettre l'entrée du reste des quinze cents exemplaires, que je vous prie instamment de ne point me refuser. Je l'attends même, comme vous me faites l'honneur de me le mander, le plus tôt que faire se pourra (5). » Et le 26 : « Je suis toujours dans l'attente de la permission que j'ai pris la liberté de vous demander pour quinze cents exemplaires. Qu'est-ce que cent exemplaires pour un monde comme Paris ? Ils me seraient contrefaits sur-le-champ, ce qui

---

(1) Nouv. Acq., 1183, 2.
(2) Ibid., 4.
(3) 17 avril. Ibid., 5. Cf. lettre du 24 avril, ibid., 6.
(4) Ibid., 7.
(5) Ibid., 8.

me ferait véritablement du tort, car j'ai compté principalement sur Paris, et j'en ai tiré un nombre assez considérable en conséquence (1). » Et encore, le 2 juin : « Monseigneur, j'ai l'honneur de vous confirmer l'envoi fait à M. Guérin, savoir de :

100 Discours de Rousseau, in-8°
30 » » pour l'auteur }
6 » » pour vous } sur papier fin.

..... J'attends l'honneur de votre réponse pour les autres exemplaires du Discours dont je vous ai demandé l'entrée ; je vous réitère ma prière (2). »

Les cent exemplaires permis ne firent pas trop de scandale et finalement, sans doute sur la demande de Jean-Jacques, ce fut Pissot qui obtint de Malesherbes la permission de vendre l'édition à Paris (3). « On avait affecté de répandre des bruits terribles sur la violence de cet ouvrage... Heureusement, ajoute Rousseau (4), l'on ne m'a pas condamné sans me lire, et après l'examen l'entrée a été permise sans difficulté. »

Ce *Discours* établit définitivement la renommée de Rousseau. Désormais, la célèbre théorie de l'état de nature est bien posée ; mais elle ne fait encore que divertir quelques privilégiés qui s'en amusent, en attendant qu'elle convertisse les chefs populaires qui la méditeront (5). Ce n'est que quelques années plus tard que les études philosophiques sur les matières politiques et sociales deviendront très répandues, en même temps que plus pratiques.

Car l'opinion publique n'était pas encore très curieuse de ces dissertations théoriques. C'est vers le même temps que Morelly publiait ses ouvrages, la *Basiliade* (1753) et le *Code de la nature* (1755). Imprimé à l'étranger, défendu à Paris (6), ce *Code* s'y vendait peu et n'excitait pas beaucoup l'attention. « Il n'est que hardi, dit Grimm (7), tout cet étalage se borne à des déclamations vagues. » N'étaient-ce bien pourtant que des déclamations vagues, ces théories communistes qui prônaient le retour à l'état de na-

(1) *Ibid.*, 10.
(2) *Ibid.*, 11.
(3) Rousseau à Rey, 19 juin 1755. Bosscha, p. 27.
(4) A Vernes, 6 juillet.
(5) M. Mornet ne rencontre pas très fréquemment les deux *Discours* de Rousseau dans les catalogues de bibliothèques privées qu'il a consultés, et note que son triomphe ne date que de la *Nouvelle Héloïse* Revue d'hist. litt., 1910, n° 3, p. 466.
(6) Nouv. Acq., 1214, 132.
(7) II, 219.

ture, c'est-à-dire la suppression du droit de propriété, de toutes les règles légales et morales, inventées, au dire de l'auteur, par le législateur, et qui avaient seules donné naissance à l'intérêt personnel, source de tous les vices et de tous les maux? Sans doute les quelques seigneurs qui achetaient le *Code de la nature*, en même temps que le *Cosmopolite* et *Margot la ravaudeuse* (1), n'y voyaient-ils alors qu'un jeu piquant de l'esprit, sans se douter que ces idées dépasseraient bientôt leur cercle étroit, et que quarante ans plus tard Babeuf et ses disciples sauraient s'en souvenir et, ne se contentant plus, eux, de s'en amuser, en tenteraient une expérience singulièrement dangereuse.

Et n'étaient-ils pas prophétiques aussi à leur manière, ces *Principes du droit politique* (2) de Burlamaqui, qui « osait y examiner les deux questions les plus épineuses que lui présentait son sujet, le pouvoir du souverain en matière de religion et la déposition du souverain. Il prenait sur ces deux questions un parti qui ne devait pas être du goût du magistrat et qui devait faire arrêter son livre (3). » Et pourtant on ne voit ni grand scandale, ni condamnation sensationnelle.

Tels étaient les ouvrages sérieux et théoriques de philosophie scientifique et politique qui s'élaboraient dans la période de méditation qui sépare la première escarmouche de la grande bataille. La masse du public ne se passionnait pas encore pour les discussions antireligieuses. Quand, en 1751, Mérigot et Grangé donnaient, avec beaucoup de précautions, comme venant du comte de Boulainvilliers, un livre sur l'*Origine et l'antiquité du monde*, où l'auteur s'efforçait de prouver la fausseté des idées de Moïse et son ignorance de la spiritualité de l'âme, personne ne s'intéressait à ces discussions (4). On ne faisait pas davantage attention à la *Défense de Bolingbroke*, de Voltaire, que Mairobert distribuait manuscrite, et que Corbie, malgré les sollicitations de Mme Denis, ne pouvait pas réussir à faire imprimer (5).

---

(1) C'est le même colporteur Diancourt qui les vendait. Nouv. Acq., 1214, 132.
(2) Amsterdam, 1751, 2 vol. in-8°.
(3) Grimm, 3 mai 1751, II, 53. — Burlamaqui avait déjà publié en 1748 des *Principes du droit naturel*, Genève, Barillot et fils.
(4) *Journal de la librairie*, 4 mars 1751, 22156, 43, v°. Cf. Grimm, 8 mars 1751, II, 33.
(5) *Journal de la librairie*, 22157, 143 v° et 192 r°.

IV

C'est que Voltaire n'était pas encore le patriarche de Ferney et n'inondait pas Paris de ses multiples productions impies, comme il devait le faire quelques années plus tard. Il n'avait pas encore commencé sa grande lutte contre l'*infâme*, ni groupé autour de lui les bataillons serrés des philosophes. De ces huit années (1750-1758), il en passe deux à la cour du grand Frédéric ; puis, après avoir erré quelque temps en Alsace, en France, en Suisse, il cherche une retraite où il puisse jouir en paix de sa fortune et de sa gloire. Ses obligations de courtisan à Potsdam, ses grandes querelles scientifiques (*la Diatribe du docteur Akakia*), puis ses voyages l'empêchent de travailler beaucoup. Mais Voltaire ne sait pas être inactif, et ces années ne sont nullement stériles. Cependant, lui aussi, il semble qu'il s'adonne surtout à un travail sérieux, qu'il pourra plus ou moins avouer. C'est ce qu'on peut appeler la période *historique* de la production voltairienne. Après avoir été surtout poète, avant d'être absorbé par ses luttes philosophiques, il est alors presque uniquement historien. Sans doute, il travaillait au *Siècle de Louis XIV* depuis 1732. Mais c'est seulement en 1751 qu'il le met en état de paraître et c'est encore à cette époque qu'il publie l'*Histoire universelle*, les *Annales de l'Empire*, la *Guerre de* 1741, l'*Histoire de Russie*.

On trouve seulement, à côté de ces études historiques, quelques poèmes philosophiques, ou surtout des éditions générales de ses œuvres, qui viennent sans cesse rappeler au public parisien le souvenir du grand homme absent. Avant de commencer sa nouvelle carrière de philosophe et pendant qu'il écrit ses grands ouvrages d'histoire, il fait ou surtout il laisse faire des recueils de ses productions littéraires antérieures. Car l'arrivée de Malesherbes à la Direction de la librairie marque pour Voltaire, comme pour les autres philosophes, le commencement d'une période de tolérance, de faveur même, dont il sait largement user.

Dès 1751, les éditions générales de ses œuvres se multiplient. L'édition du libraire allemand Walther venait pourtant de paraître en 1748 (1). Elle contenait les *Commentaires sur les Pensées de*

---

(1) Bengesco, 2129.

Pascal, et les préoccupations philosophiques de Voltaire y étaient bien nettement exposées dans la Préface. « On voit partout dans ses œuvres un amour du genre humain, une philosophie tolérante qui se fait sentir presque à chaque page. » En même temps, Voltaire y était célébré comme étant « honoré de la protection du chef de l'Eglise catholique et des faveurs du roi son maître ».

Il n'était donc pas étonnant que des libraires français voulussent aussi éditer les ouvrages d'un écrivain si bien protégé; et quand Lambert et Prault entrent en lutte pour cette impression, c'est Malesherbes lui-même qui étudie l'affaire et qui tranche le débat en donnant gain de cause à Lambert (1). Son édition paraît aussitôt avec permission tacite (2). Elle contient les *Lettres philosophiques* (3). Elle est d'un format commode et ornée d'estampes d'Eisen : c'est presque une édition nationale. En même temps, les libraires intéressés de Trévoux faisaient une édition très mauvaise (4), qui n'avait pas grande difficulté à entrer à la Chambre syndicale des libraires, dont les *officiers* étaient les principaux membres de ladite société.

Enfin, la fameuse édition de Rouen, que Voltaire poursuivait si âprement en 1749, paraissait alors, avec son autorisation, réduite de douze à neuf volumes. Machuel y avait d'abord mis non seulement les œuvres de Voltaire, mais tout ce qui avait été écrit contre lui; d'où le beau tapage que nous l'avons vu faire. Voltaire pourtant avait finalement obtenu du libraire rouennais qu'il retranchât toutes ces critiques et lui avait alors permis de débiter son édition, qui était aussitôt envoyée à Paris, à Mérigot et à Ratillon (5), celui-là même que Voltaire appelait, en 1749, Ratiltin.

Naturellement, Voltaire protestait contre toutes ces éditions et affirmait qu'il aurait voulu « corriger la moitié de ses anciennes rêveries et anéantir l'autre (6) ». Mais il laissait faire et se réjouis-

---

(1) *Journal de la librairie*, 22156, 19, v°.
(2) 11 volumes petit in-8°, Beng., 2131.
(3) Elle contient aussi *Micromégas*, qui paraît alors pour la première fois et que Malesherbes défend, parce que Fontenelle y est maltraité. Le seul résultat de cette défense est de le faire aussitôt réimprimer par Grangé et Robustel dont l'édition est d'ailleurs également saisie (22157, 21).
(4) En 6 vol. in-12 (22156, 22 r°, 30 r°). Bengesco ne parle pas de cette édition, mais seulement d'une édition de Londres (Rouen) en 10 vol. (2130) qui est sans doute celle de Machuel.
(5) *Journal de la librairie*, 22156, 43.
(6) A Mme Denis, 15 février 1751.

sait sans doute intérieurement de cette diffusion de ses ouvrages.

Il allait du reste bientôt se charger de les répandre lui-même. Il en avait déjà fait faire, en 1751, étant à Potsdam, une nouvelle édition par Walther (1) ; puis, ne pouvant s'entendre définitivement avec Lambert (2), il s'occupa de trouver un éditeur étranger qui fût à ses ordres et qu'il pût surveiller facilement. Il pensa d'abord, en 1754, à Bousquet, de Lausanne (3), l'associé du malheureux Grasset, qu'il allait poursuivre si vivement l'année suivante, à propos de *la Pucelle;* puis il fit des propositions à Walther, de Dresde, le libraire du roi de Pologne, promettant de corriger lui-même les feuilles pendant son séjour à Plombières, de donner beaucoup de « nouveautés assez intéressantes, une nouvelle préface et un nouvel avertissement (4) ».

Enfin, en 1755, il trouve les libraires rêvés, ceux qui vont être jusqu'à sa mort les éditeurs de toutes ses œuvres, les frères Cramer, Philibert et Gabriel (5). Philibert, rapidement enrichi, ne tardera pas à devenir ambassadeur de la ville de Genève auprès de la Cour de France ; mais Gabriel restera et, fidèlement, imprimera, éditera, fera passer en France, et partout en Europe, les histoires, les dictionnaires, les tragédies, les poèmes, les petites pièces de l'infatigable écrivain. La première édition qu'ils firent de ses *Œuvres générales* est de 1755. Ils n'eurent pas à le regretter : elle fut épuisée en trois semaines (6). De combien d'autres n'allait-elle pas être suivie ?

Dès cette première édition des Cramer, on voit l'orientation définitive de l'activité de Voltaire. « Les mélanges d'histoire, de littérature et de philosophie qu'on trouve dans ce recueil sont plus amples de moitié que ceux qui avaient paru jusqu'ici », dit leur Préface. Voltaire était jusque-là considéré comme le grand poète national. Mais il va devenir maintenant le Patriarche de la

---

(1) A Dresde, 7 vol. Beng., 2122.
(2) Voltaire à d'Argental, 15 octobre 1755. D'ailleurs Lambert, qu'une note de la police dit être le fils naturel de Voltaire (*Archives de la Bastille*, XII, 372), fit tout de même son édition, mais sans la participation de Voltaire : 22 vol. in-12, 1757 (Beng., 2135).
(3) Voltaire à M. de Brenles, 12 février 1754.
(4) Voltaire à Walther, 29 mai 1754.
(5) En octobre 1756, Gabriel Cramer fait un voyage à Paris et va faire visite à Malesherbes, pour qui Tronchin lui donne une très aimable lettre d'introduction. (Nouv. Acq., 3346, 212.)
(6) 17 vol. in-8°. Beng., 2133.

philosophie. L'imprimerie des Cramer sera la terrible « Manufacture de Ferney (1) ».

Cette édition des Cramer contient les deux poèmes du *Désastre de Lisbonne* et de la *Loi naturelle*, qui sont d'ailleurs aussi philosophiques que poétiques. Voltaire les appelait lui-même des Sermons (2) et les faisait distribuer à d'Alembert, à Diderot, à Rousseau (3). Le premier venait d'être écrit, en 1755, à propos du terrible tremblement de terre qui avait presque complètement détruit la ville de Lisbonne, belle occasion pour se moquer des théories optimistes ; le second était plus ancien, ayant été fait pour le roi de Prusse. Ces deux poèmes étaient comme un exposé dogmatique, officiel de sa philosophie, qu'il allait bientôt rendre singulièrement plus agressive et batailleuse. Il y affirmait nettement sa croyance à la loi morale naturelle et universelle, et en un Dieu nécessaire pour la garantir. Il y prêchait son culte de la tolérance et son système mélioriste de l'espérance. C'était toute la partie affirmative de sa philosophie qu'il commençait par réserver, avant de mener la violente attaque que l'on sait contre le dogmatisme intolérant. « Je n'ai peur que d'être trop orthodoxe, parce que cela ne me sied pas, disait-il ; mais la résignation à l'Être suprême sied toujours bien (4). »

Aussi il ne désavouait rien, s'occupait activement de faire imprimer ces deux petites pièces (5) et jouissait tranquillement de leur succès, qui était considérable. Plusieurs des nombreuses éditions qui parurent, en cette année 1756 (6), portaient sur le titre « par M. V. », et même « par M. Arrouet de Voltaire », et la première, que Voltaire donna lui-même, était marquée comme paraissant « à Genève, avec approbation et permission ». D'autres, à vrai dire, étaient intitulées un peu dangereusement : *la Religion naturelle*, et nous verrons plus tard que ce titre ne laissa pas d'émouvoir des personnes haut placées.

Cependant Voltaire ne s'intéressait plus beaucoup à la poésie ; c'était surtout aux études historiques qu'il s'adonnait. Il profita

---

(1) Grimm, *passim*.
(2) Voltaire aux Cramer, 16 décembre 1755.
(3) Voltaire à Thiériot, 4 juin 1756 ; Thiériot à Voltaire, 6 juillet. (*Revue d'hist. litt.*, 1908.)
(4) Voltaire à d'Argental, 22 mars 1756.
(5) Voltaire à Thiériot, 12 avril 1756.
(6) Beng., 613-620.

de sa retraite à Berlin pour s'occuper activement d'éditer *le Siècle de Louis XIV*.

Mais il ne pouvait pas se contenter, comme les autres philosophes, de la protection qu'on leur accordait si gracieusement, il lui fallait encore qu'on fît beaucoup de bruit autour de ses ouvrages. Aussi la publication de chacun d'eux constitue-t-elle tout un roman, généralement assez compliqué.

Des passages du *Siècle de Louis XIV* avaient déjà paru dans le *Mercure*. Mais les rédacteurs en avaient pieusement retranché tout ce qui regardait l'Eglise et les papes. C'était à croire qu'ils « voulaient avoir des bénéfices en cour de Rome (1) ». Au contraire, c'est son véritable ouvrage que Voltaire faisait imprimer à Berlin, en été 1751, par Henning (2). Il avait le plus grand désir de le voir paraître à Paris, où il voulait surtout qu'on ne l'oubliât pas.

Dès le mois de décembre 1751, il fait solliciter Malesherbes par sa nièce, Mme Denis ; il ne veut pas de privilège, « un privilège n'est qu'une permission de flatter scellée en cire jaune (3) » ; mais il promet de faire autant de cartons qu'on voudra, pour avoir l'assurance de ne pas voir son livre condamné (4). Il en envoie donc à Paris deux exemplaires ; mais l'un est arrêté à la douane, l'autre est enlevé à Mme Denis, dès qu'elle le reçoit (5).

Aussitôt la curiosité est très excitée ; plusieurs libraires de Paris sollicitent de Malesherbes la permission de l'imprimer. Mais Malesherbes veut, comme toujours, voir d'abord ce que le public pensera de cet ouvrage (6) ; et sans doute l'effet produit par les quelques exemplaires reçus, qui ont dû passer rapidement de main en main, est-il peu favorable, car il refuse et donne même des ordres sévères pour empêcher toute réimpression (7).

Voltaire alors s'empresse, non pas de désavouer l'ouvrage (tout le monde sait bien qu'il en est l'auteur, encore que le titre porte : par M. de Francheville, conseiller aulique de S. M. et membre de l'Académie royale de Prusse) (8), mais du moins

---

(1) Voltaire à Formey, 5 juin 1752.
(2) 2 vol. in-12 tirés à 3000 exemplaires. Ils coûtèrent à Voltaire 2000 écus (Beng., 1178).
(3) A Mme Denis, 24 décembre 1751.
(4) A d'Argental, 28 août 1751.
(5) A d'Argental, 14 décembre.
(6) *Journal de la librairie*, 22156, 137, v°.
(7) *Ibid.*, 22157, 43, v°.
(8) Dufresne de Franqueville était un Français que Frédéric avait appelé à Berlin

d'affirmer que *le Siècle* n'est pas encore digne du monarque ni de la nation qui en est l'objet; en homme de théâtre qu'il est, il professe qu' « une première édition n'est jamais qu'un essai (1) », et il « supplie très instamment Malesherbes d'empêcher que cette édition n'entre dans Paris (2) ».

Mais on ne peut éviter que *le Siècle de Louis XIV* ne s'y répande rapidement. « Tous les libraires de l'Europe s'en disputent l'impression (3). » On écrit à Paris, en mars 1752, que Voltaire en fait faire deux ou trois autres éditions en pays étranger (4). D'ailleurs il veut préparer son retour en France, car le séjour de Berlin lui paraît un exil singulièrement triste, sinon un emprisonnement. Corbie, le colporteur, est chargé par Mme Denis, en avril, d'en faire remettre un exemplaire à Mme la Marquise par M. le duc de La Vallière, et on ne doute pas que « cette dame ne s'intéresse à cet auteur (5) ». Aussi la sévérité de Malesherbes s'adoucit-elle et il cesse de s'opposer à l'inévitable. En août, il se transporte chez Bauche, lui en achète six exemplaires et lui permet d'en vendre cent (6).

Aussi Mme Denis, qui n'avait rien négligé pour que le *Siècle* parût à Paris, n'était-elle plus obligée de s'adresser aux imprimeurs clandestins. En juin, elle avait fait venir tout exprès de Rouen le sieur Besongne pour le lui vendre quatre mille livres, à quoi Besongne avait répondu fort impertinemment qu'il n'acceptait pas du tout le marché et qu'il saurait bien « imprimer l'ouvrage sans sa permission et sans lui en donner un sol (7) ». En août, elle était autorisée par Malesherbes à en faire faire une édition par Lambert (8); et presque en même temps Desaint et Saillant en publiaient une autre (9); toujours en août, les libraires de la Société de Trévoux en faisaient, selon leur habitude, une édition

en 1712, et qui se chargea moyennant finance de donner ses soins et son nom à la première édition du *Siècle de Louis XIV*. (Beng.)

(1) A Cideville, 3 avril.
(2) A Thibouville, 15 avril.
(3) A Cideville. 3 avril.
(4) 22157, 13, v°. — Il y a en effet une édition à Berlin, Henning (Beng., 1179); une à La Haye, Néaulme (1181), et une à Leipsig, Fred. Gleiditsch (1182).
(5) 22157, 39 et 61-62.
(6) *Ibid.*, 109.
(7) 22157, 90, r°.
(8) Voltaire faisait des offres à Lambert dès le 7 février 1752, l'engageant à demander « au moins une permission tacite qu'il serait bien étrange qu'on lui refusât » et à imprimer en France. C'est sans doute l'édition de Leipsig (Paris), 1752, 2 tomes in-12. (*Revue d'hist. litt.*, 1909, Lettres publiées par M. Caussy.)
(9) 22157, 111, r°.

très mauvaise, que Corbie était chargé de vendre et qu'il portait dans toutes les maisons (1); enfin, en février 1753, Lambert réimprimait le *Siècle* à la suite des *OEuvres complètes* (2).

Pendant que ces premières éditions se répandaient ainsi à Paris, Voltaire était fort occupé à en préparer une nouvelle « beaucoup plus ample et plus curieuse que les précédentes (3) » à Leipsig et à Dresde (4), où il en chargeait Conrad Walther. Il avait pour celle-là un privilège de l'Empereur.

Mais en même temps il était en proie aux inquiétudes que lui causait une contrefaçon de La Beaumelle. Ce dernier venait de passer par Berlin en revenant de Copenhague, et avait eu le temps de se brouiller mortellement avec Voltaire. Pour se venger d'un tort prétendu que celui-ci lui aurait fait, il préparait à Colmar une édition du *Siècle de Louis XIV* avec des notes dirigées contre son auteur (5). Celui-ci multipliait les démarches auprès de M. Roques, conseiller ecclésiastique du landgrave de Hesse-Homberg, pour empêcher l'impression de cette contrefaçon (6). Mais il y échouait complètement. Au fond il ne devait pas en être si fâché ; car il en résultait à Paris un beau tapage qui devait faire connaître son livre et qui n'était pas particulièrement agréable à son ennemi. La Beaumelle avait eu la naïveté d'aller à Paris, aussitôt l'impression terminée à Colmar ; il avait d'abord obtenu la permission d'en débiter cinquante exemplaires (7). Mais il ne tarda pas à être arrêté et mis à la Bastille à cause de plusieurs traits contre le duc d'Orléans, régent (8). C'était l'occasion pour Voltaire de faire un *Supplément au Siècle de Louis XIV*, que Walther imprimait aussi et que Mme Denis cherchait à faire réimprimer à Paris par Lambert (9).

Désormais le *Siècle* pouvait être connu de tout le monde. Le bruit qu'il avait fait était assez grand. On le lut avec enthousiasme. Lord Chesterfield disait à son fils Stanhope (10) : « C'est

---

(1) *Ibid.*, 100, r°.
(2) 22158, 19, v°.
(3) A Darget, 29 avril 1752.
(4) Beng., 1183 et 1186.
(5) A Francfort, Vve Knoch et Eslinger, 1753. (Beng., 1188.)
(6) Voltaire à Roques, 30 avril 1753.
(7) Delort, *Hist. de la détention des philosophes*, t. II, p. 240.
(8) Nouv. Acq., 1214, 72, cf. Grimm, 15 juin 1753, et *Archives de la Bastille*, XII, 400.
(9) Nouv. Acq., 1214, 74.
(10) *Lettres*, 13 avril 1752, t. II, p. 262.

l'histoire de l'entendement humain écrite par un homme d'esprit à l'usage de ceux qui en ont. Elle ne sera pas du goût des faibles... Voltaire nous dit tout ce qu'il faut savoir et rien de plus... Exempt des préjugés religieux, philosophiques, politiques et nationaux plus qu'aucun historien que j'aie rencontré, il rapporte tous les faits avec autant de vérité et d'impartialité que certains égards qu'il faut toujours conserver le lui permettent. »

La façon dont Voltaire comprenait l'histoire était en effet assez nouvelle pour frapper les esprits et les séduire. C'était bien encore une méthode scientifique que Voltaire mettait en honneur, en offrant à ses lecteurs un travail sérieux, fondé sur les faits, embrassant tous le domaines de l'action intellectuelle, et non plus une œuvre superficielle, s'attardant aux anecdotes insignifiantes.

En même temps qu'une méthode nouvelle, Voltaire voulait introduire dans l'histoire un principe qui remplaçât celui de Bossuet; et c'est en grande partie pour combattre le système de la Providence de l'auteur du *Discours* qu'il avait écrit son *Histoire universelle* (l'*Essai sur les Mœurs*) qui fut publiée l'année suivante.

Il recommença alors à jouer à peu près la même comédie que pour le *Siècle de Louis XIV* (1). C'est Jean Néaulme, le libraire de Hollande, qui édita les deux premiers volumes. Il en avait acheté le manuscrit à un domestique du prince Charles de Lorraine pour cinquante louis d'or et il assurait que Voltaire n'était pas du tout fâché de voir son ouvrage ainsi imprimé (2). Mais c'est bien ce que Voltaire niait énergiquement; il trouvait que c'était « une friponnerie de libraire et que les belles-lettres et la librairie n'étaient plus qu'un brigandage (3) ». Il avait une explication très claire, quoiqu'un peu bien romanesque de la façon dont Néaulme s'était procuré son manuscrit. Il prétendait qu'à la bataille de Sohr le prince Charles avait pris, dans l'équipage de Frédéric, une cassette qui contenait avec force ducats cette *Histoire universelle* et des fragments de la *Pucelle;* et c'était un valet de chambre du prince, qui avait vendu le manuscrit à Néaulme, histoire que Vol-

---

(1) Voir la préface de Beuchot, l'avertissement de l'édition Moland et le chapitre Ier de Desnoiresterres, *Voltaire aux Délices*.
(2) Voltaire à Walther, 13 janvier 1754; Voltaire à d'Argental, 3 mars. D'autres personnes l'assuraient aussi à Paris. (Voltaire à Malesherbes, 28 février et 29 mars.)
(3) Voltaire à Roques, 6 février 1754. Il ne commença d'ailleurs à protester que six semaines après l'apparition de ces deux premiers volumes. Lettre non signée de Paris, 31 janvier. 22136, 109.

taire avait inventée du reste ; car Frédéric n'avait nullement perdu le manuscrit qu'il avait de l'*Histoire universelle* (1).

Cependant Voltaire protestait avec la dernière énergie contre cette édition. Car il se doutait évidemment qu'elle ferait quelque sensation à Paris (2). On devait bien un peu se scandaliser de certains passages sur la religion des Turcs qu'il faisait toujours valoir aux dépens du christianisme, ou de certains traits du genre de celui-ci : « On voit dans l'Alcoran une ignorance profonde de la physique la plus simple et la plus connue ; c'est la pierre de touche des livres que les fausses religions prétendent écrits par la Divinité (3). » Et comme c'était précisément le temps où il avait obtenu de Mme de Pompadour et de M. d'Argenson la permission de rentrer en France (4) et où il était en Alsace, à Colmar, travaillant à ses *Annales de l'Empire*, il se donnait beaucoup de mouvements pour qu'on ne lui attribuât pas « la malheureuse édition de cette Histoire prétendue universelle ». Il écrivait à Jean Néaulme une lettre de protestation (5) qu'il faisait insérer dans le *Mercure* de février 1754 ; et il demandait à sa nièce d'aller voir Malesherbes pour le prier de supprimer ce livre ; démarche d'autant plus nécessaire qu'on en faisait à Paris même une contrefaçon. Il ne négligeait pas d'écrire directement à Malesherbes les lettres les plus aimables du monde : « Vous serez surpris de mon extrême impertinence, mais l'orage qui s'élève au sujet de cette malheureuse édition faite par des housards, m'attirera de votre indulgence un sauf-conduit dans cette guerre (6). »

Mais la police n'avait pas attendu ces dénonciations ; car, dès le 21 décembre 1753, le lieutenant de police Berryer faisait faire par d'Hémery une perquisition. On trouvait que Desaint, Saillant, Lambert, David et Le Prieur avaient fait imprimer les deux volumes de l'*Histoire universelle*, l'un par Desprez, l'autre par Le Prieur (7). Ils affirmaient d'ailleurs un peu naïvement que « leur intention n'était point de mettre en vente cet ouvrage sans la permission de M. de Malesherbes, chez qui ils avaient été deux fois

---

(1) Frédéric à Voltaire, 16 mars.
(2) C'est le libraire Duchesne qui reçut de Hollande les premiers exemplaires vers le milieu de décembre 1753. (*Journ. de la lib.*, 22158.)
(3) Grimm, 1er janvier 1754, II, 309.
(4) A d'Argental, 3 mars.
(5) 28 décembre 1753, n° 2675 de l'édition Moland.
(6) 25, 30 décembre 1753. Nouv. Acq., 3344, 371, 364.
(7) Nouv. Acq., 1214, 100, et *Archives de la Bastille*, XII, 410.

pour l'en prévenir sans avoir pu lui parler (1) ». Leurs trois mille exemplaires n'en étaient pas moins tous saisis et mis à la Bastille (2). Enfin Malesherbes écrivait à Voltaire la lettre la plus flatteuse. Quoiqu'il eût d'abord déclaré à Mme Denis qu'il trouvait l'ouvrage « très bon (3) », il disait le 13 janvier : « Je sens combien vos entrailles ont dû s'émouvoir en voyant paraître un ouvrage de vous aussi défiguré que l'édition de votre *Histoire universelle* qu'on a faite en Hollande. Il est aisé de voir que ce ne sont que de premières idées que vous avez jetées sur le papier et que vous comptiez retoucher. Je ne suis point à portée de vous rendre sur cela un témoignage aussi éclatant que celui que vous paraissez désirer; mais je suis prêt à déclarer à tous ceux qui me le demanderont : 1° que je n'ai aucune connaissance que vous ayez part à cette édition de Hollande; 2° que j'ai lieu de croire que le libraire Néaulme a reçu le manuscrit sur lequel il a imprimé d'une main qui vous est étrangère. Voilà tout ce que je sais et tout ce que je peux dire (4). »

Mais Voltaire n'est pas encore satisfait ni tranquillisé. Il craint que sa nièce malade n'ait pu aller protester suffisamment auprès de Malesherbes (5). Car ce qui importe, ce qu'il désire, ce ne sont pas ces poursuites contre son œuvre; et Malesherbes qui voit constamment Mme Denis et qui fait alors tout ce qu'il peut pour être agréable à Voltaire, le devine bien, et laisse vendre paisiblement l'édition de Néaulme que Duchesne écoule alors à Paris (6); d'autre part, la simple déclaration que Malesherbes lui propose de faire, ne le satisfait pas non plus; ce qu'il veut, c'est une démarche du Directeur de la librairie auprès du roi; c'est qu'on fasse beaucoup de bruit autour de son ouvrage, afin qu'il soit très connu, mais que lui, n'en pâtisse pas personnellement. Car il a très peur depuis qu'il sait que son *Histoire* « a soulevé le clergé de France et déplu beaucoup à Sa Majesté (7) ». Il écrit de

---

(1) Archives de la Bastille (Bibl. de l'Ars.), 10303, 93.
(2) 22136, 109 ; 22158, 97.
(3) A M. d'Argental, 7 février.
(4) Nouv. Acq., 3344, 375.
(5) Voltaire à Malesherbes, 7 février 1754. Malesherbes lui écrit le 21 février : « Je puis vous assurer, Monsieur, que Madame votre nièce s'est acquittée exactement de toutes les commissions dont vous l'avez chargée vis-à-vis de moi, qu'elle a fait toutes les démarches possibles pour supprimer l'édition fautive de votre *Histoire universelle* (Nouv. Acq., 3344, 378).
(6) Lettre anonyme de Paris du 31 janvier 1754, 22136, 109.
(7) Voltaire à Malesherbes, 7 février.

nouveau à Malesherbes, qui lui répond toujours aimablement (1). Mais en même temps « fidèle à sa manie de traiter avec les puissances, passant par-dessus la tête de Malesherbes (2) », il envoie « un placet au roi, par lequel il le supplie de se faire rendre compte, par M. le Chancelier, de la différence qui est entre son véritable manuscrit et celui qu'on a imprimé pour le perdre », puis, quelques jours après, il fait faire à Colmar un procès-verbal par-devant notaire attestant ces différences (3), et il envoie ce procès-verbal à Malesherbes avec une lettre pour le Chancelier, le 24 février.

Mais il n'a pas plus tôt fait partir ce procès-verbal qu'il reçoit la réponse très aimable de Malesherbes à sa lettre du 7 (4), dans laquelle le Directeur de la librairie l'assure de toute sa bonne volonté, mais lui exprime sa crainte de ne pouvoir supprimer l'édition de Néaulme : « Pourrait-on aimer les lettres et n'être pas sensible aux malheurs de M. de Voltaire, lui avait-il écrit. Mais je ne suis pas à portée de les adoucir, j'en ai raisonné longuement avec Mme Denis qui n'a pas pu en disconvenir. » Aussitôt il s'aperçoit que Malesherbes a pu être piqué de voir son autorité et son crédit mis en doute et qu'il est maladroit de ne le pas ménager davantage. Avec sa souplesse ordinaire, il change complètement ses batteries et, après avoir voulu se passer de lui, il se met à le flatter à l'excès. « Quand j'ai eu l'honneur de vous envoyer ce procès-verbal, avec une lettre pour Mgr le Chancelier, votre père, lui écrit-il le 28 (5), j'ai cru qu'il avait le ministère de la littérature; puisque c'est vous seul qui en êtes chargé, Monsieur, j'attends de vos bontés que vous voudrez bien faire parvenir au roi la vérité, qui vous est connue. Quel autre que vous peut faire connaître au roi cette vérité opprimée?... S'il ne se trouve pas une âme comme la vôtre, courageuse dans sa pitié, qui prenne sur elle le soin généreux de dire et de faire parvenir au roi combien je suis innocent et calomnié, ma mort grossira le nombre des infortunés perdus par les belles-lettres que vous protégez. Un mot est tout ce que

---

(1) 21 février (Nouv. Acq., 3344, 382).
(2) Brunetière, Études critiques, IIe série, p. 172.
(3) Ce procès-verbal du 22 février énumère quatorze passages tronqués ou supprimés (Nouv. Acq., 3344, 366).
(4) 21 février (ibid., 382). Il es timpossible de supposer que Malesherbes ait exprimé à Voltaire son mécontentement de la lettre du 24. Voltaire n'aurait pu recevoir avant le 28 aucune réponse à cette lettre du 24.
(5) Nouv. Acq., 3344, 383.

je vous demande, soit à Mme de Pompadour, soit au roi même, soit à ceux qui l'approchent, et ce mot redoublera la reconnaissance avec laquelle j'ai l'honneur... »

Ce n'est pas mieux réussir et Malesherbes, qui commence à être fatigué de toutes ces histoires, lui répond encore aimablement, mais un peu plus sèchement : « Vous savez mieux que moi qu'il n'y a point de ministère de la littérature. M. le Chancelier est chargé de la librairie, c'est-à-dire que c'est sur son attache que se donnent les privilèges ou permissions d'imprimer. Il m'a confié ce détail, non pour y décider arbitrairement, mais pour lui rendre compte de tous les ordres que je donnerais. Ce n'est ni une charge, ni une commission, c'est une pure marque de confiance, dont il n'existe ni provisions ni brevet, et que je tiens uniquement de sa volonté. Ainsi vous voyez combien on vous a mal informé en vous disant que ce n'était point M. le Chancelier, mais moi, qui avais le ministère de la littérature... Je vous rappelle des choses que vous ne pouvez pas ignorer, mais qui doivent cependant vous faire connaître combien mon prétendu ministère de la littérature est borné. Ajoutez à cela que, par mon état, je ne suis point à portée d'approcher de la personne du roi assez librement ni assez fréquemment pour lui parler de mon propre mouvement d'une affaire dont il ne m'a point ordonné de lui rendre compte; par la même raison de mon état, je ne vois que fort rarement Mme de Pompadour; cela posé, que puis-je faire pour vous rendre cette justice que vous désirez avec tant d'ardeur?

» Je suis prêt à certifier, non seulement aux personnes constituées en dignité, mais à quiconque voudra le savoir, que vous n'avez demandé pour votre *Histoire universelle* aucune permission publique ni tacite, directe ni indirecte, que vous avez même fait des démarches auprès de moi, tant par vous que par Mme Denis, pour en empêcher le débit, démarches fort inutiles à la vérité, parce que cela ne me regarde point; et que, quand je n'ai point permis un livre, je ne me mêle pas du débit illicite qui s'en peut faire : c'est l'affaire de la police. Je peux dire de plus que j'ai lieu de croire, d'après des lettres que j'ai vues, que le libraire Néaulme ne tient point le manuscrit de vous directement, mais quand j'aurai dit tout cela, vous n'en serez pas plus avancé. Ceux qui sont portés à croire, malgré vos plaintes authentiques, que le manuscrit a été imprimé de votre consentement, ne trouveront dans tout ce que je pourrais leur dire rien de capable de les détromper. D'ailleurs, je ne sais pas si vous faites trop bien de toucher cette corde-là. Vous parlez des impressions fâcheuses que l'on a données au roi sur vous à l'occasion de cette édition; je ne sais pas si le roi s'en occupe autant que vous croyez... Tout ce que je sais, c'est que j'ai porté de votre part une lettre (1) à mon père, qui ne savait pas seulement qu'on vous accusait ou non d'avoir donné les mains à cette édition de Hollande.

» Pour moi, je ne puis vous donner qu'un conseil : c'est de vous tenir tranquille et de prendre garde surtout qu'on n'aille, à l'occasion de vos justifications sur l'*Histoire universelle*, vous attaquer sur les *Annales de l'Empire*, que vous ne pourrez pas désavouer. Lorsque ces deux livres auront fait tout leur effet dans le public, les amis puissants que vous avez à la cour trouveront peut-être le moment favorable pour parler de vous; mais, jusque-là, ne vous suscitez point de nouvelles affaires, en attirant sur vous, par vos plaintes continuelles, les yeux du roi et du ministère (2). »

C'est bien pourtant au fond ce que Voltaire désirait; attirer sur son ouvrage les yeux du roi, de la cour et du public; et Malesherbes le savait bien, mais il lui signifiait assez clairement qu'il ne voulait plus entendre parler de cette affaire. Voltaire le comprend enfin, il n'insiste plus et se contente de s'excuser et de se justifier comme il peut auprès de Malesherbes (3). Il ne pense plus qu'à ce Porentru, évêque de Colmar : « Qui eût cru qu'un Porentru fût évêque de Colmar... Je cours risque d'être brûlé... Je suis près d'être excommunié solidairement avec Jean Néaulme. Je suis dans mon lit et je ne vois pas que je puisse être enseveli en terre sainte (4). » Du moins, il laisse Malesherbes un peu tranquille.

Cependant, il ne considère pas l'affaire comme terminée et en juin il s'avise d'un moyen nouveau et assez singulier de prouver qu'il est innocent de ces deux premiers volumes : il publie le troisième. Comme il a vu jusqu'où il peut aller, il est alors beaucoup plus circonspect et prudent. Il se moque encore de Louis XI qui a fait la Vierge comtesse en lui consacrant le comté

---

(1) La lettre qui accompagnait le procès-verbal du 22 février.
(2) Nouv. Acq., 3344, 371. Brunetière a cité cette lettre *in extenso*, l. c., 173.
(3) 29 mars.
(4) Voltaire à d'Argental, 24 février.

de Bourgogne, et des Byzantins qui disputaient de la transsubstantiation, quand les Turcs étaient aux portes de Constantinople, mais il n'y a plus « cette précieuse liberté, ce ton hardi et léger, qui règnent dans les autres volumes (1) ».

Voltaire est assez embarrassé. L'édition de ce troisième volume est faite à la fois par Walther, de Dresde, et Schœpflin, de Colmar. Or Schœpflin est un libraire de France; il lui faut donc la protection du Directeur de la librairie; mais Voltaire n'ose plus guère solliciter Malesherbes. Pourtant celui-ci lit un jour par hasard la première feuille de ce troisième tome, qui lui est tombée sous la main. Il y trouve « des expressions capables de faire tort à l'auteur » en France. Il fait donc arrêter l'ouvrage. Aussitôt Voltaire s'empresse de lui envoyer tout le volume (2); il le prie de lui indiquer toutes les corrections qu'il peut y avoir à faire; il promet de se soumettre à tout ce qu'on lui demandera, et il termine sa lettre par cette profession de fidélité : « Mon affaire, Monsieur, sera de vous être dévoué jusqu'au dernier moment de ma vie, de souhaiter ardemment que vous vouliez bien être toujours à la tête des lettres et que vos successeurs vous ressemblent (3). » En même temps un arrangement est conclu avec Schœpflin au sujet de ces corrections. Mais Malesherbes reconnaît bientôt que presque tout l'ouvrage a besoin d'être refait et prend le parti de ne pas faire de réponse. Voilà l'affaire en suspens et Schœpflin fort ennuyé de ce retard; d'autant plus qu'il apprend alors que Lambert, avec lequel il a fait un marché pour deux mille exemplaires, s'avise soudain d'en faire lui-même une édition; sans doute, se dit-il, sur l'exemplaire que Malesherbes a reçu, et qu'il a dû traîtreusement communiquer à Lambert. C'est aussi la supposition, bien invraisemblable pourtant, que fait Voltaire. Celui-ci demande à Malesherbes de suspendre au moins l'édition de Lambert jusqu'à ce que celle de Schœpflin ait pu paraître, jusqu'à ce que la préface et l'épître dédicatoire soient prêtes, et Schœpflin lui-même fait faire des démarches dans ce sens par son frère, professeur à Strasbourg et ancien ami de Malesherbes. Mais le Directeur de la librairie en a décidément assez, il se contente de répondre qu' « il est impossible qu'un ouvrage de M. de

---

(1) Grimm, 15 août 1754, II, 395.
(2) Malesherbes au frère de Schœpflin, 27 juin 1754, Nouv. Acq., 3334, 396.
(3) 6 juin, *ibid.*, 390.

Voltaire, une fois imprimé, ne se répande dans toute la France » et que d'ailleurs, puisqu'il n'y a aucune permission, il ne favorisera pas plus une édition que l'autre (1) ; et il se désintéresse de toutes ces intrigues. Les deux éditions paraissent librement ; et comme il serait sans doute ridicule de permettre le troisième volume d'un ouvrage, dont on condamne les deux premiers, cet excellent Malesherbes juge à propos, en octobre, de faire grâce aux libraires, dont on avait saisi l'édition en décembre 1753 : on leur accorde mainlevée de tous les exemplaires qui étaient enfermés à la Bastille (2).

L'*Histoire universelle* était désormais bien lancée. Elle allait avoir beaucoup d'éditions successives, soit seule, soit dans les *Œuvres complètes*. Dès que Voltaire eut choisi comme éditeurs les frères Cramer, en 1756, il la leur fit réimprimer ; et leurs sept mille exemplaires se vendaient très facilement (3). Voltaire pouvait être content. De sa retraite de Suisse, il regardait son ouvrage se répandre en France et il se rendait cette justice : « J'ai fait tout ce que j'ai pu, toute ma vie, pour contribuer à étendre cet esprit de philosophie et de tolérance qui semble aujourd'hui caractériser le siècle. Cet esprit, qui anime tous les honnêtes gens de l'Europe, a jeté d'heureuses racines dans ce pays, où d'abord le soin de ma mauvaise santé m'avait conduit et où la reconnaissance et la douceur d'une vie tranquille m'arrêtent. Ce n'est pas un petit exemple du progrès de la raison humaine, qu'on ait imprimé à Genève, dans cet *Essai sur l'histoire*, avec l'approbation publique, que Calvin avait une âme atroce aussi bien qu'un esprit éclairé (4). » Et Grimm écrivait de son côté cet éloge dithyrambique de l'*Histoire universelle* : « Indépendamment du génie qui anime tout ce qui sort de la plume de Voltaire, j'ai eu l'occasion de remarquer plus d'une fois qu'un des grands services que cet écrivain illustre a rendus à la France et à tous les peuples d'Europe, c'est d'avoir étendu l'empire de la raison et d'avoir rendu la philosophie populaire. Tous ses écrits respirent

---

(1) Malesherbes à Schœpflin le professeur, 27 juin, *ibid.*, 396.
(2) *Archives de la Bastille*, XII, 418 ; Nouv. Acq., 3246, 207, sqq.
(3) Ce fut Lambert qui se chargea de les écouler à Paris (Thiériot à Voltaire, 1ᵉʳ juillet 1756, *Revue d'hist. litt.*, 1908). — Cramer était venu lui-même à Colmar faire ses offres à Voltaire en août 1754, et c'est Voltaire qui proposa à Lambert d'entrer pour moitié dans l'affaire. (Lettres de Voltaire à Lambert. *Revue d'hist. litt.*, 1909.)
(4) Voltaire à Thiériot, 26 mars

l'amour de la vertu et une passion générale pour le bien de l'humanité ; mais il n'y en a aucun où cette passion soit portée plus loin que dans cette *Histoire universelle...* Le bien inestimable que cette *Histoire* ne manquera pas de produire sera donc principalement de faire germer dans nos cœurs, de génération en génération, les principes de justice, d'équité, de compassion et de bienfaisance, de nous éloigner de toute violence, de cette fureur de persécuter et d'opprimer nos semblables pour avoir d'autres opinions que les nôtres, d'affaiblir enfin et, s'il est possible, d'anéantir l'esprit d'intolérance... Voilà, ce me semble, le but de l'*Histoire* de M. de Voltaire (1). » C'était en effet la guerre contre l'*infâme* qui commençait.

Avant pourtant de se consacrer à sa grande lutte philosophique, Voltaire donnait encore deux ouvrages purement historiques. C'étaient d'abord les *Annales de l'Empire*, qu'il composait alors en 1753, pendant son exode dans les petites cours d'Allemagne et en Alsace, à la sollicitation de la duchesse de Saxe-Gotha. Il osait les avouer. « Je les avouerai toujours, disait-il (2), parce que je les crois très exactes et très vraies, surtout à l'aide des cartons nécessaires. » Ce n'était d'ailleurs pas un livre fait pour la France : il ne prenait que peu de soins pour l'y faire connaître. Schœpflin, sur ses conseils, demandait encore la protection de Malesherbes (3). Celui-ci savait bien que, quelque soin qu'on prît pour en interdire le débit, il en entrerait toujours par toutes sortes de voies ; il permettait les exemplaires de Schœpflin et poursuivait seulement les contrefaçons lyonnaises qu'on menaçait d'en faire (4). Il autorisait très facilement Lambert à vendre les trois cents exemplaires qu'il avait reçus, et même d'en faire une édition, si la première ne faisait pas trop de bruit (5) ; et il écrivait fort aimablement à Voltaire, qui s'excusait d'avoir fait des annales, après avoir « cultivé les arts de génie » : « Il n'est pas indifférent, Monsieur, qu'un homme de génie s'exerce dans les différents genres de littérature ; celui des annales est certainement

---

(1) Avril 1757, III, 362.
(2) A Malesherbes, 29 mars 1754.
(3) 6 janvier (Nouv. Acq., 3344, 377), Schœpflin avait mis sur son édition le nom de Jean-Henry Decker, son beau-frère, libraire à Bâle, et il comptait demander un privilège.
(4) Malesherbes à Seynas et Seynas à Malesherbes, 24, 28 février (*ibid.*, 381-385).
(5) *Journal de la librairie*, 28 février, 22159, 14 v°.

un des plus ingrats, mais il est instructif et...., dans vos mains il doit acquérir toute sa perfection (1). »

Au contraire, l'*Histoire de la guerre de* 1741 (2) était très susceptible d'intéresser les Parisiens. On en avait déjà beaucoup entendu parler en 1749, Voltaire ayant prétendu alors qu'on lui avait volé son manuscrit, et ayant même voulu faire apposer dans les rues une affiche ainsi conçue : « Cent écus à gagner. On a volé plusieurs manuscrits contenant la tragédie de *Sémiramis*, la comédie intitulée *Nanine*, etc., l'*Histoire de la guerre de* 1741 *jusqu'en* 1747. On les a imprimés remplis de fautes et d'interpolations; on les vend publiquement à Fontainebleau. Le premier qui donnera des indices sûrs de l'imprimeur et de l'éditeur recevra la somme de trois cents francs de M. de Voltaire, gentilhomme ordinaire de la chambre du roi, historiographe de France, rue Traversière. » Mais le lieutenant de police Hérault, quelque aimable qu'il fût avec Voltaire, avait refusé d'autoriser l'affichage de ce papier (3), et ce n'est qu'en 1755 que l'*Histoire de la guerre de* 1741 fut publiée.

Brunetière a raconté toutes les manœuvres auxquelles se livra Voltaire pour lancer alors son ouvrage (4). C'est exactement la répétition de ce qui s'était passé l'année précédente pour l'*Histoire universelle*. Seulement, cette fois-ci, on a la preuve que Voltaire avait lui-même fait parvenir au libraire Le Prieur son manuscrit. Le fait est affirmé dans cette lettre de l'inspecteur de la librairie d'Hémery au lieutenant de police Berryer :

« J'ai l'honneur de vous rendre compte que Le Prieur a acheté le manuscrit des *Campagnes de Louis XV*, du sieur Richer, auteur de l'*Abrégé chronologique des Empereurs*, et frère de Richer, l'avocat, qui vient de donner un traité sur la mort civile.

» Il a présenté ce manuscrit à Le Prieur comme appartenant à M. de Venozan, officier dans le régiment de Picardie. Le Prieur l'a acheté comme tel, et Richer, pour l'en convaincre, lui a produit une quittance, d'une écriture toute contrefaite, signée dudit sieur Venozan, que Le Prieur n'a cependant voulu accepter qu'après avoir été endossé par ledit sieur Richer. Cette conduite a paru suspecte à Le Prieur, avec d'autant plus de raison que Richer

---

(1) Voltaire à Malesherbes et Malesherbes à Voltaire, 15-22 avril (*ibid.*, 388, 389).
(2) Voltaire l'intitula plus tard *le Siècle de Louis XV*.
(3) Léouzon-Le-Duc, *Voltaire et la police*, p. 163-166.
(4) *Études critiques*, II, p. 178.

avait laissé échapper dans la conversation le nom du chevalier de La Morlière ; mais comme Le Prieur achetait d'un homme qu'il connaissait, et qu'il avait envie de l'ouvrage, il n'a pas cherché à approfondir ce qui en était.

» J'ai engagé Le Prieur (qui m'a dit les choses de la meilleure foi du monde, sous la promesse que je lui ai faite qu'il ne serait pas compromis) à me confier ce billet, et j'ai reconnu que l'écriture, quoique contrefaite, du prétendu Venozan est précisément celle du chevalier de La Morlière, ainsi qu'il est aisé de s'en convaincre en la vérifiant avec son écriture que je joins ici avec ce billet.

» Il n'est donc pas douteux, Monsieur, que ce manuscrit ne vienne du chevalier de La Morlière, et par conséquent de la part de Voltaire, non seulement par les raisons que je viens de dire, mais encore parce que c'est une de ses âmes damnées qu'il emploie à ces sortes de manœuvres, aussi bien que dans celle de *la Pucelle*, que La Morlière a répandue des premiers et qu'il a vendue fort cher (1). »

Mais ce n'était pas tout de faire parvenir le manuscrit à Paris, et même de le faire imprimer. Voltaire veut encore que la police permette et protège l'édition. Voici comment il s'y prend. Il proteste d'abord auprès de M. d'Argenson et de Mme de Pompadour (2). Il se plaint à tout le monde qu'un fripon ait vendu son manuscrit vingt-cinq louis d'or à Le Prieur. Il raconte que c'est Ximénès qui l'a volé chez Mme Denis pour le vendre à Le Prieur, par l'intermédiaire de La Morlière (3), et que Malesherbes en a donné une permission, même un privilège (4). Mme Denis elle-même en est persuadée et cherche à s'expliquer comment ce vol a pu se commettre. « Il y avait dans le cabinet de Voltaire de vieux brouillons sans suite, sans aucun ordre ; c'étaient des feuilles déchirées ; des chapitres entiers manquaient, il n'y avait pas le quart de l'ouvrage. » Elle avait autorisé ses femmes à se servir de ces bouts de papier pour emballer ses caisses. Ce ne peut être

---

(1) Cette lettre du 30 août 1755, connue de Beuchot et de Desnoiresterres, et publiée par Ravaisson dans les *Archives de la Bastille*, XII, 428 (Bibl. de l'Ars., 10 303, 155), se trouve aussi à la Bibliothèque nationale, Nouv. Acq., 1214, 153.
(2) Voltaire à Mme de Fontaine, 2 juillet.
(3) Voltaire à Malesherbes, 12 septembre ; à d'Argental, 10 septembre.
(4) Voltaire à d'Argental, 31 juillet, 29 août. Malesherbes avait effectivement donné une permission tacite. (Nouv. Acq., 1214, 161.)

qu'alors que Ximénès les déroba (1). Et la grosse Denis, indignée de ce vol, et très inquiète de la colère de son oncle, intrigue auprès de Malesherbes. Celui-ci répondait assez froidement : « Je n'ai aucune connaissance, Madame, qu'on imprime le manuscrit dont vous vous plaignez ; comme il n'est ni approuvé, ni susceptible d'approbation, je ne pourrais le faire saisir et punir le libraire qui l'a entrepris. Ainsi, vous sentez bien que je ne puis me mêler de la négociation que vous me proposez... M. de Ximénès m'a assuré qu'il n'y avait aucune part, et, comme je n'ai aucune raison de le soupçonner de m'en imposer, je ne doute pas de la vérité de ce qu'il m'a dit (2). » Et Voltaire s'indignait : « Je ne conçois pas M. de Malesherbes, écrivait-il à d'Argental (3) ; il est fâché contre ma nièce, pourquoi ? parce qu'elle a fait son devoir. Il est trop juste pour lui en savoir longtemps mauvais gré. Je suis persuadé que vous lui ferez sentir la raison. Il s'y rendra, il verra que l'action infâme de Ximénès et de La Morlière exigent un prompt remède. En quoi M. de Malesherbes est-il compromis ? Je ne le vois pas. Aurait-il voulu protéger une mauvaise action pour me perdre ? Mon cher ange, la vie d'un homme de lettres n'est bonne qu'après sa mort. Je vous conjure de faire entendre raison à M. de Malesherbes ; il n'a ni bien agi, ni bien parlé. Il a bien des torts, mais il est digne qu'on lui dise ses torts ; c'est le plus grand éloge que je puisse faire de lui. »

Cependant, il obtenait qu'on saisit cette édition qu'il désavouait si bruyamment (4). Le 17 novembre, d'Argenson, cédant à ses pressantes sollicitations, se décidait à faire arrêter les seize cents exemplaires de l'édition de Le Prieur (5). En même temps, Voltaire multipliait les désaveux, et il écrivait une lettre à l'Académie, qu'il faisait paraître dans toutes les gazettes de Hollande (6).

Mais cela ne l'empêchait pas de faire imprimer son *Histoire* à

---

(1) Mme Denis à Malesherbes. Nouv. Acq., 3346, 64. Cf. Colini, *Mon séjour auprès de Voltaire*, p. 154, et Desnoiresterres, V, 104.
(2) Nouv. Acq., 3346, 69.
(3) 10 septembre 1755.
(4) Mme Denis ne cessait de protester auprès de Mme de Pompadour, auprès de Malesherbes, à qui elle écrivait des lettres « peu mesurées », même un peu « folles », où elle ne craignait pas de demander qu'on condamnât Ximénès aux galères. Voltaire écrivait directement à la Chambre syndicale et d'Argental sollicitait Malesherbes. (Nouv. Acq., 3346, 64-76. Cf. Voltaire à Lambert, 20 septembre.)
(5) D'Hémery à Berryer, 17 novembre 1755, Nouv. Acq., 1214, 161. Cf. Nouv. Acq., 3346, 75, 78, 81.
(6) Voltaire à Cramer, 21 décembre 1755 ; à Walther, 1er janvier 1756.

Londres, à Amsterdam, à Genève, et elle va pouvoir paraître ainsi sans lui faire perdre les bonnes grâces de Mme de Pompadour et de M. d'Argenson, qui lui avaient recommandé l'un et l'autre de ne la pas donner au public (1). Car, « le tour est joué, ainsi que conclut Brunetière (2). Les ballots arrivent de l'étranger, passent la frontière en contrebande ; l'édition de Londres ou d'Amsterdam se répand, le livre est bientôt dans les mains de tout le monde ; on le vend librement à Versailles ; on l'achète publiquement à Fontainebleau. Le libraire alors va trouver Malesherbes ; il lui représente que deux mille exemplaires, c'est une somme, qu'il est d'autant moins juste de la lui faire perdre que le livre se vend couramment ; qu'un Directeur de la librairie ne doit pas avoir moins d'égards aux intérêts marchands des libraires qu'à l'intérêt littéraire des auteurs... (3). Malesherbes, toujours humain, se laisse attendrir ; la saisie est annulée, on rend les exemplaires, l'édition de Paris est mise immédiatement en vente, et le livre s'écoule à la faveur d'une permission tacite (4), que Voltaire n'a pas demandée, ou même dont il aurait l'air de n'avoir pas voulu, si nous étions gens capables maintenant de nous laisser surprendre à l'éloquence de ses protestations. Il a forcé la main à Malesherbes, et avec quel art ! remarquez-le, car ni le libraire, ni même peut-être Mme Denis, ne sont dans la confidence de la machine ; il agit seul ; et sauf La Morlière, auquel il a bien fallu toucher au moins deux mots de la nécessité du plus absolu secret, il tient tout seul tous les fils de cette amusante intrigue. »

Enfin, en 1759, au moment même où il était si occupé par les polémiques littéraires contre Pompignan et Fréron, Voltaire faisait encore son *Histoire de Russie* sur la demande de son « amie », la tsarine Catherine II, et, quoiqu'il ne se mît plus cette fois-ci à combiner tant d'intrigues aussi compliquées, il se heurtait encore à bien des difficultés pour la publication de cet ouvrage.

Il fallut d'abord presser la Cour de Russie, qui ne se hâtait pas de fournir les documents et de donner son imprimatur. Pour forcer le comte Schowalow à s'occuper plus sérieusement de

---

(1) Voltaire à d'Argental, 12 septembre.
(2) *L. c.*, p. 181.
(3) Saillant, associé de Le Prieur, à Malesherbes, 24 novembre 1755, Nouv. Acq., 3346, 102.
(4) L'édition française, enfermée à la Bastille en novembre 1755 (Nouv. Acq., 3346, 95, 99), est rendue aux libraires en janvier 1756 avec l'autorisation de Malesherbes et de d'Argenson (*ibid.*, 106, 107).

cette affaire, il lui mandait dès le mois d'avril (1), qu'un paquet de manuscrit qu'il venait d'envoyer en Russie était perdu, que très probablement des libraires allemands ou hollandais s'en étaient emparés et que certainement le livre allait paraître, avant d'être fini, et, en août (2), il faisait des démarches tant auprès de la Cour de Vienne qu'auprès de l'ambassade russe à La Haye; car il savait qu'un libraire de Hambourg et un autre de La Haye, nommé Pierre de Hondt, étaient sur le point d'imprimer ce manuscrit inachevé.

Enfin, en septembre, tout est en règle avec Pétersbourg, et l'édition de Cramer est terminée. Les huit mille volumes sont prêts. Voltaire envoie à Schowalow un petit ballot contenant quelques exemplaires (3), et il en adresse trois autres balles à Paris à Desaint et Saillant, qui devront les remettre à Robin, vendeur de brochures au Palais-Royal et correspondant des Cramer. Robin est chargé d'en distribuer à tous les amis de Voltaire, à d'Alembert, à Duclos, à Mme du Deffand, à Helvétius, à Saurin, et même au roi (4). Mais il arrive malheur à cet envoi. Il y en avait plusieurs exemplaires reliés pour ces cadeaux. Messieurs les intendants des postes prétendent qu'il est défendu d'envoyer des livres reliés et douze exemplaires sont perdus (5). Enfin, quand l'édition arrive à Paris, elle est arrêtée à la Chambre syndicale. Robin fait des démarches pour qu'on la lui délivre, et Malesherbes en confie l'examen à Moncrif. Mais Moncrif est à la campagne et les ballots sont toujours consignés (6).

Alors le 12 octobre, d'Argental, le chargé d'affaires ordinaire de Voltaire, s'émeut; d'autant que, pendant cette suspension de l'édition de Cramer, les éditions contrefaites se répandent. Il s'adresse directement à d'Hémery (7) et lui donne presque des ordres : « Je crois pouvoir prendre sur moi de vous prier de faire délivrer ces livres, et je crois pouvoir vous répondre que M. de Malesherbes ne désapprouvera pas cette démarche que je prends absolument sur moi », et tout de même il se plaint aussi à Males-

---

(1) Voltaire à Schowalow, 22 avril 1760.
(2) *Ibid.*, 2 août.
(3) *Ibid.*, 21 septembre.
(4) Voltaire à Thiériot, 19 octobre; à Mme du Deffand, 27 octobre; à Helvétius, 27 octobre.
(5) Voltaire à Helvétius, 12 décembre.
(6) Nouv. Acq., 3346, 160.
(7) *Ibid.*, 166.

herbes. Celui-ci répond qu'il n'a pas autorisé l'édition contrefaite de Lyon, que, si elle se vend publiquement, c'est qu'on a mal compris ses ordres et qu'on n'aurait pas dû permettre l'ouvrage, sans l'avoir examiné, enfin, qu'il va faire ce qu'il pourra pour en empêcher le débit (1).

De fait, il était fort embarrassé. Beaucoup plus aimable maintenant avec Voltaire, dont la royauté littéraire était désormais bien établie, et n'ayant d'ailleurs à lui reprocher cette fois-ci aucune des manœuvres extraordinaires auxquelles il était accoutumé, il était, d'autre part, retenu par les ordres qu'il recevait du Dauphin; car il y avait des passages offensants pour la mémoire du feu roi de Pologne, son grand-père. Il ne pouvait donner aucune permission « à cause de la liberté avec laquelle Voltaire parlait de la religion en général sous prétexte de parler des schismes de Russie ». Néanmoins il n'était nullement sévère et il ne cherchait qu'un moyen d'arranger les choses, d'autant plus que d'Argental le sollicitait constamment d'autoriser l'édition (2).

Ce n'est pas que tout le monde n'eût déjà son exemplaire de l'édition contrefaite. Mais dans celle de Cramer il y avait une carte de Russie qui pourrait être utile aux gens de lettres. Malesherbes consentait très volontiers à ce qu'on tolérât quelques exemplaires, pourvu qu'ils ne fussent pas vendus trop publiquement. Il cherchait des expédients avec d'Argental et d'Hémery pour retirer l'édition de la Chambre syndicale, et voici celui qu'ils trouvèrent d'un commun accord : Malesherbes donna ordre le 21 octobre à la Chambre syndicale de rendre les ballots à Desaint et Saillant pour être renvoyés à l'étranger (3). Puis quand Desaint les eut reçus ainsi très régulièrement, au lieu de les renvoyer en Suisse, il les donna à Robin. « Tout se passa au mieux. » On avait bien recommandé tant à Desaint qu'à Robin d'être très prudents. Ils le furent, en effet (4), et encore une fois sans privilège, sans permission, sans autorisation officielle d'aucune sorte, mais tout de même avec l'approbation et le concours des autorités, le livre de Voltaire parvenait très largement à la connaissance du public.

(1) *Ibid.*, 177.
(2) 15, 20 octobre : *ibid.*, 190.
(3) *Ibid.*, 182 ; et 180, Lettre de Malesherbes à d'Hémery, 21 octobre.
(4) D'Hémery à Malesherbes, 24 octobre, 2 novembre, *ibid.*, 183, 187.

V

Ces premières années de l'administration de Malesherbes avaient été l'âge d'or pour les philosophes. Ils avaient joui, en somme, de cette faveur du gouvernement, dont la conquête était bien le plus cher de leurs vœux. On leur avait accordé beaucoup de facilités pour la publication de leurs œuvres capitales; on les protégeait même contre leurs adversaires. On ne songeait pas à accorder aux encyclopédistes et à leurs ennemis un régime de liberté égal pour tous; mais les tracasseries gouvernementales atteignaient également les deux partis. Si l'*Encyclopédie* avait quelques difficultés à faire passer tous ses articles, on sait que Fréron n'en avait pas moins à défendre la religion dans son *Année littéraire*. Brunetière a raconté toutes les avanies auxquelles fut exposé ce malheureux journaliste et comment il fut persécuté par les philosophes autant et plus qu'ils ne l'étaient eux-mêmes (1). Jamais il ne put obtenir un privilège, et continuellement son journal était suspendu parce qu'il avait osé critiquer d'Alembert, ou Voltaire, ou même Marmontel. Voici la lettre qu'il adressait en 1758 à Malesherbes, alors que d'Alembert voulait le faire poursuivre pour le simple compte-rendu d'un ouvrage contre l'*Encyclopédie;* elle éclaire d'une lumière singulièrement vive les rapports du malheureux journaliste tant avec les philosophes qu'avec le Directeur de la librairie :

« Monsieur, il m'est impossible de vous envoyer la note des articles encyclopédiques où je suis directement ou indirectement attaqué. Je n'ai jamais lu toute l'*Encyclopédie* ni ne la lirai jamais, à moins que je ne commette quelque grand crime et que je ne sois condamné au supplice de la lire. D'ailleurs, ces Messieurs me font venir à propos de botte (*sic*) dans les articles les plus indifférents et où je ne soupçonnerais jamais qu'il fût question de moi.

» Au reste, Monsieur, ce n'est point le mal qu'ils peuvent dire de moi, mais le mal qu'ils ont voulu et qu'ils veulent encore me faire qui me les rend justement odieux. Vous savez, Monsieur, qu'ils se sont efforcés de m'ôter la protection du roi de Pologne, duc de Lorraine, et de me faire chasser de l'Académie de Nancy...

---

(1) *Loc. cit.*, p. 203 sqq.

Ma détention à la Bastille est encore l'ouvrage de ces Messieurs. Il y a quatre ans que le roi de Prusse m'avait agréé pour être de son Académie de Berlin. Lorsque Diderot et d'Alembert le surent, ils signifièrent à M. de Maupertuis qu'ils renverraient leurs patentes si j'étais reçu. Voilà, Monsieur, une partie de ce que je sais qu'ils ont fait contre moi ; ce que j'ignore est sans doute bien pis.

» Malgré les justes sujets que j'ai de ne les pas aimer, mon éloignement pour eux n'entre pour rien dans le compte purement littéraire que je rends de leurs ouvrages. Je tâche de n'écouter que les intérêts de la vérité et du goût. Ils ont beau écrivailler, s'exalter réciproquement, faire les enthousiastes, mettre dans leur parti des femmes et des petits-maîtres, ils ne seront jamais que d'insolents médiocres. Je crois que je m'y connais un peu, je sais ce qu'ils valent et je sens ce que je vaux ; qu'ils écrivent contre moi tant qu'ils voudront, je suis bien sûr qu'avec un seul trait je ferai plus de tort à leur petite existence littéraire qu'ils ne pourront me nuire avec des pages entières de l'*Encyclopédie ;* ils le sentent eux-mêmes, et c'est parce que leur plume ne sert pas bien leur haine qu'ils ont recours à d'autres moyens pour se venger. A cet égard, ils auront toujours l'avantage sur moi. Je n'ai d'autre ambition que de travailler en homme de lettres avoué par le gouvernement, de vivre en bon citoyen et de bien élever ma famille. Je respecte dans ma conduite et dans mes écrits la religion, les mœurs, l'État et mes supérieurs. Telle a été et telle sera toujours ma façon de penser et d'agir, quelque chose que puissent dire et faire mes ennemis. Je suis... (1). »

Malesherbes en effet était bien plus lié avec les philosophes qu'avec aucun autre homme de lettres. Et y avait-il beaucoup d'auteurs qui ne fussent alors plus ou moins philosophes ? « Pendant bien des années, écrit-il à Morellet en 1757 (2), je me suis occupé uniquement de littérature, et je n'ai vécu qu'avec des gens de lettres. Quand je me suis trouvé entraîné par des circonstances imprévues et peut-être contre mon gré dans une sphère différente, je n'ai rien tant désiré que de pouvoir rendre quelques services à ceux avec qui j'avais passé toute ma vie ; j'ai cru en trouver l'occasion, lorsque j'ai été chargé de la librairie, puisque

---

(1) 27 janvier 1758, 22 191, 141-142.
(2) 22 191, 138.

je me trouvais à portée de leur procurer la liberté d'écrire après laquelle je les avais toujours vus soupirer et de les affranchir de beaucoup de gênes, sous lesquelles ils paraissaient gémir et dont ils se plaignaient continuellement. Je croyais aussi rendre service à l'Etat, parce que cette liberté m'a toujours paru avoir beaucoup plus d'avantages que d'inconvénients. Mes principes sont toujours les mêmes quant au bien de l'Etat. Pour les gens de lettres, l'expérience m'a appris que quiconque a à statuer sur les intérêts de leur amour-propre doit renoncer à leur amitié s'il ne veut affecter une partialité qui le rende indigne de leur estime. »

Pourtant l'amabilité de Malesherbes pour les philosophes ressemblait bien parfois à de la partialité. Quand un ouvrage paraissait contre eux et qu'il en était averti, il tâchait toujours d'arranger les choses à la satisfaction de ses amis. Un libraire, Mérigot, lui apporta ainsi un jour, en 1751, un manuscrit intitulé *Anecdotes pour servir à l'histoire de la disgrâce du marquis d'Argens, pour servir de suite à ses Mémoires.* C'était une affreuse satire de d'Arnaud contre Voltaire et d'Arget. Malesherbes garda le manuscrit, le communiqua à d'Argens, et sur la demande que lui en fit celui-ci il en empêcha la publication (1).

De même quand parurent en 1752 *les Réflexions d'un franciscain*, petit ouvrage très sanglant contre Diderot et l'*Encyclopédie* du P. Geoffray, régent de rhétorique au collège Louis-le-Grand, Malesherbes fit aussitôt à ce sujet « beaucoup de tapage », et envoya chercher le libraire Bordelet pour le réprimander d'avoir imprimé ce livre, dont il était d'ailleurs innocent (2).

Enfin, quand en 1754, un Jésuite de Lyon, le P. Tholomas, s'avisa de vouloir répondre à l'article *Collège* de l'*Encyclopédie* où d'Alembert critiquait le système d'éducation des Jésuites, Malesherbes protégea encore d'Alembert. Tholomas avait envoyé une invitation ainsi conçue : « Pro scholis publicis adversus Encyclopœdistas dicet alter rhetorum in aula collegii S S Trinitatis S J 30ª novembris 1754 hora sesquisecunda. » Et pendant cinq quarts d'heure, le Jésuite avait vomi un torrent d'injures, en mauvais latin, contre les Encyclopédistes. D'Alembert, furieux, se plaignit amèrement à la société royale de Lyon. Malesherbes suivait l'affaire avec le plus grand intérêt. Il était tenu au courant

---

(1) *Journal de la librairie*, 22156, 88, 90.
(2) *Ibid.*, 22157, 12 r°.

par Bourgelat, ce collaborateur de l'*Encyclopédie*, qui était chargé à Lyon de la surveillance de la librairie (1). Malesherbes n'eut pas à intervenir directement, mais il se contenta de garder un silence affecté (2).

C'est ainsi que, pendant les premières années de l'administration de Malesherbes, les philosophes jouissaient de la protection du gouvernement. Grâce à cette faveur, grâce aussi au mouvement irrésistible des idées, la doctrine des philosophes avait réussi à se constituer et leur parti à s'organiser. On entrevoyait déjà l'aurore des temps nouveaux qu'annonçaient ces premiers succès. « Peu s'en faut, disait Grimm en 1757 (3), que même les meilleurs esprits ne se persuadent que l'empire doux et paisible de la philosophie va succéder aux longs orages de la déraison et fixer pour jamais le repos, la tranquillité, le bonheur du genre humain... Mais le vrai philosophe a malheureusement des notions moins consolantes et plus justes. Quelques avantages que nous attribuions à notre siècle, on voit qu'ils ne sont que pour un petit nombre d'élus et que le peuple n'y participe jamais. L'esprit des nations se modifie à l'infini, mais le fond est toujours le même dans l'homme... Sur huit cent mille hommes que contient la ville de Paris, à peine en trouverez-vous quelques centaines qui s'occupent des lettres, des arts et de la saine philosophie. »

De fait il est certain que les disciples des encyclopédistes étaient encore peu nombreux, que la masse du public s'était plus passionnée pour les querelles jansénistes que pour les grands ouvrages philosophiques, qui, sauf les œuvres historiques de Voltaire, avaient paru sans soulever trop de polémiques. Mais en 1757 l'opinion commence à se préoccuper du parti nouveau. Les disputes théologiques entre molinistes et jansénistes sont éteintes; et ce sont au contraire les discussions des philosophes et de leurs adversaires qui occupent maintenant tout Paris.

---

(1) C'est Malesherbes lui-même qui se chargeait de faire parvenir ses manuscrits à d'Alembert et à Diderot.
(2) Nouv. Acq., 3348, 253. Cf. Bertrand, *D'Alembert*, p. 89.
(3) 15 janvier, III, 328.

CHAPITRE V

LA CRISE DE 1758-1762

I. Premiers symptômes de crise. La déclaration de 1757. Les polémiques autour du septième volume de l'*Encyclopédie*. Les Cacouacs. — II. L'*Esprit*. La censure; la publication; le scandale; la révocation du privilège; les rétractations; les condamnations de la Sorbonne et du Parlement; les rééditions. — III. La suspension de l'*Encyclopédie*. Diderot et d'Alembert. — IV. La polémique contre les Encyclopédistes. Leurs ripostes : *Mémoire pour Abraham Chaumeix*. — V. Pompignan. Les *monosyllabes*. — VI. Palissot : la comédie des *Philosophes*, la *Préface* de Morellet. — VII. Réponses de Voltaire : l'*Ecossaise*; les *Facéties*.

I

On traversait alors une époque bien peu glorieuse et bien triste. A l'extérieur, on venait de subir l'humiliante défaite de Rosbach et on allait bientôt apprendre de plus mauvaises nouvelles encore des colonies. C'était l'échec lamentable de la politique de Mme de Pompadour. — A l'intérieur, c'était le triste attentat de Damiens et son exécution plus triste encore. Autour de cette lugubre affaire se soulevaient les passions, se tramaient les intrigues de tous les partis. On accusait le pieux archevêque de Paris d'en avoir été l'instigateur; et, comme Louis XV continuait de lui témoigner toute son estime, les ennemis de la Marquise persuadaient à Christophe de Beaumont que c'était elle qui avait voulu le compromettre. L'archevêque enfin faisait un mandement où il était dit que l'attentat était dû « aux erreurs du temps, aux scandales dans tous les états et dans tous les genres et à l'introduction dans les écrits et dans les esprits d'une multitude de principes qui portaient les sujets à la désobéissance et à la rébellion contre les souverains ».

Il est bien certain qu'en 1757 on commençait à s'inquiéter des progrès rapides de la philosophie; à la cour on en était un peu effrayé : un jour que la reine allait à la messe à Compiègne, elle aperçut à l'étalage d'une boutique un livre portant pour titre la *Religion naturelle* (1). Elle en fut indignée : en revenant, elle prit la brochure et la mit en mille pièces en disant à la marchande « que, si elle s'avisait de débiter de pareils livres, on lui ôterait sa boutique (2) ». Mais qu'était-ce que cette colère de la pauvre Marie Leczinska? et quelle influence avait à la cour son fils, le dévot Dauphin, l'ami des Jésuites?

Louis XV subissait trop alors l'ascendant de l'altière Marquise et celle-ci était trop amie des philosophes pour qu'une persécution leur vînt jamais de Versailles. « Il aurait désiré que la philosophie fût plus modérée et ne se répandit pas dans une partie de la nation qui ne peut jamais la comprendre (3). » Mais le moment n'était pas encore venu où les idées nouvelles allaient gagner tous les esprits. Pourtant, quoique le roi n'eût jamais voulu réellement persécuter les philosophes, il les craignait et il consentait à signer des ordonnances dont il devait bien s'avouer à lui-même qu'elles n'étaient que des fanfaronnades ridicules.

Comment traiter autrement cette déclaration du 23 avril 1757 qui rééditait une loi de 1563 (4)? Il était dit dans le préambule « que le Roi ne pouvait souffrir la licence effrénée des écrits qui se répandaient dans le royaume et qui tendaient à attaquer la religion, à émouvoir les esprits et à donner atteinte à son autorité ». En conséquence, il déclarait passibles de la peine de mort les auteurs, éditeurs, imprimeurs ou colporteurs de ces écrits dangereux (5). Il suffisait même de ne pas avoir observé toutes les formalités auxquelles était soumise la librairie pour être condamné aux galères à perpétuité ou à temps. Enfin, une amende de six mille livres était prescrite contre les locataires et propriétaires des maisons dans lesquelles se trouverait une imprimerie clandestine (6).

(1) C'était une édition du poëme de la *Loi naturelle* de Voltaire.
(2) Luynes, XVI, 108.
(3) Beauveau, *Mém.*, p. 102.
(4) Les membres du Parlement venaient de démissionner ou d'être exilés. Seuls, quelques magistrats restaient, qui étaient continuellement attaqués dans de nombreuses brochures. C'est pour remédier à cette licence des livres qu'ils sollicitèrent et obtinrent l'Arrêt du 16 avril. (Malesherbes, *Mémoires sur la librairie*, p. 109.)
(5) Cf. Arrêt du 30 mars 1757, 22093, 136. « La peine de mort pour un délit exprimé aussi vaguement que celui d'avoir composé des ouvrages tendant à *émouvoir les esprits* déplut à tout le monde et n'intimida personne, parce qu'on sentit qu'une loi si dure ne serait jamais exécutée. » (Mal., *l. c.*)
(6) Barbier, VI, 523. Voir Arch. Nat., X¹ᵃ, 8763, fol. 119.

On ne se contentait pas de ces déclarations théoriques, on faisait des perquisitions et, comme on trouvait sans difficulté plusieurs imprimeurs ou libraires en fraude, on faisait quelques saisies impitoyables et on prononçait des condamnations solennelles. Quatre arrêts étaient rendus le 27 août 1757 « contre des auteurs, imprimeurs, relieurs et distributeurs et colporteurs d'écrits trouvés dans des imprimeries clandestines à Arcueil et à Paris, rue de Seine, faubourg Saint-Victor ». Ces derniers étaient condamnés « à être appliqués au carcan un jour de marché pendant deux heures en ladite place de Grève de cette ville de Paris, avec écriteaux devant et derrière, portant ces mots : Imprimeurs de livres scandaleux et impies », à être bannis pour trois ans du ressort du Parlement et à payer dix livres d'amende (1).

Ce n'était pas seulement le Gouvernement qui s'émouvait ; les polémistes d'autre part se mettaient à attaquer les philosophes et ceux-ci allaient leur répondre avec non moins de vivacité ; car ils ne savaient pas supporter la critique.

Dès l'apparition du septième volume de l'*Encyclopédie*, dont le succès allait toujours grandissant (elle avait alors plus de quatre mille souscripteurs), plusieurs brochures étaient lancées contre elle. Le P. Chapelain en faisait le sujet des sermons qu'il prêchait à Versailles devant le roi (2); Palissot écrivait ses *Petites lettres sur de grands philosophes*, qu'on oubliait assez vite (3) ; Meunier de Guerlon donnait encore contre l'*Encyclopédie* un article dans les *Affiches de province;* et surtout, dans ses *Mémoires pour servir à l'histoire des Cacouacs*, l'avocat Moreau tendait à prouver que « Montesquieu, Voltaire, Diderot, Buffon, d'Alembert et Rousseau avaient des principes pernicieux pour la société et la tranquillité publique (4) ». On s'apercevait enfin que les philosophes s'étaient unis, s'étaient groupés pendant les cinq années qui s'étaient écoulées depuis le scandale de la thèse de l'abbé de Prades, et, à la grande indignation des encyclopédistes, on dénonçait la secte, l'église philosophique.

Ce qui leur est particulièrement sensible, c'est de sentir fort compromise la faveur dont ils jouissent. Ils croient voir dans ces attaques la main du Gouvernement. C'est de Versailles que la sa-

(1) Collection Joly de Fleury, dossier 3632, vol. 339, f° 1-200.
(2) Voltaire à d'Argental, 26 février 1758.
(3) Voir Delafarge, *Palissot*.
(4) Grimm, 15 décembre 1757, III, 458.

tire parue « dans les *Affiches de province* a été envoyée à l'auteur, avec ordre de l'imprimer; après avoir résisté autant qu'il a pu, dit d'Alembert à Voltaire (1), jusqu'à s'exposer à perdre son gagne-pain, il a enfin imprimé cette satire en l'adoucissant de son mieux. Ce qui en reste, après cet *adoucissement* fait par la *discrétion du prêteur*, c'est que nous formons une secte qui a juré la ruine de toute société, de tout gouvernement et de toute morale. Cela est gaillard; mais vous sentez, mon cher philosophe, que si on imprime aujourd'hui de pareilles choses par *ordre exprès* de ceux qui ont l'autorité en main, ce n'est pas pour en rester là; cela s'appelle *amasser les fagots* au septième volume pour nous jeter dans le feu au huitième. » « On a forcé Malesherbes à laisser imprimer *les Cacouacs* », dit peu après d'Alembert (2); et ce qui est encore plus infâme que ce libelle c'est le commentaire qu'en donne Fréron dans son *Année littéraire* où il désigne par un de ses ouvrages le philosophe que Moreau n'avait représenté que sous les traits de la Géométrie (3).

Or, d'Alembert n'aimait pas beaucoup être critiqué. Nous l'avons déjà vu dans l'affaire Tholomas. Sa vanité se redresse aussitôt et il fait appel au protecteur ordinaire des encyclopédistes, à Malesherbes. Il lui écrit une lettre indignée (4) : « J'apprends, Monsieur, que dans la dernière feuille de Fréron, l'*Encyclopédie* est traitée d'*ouvrage scandaleux*. Je sais que ces feuilles et leurs auteurs sont sans conséquence, mais cette raison ne doit point, ce me semble, autoriser une licence pareille, ni permettre à un censeur de l'approuver. Ce serait me manquer à moi-même et à tous mes collègues que de ne vous en pas porter mes plaintes, bien résolu de me tenir tranquille ensuite, si par un malheur que je n'aurai pas à me reprocher, justice ne nous est pas faite. J'ai tout lieu, Monsieur, de l'espérer de vous. Votre équité et l'honneur que j'ai d'être votre confrère m'en répondent. Je suis... »

Mais Malesherbes n'est pas très empressé à lui rendre justice; « il est excédé de ces plaintes » incessantes. Il est très libéral, très favorable aux encyclopédistes; mais il ne veut pas être leur

---

(1) 28 janvier 1758.
(2) 8 février 1758.
(3) Lettre de d'Alembert à Malesherbes, 22191, 140. L'article incriminé est dans la lettre 1re de l'année 1758. Fréron avait expliqué le mot Géométrie par cette note : Voyez les *Recherches sur différents points importants du système du monde*, de M. d'A..., p. 8.
(4) *Ibid.*, 134.

esclave. Qu'on critique c'est fort bien ; il consent même qu'on critique librement les actes de son administration ; il veut bien « être exposé à leurs déclamations ». Mais il se refuse à sévir contre Fréron. « Il est vraiment indiscret et déraisonnable de demander froidement justice de Fréron, dans le moment où le septième tome de l'*Encyclopédie* et surtout l'article *Genève* ont suscité les cris les plus puissants et où on ne peut soutenir l'ouvrage et prendre le parti des auteurs qu'en s'exposant personnellement à des reproches très graves (1). » Aussi Malesherbes répond-il très froidement à d'Alembert : « Je serais fort à plaindre si j'étais obligé de discuter toutes les inductions et les allusions qui peuvent déplaire aux auteurs critiqués. Aussi, Monsieur, ne nous arrêtons pas à cette note qui est au bas d'une page de l'*Année littéraire* et qui n'est pas digne de votre ressentiment. Convenons que ce qui a excité vos plaintes est l'histoire même des *Cacouacs*, l'extrait que Fréron en a fait, celui que le même auteur a donné de votre traduction de Tacite dans une autre feuille, les *Petites lettres sur de grands philosophes* et en général le grand nombre de critiques, satires ou libelles comme il vous plaira de les nommer, dans lesquels l'*Encyclopédie* est attaquée, et surtout le reproche d'irréligion et autres imputations graves... C'est à cela que vous êtes sensible et je n'en suis pas surpris (2). » Et il se contente d'envoyer à d'Alembert l'exposé de ses principes sur la presse. Puis il charge Morellet de s'entremettre pour faire entendre raison à l'intransigeant philosophe. Mais, quand Morellet lui expliquait les idées de Malesherbes, d'Alembert « tempêtait et jurait selon sa mauvaise habitude » et on ne pouvait le rendre raisonnable (3).

Il est même si piqué de cet échec qu'il se décide incontinent à abandonner l'*Encyclopédie*. Il suffisait à ce savant qu'il ne fût plus assuré de la protection gouvernementale pour qu'aussitôt il se désintéressât d'une entreprise qui n'était qu'à moitié fondée, laissant là son ami Diderot et Voltaire, qu'il avait entraîné dans l'affaire. Il lui semblait intolérable d'être ainsi en butte aux attaques de ses adversaires et surtout de savoir ses adversaires encore plus protégés que lui par le ministère. Car « ces satires odieuses et même infâmes qu'on publie contre les encyclopédistes sont non seulement tolérées mais protégées, autorisées,

---

(1) Malesherbes à Morellet, 22191, 138.
(2) *Ibid.*, 136.
(3) Morellet, *Mémoires*, I, p. 45-54.

applaudies, commandées même par ceux qui ont l'autorité en mains (1) ».

Et puis on voulait changer les trois censeurs théologiens raisonnables qui depuis 1750 examinaient tous les volumes de l'*Encyclopédie*. Jusque-là, ils n'avaient pas été bien sévères, ces trois docteurs qui jugeaient autrement sur le manuscrit que sur l'imprimé et qui étaient toujours effrayés, quand les volumes paraissaient, de voir des articles approuvés par eux soulever tant d'indignation à la Sorbonne (2). Mais voilà qu'on voulait donner à l'*Encyclopédie* « de nouveaux censeurs plus absurdes et plus intraitables qu'on n'en pourrait trouver à Goa (3) ». L'inquisition nouvelle était intolérable, et pour la première fois d'Alembert trouve tout d'un coup qu'il est insensé qu'on établisse des censeurs théologiens comme reviseurs généraux de tout l'ouvrage; il déclare bien haut que c'est à quoi il ne se résoudra jamais (4).

Voltaire est effrayé de cette décision de d'Alembert et se flatte bien d'abord que les choses vont s'arranger. « On écrira à M. de Malesherbes, c'est à lui de vous soutenir. (5) » Mais quand il apprend que la décision de d'Alembert est irrévocable, que Malesherbes ne paraît pas disposé à s'occuper de l'*Encyclopédie* comme il le doit, il veut aussitôt que tout le monde cesse de s'y intéresser; il demande son manuscrit à Diderot. Ce qu'il désire surtout, c'est qu'on vienne en Suisse pour l'impression. Il serait bien alors le chef de l'entreprise ; il ferait immédiatement un billet de deux cent mille livres à Diderot, à qui « sa dignité » doit interdire de rester à Paris l'esclave des libraires (6).

Mais Diderot, le plus honnête de ces hommes de lettres et le plus désintéressé, voulait tenir la parole qu'il avait donnée à ses libraires et continuer à Paris, malgré toutes les difficultés. Il avait pourtant encore de rudes assauts à soutenir.

II

Une véritable tempête fut en effet déchaînée par la publication intempestive et audacieuse de l'*Esprit*, d'Helvétius. Elle a été

---

(1) D'Alembert à Voltaire, 11 janvier 1758. Cf. 20 janvier.
(2) Malesherbes, *Liberté de la presse*, p. 91.
(3) D'Alembert à Voltaire, 11 janvier.
(4) *Ibid.*, 20 janvier.
(5) Voltaire à d'Alembert, 8 janvier.
(6) Voltaire à d'Argental, 26 février.

souvent racontée (1). Mais elle est la plus typique du siècle, et elle marque, dans l'histoire de la lutte philosophique, une date mémorable. L'audace des idées qui étaient exprimées dans l'*Esprit*, le souci qu'avait eu l'auteur de faire une œuvre qui pût distraire presque autant qu'instruire, la grande situation mondaine d'Helvétius, la prétention qu'il avait eue de faire paraître en France, avec privilège, un livre aussi dangereux, tout contribuait à attirer l'attention sur sa publication. Elle lui valut une véritable persécution dont il sortit célèbre ; elle provoqua une crise qui mobilisa les forces des deux partis et contribua à unir les philosophes et à abaisser leurs ennemis dans l'opinion publique. A ce titre l'histoire mérite d'en être contée.

Helvétius était le fils du médecin de la reine. Après une jeunesse assez agitée, il avait épousé une jeune fille de haute noblesse, mais de peu de fortune, Mlle de Ligneville ; puis il avait abandonné sa charge de fermier général pour se livrer tout entier à l'étude de la philosophie. Sa plus grande ambition était de se faire un nom célèbre dans la littérature. Passant tout son temps soit à sa terre de Voré, soit à Paris, où sa femme tenait un des salons que fréquentaient le plus volontiers les encyclopédistes, il avait travaillé pendant longtemps à son grand ouvrage, qu'il se décida à faire imprimer vers le printemps de 1758.

En homme du monde peu habitué aux ruses qu'employaient les gens de lettres pour tromper la sévérité des règlements, il voulut faire paraître son livre, comme il aurait fait d'un livre de science ou de dévotion le plus innocent du monde, et il s'adressa simplement à un libraire de Paris, Durand (2).

Il alla alors à Montigny, chez son ami M. de Trudaine, et il lui communiqua les premiers cahiers de son manuscrit, ainsi qu'à Mme Duprez, pour avoir leur impression (3). C'était sans doute la première fois qu'il montrait son ouvrage à quelqu'un et il était inquiet du résultat de cette première lecture ; il avait « un peu la venette » et souhaitait qu' « on n'y trouvât rien de trop fort ». Il ne tarda pas, d'ailleurs, à être bien tranquillisé.

Il s'était soumis à la formalité de la censure, et son livre avait

---

(1) Sainte-Beuve, *Lundi*, II, p. 521. — Brunetière, *Études critiques*, II, p. 168. — Keim, *Helvétius*. — Baron Angot des Rotours (*Revue hebdomadaire*, 12 juin 1909.)
(2) Ce Durand est celui qui avait déjà imprimé les premiers ouvrages de Diderot. Keim dit (p. 329) qu'il était l'imprimeur de la Reine. Mais l'imprimeur de la Reine était plutôt Garnier, qui imprima la *Determinatio* de la Sorbonne contre l'*Esprit*.
(3) Archives de Voré. Lettres d'Helvétius, publiées dans le *Carnet*, 15 nov. 1900.

été envoyé à M. Tercier par Malesherbes. Ce Tercier était un personnage très important, premier commis aux affaires étrangères, qui jouissait de la protection de la Reine et du Dauphin, et qui jouait alors un grand rôle dans la diplomatie (1). « Il fut averti plusieurs fois, et même de la part des amis de l'auteur, de se tenir en garde, parce que la complaisance qu'il pourrait avoir leur serait funeste à tous les deux. » Il lut certainement l'ouvrage avec assez de soin, puisque, deux mois plus tard, il put en faire un compte rendu exact (2). Mais ses idées étaient très tolérantes : il donna son approbation, en n'exigeant que quelques modifications qui furent acceptées, sans difficulté, par Helvétius (3).

On mit donc sous presse en toute sécurité, et tout allait bien, quand un certain M. Salley, à qui Durand avait donné le livre à lire en épreuves, et qui était sans doute plus sévère que Tercier sur la censure, crut de son devoir de prévenir Malesherbes que l'*Esprit* ne méritait guère un privilège (4). Malesherbes, qui en avait peut-être entendu parler aussi d'autres côtés, car plusieurs personnes avaient lu le manuscrit, envoya immédiatement à Durand l'ordre d'arrêter l'impression, et écrivit à Helvétius, alors à Voré, pour lui faire part des difficultés qui surgissaient et de la décision qu'il avait prise de faire examiner son ouvrage par un nouveau censeur. Helvétius était resté sur le qui-vive, et il n'eut pas plus tôt reçu cette lettre de Malesherbes qu'il accourait à Paris.

Il se hâte aussitôt d'aller chez Malesherbes, qui était à la campagne ; il lui demande alors un rendez-vous et il attend son retour (5). Cependant, il se calme : en somme, il n'y a rien de perdu ; il ne s'agit que d'un nouvel examen, il se flatte bien que le nouveau censeur sera aussi coulant que le premier, il compte sur l'amitié de Malesherbes et lui propose de lui « montrer lui-même tout ce qu'il peut y avoir de critiquable, quoique dans le fond il n'y ait rien qui ne doive passer (6) ». Cette affaire s'arrange même si bien qu'il ne pense plus qu'à retourner à Voré auprès de sa femme, qu'il aime toujours comme aux premiers jours, et à

(1) Malesherbes, *Liberté de la presse*, p. 95. Etant secrétaire d'ambassade en Pologne, il avait concouru à l'évasion de Stanislas lors du siège de Dantzig.
(2) Collé, août 1758, II, 150.
(3) Il y a de lui d'autres bulletins de censure qui prouvent qu'il était très tolérant.
(4) 22191, 28.
(5) 22191, 33. Helvétius à Malesherbes, 1er juillet 1758.
(6) *Ibid.*, 29.

qui il envoie des compliments, qu'il juge sans doute spirituels. « Pour parler le langage théologique, lui écrit-il, ce n'est pas la peine du sang, c'est la peine du sans qui me fait le plus souffrir. Oh ! ma chère amie... ne t'impatiente pas, soutiens mon courage, aies-en pour moi, soutiens-moi, car je suis prêt à tout abandonner pour toi, et peut-être que j'en serais fâché. »

Aussi il n'abandonne rien, mais il s'impatiente. Il écrit à Malesherbes, il voudrait bien le voir ou voir au moins son censeur ; et comme Malesherbes, qui n'avance toujours pas son retour, lui répond très aimablement qu'il peut prendre un ami pour juge, Helvétius, de plus en plus rassuré, lui écrit : « Vous pouvez faire tous les retranchements que vous jugerez à propos de faire ; puisque vous me permettez de prendre un ami pour juge, c'est vous que je prends. Comme je voudrais bien partir pour Voré, je désirerais que vous pussiez un peu m'expédier. Si vous vouliez me donner une heure de temps, je vous montrerais les endroits qui peuvent blesser les hommes scrupuleux et peu éclairés. Vous sentez bien que je ne vous tromperais pas ; surtout ne lisez rien de mon ouvrage devant votre famille. Car je ne sais pas trop comme elle pense, et sûrement le secret se divulguerait (1). »

Le mardi 4 juillet, Malesherbes revient enfin à Paris ; mais Helvétius ne va pas chez lui. Il réfléchit que, puisqu'il se soumet, il faut au moins qu'il ne soit pas sujet à de nouvelles tracasseries et qu'une lettre de Malesherbes, lui donnant acte de sa docilité, pourrait bien être utile quelque jour. Aussi il prétexte « quelques affaires qui lui surviennent » et il lui envoie un petit plaidoyer en sa faveur : « Je n'ai établi dans mon ouvrage que des principes que j'ai crus conformes à l'intérêt public. Je respecte trop la religion et la vertu pour avoir eu l'intention de rien dire qui blessât l'une ou l'autre. Qui que ce soit que vous chargiez d'un second examen, peut sur cet article me juger à la rigueur. Je lui abandonne entièrement mon ouvrage ; il le supprimera, s'il le juge à propos ; il en retranchera, il y ajoutera, il y fera enfin tous les changements qu'il lui plaira de faire. Ce n'est plus moi que ce soin regarde. Mes corrections pourraient être encore plus répréhensibles et m'occasionner de nouvelles difficultés. C'est pourquoi je m'en rapporte aveuglément à lui, et je ne veux ni ne

---

(1) 22191, 31.

puis même mettre la main davantage à cet ouvrage (1). » C'est une attitude qui est bien un peu plate. Mais, quand on se mêle d'être philosophe et grand seigneur tout ensemble, on y regarde à deux fois avant de sacrifier sa fortune et sa tranquillité à sa vanité littéraire.

Toutefois l'affaire tourne encore assez bien. Le second censeur choisi par Malesherbes trouve sans doute que, « pour remplir le titre de son ouvrage, Helvétius n'avait guère besoin de tous ces systèmes extraordinaires sur la probité et sur la vertu », il note bien un passage sur le célibat des prêtres qui peut faire du tort à l'auteur (2) et il demande encore vingt-sept cartons qu'Helvétius accorde (3); mais il donne aussi son approbation, et, le 27 juillet 1758, l'*Esprit* in-quarto et muni d'un privilège royal est mis en vente chez Durand (4). Le *Journal de Trévoux* l'annonce parmi les nouveautés littéraires de son numéro d'août, au grand scandale de Joly de Fleury (5). C'était déjà un beau succès que d'avoir fait paraître à Paris avec un privilège et en s'étant soumis à toutes les exigences de l'Administration, bien tolérante, il est vrai, un livre aussi impie et immoral que l'*Esprit*.

C'était l'exposé assez long, mais clair, et semé d'anecdotes plus ou moins légères d'une doctrine philosophique radicale. Les principes du sensualisme et de l'utilitarisme y étaient portés jusqu'à leurs dernières conséquences. Helvétius se représentait les hommes comme des sortes de machines exactement semblables chez tous les individus et auxquelles, seules, les différences de l'éducation apportent quelques modifications. De là l'importance extrême qu'il attribuait au Gouvernement et à l'influence qu'il doit avoir sur l'éducation nationale. C'était en somme une tentative pour faire de la psychologie et de la morale de véritables sciences aussi logiques et précises que la physique ou la mathématique, et pour donner aux hommes des procédés infaillibles pour être heureux (6).

---

(1) 22 191, 36, 37.
(2) *Ibid.*, 38.
(3) Collé, II, 150. Ce doivent être les cartons qui sont à l'Arsenal (voir Keim, p. 230).
(4) 22 160, 99. v°.
(5) 22 191, 70.
(6) « Il pensa qu'avant d'examiner les législations et de les comparer entre elles, il fallait étudier l'homme lui-même et fonder sur sa propre nature l'édifice auquel il doit être soumis. Tel fut l'objet du livre de l'*Esprit* qui, postérieur à l'*Esprit*

Toutes ces idées étaient déjà un peu dans l'air et une femme d'esprit prétendit qu'il avait dit le secret de tout le monde (1). « Tout Paris en parla avec éloges et il fut considéré comme un mélange heureux de ce que la logique a de plus exact dans le raisonnement, la métaphysique de plus profond dans les idées, l'érudition de plus choisi dans les faits et le style de mieux assorti à la nature du sujet (2). » On voyait avec étonnement ce gros in-quarto broché en bleu sur la toilette des jeunes femmes (3). Diderot le rangeait à côté de l'*Esprit des lois* et de l'*Histoire naturelle* de Buffon.

Pourtant une critique aussi violente des idées le plus communément reçues ne pouvait être acceptée sans résistance. Sans doute « les vrais philosophes l'estimaient, mais les petits moralistes en furent jaloux, les gens du monde, en attendant qu'il fût jugé, en parlèrent avec dénigrement, les hypocrites s'alarmèrent et avec raison (4) ». Même, l'enthousiasme des « vrais philosophes » n'était pas sans réserve : Helvétius avait été trop tôt trop loin. On n'était pas encore mûr pour ces théories extrêmes. Voltaire disait de l'*Esprit :* « Titre louche, œuvre sans méthode, beaucoup de choses communes et superficielles et le neuf faux ou problématique. » Rousseau annotait son exemplaire de beaucoup de critiques. Turgot était loin d'en accepter toutes les idées, et, dans le monde, l'accueil était assez froid (5). Car si les amis des encyclopédistes sont déjà nombreux dans les quelques salons aristocratiques de Paris, qui reçoivent les philosophes, l'opinion à la cour et dans la bourgeoisie ne leur est pas encore acquise. En somme, c'est un succès de scandale et assez contesté.

Mais ce scandale même est plus utile que nuisible à l'ouvrage. La publication de ce livre prend les allures d'une affaire politique. Les passions sont excitées; la persécution s'acharne après Helvétius, qui devient un héros, un martyr, autour duquel tout le parti se groupe, et c'est ainsi que cet ouvrage médiocre et oublié aujourd'hui à juste titre, marque une date capitale dans l'histoire des idées au dix-huitième siècle. La bataille qui se livre autour de

---

des lois dans l'ordre du temps, le précède immédiatement dans l'ordre des idées ». Chastellux (voir Keim, p. 234).
(1) Lettre de Turgot à Condorcet (voir Damiron, I, 433).
(2) *Journal encyclopédique*, 15 août 1758.
(3) La Harpe, IV, 885.
(4) Saint-Lambert, *Vie d'Helvétius*.
(5) Damiron, p. 374. Cf. J.-J. Rousseau à Davenport, février 1767.

l'*Esprit* va donner aux encyclopédistes conscience de leurs forces et va les conduire à la victoire.

L'*Esprit*, en effet, fait beaucoup de bruit. A Versailles même on en parle et on voit le Dauphin se rendre chez la Reine, le livre à la main, et dire tout haut qu'il va lui montrer les belles choses que fait imprimer son maitre d'hôtel (1). On est affolé. Le Chancelier sent la gravité de la faute. Malesherbes, qui n'avait pas encore lu l'ouvrage, se jette dessus, le parcourt et est très étonné du jugement qu'en a porté le censeur (2). Il sent bien que le succès qu'il remporte « quant au style et aux traits brillants dont il est parsemé » va le forcer à prendre parti et son embarras est extrême. Tout le monde est inquiet, et, comme personne n'est vraiment responsable que le censeur, c'est sur lui que tout l'orage retombe. Malesherbes lui écrit aussitôt une lettre, d'ailleurs fort aimable, pour lui demander un rendez-vous et voir avec lui comment on pourrait le tirer d'embarras. Il reçoit une réponse assez penaude du malheureux Tercier, qui conseille toujours, en attendant, de faire suspendre l'édition (3).

En même temps, voilà que la machine du Parlement se met en branle et que Maître Omer Joly de Fleury, avocat général, et qui n'a pas lu l'*Esprit*, mais qui est tout ému de la sensation qu'il cause dans le public, se croit obligé de défendre, avec toute la sollicitude et la dignité que sa fonction exige, les droits violés de la morale publique. Il prévient Malesherbes qu'il va examiner le livre et lui conseille tout de suite d'en suspendre la distribution et de le « faire passer sous les yeux de quelque théologien éclairé qui puisse juger sans partialité du mérite ou des inconvénients des principes qu'il contient (4) ». Malesherbes n'avait pas attendu cet avis pour arrêter la vente de l'*Esprit*, et Durand s'était aussitôt soumis sans récriminer (5). C'était évidemment la première mesure à prendre ; elle atténuait un peu la gravité de l'affaire, mais elle n'étouffait pas le scandale déjà produit. Les choses étaient d'autant plus compliquées que le censeur était évidemment coupable et qu'il semblait difficile de punir un homme si haut placé et protégé par Bernis lui-même.

---

(1) Helvétius avait acheté cette charge à la cour.
(2) Malesherbes à Tercier, 22 191, 39-40.
(3) *Ibid.*, 41, 50.
(4) Lettre de Joly de Fleury à Malesherbes, 6 août 1758, 22 191, 43-44.
(5) Durand à Malesherbes, 7 août, 22 191, 45.

Malesherbes essaie cependant de satisfaire tant d'intérêts et tant de sentiments si contradictoires. Il fait prévenir Bernis par son père, le Chancelier, puis il reçoit Tercier et il décide, sans doute avec lui, de rédiger un projet d'arrêt du Conseil pour la suppression de l'ouvrage, sans y nommer le censeur. Le soir même il court à Versailles, porte son projet à son père, qui ne veut rien statuer sans en avoir parlé à Bernis (1). Malesherbes va alors demander à Tercier de lui ménager un rendez-vous avec Bernis; mais il apprend que celui-ci a indiqué à son premier commis une voie toute différente à suivre : il veut que Tercier présente au Parlement une requête rétractant son approbation.

Là-dessus Malesherbes se récrie : la procédure serait très illégale; comment le Parlement pourrait-il accepter la rétractation des censeurs qui prennent les ordres immédiats du Chancelier. Il y aurait là une confusion de pouvoirs tout à fait regrettable. Il en avertit donc immédiatement, quoique très respectueusement, l'abbé de Bernis, conseille à Tercier de ne pas se hâter de présenter cette requête et demande à Joly de Fleury de ne pas entamer de procédure contre Tercier, puisque aussi bien c'est pour éviter cette intervention du Parlement que Bernis semblait avoir conseillé cette démarche maladroite (2). Puis il reprend son idée qu'il fait accepter à son père. Lamoignon en réfère au roi qui approuve et, le 10 août, fait imprimer à l'Imprimerie royale par Anisson-Duperron l'arrêt du Conseil révoquant le privilège de l'*Esprit*, « à cause de la licence qui règne dans tout l'ouvrage et des maximes dangereuses qui y sont répandues (3) ». Bernis déclare qu'il est satisfait, et le Chancelier, croyant avoir réussi à tout calmer, écrit : « Je regarde cette affaire comme finie (4). »

Il était loin de compte, et il se trompait fort s'il croyait qu'un simple arrêt du Conseil allait satisfaire la coterie de la reine, celle des Jésuites, le Parlement, la cour de Rome et la Sorbonne.

La reine d'abord avait été très émue du scandale; elle avait tou-

---

(1) Lettre de Malesherbes à Bernis, 22191, 55.
(2) De même Bernis, qui cherchait toujours à sauver son premier commis, répondait au nonce qui le pressait de le condamner « qu'il était la cause que Tercier avait approuvé le livre sans l'examiner et sans le lire, parce qu'il avait alors besoin de lui pour des affaires importantes. » (Thiériot à Volt., 25 janvier 1759. *Revue d'hist. litt.*, 1908.)
(3) 22093, 175.
(4) Malesherbes à Joly de Fleury. 22191. 52. — Lamoignon à Malesherbes, *ibid.*, 57, 60.

jours eu beaucoup d'estime pour son premier médecin, M. Helvétius le père, et n'avait pas cessé de voir sa veuve. Celle-ci, qui subissait l'influence de ce cercle dévot, avait adressé de vifs reproches à son fils. Le pauvre Helvétius, accablé de critiques, attristé de voir son livre en proie à la plus vile canaille, et furieux des « criailleries jésuitiques », commençait à trouver son séjour à Paris bien désagréable. « Oh! que j'ai vu d'amis me tourner le dos! Je puis bien dire : Oh! mes amis, il n'est point d'amis (1). » Preuve bien frappante de la résistance qu'on opposait encore aux théories nouvelles, puisqu'un homme, dont la situation mondaine était aussi solide, se voyait fermer la porte de bien des maisons pour avoir écrit un livre philosophique!

Cependant Mme Helvétius, qui a reçu une « lettre vive » de Marie Leczinska, se rend à Versailles pour tâcher d'arranger les choses, et quand elle vient transmettre à son fils la réponse de la reine, qui exige une rétractation, Helvétius s'empresse d'y consentir, « pour obliger sa mère », dit-il, en réalité pour avoir la paix (2). Il rédige le 18 août une lettre au P. Plesse, Jésuite de sa connaissance, dans laquelle il désavoue les principes contenus dans son livre; il la montre au Jésuite qui en est content, et il l'envoie à Malesherbes, en demandant comme censeur M. Capperonnier (3), qui est son voisin et qui l'aura plus tôt dépêché (4). Mais cette fois-ci Malesherbes prend ses précautions et choisit pour examiner sa lettre un M. Salmon, docteur de la maison de Sorbonne (5). Le lendemain, 20 avril, le censeur rend un avis favorable; d'ailleurs Helvétius ne désire plus ni privilège, ni approbation officielle, et quand la *Lettre* paraît le 24 août, elle n'est revêtue d'aucune permission et on la donne seulement à quelques particuliers (6). Cette fois encore, l'affaire semblait bien tourner et on pouvait croire apaisé « ce déchaînement terrible de la part de la cour ».

Mais les esprits étaient trop montés pour qu'on se contentât de si peu. Joly de Fleury trouvait que la rétractation, de la manière

---

(1) Helvétius à sa femme. (*Carnet*, 1900, n° 2.)
(2) *Ibid.*, n° 6.
(3) C'est ce même Capperonnier qui avait approuvé l'*Analyse de Bayle* de l'abbé de Marty (voir p. 71).
(4) 22191, 62-66.
(5) Ce Salmon fut également, en octobre, 1758, le censeur du *Journal de Trévoux*, où le P. Berthier critiquait l'*Esprit*. (22191, 88.)
(6) 22460, 103, v°.

dont elle était libellée (1), ne satisferait pas le public et la reine, il en exigeait une seconde si humiliante qu'on dit alors qu'il ne manquait à Helvétius, en la faisant, qu'une torche au poing pour que ce fût une véritable amende honorable (2).

Aussitôt cette rétractation rédigée, Helvétius, excédé sans doute de toutes ces humiliations et de toutes ces inquiétudes, se sauva à Voré prendre un peu de repos. Son départ ne le fit pas oublier. Comme on voulait ne pas donner à cette seconde rétractation plus de publicité qu'à la première, la reine dit elle-même à Malesherbes qu'elle voulait « plus d'authenticité (3) ». Malesherbes ordonna aussitôt à Durand d'en faire une seconde édition au cas où la première serait insuffisante, et il en avertit Helvétius qui, un peu honteux de sa faiblesse et repassant en sa mémoire à Voré tous ces tristes événements, s'étonnait et s'indignait maintenant de l'acharnement de la reine. « Cette rétractation m'a été arrachée par les larmes et la désolation de ma mère, écrit-il à Malesherbes, puisque j'y conviens de torts ou que je n'ai pas ou du moins que je ne crois pas avoir. Vous ne pouvez pas vous opposer aux ordres de la reine; mais cette persécution me parait un

---

(1) Helvétius y disait notamment que « l'amour de l'humanité et le désir du bien général, qui se lient si étroitement avec la morale de la religion, étaient les seules choses qu'on pût trouver dans son livre », et que « l'intention où il était de ne rien dire de contraire à l'essence du christianisme, au bien de l'humanité et à la constitution du gouvernement, le rassurait contre toute sorte d'imputation. »

(2) Voici cette rétractation : « Ayant appris que ma lettre au P*** n'avait pas assez fait connaître mes vrais sentiments, je crois devoir lever tous les scrupules qui pourraient encore rester sur ce sujet. J'ai donné avec confiance le livre de l'Esprit, parce que je l'ai donné avec simplicité. Je n'en ai point prévu l'effet, parce que je n'ai point vu les conséquences effrayantes qui en résultent. J'en ai été extrêmement surpris et beaucoup plus encore affligé. En effet, il est bien cruel et bien douloureux pour moi d'avoir alarmé, scandalisé, révolté même des personnes pieuses, éclairées, respectables dont j'ambitionnais les suffrages et de leur avoir donné lieu de soupçonner mon cœur et ma religion; mais c'est ma faute, je la reconnais dans toute son étendue et je l'expie par le plus amer repentir. Je souhaite très vivement et très sincèrement que tous ceux qui auront eu le malheur de lire cet ouvrage me fassent la grâce de ne me point juger d'après la fatale impression qui leur en reste. Je souhaite qu'ils sachent que dès qu'on m'en a fait apercevoir la licence et le danger, je l'ai aussitôt désavoué, proscrit, condamné et ai été le premier à en désirer la suppression. Je souhaite qu'ils croient en conséquence et avec justice que je n'ai voulu donner atteinte ni à la nature de l'âme, ni à son origine, ni à sa spiritualité, ni à son immortalité, comme je croyais l'avoir fait sentir dans plusieurs endroits de cet ouvrage; je n'ai voulu attaquer aucune des vérités du christianisme que je professe sincèrement dans toute la rigueur de ses dogmes et de sa morale et auquel je fais gloire de soumettre toutes mes pensées, toutes mes opinions et toutes les facultés de mon être, certain que tout ce qui n'est pas conforme à son esprit ne peut l'être à la vérité. Voilà mes véritables sentiments; j'ai vécu, je vivrai et je mourrai avec eux. » (Mémoires de Luynes, 4 septembre 1758, XVI, 54; Cf. 22191, 73-77.)

(3) 22191, 73.

peu forte... Je vous supplierai seulement, si vous avez déjà donné vos ordres à Durand, de faire faire cette édition très courte et de ne lui permettre d'en délivrer que par votre ordre et à ceux que vous jugerez à propos. S'il est de bonne foi, je lui tiendrai compte de ce qu'il ne vendra pas (1). » Quand cette lettre arriva à Paris, il était trop tard. Durand avait déjà tiré trois cents exemplaires et il en avait envoyé cent à Malesherbes et cent à Mᵐᵉ Helvétius qui les avait demandés. Le reste avait été donné à deux colporteurs qui les vendaient dans les jardins du Palais-Royal et aux Tuileries (2). La reine était enfin satisfaite (3).

Il y a alors un moment d'accalmie. Tout n'était pourtant pas encore fini. Au mois d'août, le syndic Gervaise s'entendait avec le procureur général Joly de Fleury (4) et dénonçait l'*Esprit* à la Sorbonne le 1ᵉʳ septembre. Il lisait un très beau discours de censure ; mais, plutôt que de lancer une condamnation, il préférait proposer au roi des mesures pour éviter le retour de pareils scandales. D'ailleurs une thèse sur l'Assomption de la Vierge préoccupait alors les docteurs beaucoup plus que l'*Esprit* (5). Pourtant on met le livre entre les mains de huit censeurs qui l'examinent ; et, vers la fin d'octobre, Helvétius commence à s'agiter à nouveau. Il a tâté le terrain et il a cru savoir que les censeurs ne cherchent qu'un prétexte pour laisser là leur travail. Il écrit alors à Malesherbes en lui demandant « de dire ou de faire insinuer à la Sorbonne par la voie du syndic que la cour ne trouverait pas bon qu'elle s'expliquât sur un ouvrage qui parle des gouvernements et qui par là intéresse celui-ci (6) ». Malesherbes trouve que ce serait aller un peu loin que de donner au nom du roi un ordre qu'il n'a pas reçu du roi. D'ailleurs il pense bien qu'un mandement de l'archevêque va intervenir qui va tout changer et rendre la condamnation de la Sorbonne inutile (7).

Helvétius, peu satisfait de cette réponse, apprend d'autre part que le Parlement va intenter des poursuites. Le voilà de nouveau à Paris. Il accourt chez Choiseul, qui est un cousin de sa femme. Celui-ci s'entremet très aimablement, écrit à Saint-Florentin, va

---

(1) 22191, 82-83.
(2) *Ibid.*, 78-87.
(3) *Correspondance de Marie Leckzinska et du Président Hénault*, p. 333.
(4) Collection Joly de Fleury, dossier n° 3807, vol. 352, f° 24.
(5) Luynes, XVI, 60.
(6) 28 novembre 1758, 22191, 91.
(7) *Ibid.*, 92.

même le voir et finalement arrive à aplanir un peu la difficulté, en obtenant qu'on comprenne l'*Esprit* dans une condamnation générale de livres et qu'on ne nomme pas Helvétius dans l'arrêt. Le roi semble même s'être intéressé personnellement à l'affaire et être intervenu en faveur d'Helvétius (1).

Celui-ci, pendant ce voyage, court de tous côtés, fait de longues stations dans l'antichambre du Premier Président, chez l'intendant où il débarque un matin à sept heures et demie, chez le doyen de la Faculté aussi, puis chez M. Joly de Fleury et chez le lieutenant civil. Enfin il obtient de voir les censeurs que lui a donnés la Sorbonne, et il rentre à Voré à peu près satisfait (2).

L'orage n'était cependant pas encore passé. Helvétius n'avait pas encore vu la fin de ses tribulations. Le 22 novembre l'archevêque lançait son mandement; le 31 janvier, c'était de Rome qu'arrivait la condamnation de la Congrégation de l'Index; le 6 février, l'arrêt du Parlement condamnait l'*Esprit* à être brûlé. Mais il était en noble compagnie avec l'*Encyclopédie*, le *Pyrrhonisme du sage* (3), la *Philosophie du bon sens* (4), la *Religion naturelle* (5), les *Lettres semi-philosophiques* (6), les *Etrennes des Esprits forts* (7), la *Lettre du P. Berthier sur le matérialisme* (8). Joly de Fleury dénonçait ces ouvrages faits « pour soutenir le matérialisme, pour détruire la religion, pour inspirer l'indépendance et nourrir la corruption des mœurs..., capables de rompre les nœuds sacrés et inviolables qui attachent les peuples au souverain (9) ». Mais moyennant une nouvelle rétractation du 21 janvier, où Helvétius désavouait « sans équivoque ni restriction » tout ce que son ouvrage avait de répréhensible et reconnaissait que « c'était plutôt une erreur de son esprit que de son cœur », on n'exerçait aucune poursuite contre lui (10).

(1) Beauveau, *Mémoires*, p. 102.
(2) Lettres de Choiseul à Saint-Florentin, 8 décembre; de Choiseul à Helvétius, 9 décembre, et d'Helvétius à sa femme. (Archives de Voré. *Carnet*, 1900, nos 11, 12, 5, 13, 3, 9.)
(3) 1754, Berlin (Paris); la dédicace est de Beausobre.
(4) Du marquis d'Argens., 1785.
(5) Titre erroné du poème de la *Loi naturelle* de Voltaire.
(6) *Du chevalier de *** au comte de **** (par J.-B. Pascal). Amsterdam et Paris, Mérigot, 1757.
(7) C'est une réédition des *Pensées philosophiques* de Diderot, Londres, 1757.
(8) Egalement de Diderot, 1751.
(9) Collection Joly de Fleury, dossier 3807, vol. 352, fo 1-23.
(10) Barbier, VII, 125-130. — Helvétius, dans cette rétractation, déclare que « plus il réfléchit sur le malheur qu'il a eu de composer son livre intitulé *De l'Esprit*, plus il craindra toujours d'un titre pas suffisamment expliqué par ses précédentes rétrac-

Enfin la Sorbonne, qui avait nommé des commissaires et qui avait entendu le 3 février le rapport *fusum, nitidum* et *eruditum* de leur doyen Hillaire, faisait paraître le 9 avril sa *Determinatio Sacræ Facultatis Parisiensis super libro cui titulus est De l'Esprit*, Parisiis 1759, chez J.-B. Garnier, imprimeur de la Reine. Mais elle ne critiquait le livre qu'avec précaution, « de peur que les vapeurs empoisonnées qui s'exhalaient de ces cloaques ne devinssent funestes aux lecteurs ».

Elle était si fière de cette censure qu'elle l'envoyait à Mgr le Dauphin et à Mgr le Chancelier et qu'elle la présentait au Roi avec ce discours enthousiaste : « Ce jour où la Faculté de Théologie a l'honneur de présenter à Votre Majesté la censure du livre *De l'Esprit* est et sera à jamais pour elle le plus beau et le plus glorieux de ses jours. C'est votre ouvrage dont elle vous fait hommage, Sire; vous lui en avez tracé le plan dans l'arrêt plein de sagesse et de religion émané de votre conseil, qui a ordonné la suppression de ce livre pernicieux. Ce coup de foudre sorti du trône suffit sans doute pour faire rentrer dans les ténèbres un ouvrage qui n'aurait jamais dû voir le jour. Mais l'autorité, quelque souveraine qu'elle soit, n'arrête que la main. L'instruction éclaire les esprits, désabuse ceux que l'erreur a séduits, sert de précaution à ceux qui ne l'ont pas encore été... (1). »

A la cour aussi on se croyait obligé de rompre toute relation avec l'auteur et le censeur de ce livre abominable. Le pauvre Tercier, qui avait envoyé dès janvier sa démission de censeur et qui s'était vu répondre par Malesherbes que « cette prétendue démission était une pièce totalement inutile, attendu qu'il était déjà rayé de la liste des censeurs (2) », était destitué de sa fonction au ministère en mars, et, au lieu de vingt mille livres, il n'avait plus qu'une pension de trois mille livres. On retirait à Helvé-

---

tations et déclarations, qu'en conséquence il se croit obligé de chercher à dissiper, autant qu'il est en lui, jusqu'à l'apparence des doutes par la sincérité de sa douleur et de son repentir, à ces causes il requiert qu'il plaise à la Cour lui donner acte de ce qu'il désavoue, déteste et rétracte formellement et précisément toutes les erreurs dont son livre est rempli, lui donne pareillement acte de ce qu'il fait et fera toujours profession des vérités contraires aux dites erreurs, se soumettant en tout au jugement qui sera prononcé par la Cour, la suppliant très humblement de vouloir bien considérer que sa faute a eu pour principe l'égarement de son esprit plutôt que celui de son cœur. » Tercier signe une rétractation semblable le 22 janvier. (Arch. Nat., X¹ᵃ, 8501, f⁰ 130-134.)

(1) Arch. Nat., MM. 257, f⁰ 507, 510, 514-561, et MM. 258, f⁰ 1, 6.
(2) 22191, 94-97.

tius sa charge de maître d'hôtel de la Reine (1). Petites vengeances, dont le seul résultat était de rendre l'affaire plus retentissante.

Et puis c'étaient encore les articles des journaux qui attiraient l'attention sur l'*Esprit*. Les *Nouvelles ecclésiastiques*, le *Journal de Trévoux*, le *Journal chrétien* en publiaient des réfutations. Helvétius souffrait affreusement de toutes ces critiques. « Il n'y a rien de si horrible, disait-il, que tout ce que le *Journal de Trévoux* dit contre moi, rien de plus propre à rallumer le flambeau du fanatisme (2) », et, quand le *Journal chrétien* fait paraître son article, il ne peut plus supporter d'être ainsi en butte aux attaques de ses adversaires. Sa femme écrit à Malesherbes pour demander justice des critiques du journaliste. Le martyr veut à son tour persécuter ses ennemis. Mais Malesherbes, en homme de bon sens et en honnête homme qu'il était, répondit qu'il ne pouvait fermer la bouche à des auteurs, qui croyaient avoir la religion et les mœurs à venger, et « que le principe de la liberté de la presse, pour lequel il combattait depuis neuf ans et pour lequel il s'était fait des ennemis de tout le clergé, de tous les dévots et même de presque tous les gens d'Etat, le conduisait à désapprouver l'excès des persécutions qu'on avait fait éprouver à M. Helvétius, mais à permettre les attaques littéraires (3) ».

Ces persécutions, d'ailleurs, n'avaient fait que confirmer le succès de l'*Esprit*. Helvétius, tranquillement installé à Voré, devait au fond voir d'un assez bon œil toutes ces critiques et ces anathèmes tomber sur son ouvrage. Cela lui faisait une excellente réclame ; il jouissait pleinement de la célébrité qu'il avait escomptée.

On avait beau interdire avec la plus grande sévérité la vente de l'*Esprit* et faire des visites chez les imprimeurs de Paris et de province, le bruit qu'avait soulevé ce livre était trop grand pour que quelque imprimeur clandestin ne tentât pas d'en faire des éditions subreptices (4). J.-M. Bruyset, de Lyon, en faisait une qu'il faisait entrer à Paris par Bourg-la-Reine. Durand, en revanche, le répandait lentement et avec précaution en province ; il en envoyait encore très bien un exemplaire à Delbourse, à

---

(1) Barbier, VII, 137.
(2) Helvétius à sa femme (*Carnet*, 1900, n° 7).
(3) Lettre de Malesherbes, 23 août (1759), 22191, 67
(4) 22191, 80. Lettre de Malesherbes au syndic.

Lille, le 23 janvier 1759 (1). En mars, au moment même où la condamnation du Parlement excitait de nouveau l'attention publique, on recevait à Paris une édition in-octavo, faite à Liége par Bassompierre. Avignon, la ville des contrefaçons, n'avait pas manqué naturellement d'en donner une édition in-douze ; et le grand colporteur des encyclopédistes, Robin, se chargeait de faire venir le livre et de le distribuer au Palais-Royal (2).

Enfin, Michelin en faisait une édition à Provins. A un voyage qu'il avait fait dans l'été de 1758 à Paris, Prault lui avait dit qu'il venait de paraître un ouvrage curieux, fort recherché, qui serait bon à contrefaire; ils décidèrent de faire une édition in-douze « à la hollandaise avec le titre : A La Haye, chez Pierre Moetjens ». Michelin en imprima deux mille cinq cents exemplaires qu'il envoya à Maleteste (3), son ouvrier à Paris, par l'intermédiaire du receveur des péages de Charenton, et c'étaient les philosophes eux-mêmes qui se chargeaient de les répandre dans le public. Toussaint en achetait ainsi quatre cents exemplaires pour seize cents livres, qu'il s'empressait d'ailleurs de ne pas payer (4).

III

L'émotion très vive qu'avait soulevée la publication de l'*Esprit* aboutissait non seulement à la condamnation du livre d'Helvétius, mais aussi à celle de plusieurs autres ouvrages dangereux.

Tous les ennemis des philosophes se réunissaient pour mener l'assaut de concert. C'était l'année de l'assemblée du clergé. L'évêque de Narbonne y faisait un discours où il associait la royauté et la religion « qui seule apprend à aimer, à craindre et à respecter les rois ». L'évêque de Valence faisait un mémoire au

---

(1) Nouv. Acq., 1214, 280.
(2) Nouv. Acq., 3345, 220.
(3) Maleteste venait de Lorraine chercher du travail à Paris, quand il rencontra sur sa route un bourgeois de Provins (Michelin) qui l'embaucha pour la composition de l'*Esprit*, de septembre 1758 à mars 1759. Il fut alors renvoyé à Paris et reçut pour tout salaire un certain nombre d'exemplaires de cette édition de l'*Esprit* qu'il vendit à un certain Messagey, avec lequel il s'était mis à travailler chez l'imprimeur parisien Chardon. Messagey le dénonça, il fut arrêté le 11 août, et resta à la Bastille jusqu'à ce que les placets adressés par sa femme à Joly de Fleury et à Berlin eussent obtenu sa libération, juin 1759. (Collection Joly de Fleury, 352, 35-44.)
(4) *Archives de la Bastille*, XII, 449. *Lettres de cachet*, 4509, 4121.

roi sur les mauvais livres et dénonçait le déisme. Tout le parti intriguait (1).

Le Parlement s'émouvait à son tour, et Joly de Fleury, comme pris de remords d'être resté si longtemps inactif, entreprenait une revision générale de tous les livres dangereux parus dans les dix dernières années. A côté de l'*Esprit* et de l'*Encyclopédie*, il se proposait de dénoncer la *Lettre sur les Aveugles*, la *Lettre sur les sourds et muets*, les *Pensées sur l'interprétation de la nature*, le *Traité des sensations*, le *Pyrrhonisme du sage*, la *Philosophie du bon sens*, le *Discours sur l'origine et le fondement de l'inégalité parmi les hommes*, la *Religion naturelle*, les *Choses comme on doit les voir* (2), les *Lettres semi-philosophiques*, la *Pucelle d'Orléans*, les *Etrennes aux esprits forts*, la *Lettre au R. P. Berthier*. Mais, effrayé sans doute de cette longue liste, il en rayait tous les livres de Diderot et plusieurs autres, pour ne garder que les huit ouvrages que nous avons déjà cités (3). C'est contre eux qu'il prononçait son réquisitoire du 23 janvier 1759, à la suite duquel le Parlement, toutes Chambres assemblées, les condamnait, le 7 février, à être lacérés et brûlés, et nommait neuf commissaires chargés d'examiner les volumes de l'*Encyclopédie* déjà parus et ceux qui devaient encore paraître. L'évêque de Mirepoix avait choisi, en 1752, des molinistes, le Parlement nomma des jansénistes (4). C'étaient l'abbé Guéret, l'abbé Tandeau, le curé de Saint-Benoît, puis trois avocats, MM. L'Herminier, Doutremont et Le Paige, enfin M. Roland, professeur de philosophie au collège de Beauvais, M. Tingry, professeur au collège du Plessis, et M. Bonamy (5).

Car c'était surtout l'*Encyclopédie* que l'on visait. La grande ennemie était dangereusement atteinte, et les Jésuites étaient encore sur le point de voir leur espoir se réaliser et d'entreprendre eux-mêmes la continuation du grand dictionnaire, avec les documents de Diderot, *ad majorem Dei gloriam* (6). Elle reçut

---

(1) Ducros, *les Encyclopédistes*, ch. IV. — Lanfrey, *l'Église et les philosophes*, chap. VI.
(2) Par M. de Bastide, 180 pages in-8°, 1757, à Londres et à Paris, chez Duchesne.
(3) Voir p. 125. — Coll. Joly de Fleury, dossier 3807, vol. 352.
(4) Malesherbes, *Liberté de la presse*, p. 93. — Barbier, janvier-février, VII, 120-130.
(5) Arch. Nat., X¹ᵃ, 8501, f° 130; et collection Joly de Fleury, dossier 3807, vol. 352, f° 48-54.
(6) Grimm, février 1759, IV, 81.

en effet alors un coup si formidable que, sans l'activité inlassable de Diderot, elle en aurait certainement été abattue.

Et cependant, cet arrêt du Parlement était bien vain et inutile. Il était peu probable que les souscripteurs qui avaient tous reçu chez eux leurs exemplaires du septième volume, allassent de bonne grâce les porter au greffe, comme on le leur ordonnait (1). Quant à la réunion de cette commission d'examinateurs, elle était illégale. Le Parlement n'avait pas le droit de nommer des censeurs, ce droit étant dans les attributions du chancelier (2). Seulement Lamoignon, qui ne pouvait souffrir cette atteinte portée à ses prérogatives, renchérissait sur le Parlement pour bien faire respecter sa dignité, et un arrêt, du Conseil d'Etat, cette fois-ci, du 8 mars 1759, révoquait purement et simplement le privilège (3).

C'était la suspension, et qui pouvait paraître définitive, de la publication du grand dictionnaire, qui n'en était encore qu'à la lettre G. Chaque souscripteur courait grand risque de perdre les cent quarante livres qu'il avait payées d'avance, et les volumes parus devenaient inutiles par le défaut des planches. Même pour bien signifier que tout espoir de reprendre la publication devait être abandonné, un nouvel arrêt du 21 juillet 1759 ordonnait aux libraires de rendre aux souscripteurs une somme de soixante-douze livres. C'était une sorte de transaction, mais qui, évidemment, ne contentait personne.

Les Jésuites aussi bien que les Jansénistes triomphaient; ils cessaient un instant de se combattre pour se réjouir en commun. C'était le Parlement janséniste qui avait donné le premier coup, c'était le chancelier de Lamoignon, protecteur des Jésuites, qui avait donné le dernier; et, pour fêter cette grande victoire et en remercier le gouvernement, l'assemblée du clergé votait un don gratuit de seize millions.

Il semblait bien que jamais plus l'*Encyclopédie* ne pourrait reprendre. Le désaccord ne faisait que s'aggraver entre Diderot

---

(1) Malesherbes, *ibid*.
(2) Cette dénonciation faite au Parlement de l'*Esprit* et de l'*Encyclopédie* et l'arrêt qui s'ensuivit paraissent avoir déplu tout particulièrement à Malesherbes. Dans ses *Mémoires sur la librairie* écrits entre la dénonciation et l'arrêt, il revient à plusieurs reprises sur l'illégalité et l'incorrection de cette procédure, insistant sur ce fait que les censeurs dépendent exclusivement du Chancelier et ne relèvent aucunement du Parlement.
(3) Barbier, mars 1759. VII, 138 et 141.

et d'Alembert. Celui-ci pensait un moment se remettre à l'ouvrage. Il avait besoin d'argent et il ne voyait pas d'autres moyens de s'en procurer. « Ma situation devient désagréable, disait-il à Diderot ; on ne paye point ici nos pensions ; celles de Prusse sont arrêtées ; nous ne touchons plus de jetons à l'Académie française..... J'ai vu les libraires, je leur ai fait des propositions raisonnables (1) ; s'ils les acceptent, je me livre à l'*Encyclopédie* comme auparavant. » Mais Diderot, beaucoup plus honnête, n'approuvait pas du tout ses projets et lui répondait assez vertement : « Vous avez un traité avec les libraires ; vos honoraires y sont stipulés, vous n'avez rien à exiger au delà. Si vous avez plus travaillé que vous ne deviez, c'est par intérêt pour l'ouvrage, c'est par amitié pour moi, c'est par égard pour vous-même ; on ne paie point en argent ces motifs-là (2). »

De tels désaccords devant l'ennemi pouvaient porter un sérieux préjudice à la grande œuvre des encyclopédistes. Ils paraissent décidément abattus, et leurs ennemis les attaquent avec d'autant plus de fureur qu'ils semblent moins redoutables. On pense leur pouvoir porter facilement le dernier coup ; et, après les évêques et le Parlement, c'est l'essaim des folliculaires qui s'attaque à eux et les blesse à son tour. Le moment décisif est venu.

Mais les philosophes ne vont pas se laisser terrasser ainsi. La violence même de ces attaques leur donne conscience de leur force, et le bruit que font toutes ces querelles étend infiniment leur renommée. Ils étaient jusqu'ici des savants, des philosophes ; ils vont devenir des hommes d'action, des hommes publics. Ils sortiront de cette bataille victorieux, plus connus et plus puissants.

Puisqu'on les attaque, ils vont se défendre ; et nul n'était plus apte qu'eux à manier les armes légères et dangereuses de l'ironie et du pamphlet. Les petits ouvrages, qu'ils vont produire pendant ces deux années que dure la bataille, vont frapper l'attention de tous. Ce n'est plus aux savants qu'ils s'adresseront, mais surtout aux gens du monde, et les principes philosophiques qu'ils y ré-

---

(1) D'Alembert demandait qu'on continuât à lui donner 500 livres par volume, il y en avait encore six ou sept à paraître.

(2) Et Diderot rappelait à d'Alembert qu'il avait reçu des libraires vingt louis par volume qui ne lui étaient pas dus, et un prêt de deux cents louis qu'il n'avait jamais remboursés, enfin qu'il avait abandonné l'entreprise sans se soucier de leur intérêt : « Une affaire de deux millions est une bagatelle qui ne mérite pas l'attention d'un philosophe comme vous. » (Diderot à Mlle Volland, 11 octobre 1759. XVIII, 401.)

pandent vont commencer ainsi à gagner la foule de ces hommes et de ces femmes qui jusque-là étaient restés un peu en dehors du mouvement. On ne peut plus demeurer indifférent ou ignorant quand, de tout côté, on n'entend parler que de la querelle philosophique. Nulle part plus qu'en France, à Paris surtout, on n'est avide de ces actualités qui font, à certains moments, le sujet de toutes les conversations. Or, évidemment, à cette époque, tout le monde devait s'occuper de la lutte engagée entre les encyclopédistes et leurs adversaires. Bien loin d'avoir clos les débats, les condamnations n'ont fait que les ouvrir. Après les lourdes attaques du gouvernement, voici l'agression des journalistes, que les philosophes vont repousser avec autant de fougue que de succès.

IV

Leurs ennemis étaient d'ailleurs bien maladroits. Comment pouvaient-ils prétendre faire lire les volumineux ouvrages qu'ils écrivaient pour défendre leur cause? Car ce n'était pas seulement des articles du *Journal de Trévoux* et des *Nouvelles ecclésiastiques*, où ils ne se faisaient pourtant pas faute de critiquer longuement l'*Esprit* ou l'*Encyclopédie*, mais bien des traités en plusieurs volumes que lançaient les défenseurs de la religion. On devait vraiment peu se plaire à l'édifiante lecture des *Préjugés légitimes contre l'Encyclopédie* suivis de l'*Essai de réfutation de ce Dictionnaire avec un examen critique du livre de l'Esprit*, par Abraham Chaumeix, et qui ne contenait pas moins de huit volumes, quatre contre l'*Encyclopédie* et quatre contre l'*Esprit;* ou à la lecture non moins édifiante du douzième volume des *Lettres critiques* de l'abbé Gauchat, intitulé *Analyse et réfutation de divers écrits modernes contre la religion*, avec ce sous-titre peu engageant : *Sur le livre de l'Esprit, sur l'athéisme, le pyrrhonisme, le tolérantisme, la liberté philosophique, les paradoxes, les contradictions, avec le catéchisme distribué en sections augmenté de notes et d'observations*. D'autres voulaient être moins austères; l'un d'eux, l'abbé Lelarge de Lignac, intitulait son pamphlet *Examen sérieux et comique des Discours sur l'Esprit;* un autre, l'abbé de Saint-Cyr, reprenait à son compte un sobriquet, qui faisait fortune alors, et écrivait le *Catéchisme et Décision des cas de conscience à l'usage des Cacouacs avec un Discours du Patriarche des Cacouacs pour la réception d'un nouveau disciple.* En compilant des phrases découpées de l'*Encyclopédie*, de l'*Esprit* et de l'*Interprétation de la nature*, il essayait de rendre ridicules et ineptes les idées des philosophes.

Mais ceux-ci répondaient; et tout l'esprit et la gaieté qu'ils mettaient dans ces réponses les faisaient lire bien plus volontiers que leurs adversaires. C'étaient d'abord leurs disciples qui prenaient leur défense; un lieutenant des chasses du parc de Versailles qui avait collaboré à l'*Encyclopédie*, Ch.-George Leroy, publiait un *Examen des critiques du livre intitulé De l'Esprit* où, fidèle à la tactique de ses maîtres, il distinguait soigneusement la vérité de foi et la vérité de raison, l'ordre religieux et « l'ordre moral politique ».

Surtout on s'en prenait à Abraham Chaumeix et on publiait contre lui une satire sanglante pour se venger des *Préjugés légitimes*. Attribué à Diderot et à Morellet (1), il est difficile de dire aujourd'hui à qui appartient ce *Mémoire pour Abraham Chaumeix contre les philosophes Diderot et d'Alembert;* car l'auteur ne s'est évidemment pas soucié de mettre sa signature au bas de ce pamphlet. C'est une prétendue biographie de ce malheureux; on y raconte comment, fils d'un quaker et d'une juive, il avait été d'abord voiturier et transportait les volumes de l'*Encyclopédie*, comment, pour l'en punir, Dieu lui suscita, avec des charretiers, une querelle où il fut grièvement blessé, puis comment il fut guéri par saint Pâris (2) et devint ensuite convulsionnaire, se faisant crucifier vis-à-vis de Saint-Leu et déclamant des prophéties, qui sont d'affreux blasphèmes; enfin cette vie édifiante se termine par une comparaison entre A. Chaumeix et Jésus-Christ.

Naturellement cette brochure fit un bruit épouvantable. La police rechercha aussitôt les colporteurs, les imprimeurs et les mit à la Bastille ou au Châtelet (3). Les quelques exemplaires qui pouvaient échapper aux saisies montaient à des prix exorbitants. Vendu dix sols le premier jour, le *Mémoire* valait le soir six francs; le lendemain, on le payait deux, trois, même six louis. Ceux qui

---

(1) Diderot le désavoue dans la lettre à Malesherbes, du 7 avril 1759, XIX, 455 ; Barbier l'attribue d'abord à Diderot, puis dans son *Supplément* à Morellet (voir Tourneux, *Œuvres de Diderot*, XX, 98). Une note de la *Correspondance* de Grimm, édit. 1829, l'attribue à Diderot.

(2) Le fameux diacre janséniste Pâris sur le tombeau duquel on prétendait voir des miracles s'accomplir.

(3) Messagey, compagnon imprimeur, qui avait imprimé le *Mémoire* sur une presse clandestine, Gallois et Maleteste, colporteurs, et leurs femmes. (*Archives de la Bastille*, XII, 448, 451, 453.)

pouvaient l'avoir le faisaient copier à la main (1). Voltaire, aussitôt prévenu dans sa retraite de Suisse, voulait à tout prix en avoir un exemplaire. « Ce n'était pas chose à négliger (2). »

Cependant le pauvre Chaumeix ne vivait plus. Il avait pu se procurer la brochure « remplie de calomnies grossières, d'injures triviales et d'impiétés horribles ». Il était persuadé que ses ennemis allaient l'assassiner ; il croyait voir dans la rue des hommes avec des épées nues qui semblaient en avoir à lui et qui ne l'épargnaient, pensait-il, que parce qu'il avait la chance de rencontrer le guet (3).

V

Cette affaire d'Abraham Chaumeix avait éclaté au printemps de 1759. Il y eut ensuite quelques mois d'accalmie, comme si on se préparait de part et d'autre à reprendre la bataille. Elle recommença en 1760, plus vive et plus acharnée que jamais. Ce sont alors encore les adversaires des philosophes qui engagent le combat.

Le 10 mars 1760, Lefranc de Pompignan, président de la Cour des Aides de Montauban, frère de l'évêque du Puy et fils d'un parvenu, était reçu à l'Académie, où il succédait à Maupertuis. C'était un poète assez estimé, même de Voltaire, auteur d'une *Didon*, de *Psaumes* imités de David et d'une traduction de la *Prière universelle* de Pope, dont le déisme ne l'avait nullement effarouché. Mais, prodigieusement fat et ambitieux et désirant ardemment un fauteuil à l'Académie et la place de surintendant de la Reine en remplacement du président Hénault, il afficha la plus grande dévotion.

Quand il fut élu à l'Académie, il s'avisa d'y prononcer un discours de réception, qui était un véritable réquisitoire contre les philosophes, lesquels y étaient déjà fortement représentés. Il dénonçait « dans leur littérature dépravée, dans leur morale corrompue... l'abus des talents, le mépris de la religion, la haine de l'autorité », et il combattait « cette philosophie altière qui sapait

---

(1) Grimm, 15 mai 1759, IV, 109.
(2) Voltaire à Thiériot, 5 mai 1759.
(3) Déclaration d'Ab. Chaumeix, *Archives de la Bastille*, XII, 446, et Collection Joly de Fleury, 352, dossier 3807, vol. 61.

également le trône et l'autel ». Dupré de Saint-Maur, qui recevait Pompignan, lui répondit par un discours élogieux où il comparait les deux frères Lefranc, le poète et l'évêque, à Moïse et à Aaron. Le roi lut le discours de Pompignan, et il répondit même à un courtisan qui l'avait trouvé un peu long : « C'est vrai que j'ai employé vingt minutes à le lire, mais c'est un excellent ouvrage selon moi, peu fait au reste pour être applaudi par les impies et les esprits forts (1). »

Cette attaque imprévue et si peu mesurée dans un lieu que les encyclopédistes considéraient déjà un peu comme leur cénacle, cette approbation royale, la fatuité de Pompignan qui se faisait un titre de gloire de son discours eurent le don d'exaspérer nos philosophes. C'était le moment où l'Académie se relevait de l'état d'abaissement, dans lequel elle était tombée dans la première moitié du dix-huitième siècle. Elle secouait la tutelle des grands seigneurs et des petits ambitieux puissamment protégés. Ayant élu d'Alembert, ayant choisi Duclos comme secrétaire perpétuel en 1755, elle était encore dans cette période de transformation, où les deux partis rivaux étaient à peu près égaux ; des élections littéraires étaient contrebalancées par d'autres, comme celle de Séguier ou de Pompignan (2). En dehors de l'Académie, l'opinion générale était également incertaine et partagée ; la situation était grave.

Voltaire le sentit bien et, quoique fort éloigné de Paris, il fut le premier à répondre à l'attaque. Il composa aussitôt une petite pièce en prose, les *Quand :* « Quand on a l'honneur d'être reçu dans une compagnie respectable d'hommes de lettres, il ne faut pas que la harangue de réception soit une satire contre les gens de lettres... Quand par hasard on est riche.... etc. (3). »

Dix ou douze jours après « l'équipée » du nouvel académicien, Voltaire envoyait ces *Quand* à Paris, où ils circulaient dès la fin de mai. Il les attribuait à Robbé, poète connu par ses débauches (4) ; mais il était bien inutile de donner ainsi un nom, qui ne trompait personne.

Le succès en fut assez grand pour que Morellet, trouvant l'idée

---

(1) *Année littéraire*, 1760, t. II, p. 277. (Voir Desnoiresterres, t. V, chap. x.)
(2) Brunel, *les Philosophes et l'Académie*, livre II, chap. 1er.
(3) Les *Quand, notes utiles sur un discours prononcé devant l'Académie française le 10 mai 1760*, par M. de Voltaire, s. l. n. d., in-8º de 7 pp. (Bengesco, 1644).
(4) Voltaire à Thibouville, 20 mai 1760.

ingénieuse, continuât à l'exploiter. Il faisait des *Si* et des *Pourquoi* qu'il donnait à imprimer à son compatriote J.-M. Bruyset, le libraire de Lyon, avec la traduction de la *Prière universelle* de Pope, accompagnée de commentaires de sa façon (1).

Pompignan, de son côté, voulut répondre à Voltaire. Il écrivit un Mémoire au roi qu'il lui présenta à Versailles, puis qu'il voulut faire imprimer. En grand seigneur qu'il se croyait être, il assura péremptoirement à Malesherbes, que le roi l'ayant approuvé, il n'avait à se soumettre à aucune formalité. Malesherbes refusa de se laisser convaincre et s'opposa à l'impression qui fut faite par Prault malgré lui. Il fut violemment attaqué à la cour et il dut se défendre. Il le fit avec autant d'honnêteté que de fermeté ; il exposa ses principes libéraux et ajouta que, s'il ne refusait que très peu de choses, « il tâchait de refuser les mêmes choses à tout le monde ». Il finit par obtenir gain de cause. Le *Mémoire* parut bien, mais sans aucune approbation officielle, et on ne permit pas à Lefranc de mettre sur le titre, comme il en avait eu d'abord la prétention : « Imprimé par ordre du roi. » Il avait seulement la fatuité d'y écrire : « Il faut que l'univers sache que le roi s'est occupé de mon Mémoire (2). »

Mais tout cet orgueil fut bientôt mis à rude épreuve par de nouvelles attaques incessantes de Voltaire. Quand ce diable d'homme s'attaquait à un ennemi, il ne le lâchait pas qu'il ne l'eût réduit au silence. Il composait quantité de petites pièces de vers selon le procédé littéraire assez facile qu'il venait de mettre à la mode. « Il pleuvait des monosyllabes à Paris. » C'étaient les *Pour*, les *Que*, les *Qui*, les *Quoi*, les *Oui*, les *Non* (3).

Puis Voltaire faisait encore une autre satire, *la Vanité* :

« L'univers, mon ami, ne pense point à toi.
Va, le roi n'a pas lu ton discours ennuyeux... »

Et pour que personne ne pût ignorer la piteuse figure que faisait Lefranc dans toute cette affaire, Voltaire multipliait les éditions de ses Pompignonnades (4), en les accommodant de mille

(1) Bruyset ne les imprima pas lui-même, mais les donna à imprimer à un confrère de Genève, et les envoya ensuite à Paris. (D'Hémery à Malesherbes, 11 juin 1760, 22 191, 163. — *Journal de la librairie*, 17 avril 1760.)
(2) 22 191, 183-269. Voir Sainte-Beuve. *Lundi*, II, 526, et Brunel, p. 84.
(3) D'Alembert à Voltaire, 26 mai 1761. Cf. Favert à Durazzo, 22 mai 1760, I, 46.
(4) Une sixième édition anonyme des *Quand* est augmentée des *Si* et des *Pourquoi*.

manières dans le *Joli recueil* (1), par exemple, ou dans le *Recueil des facéties parisiennes* (2).

Lefranc était abreuvé de ridicule. Un jour, on joua par hasard à la Comédie sa tragédie de *Didon* avec une petite pièce intitulée le *Fat puni*. Tout le monde y vit une allusion et le manifesta bruyamment. La vie lui devenait intolérable à Paris; il dut s'enfuir dans ses terres du Midi, d'où il ne sortit plus (3).

VI

C'est pendant ce déluge de monosyllabes, au moment où Paris n'était occupé que des querelles littéraires, qu'une nouvelle attaque était dirigée contre les encyclopédistes. En mai 1760, la pièce de Palissot, les *Philosophes,* était représentée à la Comédie française (4).

Palissot était le fils d'un homme d'affaires du duc de Choiseul, et celui-ci le protégeait. D'ailleurs toute une cabale s'était formée à la cour; la princesse de Robecq, fille de la maréchale de Luxembourg, qui avait été la maîtresse de Choiseul, en était l'âme. C'est elle qui avait fait recevoir la pièce par les comédiens. Minée par une maladie de poitrine, elle mettait tant de passion à cette intrigue qu'elle se faisait porter presque mourante à la première représentation. Elle paraissait dans une loge, ses mains défaillantes donnant le signal des applaudissements. Mais, à la fin du second acte, elle fut prise d'un crachement de sang, on dut l'emporter.

Et ce n'était plus autour d'une querelle littéraire que se soulevaient de telles passions, comme un siècle plus tôt, quand la duchesse de Bouillon louait toute la salle pour applaudir la *Phèdre* de Pradon. C'était une satire dramatique qui faisait courir ainsi tout Paris. C'était parce que le héros Dortidius était une caricature de Diderot, c'était parce que ce héros se faisait voler par son

---

(1) Ou *Histoire de la querelle littéraire où les auteurs s'amusent en amusant le public*. (Beng., 2203.)
(2) Beng., 1893.
(3) Son frère, l'évêque du Puy, voulut encore attaquer les encyclopédistes dans une *Instruction pastorale* en 1762. Voltaire y répondit par la *Lettre d'un quaker* et par l'*Instruction pastorale à l'humble évêque d'Alétopolis*.
(4) Barbier, mai 1760, VII, 249 et 256. Favart à Durazzo, 8 mai 1760, *Mém.*, I, 29, 39, 47. — Grimm, juin 1760, IV, 238. Voir Delafarge, *Palissot*.

laquais, tandis qu'il débitait ses maximes philosophiques sur la morale de l'intérêt, c'était pour voir l'acteur Préville entrer sur la scène en marchant à quatre pattes, satire ingénieuse de Rousseau, que tout le monde se pressait à la comédie des *Philosophes*; il y en eut quinze représentations, chiffre très honorable pour l'époque; bientôt Duchesne en acheta le manuscrit pour deux mille francs et l'imprima. Tout le monde se jeta dessus; en quinze jours la première édition était épuisée; on la vendait trente sols, et Palissot qui n'avait pu obtenir de Malesherbes la permission de publier sa *Préface* (1), où il attaquait encore plus directement les philosophes, la faisait tout de même paraître sous le manteau. « Paris n'est occupé maintenant que de querelles littéraires », disait Favart.

Mais une autre Préface paraissait en même temps qui n'était pas moins défendue, qui n'était certes pas de l'auteur et qui était même une réponse violente à sa comédie (2). C'était le récit d'une vision qu'aurait eue Palissot. Une femme lui apparaissait, qui lui conseillait de faire sa pièce et lui prédisait tout ce qui lui arriverait, habile moyen de dissimuler une satire contre sa personne et contre ses mœurs; à la fin cette femme se découvrait comme étant la Dévotion.

Cette brochure était l'œuvre de Morellet. Il était allé à la seconde représentation des *Philosophes* avec Malesherbes, et il avait eu aussitôt la pensée de répondre à cette comédie. Il était déjà renseigné sur la vie de Palissot par La Condamine, avec qui il avait dîné deux jours auparavant chez Trudaine (3). Rentré chez lui, il passa la nuit à écrire sa *Vision*; il la porta le lendemain matin à d'Alembert et à Turgot, qui l'approuvèrent. Il l'envoya alors à Bruyset, comme il avait déjà envoyé les *Si* et les *Pourquoi*. Celui-ci la fit également imprimer à Genève; et au bout de quelques jours adressait les douze cent cinquante exemplaires de cette édition de la *Vision* en même temps que celle de la *Prière universelle* au libraire Desauges. Morellet allait aussitôt expliquer l'envoi au libraire et lui donner ses instructions, conformément auxquelles Desauges faisait remettre ces douze cent cinquante

---

(1) Cette *Préface* contenait plusieurs citations des ouvrages des philosophes, prises le plus souvent dans le *Catéchisme des cacouacs*.
(2) Barbier, VII, 256-257.
(3) Morellet, *Mémoires*, I, 91-92. Il est probable que La Condamine communiqua à Morellet le pamphlet des *Quand*, qu'il venait de faire contre Palissot. V. Delafarge, *L'affaire de l'abbé Morellet en 1760*, chap. Ier.

volumes à Robin, le colporteur ordinaire des encyclopédistes (1). Robin les achetait six sols l'exemplaire et les revendait aussitôt sept sols à ses confrères et douze aux particuliers (2). La *Vision* se répandit très vite, et avec la même publicité qu'un ouvrage imprimé avec privilège. On la lisait partout; aux Tuileries, au Palais-Royal, on voyait des groupes qui en riaient aux éclats. Barbier la trouvait écrite à merveille et de la plus fine malignité.

Mais en même temps qu'un grand succès, c'était un grand scandale. Morellet reconnut plus tard qu'il avait dépassé les limites de la critique littéraire. Il avait surtout écrit cette phrase malheureuse parmi les prédictions que la Dévotion faisait à Palissot : « Et on verra une grande dame bien malade désirer pour toute consolation avant de mourir d'assister à la représentation et dire : c'est maintenant, Seigneur, que vous laissez aller votre servante en paix; car mes yeux ont vu la vengeance (3). »

Dès que la *Vision* fut un peu connue, toute la police fut sur pied. Malesherbes prévient Sartine le jour même, le prie d'agir sans tarder : « Il faut mettre une grande différence entre le délit des gens de lettres qui se déchirent entre eux et l'insolence de ceux qui s'attaquent aux personnes les plus considérables de l'Etat. Bicêtre n'est pas trop fort pour ces derniers (4). » Le 31 on fait une perquisition chez Robin, rue Champ-Fleury; on l'arrête et on l'envoie au Fort-l'Évêque d'abord, puis au Petit-Châtelet. Interrogé deux fois, il finit par faire des aveux. Il dénonce Desauges qui est aussitôt arrêté. Le 11 juin, on interroge Desauges et on apprend de lui que l'auteur est Morellet (5). Malesherbes en avait été instruit entre temps; il était trop lié avec Morellet pour que celui-ci, effrayé du bruit que faisait son affaire, ne fût pas venu lui faire ses confidences. Mais il pensait qu'il ne pouvait user de cet aveu contre lui et il attendait le résultat des recherches de la police. Quand on eut découvert Morellet, il s'était trop avancé pour pouvoir reculer et sauver son ami; il ne put que plaider

---

(1) Nouv. Acq., 1214, 306.
(2) Nouv. Acq., 3348, 72, et Nouv. Acq., 1214, 302.
(3) Barbier, juin 1760, VII, 257. — Morellet. *Mémoires*, I, 91-99. — Collé, juillet 1760. *Journal*, II, 249.
(4) Lettre de Malesherbes à Sartine, *Bulletin de la Société d'histoire de France*, 1855, II, 353, et Nouv. Acq., 3348, 70. L'affaire était d'autant plus grave qu'elle rappelait celle des *Dédicaces*, parodie faite par Diderot en 1754 de l'Épître dédicatoire des *Tuteurs* de Palissot.
(5) Lettre de Sartine sans doute à Saint-Florentin, 11 juin 1760; *ibid.*, p. 355. Cf. Delort, *Histoire de la détention des Philosophes*, II, 320-351.

les circonstances atténuantes, déclarer que Morellet était par ailleurs un homme de mérite, très honnête prêtre et attaché à des personnes considérables dans le clergé et qu'il ne fallait pas que le gouvernement eût l'air de protéger un parti de gens de lettres plutôt qu'un autre (1). Néanmoins on perquisitionna chez Morellet au collège de Bourgogne, on l'arrêta et on le mit à la Bastille le 12 juin (2).

Il y resta deux mois, qu'il passa fort agréablement, lisant Hume, Tacite et quatre-vingt-dix volumes de romans qui s'y trouvaient. Il se donna le beau rôle en supportant sans se plaindre ce doux emprisonnement; il ne sortait qu'une heure par jour, pour ne pas empêcher les autres prisonniers de se promener; et il suppliait qu'on n'inquiétât pas son imprimeur. Bruyset fut en effet seulement réprimandé par La Michodière, l'intendant de Lyon (3).

A la fin d'août, Malesherbes intercéda pour Morellet; et il fut relâché. Son affaire n'était pourtant pas bonne, surtout depuis que la princesse de Robecq, à qui la phrase malencontreuse de la *Vision* avait appris la gravité de son état (4), était morte, quinze jours après l'apparition du libelle. Morellet le savait bien; mais sa vanité était flattée de cette persécution. Il avait trente-trois ans; quel beau moyen pour arriver qu'un embastillement! « Le martyr commençait sa réputation »; et Voltaire lui-même disait : « C'est dommage qu'un aussi bon officier ait été fait prisonnier au commencement de la campagne (5). »

VII

Pourtant Voltaire n'était pas content : « C'est le comble de l'indécence et de l'imprudence d'avoir mêlé Mme la princesse de Robecq dans cette querelle. Il est affreux d'avoir insulté une mourante; cela irrite contre les philosophes, les fait passer pour des fous et des cœurs mal faits; cela justifie Palissot, cela fait mettre Robin en prison (6). »

---

(1) Malesherbes à Sartine, 22491, 169-173.
(2) *Archives de la Bastille*, XVIII, p. 22-26; *Lettres de cachet*, 4481 et 4482.
(3) Sartine à La Michodière. *Bulletin*, ibid, 357.
(4) Voltaire à Thiériot, 18 juillet 1760.
(5) *Ibid.*, 7 juillet. Voltaire n'était d'ailleurs jamais pris à parti par Palissot, qui admirait beaucoup son esprit.
(6) Voltaire à Mme d'Épinay, 13 juin 1760.

Or il voyait que le moment était venu pour les philosophes de s'unir et de ne plus faire de telles fautes de tactique. Il faisait lui-même des avances à Diderot et lui envoyait les vingt volumes de ses *OEuvres* reliés (1). « Il serait bien à désirer, disait-il, que les frères fussent unis, ils écraseraient leurs indignes adversaires qui les mangent l'un après l'autre. Il faudrait que les Da, De, Di, Do, Du, les H, les G, etc. (2), soupassent tous ensemble deux fois par semaine (3). » C'est bien ce qui allait arriver et cette persécution, qui faisait tant crier nos philosophes, n'était pas inutile pour leur donner cette cohésion, qui devait les mener à la victoire.

Voltaire ne dédaignait pas d'ailleurs de diriger lui-même la tactique et de donner des modèles de polémique littéraire. Il avait grand soin de ne pas attaquer les femmes, surtout quand elles étaient princesses; mais il savait fort bien se rattraper sur les hommes, surtout quand ils étaient gens de lettres. Il avait été mis en verve par ses monosyllabes, il ne pouvait plus s'arrêter; et, pour amplifier le débat, il ne s'attaquait plus seulement à Pompignan, mais il mêlait à son nom dans ses satires ceux de Gresset, de l'abbé Trublet, de La Chaussée, de Berthier, de Nonotte surtout, de Chaumeix, de Fréron et aussi de Rousseau (4). Il envoyait à Paris, pendant cet été de 1760, son *Pauvre diable* en manuscrit, en attendant qu'il fût imprimé à Genève (5), puis le *Russe à Paris* (6). Dans l'un, un pauvre diable cherchant à faire fortune dans la littérature est grugé par tous les hommes de lettres, dont Voltaire fait ainsi la satire; dans l'autre, un Russe, ayant beaucoup voyagé, vient voir Paris et, au lieu des splendeurs du règne de Louis XIV, ne voit que ces ridicules querelles littéraires. Pourtant étaient-elles si ridicules ces querelles non pas seulement littéraires, mais surtout philosophiques?

Cependant toutes ces brochures n'effaçaient pas l'injure de la

---

(1) Diderot à Mlle Volland, 1er décembre 1760, t. XIX, p. 41.
(2) D'Alembert, Diderot, Helvétius, Grimm.
(3) Voltaire à Thiériot, 9 juin 1760.
(4) Le *Plaidoyer pour Genest Ramponneau* (1760, Beng., 1645) est dirigé contre Jean-Jacques. Voltaire se moquait du rôle que Palissot lui faisait jouer dans sa pièce. Car, la comédie des *Philosophes* ne l'attaquant pas directement, il se contentait d'en rire.
(5) Beng., 680-5 : 5 éditions en 1760. — Voltaire la donnait sous le nom de Mlle Vadé. Cf. Favart, 1, 69.
(6) Sous le nom d'Alethof (Beng., 687-9). — C'est Robin, récemment relâché de la Bastille, qui distribuait toutes ces facéties à Paris.(Thiériot à Voltaire, 30 juillet 1770. *Revue d'histoire littéraire*, 1908.)

comédie des *Philosophes* représentée publiquement devant une salle comble. Le goût toujours très vif des Français pour le théâtre avait donné à cette attaque de Palissot un retentissement que seule une réplique dramatique pouvait atténuer; et Voltaire, l'homme de théâtre par excellence, était particulièrement sensible à cette satire et spécialement apte à y répondre. C'est ce qu'il fit dès le mois de juillet, avec quelle mesure et quel goût, on le sait assez, en prenant pour l'objet de ses sarcasmes le journaliste Fréron.

Voltaire ne pouvait pas lui pardonner la critique qu'il s'était permis de faire de son roman de *Candide*. Il fit donc une pièce prétendue traduite de M. Hume, cousin du philosophe. Fréron y était clairement désigné sous le pseudonyme de Frélon et y jouait un assez triste rôle (1). Voltaire mettait à la faire connaître toute la passion dont il était capable, quand il s'agissait de combattre ses ennemis. Il fit d'abord circuler à Paris la pièce imprimée et elle y eut un énorme succès. Mais il voulait encore qu'on la jouât. C'était seulement par une représentation qu'il pouvait estimer la philosophie vengée. Le gouvernement, qui avait déjà eu le tort de permettre les *Philosophes*, eut encore celui de tolérer l'*Écossaise*.

La veille de la « première » on répandit à Paris une *Requête adressée à MM. les Parisiens* par Gérôme Carré, le prétendu traducteur du prétendu Hume, où Fréron était directement attaqué, afin que personne ne se méprît sur les intentions de l'auteur (2). Enfin, le 26 juillet 1760, l'*Ecossaise* fut représentée à la Comédie française. Ce fut une soirée aussi mouvementée que celle des *Philosophes*. Fréron avait eu l'imprudence de se reconnaître dans le personnage de Frélon, avant que la pièce ne fût jouée; il eut celle plus grande encore de paraître à la première représentation. Il était au milieu de l'orchestre et il perdait un peu contenance; sa femme, qui était au premier rang de l'amphithéâtre, pensa s'évanouir. L'*Ecossaise* eut un succès prodigieux; à la quatrième représentation il y avait plus de monde qu'à la première et elle allait ainsi « bravement et avec affluence jusqu'à la seizième représentation (3) ». D'Alembert en avisait triomphalement Voltaire; et pourtant il ne se dérangeait pas pour y aller lui-même et en donnait cette excellente raison : « Si un décrotteur m'avait

---

(1) Voir Sainte-Beuve, *Lundi*, II, 524.
(2) Voltaire à d'Argental, 14 juillet 1760.
(3) D'Alembert à Voltaire, 2 septembre.

insulté et qu'il fût mis au carcan à ma porte, je ne me presserais pas de mettre la tête à la fenêtre (1). »

Mais ce succès ne suffisait pas aux philosophes. Ils voulaient encore imposer silence à leurs adversaires. Le malheureux Fréron tenta de se défendre et fit paraître dans son *Année littéraire* la relation de la grande bataille. Il racontait comment le succès de l'*Ecossaise* était dû à la cabale des philosophes et le rôle que chacun d'eux y tenait, Dortidius (Diderot), le petit Prophète et le Calchas (Grimm), l'usurpateur du petit royaume d'Angola (La Morlière), l'abbé Micromégan (Méhégan), Mercure (Marmontel) et Tacite (d'Alembert), etc..., et il finissait par la description de la fête aux Tuileries, qui avait suivi la victoire, et du *Te Voltarium* célébré le lendemain.

On prétendit arrêter son article à la censure. Il écrivit alors cette lettre indignée (2) :

« Si je disais dans mes feuilles que Voltaire et les encyclopédistes sont des coquins, des fripons, des faquins et des scélérats (ce qu'il me serait très aisé de prouver), mon censeur, malgré les preuves, aurait raison de ne pas me permettre ces vérités. Mais au torrent d'injures et d'atrocités dont on m'accable, je n'oppose qu'une pure plaisanterie, qu'une gaieté très innocente, et le censeur que vous m'avez donné ne veut pas la passer! Dans quel siècle sommes-nous donc, Monsieur? Quoi! il sera permis à ce malheureux Voltaire de vomir la calomnie, il sera permis à cet infâme abbé de La Porte de me déchirer dans ses feuilles, il sera permis à ce tartuffe de Diderot, à ce bas flatteur Grimm d'aller au parterre de la Comédie le jour de la première représentation de l'*Ecossaise* exciter leur cabale et leur donner le signal de l'applaudissement ! Et je ne pourrai jeter sur mes vils ennemis un ridicule léger. Si je remuais le cloaque de leurs mœurs, mon censeur encore une fois pourrait m'arrêter. Mais je ne fais que rire de toutes ces abominations! » Malesherbes finit par donner son autorisation, en ne rayant que les personnalités les plus directes; ce qui eut le don d'exciter la fureur de Voltaire, qui écrivait : « Le nom de Fréron est sans doute le dernier des hommes, mais celui de son protecteur (Malesherbes) serait à coup sûr l'avant-dernier. »

---

(1) D'Alembert à Voltaire, 3 août 1760.
(2) 22191, 273.

Cette représentation de l'*Ecossaise* était un triomphe pour les encyclopédistes, mais elle ne mettait pas fin à la bataille. La blessure que leur avait faite la pièce de Palissot était profonde. Quand Diderot réussit à faire jouer, en février 1761, son drame du *Père de famille* (1) qui n'avait pourtant rien de bien philosophique, « il s'éleva du milieu du parterre des voix qui dirent : « Quelle réplique à la satire des *Philosophes !* » et Diderot d'ajouter : « Voilà le mot que je voulais entendre (2). » Quant à Voltaire, il s'écriait aussitôt : « Enivré du succès du *Père de famille*, je crois qu'il faut tout tenter à la première occasion pour mettre M. Diderot de l'Académie (3). »

D'ailleurs Voltaire n'abandonnait pas la lutte de si tôt. Il demandait à Thiériot et à d'Alembert de lui « envoyer une liste des ennemis et de leurs ridicules ; cela sera un peu long, mais il faut travailler pour le bien de la patrie. Je voudrais un peu de faits, je voudrais jusqu'aux noms de baptême, si cela se pouvait ; les noms de saints font toujours un très bon effet dans les vers (4). » Il réunissait, du moins, toutes ces pièces de circonstances, les *Monosyllabes*, la *Vanité*, le *Pauvre diable*, etc., même celles qui n'étaient pas de lui comme les *Si* et la *Vision de Palissot* (5), pour faire le *Recueil des facéties parisiennes* (6) ; il y joignait encore d'autres petits ouvrages composés antérieurement comme la *Relation de la maladie, de la confession, de la mort et de l'apparition du Jésuite Berthier* (7), car il attaquait aussi les Jésuites, avec qui il s'était brouillé depuis certains articles du *Journal de Trévoux*. D'autres recueils ne tardaient pas à paraître, comme le *Recueil de nouvelles pièces fugitives* de M. de Voltaire (8). Bref, ces petits morceaux étaient si souvent réimprimés que tout le monde finissait par les connaître.

(1) On sait quelles difficultés Diderot eut à surmonter pour faire imprimer en 1758 son *Père de famille*. Brunetière a raconté toute cette histoire, d'après Nouv. Acq., 1182 (*Etudes crit.*, 2ᵉ série, 186). Malesherbes demandait la suppression de la prière du *Père de famille* au second acte et Diderot s'y refusait désespérément ; c'était pourtant aussi l'avis des deux censeurs Moncrif et Bonamy, à qui Malesherbes communiqua l'ouvrage ; nous ne voyons cependant plus bien aujourd'hui ce qui pouvait provoquer leur inquiétude.
(2) Diderot à Voltaire, 26 février 1761, XIX, 462.
(3) Voltaire à Damil., 27 février.
(4) Voltaire à Thiériot.
(5) Mais on avait bien soin d'en supprimer les deux versets de Mᵐᵉ de Robecq. (Diderot à Mˡˡᵉ Volland, XVIII, 523.)
(6) Beng., 1893.
(7) 1759, Beng., 1611.
(8) Genève et Paris. Duchesne, 1762-75, 10, Beng., 2207.

Même quand il ne s'en prenait pas directement à Fréron, à Pompignan ou à quelque autre, Voltaire lançait pendant cette période de lutte, de petits libelles pour défendre l'*Encyclopédie* et se moquer encore de ses ennemis ; tels les *Dialogues chrétiens* (1) entre un prêtre et un encyclopédiste, puis entre un prêtre et un ministre protestant, où ce prêtre qui n'a pas lu une ligne du fameux dictionnaire, le condamne, l'anathématise et va même jusqu'à s'entendre avec le pasteur hérétique dans sa haine de la philosophie. Comme ce second dialogue est une satire contre le pasteur genevois Vernet, qui avait alors des démêlés avec Voltaire, l'impression ne put en être faite par les Cramer et elle donna encore lieu à toute une petite intrigue (2).

Voltaire envoya son manuscrit à Rigollet, libraire de Lyon, en lui recommandant de le brûler dès que l'impression serait terminée ; puis, comme ses *Dialogues* étaient brûlés à Genève par la main du bourreau aussitôt qu'ils y avaient paru, il fit beaucoup de démarches, selon son procédé bien connu, pour les désavouer, pour qu'on en interdît la vente et qu'on en fît une saisie chez Rigollet. L'intendant de Lyon, La Michodière, et le lieutenant de police, M. de Seynas, se prêtèrent de bonne grâce à cette manœuvre, et Malesherbes approuva, tout en trouvant un peu excessives les prétentions de Voltaire : « Il est certain, écrivait-il à Seynas (3), qu'un homme aussi célèbre que M. de Voltaire et qui fait autant d'honneur à son siècle et à sa patrie mérite beaucoup d'égards ; ainsi vous aviez plus d'un motif pour vous rendre à ses desseins et pour faire les recherches qu'il souhaitait. Cependant, je vous avouerai que je voudrais, pour l'honneur d'un si grand homme, qu'il fût plus modéré dans ce qu'il écrit contre ses ennemis ou moins ardent dans la poursuite de ceux qui écrivent contre lui. » D'ailleurs, l'affaire eut peu de retentissement (4).

Mais le vœu de Malesherbes n'était pas exaucé, et Voltaire avait pris trop de goût à cette bataille de libelles, pour ne pas continuer

---

(1) Ou *Préservatif contre l'Encyclopédie* par M. V***, Genève (Lyon, Rigollet), 1760, in-8°, 16 p., Beng., 1650.
(2) Nouv. Acq., 1181. Lettres de Rigollet à Voltaire, 1, et à Bardin, 2 ; de Voltaire à Seynas, 4 ; de Malesherbes à Seynas, 7 ; de Seynas à Malesherbes, 12 ; Procès-verbal de saisie, 14. — Cf. Voltaire à Bordes, 5 septembre 1760. — Voir Brunetière, *Études critiques*, 2ᵉ série, p. 182.
(3) Nouv. Acq., 1181, 10.
(4) Les *Dialogues chrétiens* ne furent plus réimprimés qu'à Kehl.

encore pendant quelques années à décocher de temps en temps quelques traits contre ses adversaires. En 1762, il faisait encore des *Étrennes aux sots* et *les Chevaux ou les ânes*, où il se moquait indistinctement des théologiens, des docteurs de Sorbonne et des journalistes de Trévoux, et diverses autres brochures contre les Pompignan, comme la *Lettre d'un quakre* (1). En 1770 enfin, il publiait des *Anecdotes* sur Fréron d'après les renseignements que lui envoyait Thiériot (2).

Pourtant, en général, après 1761, il ne se contentait plus de ces attaques personnelles, qui, à la longue, lassaient le public. Les philosophes avaient réussi, grâce à cette effervescence des esprits, à faire beaucoup parler d'eux, à répandre à Paris et partout en France tant de brochures, de libelles, de pamphlets qu'on ne pouvait même plus songer désormais à en arrêter le cours (3). Les colporteurs de Paris, même les libraires, les recevaient sans cesse de l'étranger ou les faisaient imprimer eux-mêmes en province et les faisaient entrer à Paris par toutes sortes de subterfuges. Ces brochures, dont nous n'avons cité que les plus importantes, avaient seulement quelques pages et l'aspect de ces mémoires judiciaires ou de ces arrêts du Parlement que les colporteurs avaient accoutumé de vendre dans les rues. La réimpression et le débit en étaient aussi faciles que la lecture, et tout le bruit qui se faisait autour de ces querelles retenait facilement l'attention du public, depuis que les cris des convulsionnaires de Saint-Médard ne se faisaient plus entendre.

Mais parmi ces ouvrages de polémique littéraire commençaient à se glisser de petits livres aussi piquants, aussi légers, aussi faciles à lire, mais qui cachaient sous les grâces du style une critique autrement sérieuse et grave des idées et des mœurs contemporaines.

La période de formation, de réflexion était déjà presque achevée. Les ouvrages de science, de philosophie, d'histoire, avaient paru de 1748 à 1758. Après cette crise de polémique joyeuse, nous allons assister maintenant à une lutte beaucoup plus directe et plus méthodique. Ce ne sont plus les hommes et les œuvres qu'on va discuter, mais les croyances et les institutions. C'est alors que la philosophie va se répandre, sinon dans

---

(1) 1761. Beng., 690-92.
(2) Beng., 1657.
(3) Lettre de Malesherbes à Seynas; Nouv. Acq., 1181, 10.

le peuple, au moins dans toute la société cultivée. Du cercle des savants, elle va passer peu à peu dans celui beaucoup plus large des gens du monde : « Depuis l'impression de l'*Esprit des lois*, du livre de l'*Esprit*, de quelques ouvrages de l'abbé de Condillac et des premiers volumes de l'*Encyclopédie*, dit le maréchal de Beauvau, la philosophie s'était introduite dans toutes les conversations ; elle n'était pas encore une mode, mais un goût commencé. La prudence plus commune dans les premiers ordres de citoyens n'était pas encore bannie des entretiens ; mais elle s'en écartait un peu de jour en jour, et on se gênait moins devant la livrée composée d'une espèce d'hommes, auxquels il ne faut pas présenter de vérités particulières (1). »

Mais avant de poursuivre l'histoire des dernières années du règne de Louis XV, où s'affirme le triomphe des philosophes, il nous faut étudier la publication des œuvres de Rousseau. Il ne s'était pas mêlé à la lutte qui passionnait tous les esprits autour de lui. Au contraire, c'est au moment même où le parti se constituait définitivement et allait commencer à agir d'un commun accord vers un but précis (réforme des abus et lutte pour la tolérance), que Jean-Jacques se séparait de ses anciens amis ; et non seulement il se détachait d'eux pour vivre à l'écart, mais encore il marchait contre eux. Tout le système qu'il élaborait pendant ces années fécondes de 1758-1761, passées dans les retraites de l'Ermitage et de Montmorency, allait à l'encontre de celui de Voltaire et de Diderot et aboutissait finalement à une réforme radicale de la société, à la rénovation de l'esprit religieux et à la constitution d'un Etat omnipotent et intolérant.

(1) *Mémoires* du maréchal de Beauvau, p. 50.

CHAPITRE VI

LES GRANDS OUVRAGES DE ROUSSEAU (1758-1761)

I. La *Lettre à d'Alembert*. — II. La *Nouvelle Héloïse*. — III. Le *Contrat social*. — IV. *L'Émile*. L'impression par Duchesne. La publication. La condamnation. L'exil. — V. La *Lettre à Christophe de Beaumont* ; les *Lettres de la Montagne* ; l'édition des Œuvres complètes.

I

Les ouvrages de Rousseau parurent presque tous de 1758 à 1761, et, quoiqu'il ne fût pas un allié des philosophes dans la bataille qu'ils menaient alors si bruyamment, il ne devait pas paraître moins dangereux aux yeux du gouvernement. Mais il émanait de sa personne et de ses écrits un charme indéfinissable, qui lui avait conquis des disciples fervents. On ne peut guère s'étonner de la facilité avec laquelle il réussit à faire imprimer et à vendre ses ouvrages : Malesherbes s'était trop laissé séduire par son génie pour ne pas lui tout pardonner. Ce ne fut pas seulement un magistrat aimable et bien disposé à son égard que Rousseau trouva en lui, ce fut un véritable ami, un conseiller toujours bienveillant et affectueux. L'histoire de la publication de tous ses ouvrages offre des exemples constants de cette faveur si étrange, dont le philosophe jouissait auprès du Directeur de la librairie.

Rousseau en eut la preuve, dès qu'il voulut faire imprimer sa *Lettre à d'Alembert*, qui annonçait déjà sa brouille avec le parti encyclopédiste. On sait quelle fut l'occasion de cette lettre : Jean-Jacques, avec son humeur de républicain protestant, voulait s'y opposer à l'établissement d'un théâtre à Genève, que recommandait d'Alembert dans le septième volume de l'*Encyclopédie* et qu'il jugeait susceptible de corrompre les mœurs de sa petite ville ; on sait aussi comment Malesherbes se tira de la situation difficile où le mettait Rousseau en écrivant contre d'Alembert, qui était également son ami : il communiqua l'ouvrage en bonnes feuilles à d'Alembert lui-même (1).

Jean-Jacques avait vendu en mars 1758 son manuscrit à Rey pour trente louis, qui lui furent payés en mai. L'impression se fit assez vite, quoique trop lentement encore au gré de Rousseau (2); en juin, alors qu'elle n'était pas achevée, il annonçait l'ouvrage à d'Alembert qui lui répondait fort aimablement : « Bien loin, monsieur, d'être offensé de ce que vous avez pu écrire contre mon article *Genève*, je suis au contraire très flatté de l'honneur que vous m'avez fait; j'ai beaucoup d'empressement de vous lire et de profiter de vos observations. Vous pourrez me faire adresser l'ouvrage sous l'enveloppe de M. de Malesherbes, rue Neuve-des-Petits-Champs; je l'en préviendrai et l'ouvrage me sera remis. Je vous embrasse de tout mon cœur... (3). »

Quelques jours après, Rey envoya à Malesherbes les quatorze feuilles qui étaient déjà imprimées sur les vingt que devait former l'ouvrage et le prévint qu'il cherchait à « en faire marché » avec un libraire de Paris, sans doute avec Durand (4). Malesherbes, qui en avait probablement déjà parlé avec d'Alembert, lui envoya les feuilles. D'Alembert les lut et lui répondit : « Si vous jugez à propos de nommer un censeur et de me choisir pour cela, je vous donne par avance mon approbation par écrit (5). » Quinze jours après, ayant sans doute lu l'ouvrage entier, il écrivait à Malesherbes le 22 : « Monsieur, j'ai lu l'ouvrage de M. Rousseau contre moi, il m'a fait beaucoup de plaisir. Je ne doute pas qu'il n'en fasse au public et je n'y trouve rien qui doive en empêcher l'entrée (6). »

Rey était fort exact à envoyer les feuilles, dès qu'elles étaient imprimées, à Malesherbes, à d'Alembert et à Rousseau par leur intermédiaire (7). Mais il ne recevait pas de Malesherbes la permission qu'il avait sollicitée de faire entrer des exemplaires à Paris, et le 21 août (8) il lui réitérait sa demande, lui affirmant

---

(1) Voir Brunetière, *ibid.*, p. 163.
(2) *Lettres inédites de J.-J. Rousseau à M.-M. Rey*, publiées par Bosscha, p. 33, 39.
(3) 27 juin 1758, *Correspondance inédite de d'Alembert*, publiée par Henry, p. 25.
(4) Rey à Malesherbes, 3 juillet 1758. Nouv. Acq., 1183, 13.
(5) *Ibid.*, 14; 8 juillet.
(6) *Ibid.*, 16.
(7) *Ibid.*, 38. D'Alembert à Malesherbes, 12 août.
(8) *Ibid.*, 40.

qu'il n'en avait encore parlé à aucun libraire de « sa bonne ville », et priant instamment qu'on l'honorât d'une réponse.

Mais Malesherbes ne répondait toujours pas, et Rousseau en était d'autant plus étonné qu'on avait permis l'entrée des *Discours*, beaucoup plus hardis que la *Lettre* (1). Enfin le 1er septembre, n'ayant toujours rien reçu, Rey se décida à écrire directement à d'Alembert en le prévenant qu'il venait d'expédier seize cents exemplaires de la fameuse *Lettre* à Paris et en le priant de solliciter auprès du Directeur de la librairie l'autorisation de les y faire entrer; ce que d'Alembert s'empressa de faire le plus aimablement du monde, en écrivant à Malesherbes : « Vous pouvez croire sur la parole que j'ai l'honneur de vous en donner qu'il n'y a rien dans ce livre qui puisse en empêcher le débit. M. Turgot, qui l'a lu, vous en rendra le même témoignage (2). » Malesherbes avait pourtant encore des scrupules; il consulta un autre censeur, M. Sassey, qui fut moins élogieux que d'Alembert sur la *Lettre* de Rousseau, qui trouva que, « comme Don Quichotte, il avait vu des géants, où il n'y avait que des moulins à vent », mais qui conclut que l'ouvrage lui avait fait plaisir, et que « la plus grande partie de ses idées étaient bien senties, clairement et agréablement exprimées et lui faisaient pardonner le petit nombre de celles qui étaient outrées ou puériles (3) ».

Malesherbes, désormais très tranquillisé, donna enfin une permission tacite et Durand vendit la *Lettre sur les Spectacles* au début d'octobre (4). Elle eut un très vif succès. C'était le commencement de l'engouement pour le citoyen de Genève. Sans doute il n'échappait pas aux critiques du parti philosophique. Mais Mme de Créqui l'en consolait bien, en lui écrivant : « Laissez dire tous ces oiseaux-là et pensez que jamais vous ne donnez quatre lignes qu'elles ne fassent sensation (5). »

---

(1) Bosscha, p. 37 et 41.
(2) Nouv. Acq., 183, 42. Je crois que Brunetière exagère un peu, quand il dit que l'approbation de d'Alembert était tout à fait superflue. Sans doute, l'ouvrage venant de l'étranger ne pouvait avoir qu'une permission tacite; mais, même pour ces permissions, il fallait l'approbation d'un censeur. Ainsi, à propos de l'*Héloïse*, Malesherbes écrit à Rousseau : « Quant à la permission de la laisser entrer, je ne donne jamais aux libraires étrangers cette permission par écrit, à moins qu'il n'y ait eu un examen régulier. » (Streck., II, 403.)
(3) *Ibid.*, 44. Sassey à Malesherbes.
(4) *Journal de la librairie*, 28 septembre 1758, 22160, 108, r°. D'Hémery ajoute : « Quoique ce livre soit contre M. d'Alembert, il en a cependant été le censeur. »
(5) Janvier 1759, Buffenoir, *le Prestige de J.-J. Rousseau*, p. 91.

II

Deux ans plus tard, au moment où les philosophes se lançaient à corps perdu dans la bataille contre leurs adversaires, Rousseau s'occupait, dans sa retraite de Montmorency, de faire paraître ses grands ouvrages (1); et il trouvait auprès de Malesherbes la même protection affectueuse. Ce grand enfant avait besoin qu'on s'occupât constamment de lui et qu'on traitât ses affaires pour lui.

Il y avait déjà longtemps que l'engagement était pris avec Rey pour l'impression de la *Nouvelle Héloïse* (2). En octobre 1758, le prix de la *Julie* était déjà fixé à quatre-vingt-dix louis, et, en mars 1759, Rousseau prenait le parti de recopier son manuscrit pour qu'il fût bon à donner aux ouvriers (3). Il promettait d'en envoyer une partie tous les mois et pensait que Rey aurait tout reçu en novembre. Il faisait cependant ses conditions, stipulant que l'impression devait être faite sur beau papier et avec le plus grand soin, que tout l'ouvrage devait paraître en même temps et qu'on devait suivre exactement son orthographe, sa ponctuation, même ses fautes, puisque les lettres étaient censées écrites par deux Suisses.

Jean-Jacques commença dès lors à envoyer assez régulièrement son manuscrit. Mais Rey était moins empressé à faire ses envois d'argent. Aussi Rousseau se tint-il sur la réserve; il demanda même à Rey, à plusieurs reprises, de résilier le contrat. Mais il finit par recevoir des remises de quatre cents livres, et, chaque fois qu'il en recevait une, il envoyait une nouvelle partie du manuscrit. D'ailleurs, ni l'auteur, ni le libraire n'étaient très pressés; ils savaient fort bien l'un et l'autre que la *Nouvelle Hé-*

---

(1) Nous ne parlons pas de la *Lettre à Voltaire*, imprimée par Formey en 1759 dans la *Nouvelle Bibliothèque germanique*, et qu'il pensa un moment faire réimprimer en France. Il obtint même une permission en 1760. Mais « M. Guérin convint et M. Rousseau aussi, que la lettre ne pouvait pas être imprimée en France ». (Nouv. Acq., 1183, 47-49.)

(2) *Lettres inédites de J.-J. Rousseau à M.-M. Rey*, publiées par Bosscha, chap. III.

(3) Cette copie n'était pas conforme à la copie faite pour Mme de Luxembourg. Elle avait été faite sur le second brouillon avec plusieurs modifications, et Rousseau fit encore beaucoup de corrections sur les épreuves. On sait que le premier brouillon, très fragmentaire, le second brouillon, pour les parties IV-VI et la copie Luxembourg, ont été donnés par Th. Levasseur à la Convention et sont actuellement à la Bibliothèque de la Chambre des députés. (Voir Mornet, *le Texte de la Nouvelle Héloïse et les éditions du dix-huitième siècle. Annales J.-J. Rousseau*, 1909.)

loïse était très attendue et qu'il n'est jamais mauvais, pour le succès d'un livre, qu'on en parle beaucoup, pendant qu'on l'imprime. Néanmoins, il ne fallait pas abuser et lasser le public.

En janvier 1760, la dernière partie était envoyée à Rey, Rousseau parlait de gravures, dont il affirmait que Boucher lui-même ferait les dessins ; mais Rey faisait la sourde oreille et ne proposait que des vignettes d'un effet peu heureux (1). Du moins ils tombaient d'accord sur le format et le caractère ; et les épreuves commencèrent bientôt à arriver. Nouvelle difficulté ; car les ports de la poste étaient si exorbitants qu'ils auraient absorbé tous les honoraires que Rousseau venait de recevoir. Il eut alors l'idée d'avoir recours à Malesherbes qui, disait-il à Rey, devait avoir ses ports francs, et, comme il ne voulait pas s'adresser directement à lui, il le fit solliciter par Rey (2). En attendant il donnait deux adresses pour les envois que Rey allait lui faire : M. de Chenonceaux, fermier général du roi, à l'Hôtel des Fermes, à Paris, et M. Lecointe, secrétaire de M. le garde des sceaux de Machault, à Arnouville, par Paris, et il spécifiait bien que son nom ne devait pas être mis sur les paquets, qui ne devaient être chacun que d'une feuille ou deux au plus. Rey se servit peu de ces adresses ; car Malesherbes, aussitôt pressenti, accepta de servir d'intermédiaire et ce fut chez lui que furent envoyées toutes les épreuves de la *Julie*. Malesherbes les faisait ensuite parvenir à Rousseau, à Montmorency, soit par la poste, soit par le messager, soit par le maréchal de Luxembourg lui-même, pour qu'elles lui fussent remises plus promptement (3) ; et le délicat Jean-Jacques acceptait cette aimable combinaison, après s'être bien assuré qu'elle n'était nullement onéreuse à son protecteur (4).

Mais, au bout de quelque temps, le service n'étant plus fait très exactement, il conçut des craintes. Le paquet contenant l'épreuve H et la bonne feuille D ne lui parvint pas ; un autre avait déjà eu quelque retard. Ombrageux comme il l'était, il se demanda aussitôt « s'il était bien sûr que les envois ne passassent point

---

(1) Rey mit en effet des vignettes dans son édition ; mais Gravelot dessina à Paris, sous la surveillance de Coindet, des estampes qui furent publiées à part en mars. Elles se vendaient trois livres. La *Préface* fut aussi publiée à part chez Duchesne en février.
(2) Rey écrivit aussitôt à Malesherbes en lui envoyant copie de la lettre de Rousseau (22191, 295).
(3) Mme de Luxembourg à Rousseau, mars 1760. Streckeisen-Moultou, I, 135.
(4) Rousseau à Malesherbes, 6 mars 1760.

par quelque autre main en sortant de celles de Malesherbes (1) ». Mais il fut vite tranquillisé : Malesherbes promit de faire fermer les paquets en sa présence (2) ; et la fin de l'impression se fit sans difficulté et assez rapidement ; fort heureusement d'ailleurs, car la réputation de la *Julie* qu'on faisait trop attendre, « commençait à chanceler (3) ». Il y eut encore quelques retards de la part de Rey. Rousseau soupçonna que, par avarice, son libraire avait envoyé l'*Héloïse* par mer et qu'elle s'était perdue (4) ; mais, en novembre, l'édition était toute prête et Malesherbes donna l'autorisation que sollicitaient Rey et Rousseau de la faire entrer à Paris, quoique ce ne fût pas dans les règles et qu'il n'eût pas vu toutes les feuilles, simplement sur le témoignage de Jean-Jacques (5).

En même temps qu'on achevait l'édition de Hollande, Malesherbes, voulant que Rousseau tirât tout le profit possible de son ouvrage, lui trouva un autre éditeur à Paris. C'était le Directeur de la librairie qui conseillait à l'auteur de signer ce nouveau traité, qui nous paraît aujourd'hui directement contraire au principe des contrats d'édition (6). Il est vrai qu'à cette époque les idées sur ce point n'étaient pas très fixées. Rousseau, pourtant, eut plus de scrupules que son protecteur et, dans une lettre assez longue et fort belle, il lui exposa les raisons qui devaient empêcher Malesherbes d'autoriser une contrefaçon française de l'édition hollandaise et lui-même, Rousseau, de tirer profit de cette contrefaçon (7) : Rey s'était entendu avec Durand et Pissot de Paris, avec qui il avait passé un traité de « change », c'est-à-dire que les deux maisons échangeaient des livres de leurs fonds et que les libraires de Paris étaient complètement mis aux lieu et place de Rey. Autoriser une autre édition française serait donc leur porter un grave préjudice. Quant à lui, Rousseau, Malesherbes prétendait qu' « il ne devait point se croire lié par l'engagement qu'il avait pris avec

---

(1) Rousseau à Malesherbes, 18 mai.
(2) Bosscha, p. 96.
(3) *Ibid.*, p. 97.
(4) M. de Luxembourg à Rousseau, Streckeisen-Moulton, I, 470.
(5) Malesherbes à Rousseau, 13 novembre 1760 ; *ibid.*, II, 403, et réponse de Rousseau du 17 novembre.
(6) *Ibid.*, 29 octobre.
(7) Il avait déjà écrit à Rey au sujet de la *Lettre à d'Alembert* : « Quoiqu'en livrant un manuscrit à un libraire, je ne prétende pas m'ôter le droit après la première édition de le réimprimer de mon côté toutes les fois qu'il me conviendra, vous pouvez être sûr qu'à l'égard de ce qui s'est imprimé chez vous, je n'userai jamais de ce droit sans vous en avertir d'avance, et jamais en aucune manière, quand vous en userez honnêtement avec moi. » (Bosscha, p. 64.)

le libraire hollandais, parce qu'il n'avait pu céder que ce qu'il avait et qu'il n'avait pas le droit d'empêcher les libraires de Paris de copier ou contrefaire son édition. Mais équitablement, répondait Rousseau, je ne puis tirer de là qu'une conséquence à ma charge ; car j'ai traité avec le libraire sur le pied de la valeur que je donnais à ce que je lui ai cédé. Or, il se trouve qu'au lieu de lui vendre un droit que j'avais réellement, je lui ai vendu seulement un droit que je croyais avoir. Si donc ce droit se trouve moindre que je n'avais cru, il est clair que, loin de tirer du profit de mon erreur, je lui dois le dédommagement du préjudice qu'il en peut souffrir. Si je recevais derechef d'un libraire de Paris le bénéfice que j'ai déjà reçu de celui d'Amsterdam, j'aurais vendu mon manuscrit deux fois (1) ».

Malesherbes prit le meilleur moyen pour lever les scrupules de Rousseau ; il demanda à Rey de permettre cette seconde édition (2), et, Rey ayant consenti, il donna lui-même des ordres pour cette édition parisienne. On n'envoya même pas les épreuves à Rousseau, de sorte qu'il y eut des fautes et des contresens qu'on aurait pu éviter. Mais finalement, le but de Malesherbes était atteint : Rousseau « se trouvait riche de ses bienfaits (3) ».

L'édition de Hollande fut adressée à Paris à Robin et arriva à la fin de décembre 1760. Mais on ne la distribua pas immédiatement pour qu'elle ne portât pas préjudice à l'édition française. Pendant quelque temps, il n'en circula que six exemplaires, que Rey avait donnés (4). Puis les deux éditions parurent à peu près en même temps.

« La publication de *Julie* jeta Rousseau dans un grand trouble. Il y prit un intérêt d'enfant (5). » Il fut quelque temps incertain sur le succès qu'aurait son livre. On sait qu'il fut finalement considérable et que toutes les qualités si neuves de ce roman, qui ne ressemblait en rien à ceux qu'on avait l'habitude de lire, enthousiasmèrent ses nombreux lecteurs. L'*Héloïse* n'avait, en effet, rien de commun avec tous les romans licencieux, qui avaient fait la joie des amateurs de littérature légère pendant tout le début du

---

(1) Rousseau à Malesherbes, 5 novembre 1760.
(2) Rey fit justement un voyage à Paris en décembre 1760. Cette édition parisienne fut faite par les soins de Robin, qui versa à Rousseau cent pistoles. N° 3 de Mornet.
(3) *Ibid.*, 28 janvier et 10 février 1761.
(4) Duclos à Rousseau. Streckeisen-Moultou, I, 295.
(5) Rousseau à Mme de Luxembourg, 16 février 1761.

siècle, encore qu'elle contînt des passages assez scabreux. Mais c'était bien plutôt les idées philosophiques, dont ce livre était plein, qui lui assuraient un succès retentissant. On y trouvait avec les portraits de l'athée honnête homme et de la pieuse et sensible Julie un exposé très agréablement présenté du système de la nature. Le nombre des adeptes de Rousseau augmenta aussitôt autant que leur enthousiasme.

On se rappelle l'anecdote rapportée par Rousseau lui-même dans *les Confessions* : la princesse de Talmont achetant à un colporteur l'*Héloïse*, avant de se rendre au bal de l'Opéra, et passant toute la nuit chez elle à la lire (1). D'Alembert « dévora » le livre. « Les censeurs se tairont et l'ouvrage restera », dit-il à Rousseau (2). « Je ne sais ce que vous pensez du succès de la *Julie*, lui disait Duclos (3), mais, à moins que je ne sois comme ceux qui ont la jaunisse, je ne rencontre que des gens engoués de l'ouvrage. » « Que de sublimités dans mille endroits de ces six volumes », disait Necker (4), et Fréron lui-même « avouait que de sa vie il n'avait rien vu ni lu qui l'ait si fort attendri, ni qui lui ait en même temps fait goûter de si véritable plaisir (5) ». Quant à Mme de Luxembourg, qui avait déjà lu le livre manuscrit, elle écrivait à Rousseau dès qu'il parut : « Votre *Julie* est le plus beau livre qui soit au monde... Tout ce qui se peut imaginer de beau, de grand, de toutes les manières du monde, s'y trouve et les gens qui l'aiment et qui sont en grand nombre le relisent tout de suite (6). » Enfin, Mme de Boufflers lui disait : « Je voudrais faire écrire votre livre en lettres d'or. Je ne le regarde certainement pas comme un roman, c'est l'ouvrage le plus parfait que je connaisse, mais nous en sommes tous, je dis tout le monde, à mille lieues (7). »

La *Nouvelle Héloïse* fut certainement le livre du dix-huitième siècle qui se vendit le plus et dont l'influence fut le plus considérable. A la suite de cette première édition hollandaise, M. Mornet en compte plus de cinquante pour le dix-huitième siècle seulement (8).

(1) Livre XI.
(2) Février 1761, Streckeisen, I, 269.
(3) *Ibid.*, 297.
(4) 16 février 1761, *ibid.*, 333.
(5) 21 février, *ibid.*, I, 319.
(6) *Ibid.*, I, 441.
(7) *Ibid.*, II, 33, 14 février 1761.
(8) Mornet, *Annales J.-J. Rousseau*, 1909. L'une des plus importantes est celle

III

Cependant Rousseau, qui désirait quitter Montmorency, où son amitié avec Mme de Luxembourg se refroidissait déjà, voulut tirer profit de ses manuscrits pour subvenir lui-même à ses besoins. Il en avait deux importants, le *Contrat social* et l'*Emile*. Il s'était déjà engagé avec Rey pour le *Contrat social*. Mais il était en froid avec lui dans l'été de 1761, car Rey avait entrepris sans son autorisation une édition complète de ses œuvres, pour laquelle il avait même obtenu un privilège des Etats de Hollande (1). Néanmoins Rousseau lui rappela ses engagements pour le *Contrat social* et lui proposa de lui envoyer le manuscrit pour la somme convenue, qui était de mille livres (2). Rey ayant accepté, il le lui fit parvenir par les soins de M. du Voisin, ministre du pays de Vaud et chapelain de l'hôtel de Hollande, qui venait souvent le voir à Montmorency (3).

Rey imprima l'ouvrage et, outre les mille livres qu'il paya comptant par l'intermédiaire de M. du Voisin, il constitua alors à Thérèse Levasseur une rente viagère de trois cents francs, voulant témoigner ainsi sa gratitude à Rousseau, qui en fut très touché (4).

que fit Duchesne en 1764 dans la collection des *OEuvres complètes* publiées par l'abbé de La Porte sans le concours de Rousseau. C'est sans doute à cette édition que fait allusion un mémoire non daté de Grangé contre Duchesne, qui se trouve à la Bibliothèque Nationale au 22073, 46, et au Nouv. Acq., 3347, 346. Ces deux textes comportent quelques variantes. Nous donnons celui du Nouv. Acq., 3347 : « Duchesne vient d'obtenir, le 18 juin dernier, la permission de réimprimer la *Nouvelle Héloïse*. Il n'ignore pas que Grangé n'a pas encore vendu l'édition de Hollande, il lui en reste mille exemplaires... Duchesne est de ceux qui ont nui au débit de cette édition en faisant des échanges de ses figures avec ceux qui ont contrefait l'*Héloïse*... Grangé aura l'honneur d'observer au magistrat qu'il n'a acquis cette édition que du consentement de M. Rousseau, qu'il a même donné à cet auteur une somme de mille livres par forme de gratification. Aussi Grangé, en faisant cette acquisition du sieur Rey, cessionnaire de M. Rousseau, a toujours espéré qu'il ne serait pas troublé dans son débit et que d'autres libraires ne pourraient obtenir de faire une nouvelle édition qu'auparavant l'édition de Hollande n'ait été consommée... Grangé est persuadé que toute la manœuvre de Duchesne est faite à l'insu de M. Rousseau, qui est trop juste pour se prêter à de si indignes procédés et à la ruine d'un libraire. »

(1) *OEuvres diverses de M. J.-J. Rousseau*, 2 vol. grand in-12.
(2) Rousseau à Rey, 9 août 1761, Bosscha, p. 115. Cf. *Confessions*, l. XI. Il ne l'avait vendu que mille livres, quoiqu'il l'estimât deux mille, pour indemniser Rey de l'édition parisienne de l'*Héloïse*.
(3) Bosscha, p. 121.
(4) *Confessions*, l. XI. Cf. Bosscha, p. 153 et 157. Rey proposa d'abord de constituer à Thérèse Levasseur une pension à dater de la mort de Rousseau, mais celui-ci demanda qu'elle fût moindre et qu'elle partît d'une date fixe.

Rousseau désirait vivement que le *Contrat social* pût paraître avant l'*Émile*, qu'on imprimait alors à Paris, estimant, à juste titre, que la publication simultanée de ses deux ouvrages nuirait à leur succès. Néanmoins le *Contrat social* fut prêt au moment même où était enfin achevée l'impression du *Traité de l'éducation*, au printemps de 1762.

Suivant les conseils de Rousseau (1), Rey en envoya un exemplaire à Malesherbes en mai, en même temps qu'à Mme de Luxembourg et à Rousseau lui-même, et celui-ci demanda, en invoquant surtout l'intérêt de son libraire (2), qu'on en permît l'introduction en France. Il trouvait, d'ailleurs, que « comme il n'était pas sorti dans cet ouvrage des considérations générales, il n'y avait rien de plus fort que dans ses autres écrits, ni qui dût le faire voir en France de plus mauvais œil (3) ». Pourtant il ne voulait pas trop insister auprès de Malesherbes au moment où la publication de l'*Émile* allait le mettre dans une situation assez délicate envers le gouvernement. Mais il « ne présumait pas que, si Rey s'adressait à lui par une lettre respectueuse, il le trouvât mal disposé ». Car il estimait M. de Malesherbes bon et bienfaisant et regrettait seulement qu'il ne pût pas « toujours écouter son bon cœur et ses lumières ni faire toujours ce qu'il voudrait bien (4) ».

C'est précisément ce qui arriva pour la permission du *Contrat social* : Malesherbes ne put écouter son bon cœur ni ses lumières. L'ouvrage était vraiment trop hardi pour être autorisé dans une monarchie absolue, et « les ordres les plus sévères furent donnés pour en empêcher l'entrée (5) ». Rousseau se soumit à cette décision, pensant que l'Etat français avait parfaitement le droit de faire respecter les maximes du gouvernement royal, de même que lui, républicain, avait le droit de publier dans une république ses idées politiques.

Mais Rey n'était pas très satisfait d'avoir imprimé un livre français qu'il ne pouvait pas vendre en France ; il s'était adressé directement à Malesherbes pour lui demander la permission de l'envoyer par mer et par Rouen, ce qu'il avait fait d'ailleurs sans

---

(1) Rousseau à Malesherbes, 8 avril 1762, 21196.
(2) 9 mai 1762. Bosscha, p. 158.
(3) *Ibid.*, p. 144.
(4) *Ibid.*, p. 158.
(5) *Ibid.*, p. 159. 29 mai.

attendre la réponse. Cette réponse ne vint pas ; les ballots restèrent à Rouen plusieurs mois. On tenta même de les confisquer ; mais Rey fit tant de bruit, qu'on se décida à les lui renvoyer (1). Il n'en pénétra en France que quelques exemplaires que des curieux tirèrent de Hollande (2). En mai, au moment de la publication en Hollande, on savait bien en France que le livre avait paru et qu'il était fort singulier, mais on n'en avait aucun exemplaire (3). Au milieu de juin, Rey n'avait pu en envoyer que les trois exemplaires de Rousseau, de Mme de Luxembourg et de Malesherbes.

Pourtant on en parlait beaucoup; d'autant plus que l'attention publique était fort attirée à ce moment sur le pauvre auteur de l'*Émile* qui venait d'être forcé de s'exiler après la retentissante condamnation du Parlement. Pendant tout l'été, le *Contrat social* se répandit insensiblement, mais très difficilement (4). On faisait venir des exemplaires par la poste de Hollande. Encore « en était-on souvent pour ses frais et ses peines. A moins d'aller le chercher en Hollande et de le faire entrer dans sa poche, il n'était pas trop possible de l'avoir en France (5). » Aucun libraire, aucun colporteur ne pouvait se le procurer. Aussi ne le connaissait-on que par des commérages; les uns disaient que c'était le cinquième volume du *Traité de l'Education*, d'autres le déclaraient « extrêmement abstrait », et trouvaient même qu' « il disait des choses ordinaires si abstraites qu'on les croyait merveilleuses (6) ».

En septembre, un libraire de Lyon, de Ville, fut arrêté et conduit à Pierre-Encise pour en avoir fait lui-même une édition (7). Un autre libraire de Lyon, Reguillat, en avait quelques exemplaires chez lui ; il fut très menacé de se voir privé de son état par un arrêt du Conseil et poursuivi par le Parlement (8). Une autre édition, venant de Versailles, fut « capturée » le 20 sep-

---

(1) Bosscha, p. 163, 23 août. Un document des Nouv. Acq., 3344, du 7 juin, dit que l'envoi fut fait à Desaint et Saillant par Dunkerque, et que, comme on répondit que le livre ne pouvait pas être distribué en France, il demanda à deux reprises qu'on renvoyât les balles par Rouen, ce que Malesherbes ordonna à la Chambre syndicale le 1er juillet.
(2) *Confessions*, l. XI.
(3) *Journal de la librairie*, 22038, 33, v°.
(4) *Mém. secr.*, 12 juillet 1762, I, 115, et 3 septembre, I, 133.
(5) Grimm, juillet 1762, V, 116.
(6) *Mém. secr.*, 25 juin, I, 104, et 3 septembre, I, 133.
(7) *Ibid.*, 141, 23 septembre.
(8) Nouv. Acq., 3344, septembre 1762, lettre de Bourgelat à Malesherbes.

tembre (1). C'est probablement cette édition qui avait été imprimée par Machuel, à Rouen, avec d'autres livres prohibés, comme le *Colporteur* et la *Vie du Père Norbert* (2), et que Personne distribuait à Paris à ses risques et périls à des colporteurs, des libraires clandestins ou des marchands d'estampes (3). Il était du reste aussitôt arrêté et embastillé, ainsi que la femme Bacot, à qui il en avait donné quelques exemplaires, pour qu'elle les portât à domicile à des particuliers (4). En avril 1763, Joly de Fleury, qui n'avait pas encore pu s'en procurer, était obligé de faire écrire par l'abbé Quesnel à Moultou, l'ami de Rousseau, pour qu'il lui en envoyât un exemplaire de Suisse (5).

Même en Suisse, le *Contrat social* ne se vendait pas trop facilement. A Genève, il était également prohibé. Pas un libraire ne voulait s'en charger tant on craignait une condamnation. Pourtant on l'y reçut au début de juin et on le lut avec avidité; mais quelques jours plus tard, le 19, sur la réquisition du procureur général Tronchin, il était lacéré et brûlé devant la Maison de Ville; quelque temps après, le Conseil de Berne imitait cet exemple (6).

On voit que le *Contrat social*, qui nous semble, à juste titre, aujourd'hui un des livres capitaux du dix-huitième siècle, un de ceux dont l'influence fut le plus considérable sur la Révolution (7), se vendit, en somme, très peu au moment de son apparition. C'est aussi la conclusion qu'on retire de l'étude des catalogues des bibliothèques privées : le *Contrat social* s'y trouve très rarement (8).

---

(1) *Mém. secr.*, I, 140.
(2) Deux livres licencieux de Chevrier.
(3) Nouv. Acq., 1214, 389.
(4) *Lettres de cachet*, nos 4564 et 4565.
(5) Moultou à Rousseau, 26 avril 1763 (Streck., I, p. 84).
(6) Moultou à Rousseau, 18 juin (Streck., p. 40). Voir Maugras, *Voltaire et Rousseau*, p. 204, sqq.
(7) Voir un article de M. Cahen dans la *Revue de Paris*, 1er juillet 1912.
(8) Mornet, *Les enseignements des bibliothèques privées*, 1750-1780 (*Revue d'hist. litt.*, 1910, p. 467) : « Le *Contrat social* ne se rencontre que dans un seul catalogue (Remond, 1778 — sur cinq cents consultés) avec son seul sous-titre, *Principes de droit politique*. Tous les souvenirs de nos lecteurs sur Rousseau dénoncent la place minime que le *Contrat social* a tenue au moins jusqu'aux environs de 1785 dans l'opinion publique. Ceux qui jugent l'œuvre d'ensemble de Rousseau tiennent le *Contrat* pour ce que Jean-Jacques le donnait lui-même, un chapitre d'un ouvrage inachevé, fantaisie spéculative, où des Genevois seuls pouvaient trouver quelque intérêt de critique et de danger. On pourrait démontrer, croyons-nous, que le *Contrat social* a été découvert par les Conventionnels, qui rencontrèrent chez lui l'évangile théorique dont ils avaient besoin. »

Sans doute, plus tard, la sévérité de la police se relâcha beaucoup. Dès 1767, Diderot disait dans sa *Lettre sur le commerce de la librairie :* « Le *Contrat social* imprimé et réimprimé s'est distribué pour un petit écu sous le vestibule du palais même du souverain (1). » Mais, en 1762, on peut presque dire que le public l'ignora. « Quoiqu'il ne soit pas de nature à se répandre aussi promptement qu'un roman, en disait Jean-Jacques lui-même (2), j'espère qu'il ne s'usera pas de même et que ce sera un livre pour tous les temps, s'il n'est pas rebuté par le public. » On ne pouvait mieux dire.

Le *Contrat social*, écrit sans doute pour quelques lecteurs seulement, ne dépassa pas le cercle étroit des admirateurs de Rousseau. Quelques fanatiques de Jean-Jacques, qui purent se le procurer, furent enthousiasmés et trouvèrent que c'était « de tous ses livres celui où son génie s'était déployé avec le plus de vigueur. Quelle force, quelle profondeur ! » s'écriait Moultou (3); « que vous êtes supérieur à Montesquieu même ! » Condillac en était infiniment content et « ne se faisait pas scandale de l'expliquer à son petit prince (4) ».

Mais tout le monde n'avait pas l'esprit aussi abstrait et logique que l'auteur du *Traité des sensations*, et, aux lecteurs ordinaires, le *Contrat* parut un peu obscur. Les doctrines en étaient d'ailleurs si radicales, si chimériques même et étaient si directement opposées, non seulement aux institutions établies, mais encore aux idées de réforme qu'on envisageait alors, qu'elles n'eurent à ce moment que peu d'influence : « Je ne vous réponds pas du succès, disait Mme de Créqui à Jean-Jacques; car vous demandez des réformes auxquelles nous n'avons garde de souscrire. Quoi ! des personnes aussi savantes que nous, théologiennes, politiques, bel esprit, seront obligées de s'occuper de leurs droits respectifs (5) ? » De même Mme de Chenonceaux écrivait à Rousseau en janvier 1763 : « J'ai lu votre *Contrat social;* si vous aviez été ici, lorsqu'il a paru, vous auriez été lapidé (6). »

(1) P. 62.
(2) Bosscha, p. 123.
(3) 18 juin 1762 (Streck., I, p. 40).
(4) L'infant de Parme. — Lettre de Mme de Chenonceaux à Rousseau (Streck., II, 237).
(5) Streck., II, 301. Les correspondants de Rousseau, dans les lettres publiées par Streckeisen-Moultou, admirent beaucoup la *Nouvelle Héloïse* et l'*Emile*, mais très peu parlent du *Contrat social*.
(6) Streck., II, p. 237.

Il faut attendre l'époque révolutionnaire pour trouver des gens qui, après avoir tout détruit, en quête d'un maitre pour reconstruire, firent de son œuvre un usage auquel il n'avait sans doute jamais songé et qu'il eût même vivement réprouvé. C'est alors seulement qu'ils eurent recours aux principes théoriques absolus de celui qu'ils connaissaient jusque-là surtout comme l'auteur de l'*Emile*.

IV

Le *Traité de l'Education* fut, en effet, après l'*Héloïse*, l'ouvrage de Rousseau qu'on lut le plus au dix-huitième siècle, et dont l'influence fut la plus grande. Il parut en même temps que le *Contrat social*. Sa publication fut longue et difficile. Cette histoire est très curieuse, bien instructive pour qui veut suivre l'évolution psychologique de Rousseau (1). Nous en rapporterons les principaux faits, moins pour rechercher les traces de la folie qui se manifeste déjà dans le cerveau troublé du pauvre Jean-Jacques, que pour remarquer avec quelle tendre sollicitude un magistrat et une grande dame s'entremettaient pour faire imprimer et faire vendre l'ouvrage qui devait soulever le plus de scandale dans le parti de la cour.

Rousseau était à Montmorency, quand en janvier 1761 se présentèrent les premières occasions pour l'impression de l'*Emile*. Son libraire Rey vint à Paris lui faire des propositions. Il consulta sa protectrice, à qui il avait confié son manuscrit, et lui demanda de ratifier le traité qu'il chargea Rey d'aller lui porter. Mme de Luxembourg ne trouva sans doute pas les conditions assez avantageuses, ou peut-être n'aimait-elle pas beaucoup Rey; toujours est-il que rien ne fut alors signé (2). C'est elle qui prit l'affaire en mains et qui se mit à la recherche d'un éditeur à Paris.

Elle sollicita et obtint facilement l'aide de Malesherbes luimême, et s'adressa au libraire Guérin qui habitait à la campagne, au village de Saint-Brice, près de Montmorency (3). Guérin, qui

---

(1) M. G. Maugras l'a déjà racontée dans son livre sur *Voltaire et Rousseau*. M. P.-P. Plan a publié la majeure partie des documents de la Bibliothèque Nationale (Nouv. Acq., 1183) dans *le Mercure de France* du 1er mai 1912.

(2) *Confessions*, livre XI.

(3) « Ce vraiment célèbre libraire-imprimeur », comme dit Lottin (p. 75), mourut en 1765 à 67 ans, rue Saint-Jacques. Il avait déjà débité à Paris le second *Discours*

ne s'occupait sans doute plus beaucoup d'affaires, présenta son confrère Duchesne (1) à Mme de Luxembourg et leur servit d'intermédiaire. A la fin d'août 1761, un contrat était établi entre Rousseau et Duchesne : Rousseau cédait son manuscrit pour six mille livres, dont trois mille payables comptant (2), et Duchesne, selon la formule classique, s'engageait à faire l'impression sur beau papier et en beaux caractères et à donner cent exemplaires de l'ouvrage à Rousseau. Ces propositions furent transmises à Malesherbes, qui y fit quelques modifications sur la demande de Jean-Jacques, et à son avantage, modifications auxquelles Duchesne consentit (3). Puis Guérin porta à Rousseau, le 29 août 1761, la rédaction définitive, dont deux exemplaires furent signés ; l'un fut remis à Duchesne, l'autre, pour Rousseau, à Mme de Luxembourg, qui le garda (4).

Mais, comme il était impossible d'imprimer un tel ouvrage en France, Duchesne devait le faire imprimer en Hollande ; il s'entendit avec Jean Néaulme pour la somme de seize cents livres. Rey, qui traitait dans le même temps avec Rousseau pour le *Contrat social*, mais qui voyait avec regret l'affaire de l'*Emile* lui échapper, essaya de racheter le marché à Néaulme qui refusa, puis s'adressa directement à Duchesne ; mais il ne put rien obtenir ; Duchesne lui répondit simplement : « Des considérations m'ont obligé de voir ailleurs ; c'est encore un mystère que le temps éclaircira (5). » Ce mystère était bien simple. C'était Guérin qui avait fait pour Duchesne le traité avec Néaulme, lequel était son correspondant et son ami ; d'ailleurs Guérin détestait Rey (6).

Quand il s'entremettait ainsi avec tant d'obligeance pour faire imprimer l'*Emile* à Paris, Malesherbes ne connaissait pas encore le manuscrit de Jean-Jacques. Son affection pour le philosophe lui

---

de Rousseau et lui avait fait faire la connaissance du libraire hollandais Néaulme à l'Hermitage. (Bosscha, p. 113.)

(1) Nicolas-Bonaventure Duchesne mourut en 1765 ; sa veuve lui succéda. (Lottin, p. 56.)

(2) L'affaire était évidemment meilleure pour Rousseau que celle de l'*Héloïse* (1800 fr.) et du *Contrat social* (1 000 fr.).

(3) Malesherbes ajouta que Rousseau se réservait le droit de comprendre cet ouvrage dans une édition générale de ses œuvres, pour laquelle, d'ailleurs, il s'engageait à donner la préférence à Duchesne ; et il refusait à Duchesne l'autorisation de reproduire le portrait de Rousseau en frontispice.

(4) Lettres de Malesherbes à Guérin et de Guérin à Malesherbes. Nouv. Acq., 1183, 52, 54.

(5) Lettres de Rey à Rousseau, du 8 décembre 1761. Nouv. Acq., 1183, 67.

(6) Malesherbes à Rousseau, décembre (Streck., XVI).

faisait un peu oublier les devoirs de sa charge. D'ailleurs, quand Mme de Luxembourg lui eut communiqué le manuscrit en octobre, il le lut attentivement à sa campagne, où il était alors, et, après un long examen, il écrivit à Rousseau que, quoique « la théorie fût par mille raisons au-dessus de sa portée, son ouvrage entier lui avait fait le même plaisir que tout ce qui sortait de sa plume (1) ».

Cependant Duchesne, devenu possesseur du manuscrit, trouva plus avantageux de le faire imprimer en France et en « demanda la permission, sans en avertir l'auteur. On lui nomma un censeur. Le censeur ayant examiné les premiers cahiers donna une liste de quelques changements qu'il croyait nécessaires (2) ». Il fallut bien alors prévenir Rousseau, qui déclara à Malesherbes qu'il était inutile de faire ces changements, que la suite contenait beaucoup de passages qui ne pourraient être imprimés en France et qu' « il n'avait fait son livre que pour paraître en Hollande, où il croyait qu'il pouvait paraître sans contrevenir aux lois de son pays ». Le censeur reçut l'ordre de ne pas continuer l'examen, et on ne poursuivit l'impression, à Paris, qu'à l'insu et malgré la volonté de Rousseau (3). Malesherbes savait que l'édition se préparait en France et non en Hollande, mais il ne dit rien par amitié pour Jean-Jacques et se contenta d'envelopper l'affaire de « quelques ténèbres (4) ».

L'impression n'avançait pas très vite. Duchesne, qui faisait toujours croire à Rousseau que son ouvrage n'allait s'imprimer qu'en Hollande, lui proposa à choisir le format, le papier, les caractères; puis commença à imprimer lui-même. Rousseau ne tarda naturellement pas à découvrir la vérité; mais il n'était plus le maître de son manuscrit; il ne pouvait plus s'opposer à rien; enfin, Malesherbes protégeant manifestement cette édition française, il n'eut aucun scrupule à en revoir les épreuves.

Il recevait ces épreuves assez rarement. Le travail ne se faisait que très lentement; et justement, en cet automne de 1761, sa santé empirait, et il tomba tout à fait malade. Malesherbes était encore à la campagne. Alors, dans sa solitude de Montmorency, des idées noires vinrent assaillir le pauvre Jean-Jacques.

---

(1) Malesherbes à Rousseau, 25 octobre et 18 novembre 1761. (Streck., p. 415-416.)
(2) Déclaration de Malesherbes du 31 janvier 1765. Nouv. Acq., 1183.
(3) Malesherbes le certifia plus tard dans cette déclaration.
(4) Malesherbes à Rousseau, décembre. (Streck., XVI.)

Il cherchait enfin à s'expliquer ces retards et se torturait l'esprit de mille conjectures. Il venait d'apprendre que le P. Griffet, un Jésuite, avait parlé de l'*Emile*; il sut que Guérin, qu'il voyait alors souvent, était de leurs amis, qu'il était imprimeur de la police et inspecteur de la bibliothèque de la Bastille, qu'il avait la confiance des ministres; et il imagina toute une intrigue par laquelle il se persuadait qu'on voulait le perdre. Il fut vite convaincu jusqu'à l'évidence que les Jésuites poussaient Guérin, qu'ils s'étaient emparés de son manuscrit et qu'escomptant sa mort prochaine, ils avaient arrêté complètement l'impression, pour se préparer à en donner une édition de leur façon (1).

Il écrit alors à Duchesne, et il s'étonne de n'en pas recevoir de réponse immédiate (2). Il lui dit : « Rien ne presse, Monsieur, pour l'impression de mon livre; depuis que je sais les raisons de votre retard, je vous excuse, même je vous plains. Quand Leurs Révérences en auront fait l'usage qu'elles souhaitent, vous pourrez procéder à l'impression, si elles y consentent; en attendant, restez tranquille, aussi bien que moi (3). » À Malesherbes, il fait part de son abattement, de l'incertitude où il est sur la conduite à tenir, se demandant « s'il n'y a aucun moyen de ravoir son manuscrit, en rendant tout et en rompant le marché (4) ».

Duchesne, au reçu de la lettre de Rousseau, lui envoya trois nouvelles épreuves (5). Aussitôt toutes les suppositions de Rousseau s'écroulent, toutes ses craintes sont dissipées; et le voilà de nouveau qui écrit à Duchesne (6), qui écrit à Malesherbes (7), pour s'excuser auprès du premier de son étourderie et lui proposer cent écus d'indemnité, pour demander pardon au second de l'abomination qu'il a faite et le prier de « garder le secret sur sa précédente lettre ». Malesherbes, qui avait été très étonné des accusations de Rousseau et qui avait aussitôt essayé de le rassurer (8), lui promet de s'occuper de l'affaire dès qu'il sera de retour à Paris (9).

(1) Lettre de Rousseau à Moultou, du 12 décembre.
(2) *Confessions*, livre XI.
(3) 16 novembre.
(4) 18 novembre.
(5) Rousseau à Malesherbes. (Nouv. Acq., 1183, 62.)
(6) 20 novembre. *Ibid.*, 59.
(7) *Ibid.*, 60.
(8) 22 novembre (Streck., 417).
(9) 24 novembre. (*Ibid.*)

Mais il était encore à la campagne, quand, huit jours après, il reçoit coup sur coup deux nouvelles lettres de Rousseau, plus effrayé que jamais : en somme, depuis plus de deux mois, ce sont les cinq ou six mêmes épreuves qui « font la navette; il est occupé à corriger et à recorriger de nouveau les mêmes fautes d'impression »; et il n'a pas encore pu voir une seule bonne feuille. Duchesne avait d'abord promis la fin de l'impression pour la mi-janvier, puis pour février; nul doute qu'on ne le recule ainsi de mois en mois. « Son ouvrage est perdu... *Nescit Orcus reddere prædam.* » Aussi, il « travaille à tout événement à mettre en état son brouillon », pensant bien ne plus jamais revoir son manuscrit (1).

Il rédige même des propositions qu'il veut soumettre à Duchesne. Puisque le libraire ne veut pas procéder de bonne foi à l'impression, qu'il rende à Rousseau son manuscrit contre son argent et ses billets. Rousseau ne demande aucune indemnité et même il lui offre en échange son *Dictionnaire de musique*. Si Duchesne veut garder le *Traité de l'éducation*, qu'il accepte l'une des deux conditions suivantes : ou « qu'il prenne un terme préfix pour l'impression et la publication du livre, faute de quoi, passé ledit terme, Rousseau sera en droit, de son côté, de le faire imprimer et publier où il lui plaira », ou que le traité avec Néaulme soit révoqué et que Rousseau reprenne toute sa liberté de faire faire à son gré l'édition étrangère. Si Duchesne refuse, Rousseau déclare « qu'il prendra de son côté les mesures qui lui paraîtront convenables pour que son ouvrage ne soit pas perdu; sauf à lui faire, en temps et lieu, si le cas y échoit, les restitutions qui seront ordonnées par le magistrat compétent (2) ». En même temps, il laisse entendre à Rey, qu'il pourrait le charger de l'impression de l'*Emile* (3).

Malesherbes revient à Paris au début de décembre et voit aussitôt Duchesne. Les explications que lui donne le libraire avec beaucoup d'ingénuité et de candeur, lui paraissent très acceptables. Duchesne n'est coupable que de quelque retard, et il promet d'avoir tout fini en février ou sûrement en mars. Malesherbes propose donc de diviser le nombre de feuilles qui restent à tirer,

---

(1) Rousseau à Malesherbes, 29 et 30 novembre 1761. *Ibid.*, 62, 64.
(2) Nouv. Acq., 1183, 66.
(3) 29 novembre. (Bosscha, p. 123.)

par le nombre de semaines jusqu'à la fin de février et d'exiger plus de régularité (1).

Rousseau, tout en remerciant beaucoup Malesherbes, n'était pas complètement rassuré ; il ne comprenait toujours pas pourquoi Duchesne ne lui envoyait jamais les bonnes feuilles des cinq ou six épreuves qu'il corrigeait depuis un mois, et, comme il ne trouvait pas quel avantage le libraire pouvait avoir à ces retards, il supposait toujours quelque intrigue des Jésuites ; il demandait au moins que, si l'on voulait finir en mars, on lui donnât dans l'intervalle les bonnes feuilles à mesure qu'on les tirerait (2). Mais il restait bien convaincu qu'on ne voudrait pas, que son livre était irrémédiablement perdu, le manuscrit détruit par Guérin et les jésuites, les formes défaites, dès qu'on lui avait envoyé les épreuves, et qu'on allait différer l'impression jusqu'à sa mort, pour donner alors une doctrine jésuitique sur le nom de J.-J. Rousseau. Aussi ne songeait-il qu'à rendre les mille écus, à travailler sur son brouillon « pour refaire son livre une seconde fois » et à le faire paraître rapidement et secrètement en Hollande (3). Enfin il prévenait Mme de Luxembourg et Malesherbes (4) de son malheur, afin que la Maréchale, qui venait à Paris, pût s'entendre avec le Directeur de la librairie sur ce qu'il y avait à faire.

Mme de Luxembourg, aussitôt arrivée de Versailles, où elle était à la cour, alla elle-même rue Saint-Jacques, chez Duchesne. Elle eut la même impression qu'avait déjà eue Malesherbes, et toutes les excuses du libraire lui parurent parfaitement suffisantes. Rousseau ne pouvait pas recevoir plus d'épreuves, car il faisait de nombreuses et importantes corrections. Elle insista, elle fit venir chez elle Guy, l'employé de Duchesne, qui avait été le plus en relations avec Rousseau, et elle lui fit signer un engagement de lui rendre le manuscrit, s'il le désirait (5).

Quant à Malesherbes, il poussa la sollicitude pour son protégé jusqu'à un point extrême. Il lui écrivit une longue lettre, où il lui expliquait en détail toute l'affaire (6) : comment l'édition de Paris n'avait été entreprise que dans son intérêt, que ses supposi-

---

(1) Malesherbes à Rousseau, 7 décembre. (Streck., XII.)
(2) Rousseau à Malesherbes, 8 décembre. Nouv. Acq., 1183, 69.
(3) Rousseau à Moultou, 12 décembre.
(4) 13 décembre. Nouv. Acq., 1183, 71.
(5) Mme de Luxembourg à Rousseau, décembre. (Streck., XXVII.)
(6) Cette lettre, que Streckeisen-Moultou date de février (XVI), a été reportée à juste titre par M. Maugras en décembre.

tions sur les Jésuites étaient purement imaginaires ; les Jésuites, en 1761, avaient bien d'autres ennemis et bien plus dangereux qu'un pauvre philosophe. Il n'était pas niable, d'ailleurs, que Guérin fût en rapports constants avec eux, et surtout avec l'abbé de Graves, qui faisait preuve, pour les affaires de Jean-Jacques, d'un intérêt tout jésuitique, mais qui n'avait jamais fait plus que de demander à voir le manuscrit, sans pouvoir obtenir du reste qu'on le lui montrât (1). Enfin, la conduite de Guérin n'avait rien d'extraordinaire : les corrections de Jean-Jacques causaient des retards inévitables et, d'autre part, s'il ne recevait pas de bonnes feuilles, c'est que Duchesne lui avait proposé de ne les lui envoyer que pour tout le volume, quand il serait fini, et que, Rousseau n'ayant rien répondu, Duchesne croyait la proposition acceptée (2). Cependant, pour l'avenir, on les lui enverrait au fur et à mesure. Malesherbes cherchait, par tous les moyens, à tranquilliser son pauvre ami. Il mettait à sa disposition l'inspecteur de la librairie, d'Hémery, qui veillerait à ses intérêts aussi bien que lui-même. Mais comme il prévoyait que Rousseau n'aurait pas confiance en son homme, et que les corrections qu'il ne manquerait pas de faire encore amèneraient toujours des difficultés, il l'invitait à venir s'installer à Paris, jusqu'à la fin de l'impression, « seul remède à l'état violent où il se trouvait (3) ».

Cette fois-ci, Jean-Jacques est enfin tout à fait rassuré, et il passe aussitôt d'un extrême à l'autre : « Il y a six semaines que je ne fais que des iniquités, et n'imagine que des calomnies contre deux honnêtes libraires, dont l'un n'a de torts que quelques retards involontaires, et l'autre un zèle plein de générosité et de désintéressement, que j'ai payé, pour toute reconnaissance, d'une accusation de fourberie. Je ne sais quel aveuglement, quelle sombre humeur, inspirée dans la solitude par un mal affreux, m'a fait inventer, pour en noircir ma vie et l'honneur d'autrui, ce tissu d'horreurs..... Je sens pourtant que la source de cette folie ne fut jamais dans mon cœur. Le délire de la douleur m'a fait perdre la raison avant la vie ; en faisant des actions de méchant, je n'étais qu'un insensé (4). » Il reconnaît maintenant que

(1) Mme de Luxembourg à Rousseau, décembre. (Streck., XXVII.)
(2) Malesherbes à Rousseau, décembre. (Streck., XIII.) Rousseau avait d'ailleurs complètement oublié cette lettre de Duchesne, ou peut-être ne l'avait-il pas reçue. Car il dit, le 23 décembre, qu'il n'a pas eu connaissance de cette proposition.
(3) Streck., XVI.
(4) Rousseau à Moultou, 23 décembre 1761.

« M. Guérin est un homme irréprochable, qui jouit de l'estime universelle et qui la mérite (1) ». Il prie Mme de Luxembourg d'oublier ses torts (2) ; il écrit à Malesherbes : « Il fut un temps, Monsieur, où vous m'honorâtes de votre estime, et je ne m'en sentais pas indigne. Ce temps est passé, je le reconnais enfin... Je vous ai compromis, Monsieur ; j'ai compromis Mme la Maréchale de la manière la plus punissable (3). » Mais Mme de Luxembourg et M. de Malesherbes connaissaient leur ami et l'aimaient malgré la bizarrerie de son caractère, sans doute même à cause de ce caractère.

Ils voient seulement dans « toute cette affaire le fond de son âme et ce mélange d'honnêteté, d'élévation et en même temps de mélancolie, et quelquefois de désespoir, qui fut le tourment de sa vie, mais qui a produit ses ouvrages (4) » ; ils continuent à le trouver « bien intéressant (5) », et Malesherbes enfin lui écrit cette lettre du 25 décembre (6), où, avec autant de tact et de bonne grâce que de bienveillance, il cherche à excuser son malheureux ami, en le plaignant, sans le juger : « Pour moi, Monsieur, je vous dirai avec la franchise qui vous est due que j'ai vu dans tous vos procédés une extrême sensibilité, un grand fond de mélancolie et beaucoup de disposition à voir les objets du côté le plus noir, mais une disposition au moins égale à vous rendre à la justice et à la vérité quand elle vous est présentée..... Cette mélancolie sombre, qui fait le malheur de votre vie, est prodigieusement augmentée par la maladie et par la solitude, mais je crois qu'elle vous est naturelle et que la cause en est physique... J'aime la vérité, je compatis à toutes les passions vraies et je crois même que je m'y intéresse à proportion de ce qu'elles sont plus vives ; je n'ai d'aversion que pour l'injustice et pour la fausseté, et encore ne sais-je pas si cette aversion n'a pas cédé quelquefois au sentiment qui me ramène toujours vers les gens de lettres. Je ne fais cette déclaration de mes sentiments, qui d'ailleurs vous serait assez inutile, que pour que vous n'ayez aucun regret de m'avoir laissé voir, depuis deux mois, les différents mouvements dont vous êtes agité. Si cependant vous désiriez d'en

---

(1) *Ibid.*, 18 janvier 1762.
(2) 24 décembre.
(3) 23 décembre.
(4) Malesherbes à Mme de Luxembourg, décembre. Nouv. Acq., 1183, 73.
(5) Mme de Luxembourg à Malesherbes. *Ibid.*, 73, 76.
(6) *Ibid.*, 74.

éteindre le souvenir, je garde toutes vos lettres dans une liasse (1) que je vous rendrai quand vous voudrez, et je tâcherai aussi de retirer celles que vous avez écrites à Duchesne, quand l'édition sera finie. » A quoi Rousseau répond à Malesherbes de ne point lui renvoyer ses lettres, mais de les brûler : « S'il fallait effacer dans le monde les traces de toutes mes folies, il y aurait trop de lettres à retirer (2). »

L'impression continua alors assez tranquillement, et, au début de février 1762, la moitié de l'*Emile* était prête. Mais alors de nouvelles difficultés surgirent, non plus de la part de Rousseau, mais de la part de Malesherbes, qui était pris de scrupules un peu bien tardifs et qui, maintenant que les deux premiers livres étaient imprimés, voulait qu'on y mît quelques cartons. Il fut, d'ailleurs, plein de condescendance pour Rousseau et alla lui-même à Montmorency pour lui en parler (3). Rousseau avait prévu ces difficultés et n'en fut pas autrement étonné. Il savait tout ce qu'il devait à Malesherbes : il ne « voulut disputer sur rien », promit de supprimer tout ce qu'on lui indiquerait, et demanda seulement qu'on lui donnât en une seule fois toutes les corrections qu'il y aurait à faire (4). Seulement, comme il ne voulait pour rien au monde changer quoi que ce fût à la *Profession de foi du Vicaire savoyard* (5), il proposa de résilier le contrat avec Duchesne, ce qui était d'autant plus facile que la première partie, qui était déjà payée, était aussi imprimée, et de faire imprimer lui-même la fin en Hollande (6). Il fit même à Rey des propositions dans ce sens (7).

Mais Duchesne avait déjà mis sous presse les deux dernières parties; elles furent imprimées sans autres difficultés. Malesherbes lui demanda bien encore quelques cartons, que Rousseau accordait dans la limite de ce que l'harmonie de sa phrase lui permettait (8). Mais on ne toucha à aucun passage essentiel.

---

(1) C'est cette liasse qui a passé entre les mains de d'Hémery pour être rachetée par la Bibliothèque Nationale.
(2) Rousseau à Malesherbes, 4 juin 1762. C'est la première des quatre célèbres lettres à Malesherbes, où Rousseau fait comme une ébauche des *Confessions* et lui explique les motifs de sa retraite (4, 12, 26, 28 janvier 1762).
(3) Rousseau à Mme de Luxembourg, 19 février.
(4) Rousseau à Malesherbes, 8 février.
(5) Rousseau à Moultou, 16 février.
(6) Rousseau à Mme de Luxembourg, 18 février.
(7) Bosscha, p. 139.
(8) Malesherbes avait demandé la suppression de la fin de cette phrase : « Ce

Mme de Luxembourg surveillait elle-même à Paris cette impression. A la fin de mars, on n'attendait plus que les estampes (1). L'*Emile* ne parut pourtant pas avant la fin de mai (2).

Le 19 mai, Duchesne annonçait à Rousseau qu'il comptait le mettre en vente la semaine suivante, et Jean-Jacques lui donnait ses ordres pour les cent exemplaires qu'il s'était réservés; il s'entendait avec la maréchale de Luxembourg pour en faire la distribution à ses amis et protecteurs, le prince de Conti, le duc de Villeroy, le marquis d'Armentières, la comtesse de Boufflers, le chevalier de Lorenzy (3). Le 22, Duchesne en apportait à Mme de Luxembourg un exemplaire « relié en maroquin rouge superbe... Enfin, s'écriait-elle (4), le voilà donc ce livre si attendu! » Elle le portait elle-même à Mme de Montmorency, à Mme de Boufflers, à son frère, le duc de Villeroy, au prince de Conti, à Mme du Deffand et à M. de Mirepoix, et, quand il fut en vente, le maréchal de Luxembourg et elle se donnèrent beaucoup de mouvement pour « en procurer un grand débit (5) ».

Ce fut le 27 mai qu'eut lieu cette mise en vente chez Duchesne, avec une permission très tacite. Il en paraissait presque en même temps une autre édition à Lyon, que des colporteurs promettaient même de vendre à Paris. Rousseau s'en plaignit le 27 à M. de Sartine, comme d'une édition contrefaite. Mais Bruyset, qui l'avait imprimée, avait passé un traité en bonne et due forme avec Duchesne, avait obtenu une permission tacite de M. de La Michodière, l'intendant de Lyon, et avait annoncé son édition dans une

---

sont les erreurs de l'imagination qui transforment en vices les passions de tous les êtres bornés, *même des anges, s'il y en a.* » Rousseau répondit le 8 avril : « J'ai suivi fidèlement ce que vous m'avez prescrit, excepté que j'ai laissé les anges, pour ne pas trop étrangler la période; mais j'ai fait tomber sur leurs passions le doute qui tombe sur leur existence, et je crois que c'est toute l'orthodoxie que l'Eglise peut raisonnablement exiger d'un hérétique » (21196). Il mit en effet « les passions de tous les êtres bornés, *même des anges, s'ils en ont* ». (*Emile*, l. IV.)

(1) Mme de Luxembourg à Rousseau, 27 mars. (Streck., XXIX.)
(2) Rousseau dit, dans une lettre à Moultou du 25 avril, qu'il pense que Duchesne a pris le parti de faire imprimer en Hollande, comme il le lui avait toujours conseillé. C'est néanmoins à Paris que Duchesne acheva l'impression, quoiqu'il y ait sur le titre à La Haye chez Néaulme. — Le bon d'Hémery était assez embarrassé pour indiquer dans le *Journal de la librairie* dans quelles conditions paraissait le livre; il met « *Emile ou de l'Education*, par J.-J. Rousseau, citoyen de Genève, 4 vol. in-12, imprimés chez l'étranger, on sollicite la permission tacite de cet ouvrage qui est très intéressant », puis il barre cette phrase qu'il remplace par « et par Duchesne à qui on en a donné très tacitement la permission » (22 038, 39).
(3) Rousseau à Mme de Luxembourg, 19 mai.
(4) Mme de Luxembourg à Rousseau, mai. (Streck., XXXI.)
(5) *Mém. secr.*, 8 juin 1761, I, 99.

lettre-circulaire envoyée dans tout le royaume à plus de trois cents exemplaires (1).

Le succès de l'*Emile* fut tout de suite très grand. On en avait beaucoup parlé, depuis si longtemps qu'on l'attendait (2). On fut charmé autant du style que des idées (3). On goûtait un plaisir subtil et dangereux en lisant ce « roman de l'éducation » qui était tout un manuel de la philosophie nouvelle (4). Car ce n'était plus une simple critique négative des idées reçues, où se jouait le sourire des sceptiques ; c'était une conception nouvelle de la vie qu'ébauchait avec amour le philosophe de Genève et qu'il proposait audacieusement, mais non sans succès, à ces mondains blasés, fatigués de l'ennui de leurs vies factices.

Jean-Jacques était ravi ; il jouissait avec délices dans sa retraite du plaisir que lui causait non pas tant le bruit soulevé par la publication de son livre que le sentiment intime d'un devoir accompli. « En rendant gloire à Dieu et parlant pour le vrai bien des hommes, j'ai fait mon devoir », disait-il (5) ; et encore : « Ou je me trompe fort, ou ceux sur qui mon livre ferait quelque impression parmi le peuple en seraient beaucoup plus gens de bien et n'en seraient guère moins chrétiens, ou plutôt ils le seraient plus essentiellement. (6) »

Sans doute, il n'avait pas tort ; mais tous les esprits n'étaient pas mûrs pour en juger ainsi. Après un premier succès, ce fut un scandale. « Jamais ouvrage n'eut de si grands éloges particuliers ni si peu d'approbation publique », dit Rousseau dans ses *Confessions* (7) ; « ce que m'en dirent, ce que m'en écrivirent les gens les plus capables d'en juger, me confirme que c'était là le meilleur de mes écrits ainsi que le plus important. Mais tout cela fut dit avec des précautions bizarres, comme s'il eût importé de garder le secret du bien que l'on en pensait. » En effet, quatre jours après son apparition, « le glaive et l'encensoir se réunirent contre l'auteur (8) ». L'affaire menaçait d'être sérieuse. Les amis de Rousseau, Mme de Créqui, Mme de Boufflers, M. et Mme de Luxem-

---

(1) Lettre de Bourgelat à Malesherbes, 9 septembre 1762. Nouv. Acq., 3344, 257.
(2) Favart à Durazzo, 13 novembre. *Mém.*, I, 208.
(3) *Mém. secr.*, 22 mai, I, 92, et 26 mai, 95 : « L'*Emile* de Rousseau, lu à présent de beaucoup de monde, fait très grand bruit. »
(4) Marquise de Créqui à Rousseau, 2 juin. (Streck., II, 304.)
(5) A Néaulme, 5 juin.
(6) A Moultou, 25 avril.
(7) Liv. XI.
(8) *Mém. secr.*, 31 mai 1762, I, 95.

bourg, le prévinrent et lui conseillèrent de s'éloigner. Mais « Jean-Jacques n'avait point appris à se cacher (1) ». Il était persuadé que son livre étant soi-disant imprimé en Hollande avec le privilège des Etats-Généraux et lui-même étant Genevois, le Parlement de Paris n'était nullement qualifié pour l'examiner. Il refusait d'accepter les offres qu'on lui faisait pour se mettre en sécurité (2), et il restait très tranquillement à Montmorency, négligeant tous les avertissements qu'on lui donnait, ne voulant pas croire à un danger réel, confiant dans la protection et dans le crédit des Luxembourg et de Malesherbes. Ce dernier, du reste, continuait à veiller sur lui. Le scandale avait été si vif qu'il avait dû donner des ordres presque immédiats pour qu'on suspendît la publication. Mais il se faisait rendre par d'Hémery un compte détaillé de toutes les mesures qui étaient prises et évitait qu'elles ne fussent trop désobligeantes pour Rousseau. Pourtant, dès le 5 juin, on avait absolument cessé de vendre l'*Emile* (3).

Le 8 juin, après une promenade très gaie dans la forêt en compagnie de deux professeurs oratoriens, Jean-Jacques s'était couché le soir et s'était mis, suivant son habitude, à lire la Bible dans son lit. A deux heures du matin, on vint lui apporter de la part de la Maréchale un billet du prince de Conti, où il était dit : « La fermentation est extrême, rien ne peut parer le coup, la Cour l'exige, le Parlement le veut ; à sept heures du matin, il sera décrété de prise de corps et l'on enverra sur-le-champ le saisir ; j'ai obtenu qu'on ne le poursuivra pas, s'il s'éloigne, mais s'il persiste à vouloir se laisser prendre, il sera pris (4). » Mme de Luxembourg l'attendait ; il s'habilla en hâte et courut chez elle. Pour lui éviter tous les embarras dans lesquels il allait la jeter, s'il se laissait arrêter, il prit aussitôt son parti de fuir. Il passa la matinée à ranger ses papiers et à faire ses adieux ; à quatre heures de l'après-midi, il était sur la route d'Yverdun ; il y rencontrait les huissiers qui venaient pour l'arrêter et qui se contentèrent de le saluer en souriant (5).

Ils étaient venus en vertu de l'arrêt du Parlement, rendu le matin même, qui condamnait le *Traité de l'éducation* à être brûlé

---

(1) A Moultou, 7 juin.
(2) A Mme de Créqui, 7 juin.
(3) Nouv. Acq., 1214, 376. D'Hémery à Malesherbes, 5 juin. Cf. *Mém. secr.*, I, 97.
(4) *Confessions*, liv. XI. Cf. le billet de Mme de Luxembourg accompagnant l'envoi de cette lettre. (Streck., XXXII.)
(5) *Conf.*, XI.

et décrétait l'auteur de prise de corps (1). Son cas était fort aggravé par ce fait qu'il avait eu l'audace ou la loyauté de mettre son nom au frontispice du livre. Omer Joly de Fleury avait prononcé un réquisitoire très plat qu'on attribuait communément à Ab. Chaumeix lui-même (2). Un mois après, la Sorbonne examina l'*Emile* et publia le 14 novembre sa censure, par laquelle elle le condamnait après y avoir trouvé dix-neuf hérésies (3). La meilleure de ces condamnations fut le mandement de l'archevêque de Paris, Christophe de Beaumont (28 août) (4).

Mais tout ce bruit fait autour de l'*Emile* lui avait donné une vogue plus grande. Le prix des volumes montait considérablement et passait de dix-huit à quarante et cinquante livres; on ne l'en achetait pas moins (5). D'ailleurs, il y avait moyen de se le procurer à meilleur compte : « Nous aurons l'*Emile* pour peu de chose, disait Diderot à Mlle Volland, le 25 juillet (6). » Déjà à la fin de juin tout Paris l'avait lu, et, quand le mandement de l'Archevêque parut, il était « un peu tard, l'*Emile* étant entre les mains de tout le monde (7) ». Le sentiment fut assez unanime. On trouva le livre peu pratique et on pensa que, si on le réduisait aux maximes utiles, on le réduirait à fort peu de chose; on le jugea contradictoire. « C'était un traité d'éducation, c'est-à-dire des préceptes pour élever un enfant dans l'état social, lui apprendre ses devoirs vis-à-vis de Dieu et de ses semblables; et dans ce traité on anéantissait toute religion, on détruisait toute société (8). » La hardiesse de la pensée les étonna (9), on trouva étrange qu'il déclarât la connaissance de Dieu inutile au salut (10). On doutait que l'humanité pût « sentir le prix des conseils de Jean-Jacques parce qu'elle était trop civilisée ». Mais on « admi-

---

(1) *Mém. secr.* 9 juin, I, 100. Sur cet arrêt, voir collection Joly de Fleury, dossier 4260, vol. 373, et Lanson : *Quelques documents inédits sur la condamnation et la censure de l'Emile*, Ann. J.-J. Rousseau, I. M. Lanson a publié notamment une lettre du premier Président, Molé, du 9 juin, annonçant l'arrêt et qu'il estime avec beaucoup de vraisemblance avoir été adressée à Malesherbes.
(2) *Mém. secr.*, 20 août, I, 128. Cf. Grimm.
(3) Voir également Lanson, *loc. cit.* Procès-verbal de l'Assemblée de la Sorbonne.
(4) Malesherbes était prévenu, dès le 21, que Simon, l'imprimeur du Parlement, l'imprimait. 22 095.
(5) Favart, 14 juillet, II, 10, et Barbier, juin, VIII, 45.
(6) XIX, 81.
(7) *Mém. secr.*, 28 août, I, 131.
(8) *Mém. secr.*, juin, I, 105.
(9) Même Moultou, 18 juin. (Streck., 41.)
(10) Barbier, VIII, 45. Cf. Mandement.

rait la profondeur de ses réflexions (1) » ; et surtout on était bien forcé « d'avouer que l'auteur possédait au suprême degré la partie du sentiment (2) » ; on était invinciblement attiré par le charme indéfinissable de Jean-Jacques.

C'est cette séduction qui explique les étranges complicités qui lui facilitèrent tant l'impression de son ouvrage, comme les enthousiasmes qu'il suscita dès qu'il parut. Ce livre, imprimé par les soins du Directeur de la librairie, puis condamné par le Parlement, l'archevêque, la Sorbonne, et qui n'en était pas moins lu et goûté par tout Paris, est un des exemples les plus typiques des contradictions de l'ancien régime en matière de librairie et du progrès incessant que faisait la philosophie.

V

Rousseau, cependant, commençait sa rude vie d'exil et de véritable persécution en Suisse. D'Yverdun, il fuyait à Môtiers-Travers, et il voyait son livre condamné à Genève, condamné à Berne, condamné à Amsterdam, quoique Néaulme y eût obtenu un privilège des Etats de Hollande et de Westfrise. « Que les fous et les méchants brûlent mes livres tant qu'ils voudront, s'écriait le pauvre Jean-Jacques, ils n'empêcheront pas qu'ils ne vivent et qu'ils ne soient chers à tous les gens de bien. Quand ils ne se réimprimeraient jamais, ils n'en iront pas moins à la postérité et n'y feront pas moins bénir la mémoire du seul auteur qui n'ait jamais écrit que pour le vrai bien de la société et pour le vrai bonheur des hommes (3). »

L'affection que continuaient de lui témoigner ses amis de France ne pouvait le consoler (4). Le malheur allait le rendre plus soupçonneux ; il allait bientôt accuser Mme de Luxembourg et M. de Malesherbes de l'avoir poussé à faire imprimer l'*Emile* pour le perdre plus sûrement !

Rousseau voulut du moins tenter de se défendre et il répondit à toutes ces condamnations, surtout au mandement de l'arche-

---

(1) La Popelinière à Rousseau, 6 janvier. (Streck., I, 320.)
(2) *Mém. secr.*, I, 105.
(3) Rousseau à Rey, 8 octobre 1762; Bosscha, p. 167.
(4) Mme de Luxembourg à Rousseau, 23 juin (Streck., XXXIII), et Malesherbes à Rousseau, 13 novembre (Streck., XVII).

vêque (1) par sa *Lettre à Christophe de Beaumont*. Il l'envoya à Rey en janvier 1763 pour qu'il l'imprimât, puis il le regretta et voulut la lui redemander (2). Mais il était trop tard ; elle parut en mars. Elle se répandit surtout en Suisse, où elle eut assez de succès (3), mais où elle excita l'attention des inspecteurs de la poste. Elle détermina même « une petite inquisition sur les livres » qui déplut fort à Voltaire (4). A Paris, elle ne transpira que fort peu et difficilement (5). Joly de Fleury dut faire écrire à Moultou par un ami commun pour se la procurer. Même l'exemplaire que Rey envoya à Malesherbes sur la demande de Rousseau fut arrêté à la poste (6).

Le pauvre Jean-Jacques n'en avait pas fini avec les persécutions. Nous n'entrerons pas dans le détail de toutes les intrigues, dont la république de Genève fut alors le théâtre (7). On sait, du reste, quels orages y suscita la publication de ses ouvrages et qu'ils ne tardèrent pas à être réfutés par les Genevois. Rousseau fut particulièrement sensible aux *Lettres de la campagne*, que fit le conseiller Tronchin. Il ne put s'empêcher d'y répondre et écrivit pour son apologie les *Lettres de la montagne*.

En juin 1764, il prévenait Rey, qu'il avait un nouveau manuscrit à lui offrir et il le lui vendait mille francs comme le *Contrat social*. Comme il y attaquait surtout la religion et le gouvernement des Genevois, il espérait bien que son ouvrage n'aurait aucune difficulté à entrer à Paris (8). Mais Malesherbes n'était plus à la Direction de la librairie qu'il venait de quitter en octobre 1763, et il fallait maintenant s'adresser au lieutenant général de Sartine, qui était « très partial » contre Rousseau (9). Quand l'ouvrage fut enfin prêt à paraître, en décembre 1764 (10), Sartine, qui en

---

(1) L'archevêque l'attaquait en effet très directement ; il l'accusait d'« allier la simplicité des mœurs avec le faste des pensées..., l'obscurité de la retraite avec le désir d'être connu de tout le monde ; on l'a vu invectiver, ajoutait-il, contre les sciences qu'il cultivait, préconiser l'excellence de l'Evangile dont il détruisait les dogmes, peindre la beauté des vertus qu'il éteignait dans l'âme des lecteurs ». (22095, 15.)
(2) Bosscha, p. 184.
(3) Moultou à Rousseau, 26 avril 1763. (Streck., XLIV.)
(4) Voltaire à La Chalotais, 9 juin.
(5) *Mém. secr.*, 7 mai 1763, I, 237.
(6) Bosscha, p. 194.
(7) Voir Maugras, *Voltaire et Rousseau*.
(8) Bosscha, p. 221 et 226.
(9) *Ibid.*, 239.
(10) On peut suivre dans les lettres publiées par Bosscha l'histoire de cette impression. Rousseau pressait beaucoup Rey, qui n'allait pas très vite ; et comme on

avait déjà reçu un exemplaire en novembre, en refusa l'entrée. Rousseau en fut très dépité; il écrivait à Malesherbes, dont il pouvait évidemment regretter l'administration paternelle : « Ce M. de Sartine m'a bien l'air d'un homme qui ne serait pas fâché de me faire pendre, uniquement pour avoir prouvé que je ne méritais pas d'être pendu. France! France! vous dédaignez trop dans votre gloire les hommes qui vous aiment et qui savent écrire! Quelque méprisables qu'ils vous paraissent, ce serait toujours plus sagement fait de ne pas les pousser à bout (1). » Mais Malesherbes lui répondait que le « commerce illicite » n'allait pas tarder à apporter ses *Lettres* en France (2), et il n'avait pas tort. Pourtant, pendant deux ou trois mois, on ne put s'en procurer qu'avec les plus grandes difficultés, quoiqu'on en entendît beaucoup parler (3). Le seul exemplaire qu'il y eût à Paris était celui de Sartine. Rey avait en effet beaucoup de peine à y faire entrer son édition. Les *Lettres de la Montagne* envoyées de Hollande par mer, par Rouen et Dunkerque, arrivèrent jusqu'aux environs de Paris, y furent déposées, puis ne parvinrent dans la capitale que dans les carrosses des seigneurs de la cour. Duchesne, qui était chargé de les débiter à Paris et qui était assez expert en fait de commerce clandestin, avait prévu cet étrange mode de transport et avait bien recommandé à Rey de plier les feuilles in-douze comme des in-octavo, parce que « les paquets qui avaient la forme des in-octavo, des in-quarto et des in-folio étaient plus aisés à arranger dans les fonds des carrosses que les in-douze (4) ».

Quand on connut les *Lettres*, on fut peu enthousiaste. On trouvait ennuyeux tous ces détails sur la constitution de Genève, sur ses querelles, qui n'intéressaient pas les Parisiens. Quoiqu'il fût contre les protestants, le livre de Jean-Jacques n'était cependant pas en faveur des catholiques; quant aux philosophes, ils goûtaient peu les contradictions d'un écrivain, qui prétendait défendre le christianisme, tout en en sapant les bases, et déclarait l'Evangile un livre divin, tout en faisant un réquisitoire contre

---

n'envoyait pas d'épreuves à Rousseau pour perdre moins de temps, il fallait faire des quantités de cartons.
(1) 11 novembre 1764.
(2) 8 décembre. (Streck., II, 431.)
(3) La Roche à Rousseau, 19 décembre 1764, et Mme de Verdelin, 9 février 1765. (Streck., I, 506, et II, 525.)
(4) Lettre de Duchesne à Rey. (Bosscha, p. 242.)

lui (1). Bref, « cet ouvrage, qui aurait pu s'imprimer à Paris avec privilège du roi (2), » ne réussit qu'à y être condamné tout aussi solennellement qu'en Suisse et en Hollande. En mars 1765, le Parlement le fit brûler sur le même bûcher que le *Dictionnaire philosophique* de Voltaire, au grand étonnement, sans doute, des deux philosophes, qui ne pouvaient guère trouver alors d'autre lieu où se rencontrer.

La publication des *Lettres de la Montagne* avait soulevé des dissensions intestines à Genève. La République était presque en proie à la guerre civile, et Voltaire, que Rousseau avait dénoncé comme étant l'auteur du *Sermon des Cinquante*, était naturellement hostile à Jean-Jacques. C'est alors qu'il écrivit ce *Sentiment des citoyens*, où il se moquait si cruellement des infirmités de Rousseau. Le pauvre malheureux, poursuivi à coups de pierre dans le village de Môtiers, où il s'était retiré, continua sa pénible odyssée à travers la Suisse, puis se décida à partir pour l'Angleterre.

Il entre alors dans ces tristes années où la folie, qui le guettait depuis quelque temps, l'obsède tout à fait. Il n'a même plus le courage de s'occuper de l'édition générale de ses œuvres, à laquelle il pensait constamment depuis bientôt cinq ans. Il en avait déjà parlé plusieurs fois à Rey, et il se proposait de faire cette édition d'une façon définitive et d'en retirer de quoi vivre pendant ses dernières années. Il voulait donner la préférence à son libraire ordinaire, auquel il restait fidèle, malgré de légères et fréquentes brouilles, quand les impressions n'allaient pas assez vite (3). Mais, au moment où il faisait paraître ses grands ouvrages, il n'avait eu ni la santé ni le loisir de s'occuper de cette édition générale (4). Ce fut Duchesne qui l'entreprit le premier avec la permission du gouvernement (5), et sinon à son insu, du moins sans son concours. Elle se fit en 1763 par les soins de l'abbé de La Porte. Rousseau en fut avisé et, sans l'approuver, il ne s'y opposa pas (6). Il en reçut seulement cinquante louis qu'il ne voulut pas accepter, sans en avoir averti Rey et lui avoir proposé de

---

(1) Grimm, 15 janvier 1765, VI, 177.
(2) Rousseau à Malesherbes, 11 novembre 1764.
(3) Il avait même accepté d'être le parrain d'une des filles de Rey en 1762.
(4) Bosscha, p. 129.
(5) Rousseau à Moultou, 20 janvier 1763.
(6) Rousseau à de La Porte, 4 avril 1763.

partager la somme (1). Il pensa encore alors lui faire faire cette édition ; il lui envoya même un mémoire à ce sujet (2). Il voulait toujours lui donner la préférence, quoiqu'il eût reçu des offres très avantageuses de Fauche, libraire à Neuchâtel, qui lui proposait dix mille francs (3).

Mais l'affaire ne se conclut pas avec Rey, et une société se forma à Neuchâtel, à laquelle s'intéressait son ami Dupeyrou. Il devait en retirer les seize cents francs de rente viagère, qui lui étaient nécessaires pour vivre. Il allait s'occuper de cette société, dont il pouvait facilement surveiller les travaux de Môtiers, quand les querelles de Genève le forcèrent à quitter le pays (4). Il dut abandonner tout espoir de voir imprimer cette édition, et sa vie errante ne lui permit plus désormais d'entamer de nouveaux pourparlers avec aucun libraire.

Ce fut finalement Rey qui la fit en 1770, sans que Rousseau s'en mêlât (5). Il était alors « totalement dégoûté du métier d'auteur (6) ». Il ne pouvait plus prendre intérêt qu'à la botanique et à la rédaction de ses Mémoires, qu'il avait entreprise sur les conseils de Rey lui-même. Il n'attacha pas d'importance à cette édition, qu'il avait pourtant si vivement souhaitée quelques années auparavant. Il fut un moment aigri contre Rey et « reconnaissait à cette édition et à d'autres marques qu'il était enrôlé (7) ». Mais il accepta pourtant l'envoi que lui fit le libraire d'un exemplaire relié (8).

Il continuait à avoir ses dévots, qu'il ne faisait rien cependant pour conserver et dont il ne cherchait nullement à augmenter le nombre. Son charme avait séduit un moment la société de l'ancien régime décadent. L'étrangeté de sa vie et de son caractère, l'originalité de son goût et de ses idées avaient déterminé en sa faveur une mode, qui se perpétua jusqu'à la fin du siècle et bien au delà. Mais on ne peut pas dire que ses théories se répandirent rapidement ni qu'elles firent germer les premières idées de la

---

(1) Bosscha, p. 196.
(2) Ibid., p. 206.
(3) Ibid., p. 207.
(4) Rousseau à Dupeyrou, 29 novembre 1764; à D***, 13 décembre 1764 et 21 janvier 1765.
(5) Bosscha, p. 288.
(6) Dupeyrou à Rey, 2 juillet 1768; Bosscha, p. 282.
(7) Rousseau à Moultou, 28 mars 1770.
(8) Bosscha, p. 296.

Révolution. Il n'est rien moins que sûr que Rousseau ait agi comme un apôtre voulant s'adresser directement au peuple et le convertir. Il a bien plutôt écrit pour ces mondains dans la société desquels il vivait alors. Ce sont du moins certainement eux seuls qui s'intéressèrent à ses ouvrages au moment de leur publication. Il fallait, pour pouvoir les lire, en avoir véritablement le désir, les connaître d'avance et user des moyens plus ou moins licites qu'on avait encore à sa disposition pour se les procurer malgré de sérieuses défenses. D'ailleurs, le prix en était trop élevé pour qu'ils fussent accessibles aux bourses même bourgeoises. Ce n'est que plus tard, à la fin du siècle, peu avant la Révolution, et surtout après 1789, que l'influence de Rousseau s'exerça efficacement sur le peuple.

Jusque-là son action resta isolée, abandonnée en quelque sorte au hasard, suivant seulement ses progrès naturels et spontanés. Elle n'avait pas la même méthode, la même cohérence que celle de ses anciens amis et alliés, qui l'ignoraient maintenant, quand ils ne le combattaient pas. Par plusieurs côtés de son système, Rousseau était bien un philosophe au sens où le dix-huitième siècle employait ce mot, mais par beaucoup d'autres il ne pouvait s'accorder avec la secte voltairienne ni avec la « clique » du baron d'Holbach. Par sa philosophie de la nature, il était évidemment tout proche de son ancien ami Diderot. Mais, par l'exagération radicale et absolue de ses conceptions sociales, il était aussi éloigné de Voltaire, qu'il l'était de d'Holbach par le sentiment intime et profond de religion qui s'exhalait de son œuvre. Et pendant que Rousseau, malade, fuyait la société des hommes et menait sa triste vie de proscrit, les autres philosophes, unis et audacieux, continuaient à mener la bataille contre les idées et les institutions du temps passé. A force de porter des coups à leurs adversaires, ils allaient bientôt rester maîtres du champ de bataille, et toute la fin du règne de Louis XV est remplie par l'écho de cette grande lutte, qui devait finir par bouleverser la société.

Car les idées philosophiques devinrent les idées révolutionnaires, quand le mécontentement politique fut menaçant. Vers ce milieu du siècle, il existait déjà, mais il n'était pas encore assez mûr pour éclater.

CHAPITRE VII

LES QUESTIONS POLITIQUES JUSQU'EN 1768

I. Les idées utopistes et théoriques : Mably. Le marquis d'Argenson. Boulanger et son *Despotisme oriental*, 1762. Coyer. — II. L'école des économistes. Le marquis de Mirabeau : *L'Ami des hommes*, 1757. La *Théorie de l'impôt*, 1760. — III. Les finances : La *Richesse de l'État* de Roussel. L'*Anti-financier* de Darigrand. Le *Secret des finances*. La justice. Traité de Beccaria *sur les délits et les peines*. — IV. Le commerce des blés.

I

Rousseau n'avait rien d'un chef d'école. Pourtant, il n'était pas seul à se préoccuper des questions morales, sociales et politiques. Il arrivait à ce moment du siècle où, sans se désintéresser des grandes idées philosophiques et scientifiques, on allait chercher à résoudre aussi les problèmes politiques, dont on sentait bien que l'étude ne pourrait plus être longtemps différée. Quelques esprits, indépendants comme lui, ébauchaient des systèmes abstraits de réformes sociales, pendant que beaucoup d'autres, plus pratiques, étudiaient avec passion ces mêmes questions, et tentaient d'en proposer des solutions plus réalisables. Tous ces ouvrages étaient sévèrement défendus et poursuivis ; ils se répandaient très difficilement dans le public, qui commençait pourtant à en devenir avide. Car si, pour les livres impies, le gouvernement royal ne se laissait pas toujours persuader par les arguments des orateurs de l'Assemblée du clergé et n'était pas extrêmement convaincu de la solidarité du trône et de l'autel, ces ouvrages politiques le touchaient trop directement pour qu'il ne se défendît pas sérieusement lui-même.

Nous avons déjà vu paraître le *Code de la Nature*, vers le même temps que les *Discours* de Rousseau. Peu après l'*Emile* et le *Contrat social*, c'est Mably qui vient tenir la place remplie alors par Morelly (1). L'abbé de Mably, frère de l'abbé de Condillac, écrivain aujourd'hui assez ignoré, jouissait de son vivant d'une grande réputation, et son influence a été considérable sur la Révolution. Aussi éloigné que Rousseau du parti philosophique orthodoxe, brouillé avec la plupart de ses chefs, n'acceptant pas, d'ailleurs, toutes les idées de Jean-Jacques, il exposait alors ses principes politiques dans des ouvrages de morale ou d'histoire. En 1763, il publiait sa traduction des *Entretiens de Phocion sur les rapports de la morale et de la politique*, qu'il attribuait à Nicoclès et qui firent beaucoup de bruit. On se plut à y trouver des principes sages (2). Quoique le livre fût dirigé contre l'*Esprit*, la morale de Mably avait plusieurs traits communs avec celle d'Helvétius. C'était pour faire concorder l'intérêt général avec l'intérêt particulier qu'il voulait tempérer les passions et imposer l'égalité à tous les citoyens ; c'était encore au gouvernement qu'il faisait appel pour réformer les mœurs ; et, tout en déclarant impossible une société d'athées, il prônait une morale naturelle faite de vertus sociales, et combattait le monachisme. Il était libéral en politique. Il établissait sa théorie sur des fondements historiques assez originaux : dans ses *Observations sur l'Histoire de France*, parues en 1765, il louait les Francs d'avoir affranchi les Gaulois du joug romain, et représentait Charlemagne comme un souverain constitutionnel. Ces principes trop audacieux effrayèrent le gouvernement, qui proscrivit sévèrement le livre (3).

Un autre ouvrage avait aussi grand'peine à paraître, quoiqu'il fût d'un ancien ministre de Louis XV. C'étaient les *Considérations sur le gouvernement ancien et présent de la France*, du marquis d'Argenson, qui avait cherché à y établir les principes d'un gouvernement démocratique et municipal. L'édition qui s'introduisait en France était très altérée. Le titre même en était changé ; le titre véritable était : *Jusqu'où la démocratie peut s'étendre dans un Etat monarchique* (4). On avait dû mettre beaucoup de cartons et, même ainsi adouci, le livre était poursuivi (5).

Il en était de même du livre également posthume de Boulanger, ingénieur des ponts et chaussées. Ses *Considérations sur*

---

(1) Voir Guerrier, *Mably*.
(2) *Mém. secr.*, 18 avril 1763, I. 227.
(3) *Mém. secr.*, 5 avril 1765, II, 191.
(4) *Ibid.*, 11 avril 1765, II, 194.
(5) *Nouv. Acq.*, 1214, 445.

le despotisme oriental contenaient des traits forts contre le gouvernement (1). Il concluait pourtant assez sagement : « Je ne suis que citoyen, et le bonheur, dont mes lois et mon prince me font jouir, exige que je ne sois rien de plus ; c'est le progrès des connaissances qui, en agissant sur les rois et sur la raison publique, achèvera de les instruire sur tout ce qui peut manquer au vrai bien de la société. » Mais il avait d'abord affirmé que « le despotisme est une théocratie païenne » d'un principe très faux, que les rois sont « les représentants de la raison publique et l'image abrégée de la société » et qu'ils ne sont nullement les envoyés de Dieu ; car ce sont les hommes, affolés par les grandes catastrophes naturelles, qui ont inventé les idées religieuses.

Imprimé à Genève, dès le début de 1762 (2), le *Despotisme oriental* parvenait très difficilement en France. Voltaire ne mettait pas beaucoup d'empressement à en favoriser la diffusion, comme il aurait pu le faire. Il n'approuvait pas ces violences contre le gouvernement, « lorsque la nation bénissait son roi et applaudissait à son ministre (3) ». Dès lors qu'il ne s'agissait plus de se moquer des jansénistes ou des molinistes, Voltaire se retirait du combat ; et quoique Boulanger eût été un ami de Diderot, de d'Alembert et d'Helvétius (4), et qu'il ne ménageât pas plus la religion que le gouvernement, il souhaitait que le livre ne fît pas trop d'effet à Paris (5). La police, d'ailleurs, faisait bonne garde, et, dans les premiers temps au moins, on avait beaucoup de difficultés à s'en procurer des exemplaires (6). Mais elle eut beau « mettre en œuvre toutes ses machines, toute sa prudence, toute son autorité pour étouffer le *Despotisme oriental* », elle ne put empêcher qu'il n'y en eût bientôt cinq ou six éditions ; cinq ans plus tard « la province l'envoyait aux Parisiens pour trente sous (7) ».

Mais la police n'était pas aussi sévère pour tous les ouvrages politiques. En 1766, la brochure de l'abbé Coyer sur *la Prédication* se vendait publiquement (8), et se vendait d'autant mieux que la veuve Duchesne, qui l'éditait, avait mis sur le titre : *Aux*

---

(1) *Mém. secr.*, 19 mai, 6 septembre 1762, I, 91, 135.
(2) *Nouv. Acq.*, 1214, 370.
(3) Voltaire à Damilaville, 26 janvier 1762.
(4) *Nouv. Acq.*, 1214, 370.
(5) Voltaire à Damilaville, 30 janvier 1762.
(6) Diderot à Mlle Volland, 25 juillet 1762, t. XIX, p. 81.
(7) Diderot, *Lettre sur le commerce de la librairie*, p. 62.
(8) *Mém. secr.*, 25 février 1766, II, 331. — Grimm, 15 mars.

Délices, par l'auteur du Dictionnaire philosophique (1). Il est vrai qu'elle ne pouvait déplaire à un gouvernement autoritaire. Coyer y développait ce principe, cher aux philosophes, que c'était au gouvernement à réformer les mœurs, que jamais aucune prédication, vint-elle d'un orateur, d'un philosophe ou d'un prêtre, n'avait eu la moindre influence sur la conduite des hommes, tandis que toute action de l'Etat était nécessairement efficace. Et, pour renforcer ce pouvoir de l'Etat, il avait recours à la censure, et il reconnaissait aux chefs de famille une puissance illimitée sur leurs enfants.

II

A côté des auteurs isolés de ces livres et de quelques autres, sortes de pamphlets qui, attaquant trop directement le gouvernement, étaient sévèrement prohibés, toute une école d'économistes s'était constituée pendant ces dix années fécondes de 1750 à 1760 ; et, sa doctrine étant alors élaborée, elle commençait à agir sur l'opinion publique. Opposée aux utopistes, à Morelly, à Mably, à Rousseau, elle négligeait les principes vagues et les descriptions de l'état de nature. Descendant de Vauban, de Boisguilbert, elle étudiait surtout les lois économiques, qui régissent la société, et les moyens de les régler.

Les principaux physiocrates se réunissaient depuis 1750 environ. C'est en 1749 que Quesnay, nommé médecin de Mme de Pompadour, commençait à recevoir, dans le fameux entresol de Versailles, ses amis, le marquis de Mirabeau, Abeille, Fourqueux, Bertin, Dupont de Nemours, l'abbé Roubaud, Le Trosne, Mercier de la Rivière, l'abbé Baudeau. En 1751, le chef de l'autre école économiste, Gournay, était nommé intendant du commerce. Turgot, qui était maître des requêtes au Parlement de Paris, en 1753, l'abbé Morellet, Malesherbes, Trudaine de Montigny, le cardinal de Boisgelin, adoptaient ses idées sur la liberté du commerce (2).

Or, cette école des économistes vivait en assez bons termes avec celle des encyclopédistes. « Il s'est formé à Paris, disent les *Mé-*

---

(1) Bengesco, 2397.
(2) L. Say, *Turgot*; L. de Loménie, *les Mirabeau*.

moires secrets (1), une nouvelle secte appelée les économistes : ce sont des philosophes politiques, qui ont écrit sur les matières agraires ou d'administration intérieure, qui se sont réunis et prétendent faire un corps de système, qui doit renverser tous les principes reçus en fait de gouvernement et élever un nouvel ordre de choses. Ces messieurs avaient d'abord voulu entrer en rivalité contre les encyclopédistes et former autel contre autel. Ils se sont rapprochés insensiblement..... et les deux sectes paraissent confondues en une. » Quoiqu'elles traitassent de questions différentes, plusieurs principes leur étaient communs à toutes les deux. Elles prétendaient appliquer les mêmes méthodes scientifiques et leur morale de l'intérêt était assez semblable. Plusieurs économistes, et Quesnay lui-même, collaboraient à l'*Encyclopédie*.

Grâce au mouvement d'opinion créé par cette école, les ouvrages sur les questions financières et commerciales se multipliaient. « On observe, disait le marquis d'Argenson, dès 1754 (2), que jamais l'on n'avait répété les noms de nation et d'état comme aujourd'hui ; ces deux noms ne se prononçaient jamais sous Louis XIV ; et l'on n'en avait seulement pas l'idée. L'on n'a jamais été si instruit qu'aujourd'hui des droits de la nation et de la liberté..... cela nous vient du Parlement et des Anglais. » Une polémique s'engageait sur la question de savoir si la noblesse devait être commerçante, comme le voulait Coyer, ou si elle devait rester une aristocratie politique, selon la théorie de Montesquieu. Forbonnais qui, lui, n'était pas un physiocrate, écrivait ses *Eléments du commerce* (1754), puis ses *Recherches sur les finances de la France* (1756).

Enfin, le marquis de Mirabeau publiait son *Ami des hommes*, en 1756. Il l'avait donné à imprimer à un libraire de Paris, Hérissant, à qui il avait assuré que Malesherbes le tolérerait. Aussi, quoiqu'il n'eût réellement aucune permission, Hérissant l'imprimat-il avec la meilleure foi du monde ; il mit sur le titre la mention Avignon. Or, « l'ouvrage fut non seulement toléré, mais reçu du public et des ministres eux-mêmes avec un applaudissement singulier (3) ». On le trouvait bien un peu confus, « bavard », comme

---

(1) 20 décembre 1767, III, 299.
(2) 26 juin, *Mém.*, VIII, 315.
(3) Nouv. Acq., 3348, 240, et 22152, 77, déclaration de Chaubert, l'associé de Hérissant, du 15 février.

disait Grimm (1). Lui-même, Mirabeau, n'avait-il pas écrit : « J'avoue moi-même que la totalité de cet ouvrage est un chaos d'idées et de détails qui n'ont d'ordre que dans les titres des chapitres? » Mais, en général, tout en faisant des réserves sur le style, on l'admirait fort. La hardiesse qui y régnait lui donnait une assez grande vogue, et la maladresse, qu'on avait eue un moment de vouloir le supprimer, ne faisait qu'ajouter à sa réputation (2). On goûtait fort ces diatribes contre le luxe, cette apologie de l'agriculture, que Mirabeau considérait comme l'art essentiel, ses affirmations que la population et les bonnes mœurs étaient les meilleures sources de la richesse. — L'*Ami des hommes* valut quatre-vingt-six mille livres au libraire. Mirabeau en expliquait lui-même ainsi le succès : « Il y a, dans l'*Ami des hommes*, des privautés naïves qui ont réussi on ne sait pas pourquoi : mais je le sens bien, moi : c'est que le naturel a toujours son prix et qu'il est si rare. On m'appela le fils aîné de Montaigne (3). » Le *Journal encyclopédique* disait en effet, en juillet 1757 : « L'auteur écrit comme Montaigne et pense comme Montesquieu. »

Encouragé par ce premier succès, Mirabeau, qui avait fait la connaissance de Quesnay, vers 1758, et qui était aussitôt devenu son disciple dévoué et même fanatique, écrivait, en 1761, sous son inspiration, la *Théorie de l'impôt*. Il y posait les principes de la liberté absolue du commerce, du consentement de l'impôt, de la création d'un impôt unique et portant sur le produit net du sol, c'est-à-dire sur le revenu foncier ; il recommandait la suppression des droits d'entrée et des fermes générales comme le seul moyen d'éviter la banqueroute, qu'il prévoyait imminente. Les fermiers généraux s'émurent. Six jours après la publication du livre qui avait le plus grand succès, Mirabeau était arrêté, le plus poliment du monde, il est vrai. « Monsieur, lui dit l'exempt, mes ordres ne portent pas de vous presser. Demain, si vous n'avez pas le temps aujourd'hui. — Non, Monsieur, on ne saurait trop tôt obéir aux ordres du roi, je m'y attendais, » lui répondit le marquis, qui fut conduit à Vincennes (4). Il y resta huit jours ; on interdit à Hérissant d'exercer son métier pendant

---

(1) Juillet 1757, III, 388.
(2) Grimm, *ibid*.
(3) Lettre citée dans Loménie, *les Mirabeau*, t. II, p. 141.
(4) Mme d'Epinay à Voltaire. *Mém. et Corresp.*, III, 348.

deux mois et divers autres libraires et colporteurs furent arrêtés pour avoir vendu la *Théorie de l'impôt* (1).

III

Ces condamnations n'empêchaient pas qu'on s'occupât plus que jamais des finances publiques. En 1763, on distribuait gratuitement, et avec des précautions infinies, une feuille in-quarto, intitulée la *Richesse de l'Etat*, faite par M. Roussel, conseiller au Parlement, d'après les ouvrages de tous les « auteurs patriotiques », Boulainvilliers, Vauban et Mirabeau lui-même. Le Gouvernement prit le parti d'en autoriser la publication, espérant que, quand on la vendrait publiquement, elle se répandrait moins. Mais quelques jours après qu'on eut pris cette décision, le Parlement, effrayé, faisait arrêter la feuille et menaçait de mettre l'auteur à la Bastille (2). Cela ne servait à rien. « Tout le public l'avait entre les mains ; le peuple même raisonnait en conséquence et en souhaitait l'exécution (3). »

Les ouvrages financiers se multipliaient, depuis que « ce rêve patriotique » avait excité les imaginations ; c'était une véritable « maladie épidémique » d'écrire sur ces matières (4). Le gouvernement passait perpétuellement d'une extrême tolérance à une sévérité plus maladroite encore, cherchant, sans jamais le trouver, le moyen de contenir un peu « ce déluge immense » et de ne faire « surnager que ses seuls ouvrages (5) ».

Des mécontents, qui avaient eu à souffrir de la mauvaise administration des finances, se vengeaient en rendant le public le confident de leurs déboires. Cette même année 1763, un avocat célèbre, Darigrand, fit un livre contre les fermiers généraux, qui eut un grand retentissement. Il avait été dans un emploi subalterne des aides, ce qu'on appelait *rat-de-cave*, et, comme il n'avait pas eu un avancement assez rapide, il s'était fait avocat à la Cour des Aides et se chargeait de toutes les affaires contre les fermiers

---

(1) Barbier, décembre 1760, VII, 323 ; Nouv. Acq., 1214, 325 ; Nouv. Acq., 3348, 240.
(2) *Mém. secr.*, 31 mai, 17 juin 1763, I, 248, 257.
(3) Barbier, VIII, 77 : juin 1763.
(4) *Mém. secr.*, II, 42.
(5) *Ibid.*, I, 268.

généraux. C'est alors qu'il fit contre eux un ouvrage, où il recommandait l'impôt personnel unique en remplacement des impôts affermés. Il l'intitula l'*Antifinancier*; et le sous-titre en était : *ou relevé de quelques-unes des malversations, dont se rendent journellement coupables les Fermiers Généraux et des vexations qu'ils commettent dans les provinces*. Il en fit imprimer deux mille exemplaires chez Lambert, par l'intermédiaire du colporteur Ormancey, lequel se chargea de les distribuer. Quoiqu'il eût commencé par un éloge pompeux du Parlement qu'il considérait comme le Sénat de la nation, son livre fit l'objet de perquisitions très sévères. Il se vendit très cher pendant quelque temps et eut un énorme succès (1). Voltaire, qui en entendait parler, le demandait instamment à Damilaville (2). Mais bientôt l'auteur, l'imprimeur et le colporteur furent arrêtés; le contrôleur général Bertin, n'approuvant pas du tout les idées de Darigrand, ils restèrent un an à la Bastille (3). Quatre ans après, le livre se vendait toujours clandestinement (4).

La même année 1764, un autre fonctionnaire des finances, un M. Vielle, vérificateur du contrôle, à Alençon, faisait un livre du même genre qu'il intitulait le *Secret des finances divulgué*. C'était bien dans le but très désintéressé de répandre ses idées qu'il le donnait à un libraire de Falaise, Pistel. Il était peu exigeant, ne demandant que deux exemplaires et abandonnant tout le reste à Pistel. Il avait évidemment des protections puissantes, puisqu'il demandait qu'on lui adressât ces deux exemplaires sous l'enveloppe de l'intendant, M. de Levigneu. Pistel fit imprimer le manuscrit à Rouen, par la veuve Besongne. Il en retint deux cents exemplaires, que Vielle se chargea d'envoyer à vingt directeurs des domaines, à Tours, Strasbourg, Pau, etc., à des notaires, des présidents de grenier à sel, des receveurs de taille, des contrôleurs des actes. Tant de publicité ne lui réussit pas; le livre fut défendu; Vielle, lui-même, fut poursuivi; il se cacha au château d'Alençon, où un régiment était caserné, puis à un couvent de capucins. Mais il fut bientôt arrêté et embastillé (5).

(1) *Mém. secr.*, 12 octobre 1771, VI, 9; 8 décembre 1763, I, 341; 6 janvier 1764, II, 5. 22097, 113-126.
(2) 26 décembre 1763, 18 janvier 1764.
(3) *Archives de la Bastille*, XVII, 287.
(4) Nouv. Acq., 1214, 514.
(5) Archives de la Bastille (Bibl. de l'Ars.), 12229, 200 sqq. — Nouv. Acq., 1214, 131.

On tolérait beaucoup mieux les livres qui dénonçaient la mauvaise administration de la justice. En 1765, Morellet traduisait le *Traité* de Beccaria *sur les délits et les peines* (1). Beccaria y soutenait le principe de la séparation absolue des pouvoirs législatif et judiciaire, voulait des punitions moins barbares que la torture et plus en proportion avec les délits, et engageait vivement les magistrats à tout faire pour prévenir les crimes avant de les punir: Quoiqu'on fût peu content de la traduction de Morellet, on fut ravi de ce livre italien fait selon les principes de la philosophie française, qui voulait introduire plus de justice, d'égalité et d'humanité dans les lois criminelles (2). Voltaire admira beaucoup l'ouvrage du marquis italien, dont il partageait toutes les idées. C'était l'époque où il commençait à prendre son rôle de grand défenseur des causes perdues. En s'occupant de procès, il voyait tous les abus de la justice criminelle et il écrivit lui-même, en 1766, un ouvrage sur ce sujet qu'il intitula *Commentaire sur le livre des délits et des peines par un avocat de province* (3).

IV

L'école des économistes avait de puissants protecteurs et comptait parmi ses adeptes plusieurs personnages importants. Ils n'en étaient pas réduits à n'agir que par leurs livres; ils inspiraient aussi certains édits et les contrôleurs généraux étaient parfois de leurs amis. Les premiers succès qu'ils remportèrent furent la déclaration royale de 1763 et l'édit de 1764 sur le commerce des grains. Ce commerce était depuis longtemps très strictement réglementé.

L'exportation était défendue et, à l'intérieur, des douanes, des droits de péage accumulaient les difficultés et empêchaient les blés de circuler même de province à province. On voulait éviter ainsi les famines qu'auraient pu provoquer une exportation inconsidérée ou une spéculation exagérée. Le Gouvernement seul se réservait le droit de pourvoir le peuple dans les temps de crise en vendant même à perte. Sous l'influence des

---

(1) *Traité des délits et des peines, traduit de l'italien d'après la 3e édition, avec des additions de l'auteur qui n'ont pas encore paru en italien.* Lausanne, 1766, in-12.
(2) Grimm, décembre 1765, VI, 422.
(3) Voltaire à d'Argental, 19 septembre: à Damilaville, 1er décembre 1766; à Bordes, 27 mars 1767.

idées libérales anglaises et des principes agrariens des physiocrates, un mouvement de réaction contre cette réglementation se dessina, et, quand de superbes récoltes firent baisser le prix du blé à des taux très défavorables aux agriculteurs, le contrôleur général Bertin, ami des économistes, déclara, en 1763, la liberté du commerce des grains à l'intérieur, ou du moins supprima quelques-unes des entraves qui s'opposaient à leur circulation ; et son successeur L'Averdy, l'année suivante, étendit la mesure au commerce extérieur. C'était, pour les économistes, un grand succès, dont ils ne devaient pas jouir longtemps. Du moins, faisaient-ils tous leurs efforts pour faire appliquer ces mesures encore fort discutées et distribuaient-ils les ouvrages, où leurs auteurs prenaient la défense des édits. L'opinion publique se passionnait pour ces questions agricoles. « Vers 1750, dit Voltaire, dans le *Dictionnaire philosophique*, à l'article *Blé*, la nation française rassasiée de vers, de tragédies, de comédies, d'opéras, de romans, d'histoire romanesque, de réflexions morales plus romanesques encore et de disputes théologiques sur la grâce et sur les convulsions, se mit enfin à raisonner sur les blés. On oublia même les vignes pour ne parler que du froment et du seigle. On écrivit des choses utiles sur l'agriculture, tout le monde les lut, excepté les laboureurs. On supposa, au sortir de l'Opéra-Comique, que la France avait prodigieusement de blé à vendre. Enfin, le cri de la nation obtint du Gouvernement, en 1764, la liberté de l'exportation. »

Mais ces querelles politiques n'empêchaient pas les philosophes de mener leur grand combat sur le terrain religieux. C'était là leur but essentiel, la position que Voltaire surtout voulait emporter, et pendant les seize années qui lui restaient à vivre, après l'échauffourée de 1758-1762, ce fut surtout contre l'Église que furent dirigées ses attaques.

CHAPITRE VIII

LA LUTTE CONTRE L'« INFAME » (1759-1768)

I. Le Patriarche de Ferney. Les petits ouvrages : *Candide*, 1759. Le *Cantique des cantiques*, 1759. *L'Oracle des anciens fidèles*, 1761. *Akib, Grizel, Gouju*, 1761. *La Pucelle*, 1762. *Saül*, 1763. *Recueils*. — II. L'affaire des Calas, 1762 ; le traité de *la Tolérance*, 1763. — III. Les « petits catéchismes » : les *Sentiments de Jean Meslier*. Le *Sermon des Cinquante*. Le *Catéchisme de l'honnête homme*, 1762-1763. — IV. Le *Dictionnaire philosophique*, 1764. — V. Ouvrages historiques : L'*Essai sur les mœurs*, 1763. La *Philosophie de l'histoire*, 1765. — VI. Ouvrages philosophiques sérieux ou gais. Les *Questions sur les miracles*, 1765, le *Philosophe ignorant*, 1766, l'*Ingénu*, 1767, *Recueils*. — VII. Les lieutenants de Voltaire. Morellet, Le *Manuel des Inquisiteurs*, 1762. D'Argens, 1764. *Examen critique* de Fréret, 1766. Les *Analyses de Bayle*, de Frédéric et de Robinet. La *Nature*, de Robinet. —VIII. L'*Encyclopédie*. L'impression des derniers volumes. La publication.

I

Le gros effort des philosophes se porte, après la polémique de 1760, contre l'Eglise beaucoup plus que contre le gouvernement. C'est pendant les dernières années du règne de Louis XV qu'ils vont répandre leurs idées dans la société, qui semble les attendre. Ils ont obtenu du gouvernement une espèce de tolérance encore bien incertaine, mais enfin suffisante pour que leurs ouvrages puissent atteindre le public, un peu restreint, auquel ils s'adressent. Ils sont unis, les attaques de leurs adversaires leur ont appris à se défendre d'un commun accord ; ils forment maintenant une secte, un parti avec ses chefs, ses soldats, sa discipline, son plan de campagne.

Presque tous, ils obéissent au patriarche de Ferney. Tranquillement retiré dans son château, le vieux malade mène la bataille. « Ce singulier homme, dit Bachaumont en 1765 (1), toujours avide

(1) 27 septembre 1765, II, 274.

de renommée, a la manie de vouloir faire tomber une religion ; c'est une sorte de gloire nouvelle, dont il a une soif inextinguible. » En 1764 (1), il disait déjà des auteurs de l'*Evangile de la raison*, dont toutes les pièces étaient de Voltaire (2) : « Ils frappent de concert avec lui l'édifice et ne peuvent que l'ébranler fortement. » Voltaire lui-même se rendait bien compte de l'effet de ces prédications ; il annonçait déjà la Révolution en 1764 : « Tout ce que je vois jette les semences d'une révolution qui arrivera immanquablement et dont je n'aurai pas le plaisir d'être témoin. Les Français arrivent tard à tout, mais enfin ils arrivent. La lumière s'est tellement répandue de proche en proche, qu'on éclatera à la première occasion, et alors ce sera un beau tapage. Les jeunes gens sont bien heureux ; ils verront de belles choses (3). »

Voltaire travaillait assidûment à préparer ce beau tapage. En habile homme de guerre, il se traçait un plan de conduite ; il le recommandait à ses amis ; il s'irritait chaque fois qu'on ne le suivait pas, et lui-même, plus ardent qu'aucun de ses lieutenants, il montrait inlassablement par son exemple comment il fallait « écraser l'infâme ». C'est en 1759 qu'il lance son fameux cri de guerre, et pendant les vingt années qui lui restent encore à vivre, il va le répéter sans cesse. Toute sa correspondance résonne de ce cri monotone et furieux. Il signe ainsi ses lettres : « écr. l'inf. ». Cette idée l'obsède. Il n'est plus poète, il n'est plus historien, il ne se passionne plus comme autrefois pour le théâtre ; ou, s'il fait une pièce de vers, une tragédie, une œuvre historique, il y introduit ses idées, il ne la fait souvent que pour y introduire ses idées.

Toutes ses œuvres de cette époque, qu'elles soient en vers ou en prose, sérieuses ou légères, aboutissent toujours aux mêmes conclusions. On a dit que ses idées étaient très changeantes ; et sans doute, pendant une vie si longue, une intelligence aussi vive et alerte n'a pas pu ne pas évoluer. Mais pendant cette période ses ouvrages sont empreints de la même philosophie très définie, qui est proprement le voltairianisme. Son sourire ironique se moque

---

(1) 19 novembre 1764, II, 136.
(2) Sauf pourtant l'*Examen de la religion* (attribué à tort à de La Serre). Mais les autres morceaux, le *Testament de J. Meslier*, le *Catéchisme de l'honnête homme*, le *Sermon des Cinquante* étaient bien de Voltaire.
(3) Au marquis de Chauvelin, 2 avril 1764.

également de tout ce qui dépasse son intelligence. Sa critique rationaliste de la religion s'attaque à détruire les preuves de l'apologétique courante, particulièrement les preuves historiques. Il s'en tient à la raison et à l'expérience et nie tout ce qui leur est étranger, ou du moins il en doute. Il s'irrite surtout contre les entités métaphysiques creuses et contre les pratiques religieuses, qui conduisent trop souvent à l'intolérance et au fanatisme. Il n'approfondit pas beaucoup les idées d'âme et de liberté et s'en tient ainsi volontiers à un sensualisme, proche parent de celui de Locke. Mais il reste partisan convaincu d'un Dieu ordonnateur de l'univers éternel, rémunérateur de la vertu et vengeur du crime, digne du respect universel et raisonnable des hommes.

C'est pour faire accepter ces principes clairs, et qu'il croyait sans doute aussi définitifs que bienfaisants, qu'il entreprend alors cette campagne, où il donne si infatigablement de sa personne. Il y déploie autant d'adresse que de passion, et, connaissant comme il le fait la société et le gouvernement de son temps, il réussit malgré l'éloignement, malgré les précautions de la police, à faire des adeptes, à réchauffer sans cesse leur foi; évitant les succès éphémères des scandales retentissants, il parvient lentement, mais sûrement à les endoctriner (1).

Déjà, pendant qu'il se donnait, avec quelle passion, on l'a vu, à sa lutte contre les Pompignan ou contre les Fréron, l'infatigable travailleur, comme pour se distraire et s'amuser, composait quelques-unes de ces petites œuvres, où il mêlait l'utile à l'agréable. *Candide*, son plus joli roman, est de 1759. Il appartient encore à la série de ces contes, que nous avons vus nombreux vers 1750. Assurément ce n'est pas un traité, encore qu'il ait pour sous-titre *De l'optimisme*, et la doctrine est ici assez confuse et difficile à dégager. Mais c'est bien sûrement une critique de la religion, comme de la philosophie, aussi bien que des mœurs.

Voltaire désavouait naturellement son œuvre et faisait passer des lettres au *Journal encyclopédique* pour bien certifier qu'il n'y avait aucune part. Il l'attribuait tantôt au docteur Ralph, tantôt au

---

(1) « M. de Voltaire travaille avec plus d'ardeur et de fécondité que jamais; ce sont tous les jours quelques nouvelles pièces fugitives qu'il envoie imprimées à quelques amis sûrs et si jaloux de ces petites productions qu'il est assez difficile de les avoir; on n'en tire que vingt ou trente exemplaires que le libraire Cramer distribue en plusieurs endroits par l'ordre de M. de Voltaire. » (Favart à Durazzo, 1762; 7 mai, *Mém.*, I, 268.)

chevalier de Mouhi, tantôt à M. Demad (1). Mais tout occupé des querelles littéraires qui commençaient à l'absorber, il ne lui faisait pas toute la réclame qu'il savait faire à certains de ses ouvrages. Pourtant ses amis, le duc de la Vallière et M. d'Argental, vendaient *Candide* à Paris, sans aucune sorte de permission, bien entendu (2). Une telle audace étonnait fort le grave Joly de Fleury, qui s'écriait naïvement : « Il est très surprenant que l'on s'obstine à vouloir inonder le public d'ouvrages aussi pernicieux, surtout après l'arrêt solennel que le Parlement a rendu récemment sur de semblables ouvrages (3). » Mais il se consolait un peu en pensant que « d'ailleurs dans le monde on était révolté des impiétés ou des indécences que cette brochure renfermait ». Etait-ce bien sûr et n'est-il pas plus vraisemblable qu'on fut plus charmé par l'esprit qui pétillait dans ce roman que scandalisé des impiétés qu'il contenait? Le succès en fut grand (4). En 1759, l'année même de la première édition des Cramer, il n'en paraissait pas moins de huit autres, dont six à Paris (5), et Thorel de Champigneulles, trésorier de France de la généralité de Lyon, s'avisait d'en faire une suite, qui était loin de valoir la première partie, mais qui eut l'honneur d'être pilonnée à Paris, quand les autorités lyonnaises l'eurent signalée à Malesherbes (6). En somme, *Candide* n'avait pas fait trop de scandale, et la protestation de Joly de Fleury était restée isolée.

La traduction assez libre que Voltaire faisait à la même époque en vers de l'*Ecclésiaste* et du *Cantique des cantiques* ne faisait pas non plus grand bruit. Il les composa, dit-on (7), pour Mme de Pompadour, qui cherchait alors à se rapprocher des Jésuites, et la Marquise l'aurait fait imprimer chez elle, dans sa chambre. Si l'anecdote est vraie, ce qui est douteux, l'*Ecclésiaste* ne dut pas sortir beaucoup des appartements de la favorite. Quelques copies

---

(1) Voltaire à Dupont, 24 mars 1759; à Bertrand, 30 mars.
(2) *Journal de la librairie*, 22161, 10 r°, 22 février 1759.
(3) A M. le lieutenant de police, 24 février 1759. Coll. Joly de Fleury, 1683, 330. L'arrêt du 23 janvier 1759 condamnait l'*Esprit* et l'*Encyclopédie*.
(4) Quoique discuté; d'Hémery disait dans le *Journal de la librairie*: « C'est une mauvaise plaisanterie indigne de l'auteur à qui on l'attribue, M. de Voltaire. »
(5) Beng., 1434-1441.
(6) Nouv. Acq., 3348, 3, et 22149, 34.
(7) Goncourt, *Les maîtresses de Louis XV*, t. XI, p. 63. Le bruit courut qu'une édition in-8° avait été imprimée au Louvre; mais Thiériot, qui en doutait, ne connaissait en décembre 1759 que deux éditions hollandaises. (Thiériot à Voltaire, 29 décembre 1759. *Revue d'hist. litt.*, 1908.)

manuscrites en circulèrent seulement à Paris (1). Une édition de Genève fut dénoncée à Malesherbes (2) et condamnée par le Parlement (3), et on n'en parla plus.

Mais Voltaire lançait bien d'autres petits ouvrages instructifs, quoique frivoles. Il en lançait même tant, qu'on lui attribuait tout ce qui paraissait dans ce genre. C'est ainsi qu'on le prit pour l'auteur de l'*Oracle des Anciens fidèles*. Ce livre, ouvrage de Simon Bigex, avait été écrit pour répondre à l'*Oracle des nouveaux philosophes*, où l'abbé Guyon attaquait vivement les encyclopédistes. Bigex était un pauvre homme, qui, après avoir reçu une éducation assez soignée, en fut réduit à entrer, chez un conseiller, comme valet de chambre. Grimm, qui le rencontra alors, le prit à son service comme copiste et le céda peu après (1764) à Voltaire qui avait besoin d'un second secrétaire, Wagnières ne lui suffisant plus (4). Il écrivit son *Oracle* en 1760, alors qu'il était chez Grimm. C'étaient sept conversations entre l'auteur et plusieurs Juifs polonais qu'il voulait convertir et à qui il démontrait la fausseté et les contradictions de l'Ancien Testament. Ce petit volume était lourd, rempli de citations, et, en somme, indigne de Voltaire.

Celui-ci le trouvait pourtant « hardi, adroit et savant (5) », et pensait qu' « il devait faire une prodigieuse sensation ; mais, disait-il tristement, la nation est trop frivole (6) ». Imprimé à Berne, il ne tardait pas en effet à faire à Paris un assez gros scandale. Dès qu'il y fut connu, il fut signalé à Malesherbes, puis condamné par le Parlement (7). Il n'en continua pas moins à se vendre. Des colporteurs mal vêtus en portaient de petits paquets de huit ou dix exemplaires dans les rues, accostaient les passants et le leur vendaient trente sols. Mais tout le monde ne le trouvait pas à son gré. L'abbé de Graves, celui-là même qui portait à l'*Emile* de Rousseau, un intérêt si jésuitique, dénonça ces colporteurs à Malesherbes, qui donna des ordres sévères aux inspecteurs de la librairie (8). Comme toujours, ces défenses excitaient

(1) Collé, Journal, II, 185 ; mai 1759.
(2) Lettre de M. de Saint-Cyr à Malesherbes. Versailles, 19 juin 1759. Nouv. Acq. 3348, 43.
(3) 22094, 20. Coll. Joly de Fleury, dossier 4045, vol. 362, f° 547.
(4) Voltaire à Damilaville, 12 décembre 1763. Voir Desnoiresterres, VII, p. 274.
(5) Voltaire à Helvétius, 12 décembre 1760.
(6) Voltaire à Damilaville, 7 mai 1761.
(7) Barbier, décembre 1760, VII, 324 ; 22094, 50, et Coll. Joly de Fleury, 1683, 347.
(8) Nouv. Acq., 3348, 9-11.

davantage la curiosité. Un noble, ami des philosophes, se chargeait d'en faire faire une édition en France même, pour remplacer l'édition suisse supprimée. Son domestique portait le manuscrit à une vieille bretonne, âgée de plus de soixante-dix ans, Françoise Alano, fille de boutique de la veuve Auclou, libraire au Palais, qui le confiait à trois colporteurs, Kolman, dit Lallemand, l'Ecuyer et Prudent de Roncours. Ceux-ci s'associèrent pour le faire imprimer par Michelin, de Provins, celui-là même, qui avait déjà fait une édition de l'*Esprit*. Ils se réunirent tous quatre un jour dans un cabaret de la Place de Grève, où, après être montés dans une chambre au premier étage et avoir bu quelques pintes de vin, ils conclurent le marché en grand secret. Michelin en fit huit cents exemplaires moyennant deux cent quarante livres, puis les envoya dans une hôtellerie de Charenton; les colporteurs associés vinrent les y chercher avec leurs femmes, et tant en les dissimulant sur eux-mêmes qu'en les confiant à un courrier, ils parvinrent à les faire tous entrer à Paris, où ils se les partagèrent chez Kolman. Ils se mirent alors à les vendre trente à trente-six sous. Chose curieuse, leurs meilleurs clients pour ce petit ouvrage impie étaient des ecclésiastiques : trois abbés demeurant aux collèges de Cholet et de Lisieux, l'évêque de Blois, des docteurs de Sorbonne, le bibliothécaire des Bénédictins de l'abbaye de Saint-Germain-des-Prés, en achetaient et se chargeaient même d'en faire parvenir à leurs amis de province. On en vendait aussi à quelques seigneurs comme M. de Richelieu, le comte de Lannion, ou à des fermiers généraux, comme M. de Mazières. Enfin, des colporteurs et des libraires en achetaient pour les étaler au Palais-Royal ou ailleurs. Mais leur audace ne leur réussit pas et une arrestation générale vint mettre fin à ce commerce lucratif (1).

L'*Oracle des anciens fidèles* était faussement attribué à Voltaire. Cependant, il était bien responsable de beaucoup d'autres ouvrages. Le plus souvent il commençait par envoyer à Paris des copies manuscrites de ces petites œuvres courtes et piquantes. Ce n'étaient plus des « pompignonnades », mais des contes, des lettres où toujours, invariablement, il attaquait la religion. En 1761, il envoyait la *Conversation de M. l'Intendant des Menus avec l'abbé Grizel* (2), qu'il attribuait à M. Dandelle, où il montrait

---

(1) *Archives de la Bastille*, t. XVIII, p. 22. Nouv. Acq., 1214, 323, 329, 334. — 22094, 62-68.
(2) Beng., 1663. — Voltaire à Mme de Fontaine, 31 mai.

quelle inconséquence il y avait à excommunier les comédiens et où il dénonçait la politique cléricale et ambitieuse des prêtres. Ses amis en recevaient des « cargaisons » de copies manuscrites (1) ; on l'imprimait à Paris, mais seulement à trente exemplaires (2). Il était d'ailleurs bientôt réimprimé dans le cinquième Recueil des *Pièces fugitives* et dans les *Contes de G. Vadé.*

Puis il envoyait le *Sermon du Rabbin Akib* (3), prétendu prononcé à Smyrne à propos d'un auto-da-fé de Lisbonne et traduit de l'hébreu. Après quelques moqueries à l'adresse de la religion, Voltaire concluait à la nécessité de la tolérance. Il chargeait ses amis de montrer son *Sermon* aux « honnêtes gens dignes d'entendre la parole de Dieu (4). » Mais, naturellement, on ne tardait pas à en faire une impression clandestine. On le poursuivait et il avait aussitôt une grande vogue (5). En juillet, il paraissait, avec plusieurs suppressions, il est vrai, dans le *Journal Encyclopédique* (6).

Voltaire trouvait toutes les occasions bonnes pour « écraser l'infâme ». Personne n'a su mieux que lui profiter de l'actualité ; et jamais plus qu'à cette époque les occasions ne furent fréquentes d'attaquer l'Eglise. C'était le moment où la campagne contre les jésuites battait son plein, et Voltaire, tirant parti du scandale du P. La Valette, écrivait la *Lettre de J. Gouju à ses frères*, où il montrait quel tort ces Jésuites commerçants pouvaient faire au christianisme (7). Il en profitait pour faire un plaidoyer en faveur de la religion naturelle. Comme il y attaquait les Jésuites, la brochure quoique sévèrement proscrite, avait beaucoup de succès (8) ; on la réimprimait en France et même les Jansénistes, plus soucieux d'attaquer les Molinistes que de défendre la religion, en faisaient eux-mêmes une édition (9).

Comme pour donner une consécration officielle à son succès, Voltaire publiait encore en 1762 une édition définitive en vingt chants de la *Pucelle*, où il supprimait les passages contre le roi et

---

(1) Voltaire à d'Argental, 23 juin 1761.
(2) Grimm, 15 juin 1761, IV, 427.
(3) Beng., 1667.
(4) Voltaire à Mme de Fontaine, 1er février 1761. Cf. d'Alembert à Voltaire, 27 janvier 1762 ; Voltaire à Damilaville, 26 décembre.
(5) *Mém. secr.*, 7 mars 1762, I, 59.
(6) *Journal Encyclopédique* du 15 juillet, p. 112.
(7) Octobre 1761. Beng., 1664.
(8) Nouv. Acq., 1214, 345.
(9) Diderot à Mlle Volland, 19 octobre 1761. XIX. 69.

Mᵐᵉ la Marquise pour ne laisser que les impiétés. Imprimée par Cramer, avouée maintenant par l'auteur, elle paraissait chez Panckoucke, qui venait de racheter le fonds de Lambert. Ce fut un des derniers actes de l'administration de Malesherbes que de saisir cette édition. Mais les colporteurs ne se firent pas faute de la vendre. Cela ne coûtait que trente ou quarante sous (1).

Peu après, en février 1763, Voltaire faisait courir à Paris une pièce manuscrite (2). C'était une pseudo-tragédie en prose, intitulée *Saül*, prétendue traduite de l'anglais. L'occasion en était, en effet, une petite pièce faite en réponse à une oraison funèbre de Georges II, que son panégyriste avait voulu louer, assez maladroitement, en le comparant à David. Mais Voltaire n'avait nullement traduit l'ouvrage anglais : il en avait fait une tragédie, où, à la vérité, il n'avait pas observé les trois unités. « Tout se passe dans l'intervalle de deux ou trois générations pour rendre l'action plus tragique par le nombre des morts selon l'ancien esprit juif. » C'était « un tissu d'impiétés rares, d'horreurs à faire dresser les cheveux (3) ». Le premier acte était particulièrement atroce. Samuel y venait faire subir, sur l'ordre de Dieu, les plus affreux supplices à un roi prisonnier ; puis on voyait Saül en proie à ses « vapeurs » et consultant la pythonisse pendant la bataille ; enfin David passait de Michol à Abigaïl, puis de Bethsabée à Abisag, il faisait tuer quiconque gênait ses fantaisies mais restait cependant esclave des prêtres, qui le châtiaient au nom de Dieu pour avoir dénombré son peuple.

Cette petite pièce assez plate, malgré quelques scènes amusantes, était d'autant plus recherchée que la police la poursuivait avec plus de sévérité (4). Naturellement, après avoir couru quelque temps manuscrite, elle était imprimée sans doute par Besongne, à Rouen, ou par Bassompierre, à Liége (5). Alors Voltaire prodiguait les désaveux, même les poursuites. Il voulait déférer lui-même, tant à Genève qu'à Paris, « ce libelle fait contre lui et visiblement fait pour lui nuire (6) ». Il donnait de son innocence des raisons assez plaisantes : « L'affectation de

---

(1) Beng., 488. — 22038, 19. Nouv. Acq., 3318, 83. Voltaire à Mᵐᵉ du Deffand, 27 janvier 1764.
(2) *Mém. secr.*, 3 février 1763. I, 191. Beng., 245-249.
(3) *Mém. secr.*, 17 février, I, 195.
(4) *Ibid.*, 17 août, I, 296.
(5) Voltaire à Damilaville, 21 juillet 1763.
(6) Voltaire à Tronchin, 19 juillet.

mettre mon nom à la tête de cet ouvrage est une preuve que je n'en suis point l'éditeur... Le titre Genève est encore une preuve qu'il n'a pas été imprimé à Genève (1) »; et, comme il craignait qu' « Omer ne connût point ces preuves », il envoyait à son neveu d'Hornoy, conseiller au Parlement, un pouvoir de poursuivre criminellement les éditeurs du libelle et à Damilaville un petit avertissement à insérer dans les journaux : « Ayant appris qu'on » débite à Paris, sous mon nom et sous le titre de Genève, je ne » sais quelle farce intitulée, dit-on, Saül et David, je suis obligé » de déclarer que l'éditeur calomnieux de cette farce abuse de » mon nom; qu'on ne connait point à Genève cette rapsodie; » qu'un tel abus n'y serait pas toléré et qu'il n'y est pas permis » de tromper ainsi le public. A Genève, 13 Auguste 1763, Vol- » taire. » Moyennant quoi personne ne pouvait plus douter qu'il en fût l'auteur. Plusieurs colporteurs étaient arrêtés pour en avoir vendu, surtout un garçon imprimeur, Sabot, et un relieur, Hallé, qui en avaient été les grands fournisseurs à Paris (2).

Puis, sans interruption, paraissaient les recueils de toutes ces facéties, et les volumes de ses *OEuvres* où il les réunissait pour la plus grande édification des fidèles. Toujours il désavouait; il était furieux quand les Cramer mettaient son nom ou simplement ses initiales, et il les leur faisait supprimer. Mais sans cesse il avait quelque idée nouvelle et il ne laissait échapper aucune occasion. Quand il faisait une tragédie, il ne l'écrivait que pour les notes (3); quand Palissot publiait une *Dunciade*, l'idée lui venait aussitôt d'en faire une, lui aussi, contre les ennemis de la raison et il demandait déjà « le nom du libraire qui imprime le *Journal de Trévoux*... s'il a femme, ou fille, ou petit garçon. Car il faut de l'amour et de l'intérêt dans le poème » (4). Ainsi l'infatigable philosophe occupait constamment l'opinion par l'incessante production de ses nombreux libelles.

II

Mais le grand poète national ne pouvait se contenter de ces bagatelles; il voulait retenir l'attention publique par autre chose.

---
(1) Voltaire à Damilaville, 14 auguste 1763.
(2) Nouv. Acq., 1214, 411-13. *Archives de la Bastille*, XII, 471.
(3) Ainsi sa tragédie d'*Olympie*. Voltaire à d'Argental, 25 avril 1762.
(4) Voltaire à Thiériot, 7 juillet 1760.

Aussi, pour gagner encore les esprits à sa cause, Voltaire se donna-t-il, à partir de 1761, à la défense et à la réhabilitation des victimes de l'intolérance. Il s'avisa alors de ce moyen de défendre la liberté de conscience et d'accroître aussi sa popularité par une œuvre qu'il pût avouer publiquement. L'affaire des Calas arriva à point ; on sait avec quelle habileté il l'exploita.

On connaît cette affaire que Voltaire a rendue célèbre. La famille Calas était une famille de négociants protestants établie à Toulouse. Or, le 13 octobre 1761, au sortir d'un dîner qu'il avait pris avec sa famille et un de ses amis, le jeune Lavaisse, le fils aîné de Jean Calas, Marc-Antoine, jeune homme « d'un esprit inquiet, sombre et violent », qui avait perdu dans la journée son argent au jeu, fut trouvé mort, pendu dans le magasin de son père. Tout portait à croire qu'il s'était suicidé, mais le bruit courut en ville que son père l'avait assassiné, parce qu'il avait voulu se convertir au catholicisme. Les esprits s'excitèrent ; on fit à Marc-Antoine des funérailles superbes dans l'église Saint-Etienne, et on arrêta le père Calas, sa femme, ses filles, le jeune Lavaisse et une servante catholique qui était depuis trente ans dans la maison. Le Parlement fut saisi de l'affaire ; Calas fut condamné à être roué, et exécuté le 10 mars 1762 ; ses filles furent envoyées dans un couvent, où on espérait les convertir : les autres furent relâchés.

Voltaire, mis au courant de l'affaire, fit une enquête qui le persuada de l'innocence du vieux Calas. Il vit aussitôt tout le parti qu'il en pouvait tirer, et il s'occupa de publier des *Pièces originales concernant la mort des sieurs Calas* (1). Il eut beaucoup de peine à les faire circuler un peu librement et dut avoir recours à l'intervention de l'abbé de Chauvelin (2). Damilaville, Diderot s'occupaient de l'affaire ; le parti était mobilisé, et sous les ordres de Voltaire, cette fois-ci (3). Pendant l'été de 1762, il donna encore un *Mémoire de Donat Calas*, puis une *Histoire d'Elisabeth Canning et de Jean Calas* (4) ; il en envoyait à toutes les personnes de considération (5).

---

(1) C'étaient un extrait d'une lettre de la dame veuve Calas et une lettre de Donat Calas rédigés par Voltaire, 1762. Beng., 1675.

(2) Coquerel, *J. Calas et sa famille*, p. 230.

(3) Voltaire à Damilaville, 4 avril 1762. *Mémoire de Voltaire*, 14 juillet 1762 (Moland, *Correspondance*, 4065). — Diderot à Damilaville, t. XX, p. 86. Diderot à Mlle Volland, 5 septembre 1762, XIX. p. 129. et 26 septembre, p. 140.

(4) Beng., 1677-1678.

(5) *Mém. secr.*, 15 août. I. 126.

Quand il vit que les esprits étaient bien préparés (c'était justement le moment où le procès des Jésuites excitait l'opinion contre l'Eglise), il voulut frapper un grand coup et profiter de la victoire qu'il sentait imminente. Il avait la sympathie du public dans cette affaire ; il fallait que la cause de la tolérance en fût affermie. Il composa alors tout un traité (1), où, partant du récit du prétendu crime et de l'exécution, il s'élevait à des considérations générales sur l'intolérance. Il montrait comment ce sentiment barbare avait été inconnu dans les civilisations antiques, chez les Grecs, chez les Romains, même chez les Juifs. Il expliquait les persécutions contre le christianisme primitif par des raisons politiques ; il reconnaissait d'ailleurs que Jésus-Christ n'avait jamais prêché l'intolérance et citait des maximes des Pères de l'Eglise qui la condamnait. Bref, il montrait que le fanatisme était le monopole des catholiques et principalement des Jésuites. Il ne combattait cependant que la « superstition » ; il prêchait toujours son déisme très large et finissait par une prière à Dieu : « Puissent tous les hommes se souvenir qu'ils sont frères ! » Il y avait bien, selon les procédés de polémique habituels à Voltaire, des vues historiques très paradoxales, des notes hardies sur l'Ancien Testament, un dialogue entre un mourant et un apôtre fort intéressé, et une dispute entre un Danois, un chapelain et un Jésuite devant un mandarin chinois, qui n'étaient guère orthodoxes. Mais en dehors de ces passages un peu « salés », nécessaires pour que « les ministres et Mme de Pompadour, les commis et les femmes de chambre n'en fassent pas des papillottes (2) », l'ouvrage était assez modéré, sérieux et bien fait pour convaincre des esprits non prévenus. Il l'avait composé lentement et attendait que le moment de le publier fût venu.

Il en parlait déjà en décembre 1762 ; mais il agissait prudemment, pour conquérir le public restreint auquel il s'adressait. « Ce sera un secret entre les adeptes. Il y a des viandes, que l'estomac du peuple ne peut pas digérer et qu'il ne faut servir qu'aux honnêtes gens (3). » Un an après seulement (fin 1763), l'ouvrage était imprimé chez les Cramer, et Voltaire en préparait sagement la publication. Il chargeait un jeune homme qui faisait le voyage de Genève à Paris, M. Turrettin, d'en porter à Damilaville et à

---

(1) *Traité sur la tolérance* (Genève), 1763. Beng., 1693.
(2) Voltaire à Moultou, 8 janvier 1763.
(3) Voltaire à Damilaville, 28 mars 1763.

d'Argental; et surtout il en envoyait au duc de Choiseul et au duc de Praslin, soucieux de se concilier d'abord le ministère. Choiseul en fut content, ainsi que Mᵐᵉ de Pompadour et M. de Grammont, à qui il le fit lire (1).

Fort de ces approbations, il en adressait de temps en temps de petits paquets à ses amis de Paris par Besançon ou par d'autres chemins, pour ne pas trop attirer l'attention, et sous l'enveloppe des gens, qui, comme Damilaville, avaient leurs ports francs. Les Cramer, de leur côté, en envoyaient aussi; mais avec moins de succès. Leur ballot était arrêté à Lyon, et justement par Bourgelat, frère Bourgelat, l'ami, le collaborateur des encyclopédistes. C'est que Bourgelat était fort incertain sur la conduite qu'il devait tenir; car Malesherbes avait quitté la Direction de la librairie, lors de la démission de son père, le chancelier de Lamoignon (2). On fut obligé de faire passer l'envoi par mer, au risque de le voir pris par les corsaires de la Méditerranée (3).

Cependant Voltaire ne cessait d'envoyer des *Tolérances* à Paris. D'Alembert obtenait justement alors « de M. de La Reynière, fermier des postes, qu'il voulût bien lui servir de chaperon, pour recevoir les épîtres canoniques » de Ferney. Au mois de janvier 1764, tous les fidèles l'avaient lu; car « ces ouvrages étaient faits pour des adeptes, non pour la multitude » et on ne les confiait qu'à des colporteurs, « qui connaissaient leur monde et qui n'en vendaient qu'aux amateurs ». On en parlait avec éloges. Le livre réussissait beaucoup; on le trouvait « très bien fait et plus conséquent que ne l'étaient ordinairement les ouvrages raisonnés de ce grand poète (4) ».

Pourtant on avait pris trop de précautions pour faire agréer le livre; c'était un excès qui avait nui. Cramer en avait expédié un exemplaire au Chancelier, et, depuis cet envoi, la police était plus sévère; on saisissait impitoyablement des paquets envoyés à M. de Trudaine, même à « M. Bouret, le puissant Bouret, l'inten-

---

(1) Voltaire à d'Argental, novembre et 6 décembre; — à Damilaville, novembre et 1ᵉʳ décembre; — à d'Alembert, 15 décembre. — *Journal de la librairie*, 1ᵉʳ décembre 1763. 22163, 69 v⁰.

(2) octobre 1763. Malesherbes fut remplacé par le lieutenant de police Sartine, qui resta en place jusqu'en 1774.

(3) Voltaire à Damilaville, 13, 16 décembre; — à d'Alembert, 13, 15 décembre 1763, 15 janvier 1764.

(4) D'Alembert à Voltaire, 29 décembre; — Voltaire à Damilaville, 21 décembre; à Bertrand, 30 décembre. — *Mém. secr.*, 11 janvier 1764, II, 8. — Voltaire à d'Argental, 6 janvier, et à Turgot, 24 janvier 1764.

dant des postes Bouret, l'officieux Bouret ». Voltaire était inquiet ; il trouvait que, « si les clameurs du fanatisme l'emportaient sur la voix de la raison, il n'y avait qu'à suspendre pour quelque temps le débit de ce livre, qui aurait le crime d'être utile », et il priait Damilaville de supprimer l'ouvrage pour quelques mois. « La pauvre littérature retombe dans les fers, dont M. de Malesherbes l'avait tirée. » Il fallait employer une tactique plus prudente : que les frères en prennent chacun quelques exemplaires et qu'ils les fassent circuler. Les quelques personnes, qui les auront ainsi, les « trompetteront dans le monde, comme un ouvrage honnête, religieux, humain, utile, capable de faire du bien et qui ne peut faire de mal... Ce sera une œuvre charitable... Tout dépend de l'opinion que les premiers lecteurs en donneront. » C'est ce conseil que suivaient les fidèles Damilaville et Thiériot. Ils en distribuaient quelques vingtaines à leurs amis, et ainsi se créait une opinion favorable, qui préparait l'édition que Voltaire projetait d'en faire faire à Paris (1).

Il pensa que le temps était venu en janvier 1764. Car il est infiniment probable, quoiqu'on n'en ait pas de preuve décisive, que c'est lui qui fit faire l'édition de Machuel. Machuel était ce libraire clandestin de Rouen, qui connaissait Voltaire de longue date (2). Il venait souvent à Paris pour affaires. A un voyage qu'il y fit au mois de janvier 1764, Merlin, « l'enchanteur Merlin », comme l'appelait Voltaire, qui se servait souvent de lui, lui fit présent d'un exemplaire de l'édition de Genève. Machuel fit tirer la *Tolérance* à Rouen par un sien cousin, également imprimeur, à quinze cents exemplaires, puis il en envoya en Belgique, en Hollande, à Avignon, pour en faire « des changes », et à Paris aussi, à des colporteurs qui les vendirent à des particuliers jusqu'à sept et neuf livres l'exemplaire. Dès le mois de mars, la police était sur les traces des auteurs de cette contrefaçon. Les colporteurs Redon et Personne étaient arrêtés ; Machuel était mis à la Bastille (3). Mais il y restait peu, et d'autres libraires et colporteurs trouvaient bien des moyens de se faire envoyer des

---

(1) Voltaire à Damilaville, 31 décembre 1763, 27, 30 janvier, 4, 8, 15 février, 4, 16 mars 1764 ; — à d'Alembert, 31 décembre, 8, 30 janvier ; — à d'Argental, 20, 27 janvier.
(2) C'est lui qui avait fait l'édition des Œuvres de 1749-1751 ; voir p. 84.
(3) 22094, 47 ; — 22096, 45 et 49-50. — *Archives de la Bastille*, t. XII, p. 473 et (Bibl. de l'Arsenal), 12229, 64, 72, etc. — Coll. Joly de Fleury, dossier 4853, vol. 420, f° 81-84, sur une saisie faite à Péronne en mars.

exemplaires d'un livre si recherché, dont les éditions se multipliaient sans cesse. A la fin de juillet, on en était en Hollande à la troisième édition. Il y en eut en tout six en 1764 (1). Voltaire pouvait être satisfait du succès de sa *Tolérance* et de l'union dont les fidèles avaient fait preuve contre les méchants : « Il est évident que nos frères ont fait du bien aux hommes », disait-il ; déjà, en février 1764, « cet ouvrage avait opéré la délivrance de quelques galériens condamnés pour avoir entendu, en plein champ, de mauvais sermons de sots prêtres calvinistes (2). »

La méthode était bonne ; Voltaire continua de l'employer et d'occuper l'opinion publique par le récit de ses réhabilitations sensationnelles. On s'occupa encore longtemps des Calas. Le jugement fut cassé ; on voulut alors faire une souscription pour une estampe au profit de la famille et la police avait encore, en 1765, la maladresse de s'y opposer (3).

Puis, cette affaire finie, c'était l'affaire Sirven que Voltaire entamait et qu'il poursuivait avec autant d'ardeur, en attendant qu'il s'occupât du comte de Morangiès, de M. de Lally et du chevalier de La Barre.

III

Mais cette action publique et quasi officielle de redresseur de la justice ne suffisait pas à Voltaire. Ce qu'il voulait surtout, c'était faire des prosélytes parmi les classes dirigeantes, organiser une petite Eglise. Aussi ne cherchait-il pas de ces scandales retentissants, comme celui, encore tout récent, de l'*Esprit*. Tant de bruit forçait sans doute l'attention, mais ne gagnait pas la sympathie. Il était préférable d'agir avec plus de méthode, plus de précautions et de s'insinuer lentement dans les esprits. « La seule vengeance qu'on puisse prendre de l'absurde insolence avec laquelle on a condamné tant de vérités en divers temps, disait-il à Helvétius (4), est de publier souvent ces mêmes vérités, pour

---

(1) Voltaire à Damilaville, 26 juillet. — Le 29 juillet, Guy, l'associé de Duchesne, s'en faisait adresser un ballot chez M. Duciquet, domestique de M. Bernard, secrétaire général des dragons, demeurant chez M. le duc de Coigny. (*Archives de la Bastille*, XII, 474.) — Cf. Nouv. Acq., 1214, 438. 441.
(2) Voltaire à Damilaville, 15 février.
(3) Grimm, 15 août 1765, VI, 344.
(4) 2 juillet 1763.

rendre service à ceux même qui les combattent. Il est à désirer que ceux qui sont riches veuillent bien consacrer quelque argent à faire imprimer des choses utiles ; des libraires ne doivent point les débiter ; la vérité ne doit point être vendue. — Deux ou trois cents exemplaires, distribués à propos entre les mains des sages, peuvent faire beaucoup de bien sans bruit et sans danger. Il paraît convenable de n'écrire que des choses simples, courtes, intelligibles aux esprits les plus grossiers ; que le vrai seul, et non l'envie de briller, caractérise ces ouvrages, qu'ils confondent le mensonge et la superstition et qu'ils apprennent aux hommes à être justes et tolérants. Il est à souhaiter qu'on ne se jette point dans la métaphysique que peu de personnes entendent, et qui fournit toujours des armes aux ennemis. Il est à la fois plus sûr et plus agréable de jeter du ridicule et de l'horreur sur les disputes théologiques, de faire sentir aux hommes combien la morale est belle et les dogmes impertinents. »

C'était là polémique de bon ton et capable de plaire aux gens du monde. « Il est clair, écrivait-il encore à Damilaville (1), qu'il faut nettoyer avant de bâtir et qu'on doit commencer par démolir l'ancien édifice élevé dans des temps barbares. Les petits ouvrages que vous connaissez peuvent servir à cette vue : je pense que c'est sur ces principes qu'il faut travailler. Les ouvrages métaphysiques sont lus de peu de personnes, et trouvent toujours des contradicteurs ; les faits évidents, les choses simples et claires sont à la portée de tout le monde, et font un effet immanquable. — Je voudrais que votre ami (2) eût assez de temps pour travailler à rendre ce service ; mais il a un ami (3) qui est actuellement à sa terre, et qui a tout ce qu'il faut pour venger la vertu et la probité si longtemps outragées. Il a du loisir, de la science et des richesses : qu'il écrive quelque chose de net, de convaincant ; qu'il le fasse imprimer à ses dépens, on le distribuera, sans le compromettre ; je m'en chargerai, il n'aura qu'à m'envoyer le manuscrit ; cet ouvrage sera débité comme les précédents que vous connaissez, sans éclat et sans danger. Voilà ce que votre ami devrait lui représenter. — Parlez-lui, engagez-le à obtenir une chose si aisée et si nécessaire. On se donne quelquefois bien

(1) 4 octobre 1763.
(2) Diderot.
(3) Helvétius à qui Voltaire écrivait le 4 octobre pour lui conseiller de faire un livre sur les contradictions de l'Eglise et de la religion.

des mouvements dans le monde pour des choses qui ne valent pas celle que je vous propose. Employez, votre ami et vous, toute la chaleur de vos belles âmes dans une chose si juste. »

Mais Voltaire savait bien qu'il fallait peu compter sur les autres et il se chargeait bien lui-même de « rendre ce service ». Voici comment il jugeait les œuvres qu'il ne cessait de produire vers 1763 : « On oppose au *Pédagogue chrétien* et au *Pensez-y bien*, livres qui faisaient autrefois tant de conversions, de petits livres philosophiques qu'on a soin de répandre partout adroitement. Ces petits livres se succèdent rapidement les uns aux autres. On ne les vend point, on les donne à des personnes affidées qui les distribuent à des jeunes gens et à des femmes. Tantôt c'est le *Sermon des Cinquante* qu'on attribue au roi de Prusse; tantôt c'est un *Extrait du testament* de ce malheureux curé Jean Meslier, qui demanda pardon à Dieu en mourant d'avoir enseigné le christianisme; tantôt c'est je ne sais quel *Catéchisme de l'honnête homme*, fait par un certain abbé Durand. Quel titre, Monsieur que le *Catéchisme de l'honnête homme!* comme s'il pouvait y avoir de la vertu hors de la religion catholique! Opposez-vous à ce torrent, Monsieur, puisque Dieu vous a fait la grâce de vous illuminer (1). »

On pense bien que la source de ce torrent, c'était Voltaire. Il déployait autant d'habileté pour répandre ses livres que de talent pour les écrire, et il sut les faire parvenir aux initiés sans exciter les cris des dévots, sans s'attirer les condamnations d'usage.

Il avait retrouvé dans ses cartons un manuscrit qui y dormait depuis vingt ans. C'était le testament de Jean Meslier, curé d'Etrépigny, en Champagne. Ce curé, d'ailleurs fort honnête homme, était mort en 1737, à cinquante-cinq ans; peut-être même s'était-il laissé mourir de faim. Il laissait trois copies de son testament où il exposait ses vrais sentiments sur la religion. Il avait écrit sur l'enveloppe : « J'ai vu et connu les abus, les erreurs, les vanités, les folies et les méchancetés des hommes et je les ai haïs et détestés; je n'ai osé le dire pendant ma vie; je le dirai au moins après ma mort. » Voltaire, qui était alors à Cirey, s'était procuré par l'intermédiaire de Thiériot un exemplaire du testament (2). Il y repensa au moment où il menait cette guerre acharnée

---

(1) Voltaire à Helvétius, 25 août 1763.
(2) *Mém. secr.*, 30 septembre 1764, II, 104. — Voir Desnoiresterres, t. VI, chap. vi, p. 252, et Lanson, *Revue d'histoire littéraire*, 1912, t. Ier.

contre « l'infâme ». Mais ce testament était long, obscur, mal composé ; il le refit, l'abrégea beaucoup, en adoucit les doctrines, en supprima la partie politique et le publia sous le titre d'*Extrait des sentiments de Jean Meslier* (1). Il y critiquait la religion chrétienne, ses dogmes, surtout ses miracles et ses prophéties, s'efforçait de la convaincre de contradictions et prétendait démontrer que le christianisme était incompatible avec la raison.

C'étaient exactement les mêmes idées qu'il exprimait dans le *Sermon des Cinquante*, qu'il publiait en même temps (2). Même critique de l'Ancien et du Nouveau Testament, même négation de tout dogme, et même affirmation du déisme et de la loi morale naturelle et universelle. Le *Sermon* avait dû déjà circuler manuscrit à Paris vers 1760. L'honnête Barbier en était alors effrayé et ne pouvait croire que Voltaire fût responsable de « cette critique affreuse » de la Bible (3). Les admirateurs du grand poète, qu'avait été Voltaire dans la première moitié du siècle, n'admettaient pas que leur idole se complût à ces blasphèmes. Il niait du reste énergiquement qu'il en fût l'auteur et disait bien haut que si ce *Sermon*, dont il entendait parler, était « quelque sottise antichrétienne et que quelque fripon osât le lui imputer, il demanderait justice au pape tout net (4) ». De même, quand il parvint imprimé à Paris, en 1763, on hésita un peu, on l'attribua à M. du Martaine ou à du Marsay ou à La Mettrie. D'Hémery, qui croyait plutôt y reconnaître une œuvre du roi de Prusse, savait pourtant bien que c'était Voltaire qui l'avait fait imprimer à Genève (5).

Le patriarche de Ferney mettait toute son ardeur à répandre ces ouvrages. C'était un véritable apostolat. Il les envoyait à tous ses amis, en les priant de les faire connaître. Il se servait pour ces envois de l'enveloppe de M. de Courteilles, qui n'était jamais ouverte. D'Alembert, Marmontel, Damilaville les recevaient. Il voulait qu'on fît imprimer *J. Meslier*, à Paris (6) : « Il serait très

---

(1) S. l. n. d. (Genève, 1762), in-8°. Beng., 1895.
(2) S. l. (Genève), 1749 (1762). Beng., 1681.
(3) Août 1760, VII, 284.
(4) Voltaire à Mme de Fontaine. Cette lettre est datée du 11 juin 1759. Bengesco estime que les éditeurs de Kehl ont dû y introduire à tort ce passage qu'il daterait plutôt de 1762. Mais, si on rapproche cette lettre de la note de Barbier, il est plus naturel de supposer qu'elle est bien datée, que quelques copies manuscrites du *Sermon* ont circulé à Paris vers 1759-1760, et que l'édition ne fut faite que plus tard en 1762.
(5) *Journal de la librairie*, 27 octobre 1763, 22163, 43 r°.
(6) Cette édition ne fut pas faite en France.

utile qu'on fît une édition nouvelle de ce petit ouvrage à Paris ; on peut la faire aisément en trois ou quatre jours. » Jean Meslier doit convertir la terre, leur disait-il. Pourquoi son évangile est-il en si peu de mains ? Que vous êtes tièdes à Paris !... Il ne faut pas que la lumière reste sous le boisseau. Il faut servir la raison autant qu'on le peut. C'est notre reine et elle a encore bien des ennemis à Paris. Que de bien on ferait, si on s'entendait !... Je désire chrétiennement que le curé Meslier se multiplie comme les cinq pains et nourrisse les âmes de quatre à cinq mille hommes. » Et quand d'Alembert, toujours un peu craintif et plus soucieux de sa sécurité personnelle que de la propagande philosophique, lui répondait que la crainte des fagots était très rafraichissante et qu'il ne fallait éclairer le genre humain que peu à peu, Voltaire lui faisait honte de la tiédeur de son zèle, en lui montrant quels succès ces ouvrages remportaient en province et à l'étranger. « Il y a plus de *Jean Meslier* et de *Sermon des Cinquante* dans l'enceinte des montagnes, qu'il y en a à Paris. Ma mission va bien et la moisson est assez abondante... Le curé d'Etrépigny fait de merveilleux effets en Allemagne... Il y a vingt exemplaires de ces deux opuscules dans le coin du monde que j'habite. Ils ont fait beaucoup de fruit. Les sages prêtent l'Evangile aux sages ; les jeunes gens se forment, les esprits s'éclairent. Quatre ou cinq personnes à Versailles ont de ces exemplaires sacrés. J'en ai attrapé deux pour ma part et j'en suis tout à fait édifié. Pourquoi la lampe reste-t-elle sous le boisseau à Paris (1) ? Mes frères, *in hoc non laudo*. Le brave libraire qui imprime des factums en faveur de l'innocence (2), ne pourrait-il pas imprimer aussi en faveur de la vérité ?... On demande dans les provinces des *Sermons* et des *Meslier*... Trois cents *Meslier* distribués dans une province ont opéré beaucoup de conversions. Ah ! si j'étais secondé ! Mais les frères sont tièdes, les frères ne sont point rassemblés ». Et inlassablement dans toutes ses lettres à ses correspondants attitrés à Paris, il répète les mêmes encouragements, les mêmes sollicitations en faveur de ses deux « sermons (3) ».

(1) En effet, le *Journal de la librairie* dit en mai : « Ce testament fameux est l'impiété la plus grande et la plus dangereuse qui existe : par bonheur cet ouvrage n'est point répandu » (22163).
(2) Probablement La Combe.
(3) Voltaire à Damilaville, mai 1763 ; — 8 février 1762 ; — à d'Alembert, 12 juillet ; — à Marmontel, 19 juin ; — à d'Alembert, 1er novembre. — D'Alembert à Voltaire,

C'est avec le même zèle qu'il faisait distribuer à tous ses amis, toujours dans cet été de 1763, le *Catéchisme de l'honnête homme* ou *Dialogue entre un caloyer et un homme de bien* (1). C'était la même critique rationaliste de l'Ancien et du Nouveau Testament, des miracles, même de la morale du christianisme, et le même plaidoyer en faveur de la tolérance et du déisme. L'honnête homme finissait par convertir le caloyer. « Le caloyer : Je sers Dieu selon l'usage de mon couvent. — L'honnête homme : Et moi selon ma conscience. Elle me dit de le craindre, d'aimer les caloyers, les derviches, les bonzes et les talapoins et de regarder tous les hommes comme mes frères. — Le caloyer : Allez, allez, tout caloyer que je suis, je pense comme vous. — L'honnête homme : Mon Dieu! bénissez ce bon caloyer. — Le caloyer : Mon Dieu! bénissez cet honnête homme. »

Voilà les idées de tolérance, de fraternité, comme on allait dire bientôt, que Voltaire voulait faire accepter par ses contemporains; et il usait de toute sa diplomatie pour leur faire avoir sa brochure. Car il ne voulait toujours pas de ces scandales qui, après un succès brillant, mais éphémère, aboutissaient généralement à la condamnation et à la disparition du livre. Il en envoyait donc des demi-douzaines d'exemplaires par les hôtes qui venaient le visiter en Suisse, fussent-ils des fermiers généraux ou des duchesses; et il réchauffait constamment le zèle de ses correspondants ordinaires. Damilaville était chargé d'en faire la distribution. Il fallait que Mme de Boufflers, Mme de Chaulnes, Mme du Deffand, la marquise de Coaslin, même Mlle Clairon, en eussent. Car le nombre des fidèles augmentait prodigieusement; et il fallait maintenant surtout « des saintes femmes ». Il voulait qu'on fît faire par Merlin une édition de ses trois ouvrages. Il recommandait instamment à Helvétius d'en faire une à Paris. « Un bon petit catéchisme imprimé à vos frais par un inconnu, dans un pays inconnu, donné à quelques amis qui le donnent à d'autres : avec cette précaution, on fait du bien (2). »

Car le *Catéchisme* était trop rare à Paris, de même que le *Ser-*

---

31 juillet; — Voltaire à d'Alembert, 15 septembre, 1er novembre; à Damilaville 10 octobre 1762, 5 mars 1763, et 6 juillet.

(1) *Traduit du grec vulgaire par D. J.-J. R., c. d. c. d. G.* (Don J.-J. Rousseau, ci-devant citoyen de Genève), 1758 (1763), in-12. Beng., 1689. — Un caloyer est un religieux de l'ordre de saint Basile dans l'Église grecque.

(2) Voltaire à Helvétius; — à Damilaville, 1er, 7 septembre; 6 novembre, 6 décembre; — à d'Alembert, 28 septembre 1763.

mon, de même que *J. Meslier*. Les fidèles et leurs amis étaient presque seuls à en avoir, et, en dehors de l'église philosophique, on en entendait parler sans trop savoir à qui l'attribuer. Les noms de Saint-Evremond, de La Mettrie, de Frédéric de Prusse, de Rousseau même, étaient aussi bien prononcés que celui de Voltaire (1).

C'était bien ce qu'il voulait, faire lire ces petits ouvrages par les gens du monde. Il ne songeait alors nullement au peuple. C'étaient les nobles, les parlementaires, quelques bourgeois, même les prêtres et les moines qu'il voulait mettre en garde contre le fanatisme. Aussi, pour que personne ne pût ignorer ses idées, il se préoccupait d'en donner constamment des éditions dans des recueils, sortes de bréviaires ou de catéchismes, où toute la doctrine était rassemblée. Car Voltaire jugeait très sagement que le meilleur moyen de convertir le public était de le fournir continuellement de « ces petits rubans, qui étaient bien plus commodes et d'un débit plus aisé que des étoffes plus larges, et qu'on devait en donner à ceux qui savaient les placer (2) ».

IV

Pourtant il ne fallait pas négliger absolument les étoffes plus larges. Il fallait que la philosophie fût accommodée au goût de tout le monde. Aussi, en juillet 1764, Voltaire lançait-il, sous le couvert de l'anonymat, un gros volume in-octavo. C'était le *Dictionnaire philosophique portatif* (3).

L'*Encyclopédie* était suspendue depuis 1758, mais le goût des Dictionnaires était encore vif. Voltaire entreprit de le satisfaire. Son ouvrage n'avait cependant rien d'un véritable dictionnaire. Le sous-titre en indiquait clairement l'esprit : *La raison par alphabet*. C'était une critique indirecte et sournoise du christianisme. « Je crois, disait-il, que la meilleure manière de tomber sur *l'inf...* est de paraître n'avoir nulle envie de l'attaquer, de débrouiller un peu le chaos de l'antiquité, de tâcher de jeter quelque intérêt, de répandre quelque agrément sur l'histoire ancienne, de faire voir combien on nous a trompés en tout, de montrer

---

(1) *Mém. secr.*, 31 août 1763, I, 300.
(2) Voltaire à Damilaville, 22 avril 1765.
(3) Londres (Genève), in-8°, 344. Beng., 1400-1406.

combien ce qu'on croit ancien est moderne, combien ce qu'on nous a donné pour respectable est ridicule, de laisser le lecteur tirer lui-même les conséquences (1). »

Les soixante-treize articles, que contenait le *Dictionnaire philosophique*, avaient tous trait à la critique de la *Bible* (Abraham, Moïse, Apocalypse), à la critique des pratiques ou de l'intolérance religieuses (Baptême, Grâce, Superstition, Tolérance, etc.), ou bien contenaient un exposé de la philosophie de Voltaire (Bien, Catéchisme chinois, etc...), et de ses principes politiques (Etat, Gouvernement, Luxe, etc...). On pouvait parcourir ces articles à ses moments perdus et y trouver toute la moelle des doctrines voltairiennes. Rien de bien nouveau ; mais c'était un bon moyen de vulgariser et de réunir les idées déjà connues.

Naturellement Voltaire n'avoua pas un ouvrage aussi diabolique, « qui sentait si terriblement le fagot ». S'il le fit imprimer chez Cramer, ce ne fut du moins pas ostensiblement (2). C'eût été le signer. Mais il fit parvenir prudemment à ses amis quelques exemplaires, tout en déclarant bien haut qu'il n'y avait aucune part : manifestement l'ouvrage était de plusieurs mains. Il avait la preuve certaine que l'article *Messie* était de Polier, l'article *Apocalypse* d'Abauzit ; d'autres avaient été faits pour l'*Encyclopédie* (3). Il écrivait à l'Académie française pour protester de son innocence. Il envoyait à Cramer alors à Paris une lettre, où il le priait de lui faire avoir un *Portatif*, dont il avait entendu parler sans l'avoir vu ; et Cramer, qui connaissait son homme et savait les moyens de lui plaire, montrait sa lettre à tout le monde (4). Il écrivait au Vice-Chancelier, à Saint-Florentin ; il envoyait un petit mémoire à Briasson pour prévenir les encyclopédistes et les mettre sur leurs gardes ; car ils devaient bien sentir qu'on irait du *Portatif* à l'*Encyclopédie*. Enfin, il avertissait Marin, le secrétaire de la Direction de la librairie, dans une lettre adressée tout ouverte au lieutenant de police. Depuis le départ de Malesherbes, c'était à lui que Voltaire avait le plus volontiers recours ; il le priait de « ne regarder cet ouvrage que comme un recueil de plusieurs auteurs fait par un libraire de Hollande », et d'en empêcher l'impression que ce scélérat de Besongne pourrait bien en faire à

---

(1) Voltaire à Damilaville, 13 juillet 1764.
(2) On mit *Londres* sur le titre.
(3) Voltaire à d'Alembert, 16 juillet ; 7 septembre ; 12, 19 octobre 1764.
(4) *Mém. secr.*, 27 septembre 1764, II, 102 et 118.

Rouen. Il voulait absolument éviter d'être décrété par Messieurs du Parlement. Or, l'abbé d'Etrée, jadis confrère de Fréron, en avait donné un au procureur général, qui avait ordre d'examiner le livre. « Le roi en avait parlé d'une manière un peu inquiétante au président Hénault (1). »

Pourtant il n'avait pas lieu de se tant troubler. D'Alembert le tranquillisait : « Je ne m'aperçois pas, comme je vous l'ai dit, que cette abomination alphabétique cause autant de scandale que vous l'imaginez... L'ouvrage, quoique peu commun, passe de main en main sans bruit et sans scandale ; on le lit, on a du plaisir et tout se passe fort en douceur (2). » Les quelques exemplaires qu'il y avait à Paris étaient tous entre les mains des adeptes (3). Le *Dictionnaire*, quoique très commun en Allemagne, à Liége, à Aix-la-Chapelle où on le vendait vingt-quatre livres, n'était pas très répandu à Paris (4).

Voltaire voulait pourtant qu'il le fût davantage et qu'il frappât plus les esprits. Il en préparait une nouvelle édition avec plusieurs articles nouveaux qu'il attribuait à un petit huguenot, Dubut, grand travailleur, qui ne laissait pas, disait-il, d'avoir quelque érudition orientale et une plaisanterie assez française dans l'esprit. Il pensait la faire imprimer par les soins de ce même Marin, à qui il demandait de poursuivre la première édition ; ce serait un moyen très habile de se rendre maître de lui ; et pour plus de sûreté, comme cet homme de lettres arrivé récemment en place devait avoir peu de fortune, on pourrait lui faire cadeau de l'ouvrage ; en achetant ainsi son silence, on serait bien à l'abri de toute méchante histoire (5).

On ne sait si l'affaire put se conclure avec Marin ; mais, en octobre, le *Portatif* était imprimé en Hollande, chez Marc-Michel Rey, ce qui donnait plus de vraisemblance aux désaveux que Voltaire ne cessait de faire. Car Rey était l'imprimeur ordinaire des amis du baron d'Holbach. Cette édition se vendait avec le plus grand succès. Il s'en débita quatre mille exemplaires en huit jours, en décembre 1764. L'année suivante les éditions s'en mul-

---

(1) Voltaire à d'Argental, 22 octobre ; — à Damilaville, 19 octobre ; 19 septembre ; — à d'Argental, 1er octobre, 27 novembre.
(2) D'Alembert à Voltaire, 4 et 10 octobre 1764.
(3) Voltaire à d'Alembert, 19 octobre.
(4) *Journal de la librairie*, 13 septembre 1764, 22163, 133.
(5) Voltaire à d'Argental, 3 octobre 1764.

tipliaient à Berlin, à Londres, en Hollande (1). On l'étalait même librement à Paris, dans les lieux privilégiés et jusqu'à la porte de la grande cour des Tuileries (2). Voltaire n'était pas inquiété; il fut seulement assez effrayé. Le roi dit un jour à propos de son *Dictionnaire philosophique :* « Est-ce qu'on ne peut faire taire cet homme? » Sur quoi notre philosophe « décampa à la hâte pour se mettre sur le territoire de Genève (3) ». Mais, en somme, il pouvait être satisfait de son succès, et il s'écriait : « Tout concourt à établir le règne de la vérité... Dieu bénisse ces bonnes gens (les prétendus auteurs du *Portatif*), ils ont rendu un service essentiel à l'esprit humain (4). »

V

En même temps Voltaire revenait à ses études d'histoire, dans un esprit beaucoup moins historique, d'ailleurs, que philosophique. C'était encore un de ces moyens indirects, mais sûrs, de « débrouiller un peu le chaos de l'antiquité » et de faire la critique du christianisme.

Il reprenait donc son *Histoire générale*. Il en faisait une nouvelle édition en sept volumes, sous ce titre : *Essai sur l'histoire générale et sur les Mœurs et l'Esprit des nations depuis Charlemagne jusqu'à nos jours* (5). Elle « était augmentée de plus d'un tiers et de deux tiers plus hardie ». Il prenait les précautions ordinaires, la faisait imprimer par Cramer, sans nom d'auteur, et la faisait envoyer à Paris, à Merlin, qu'il chargeait d'y mettre les cartons nécessaires et de la vendre (6). Comme cet ouvrage disait beaucoup de mal des Jésuites, il n'y avait pas grand risque de le voir

---

(1) Voltaire à d'Alembert, 19 octobre; à d'Argental, 19 décembre 1764. — La première édition fut brûlée à Genève; Voltaire dénonça lui-même au Magnifique Conseil la seconde édition et fit saisir ce qui était arrivé chez le libraire Chirol. Mais en même temps un autre libraire, Gando, en recevait un ballot qu'il répandait dans le public. (Desnoiresterres, VI, p. 344.)
(2) 22453, 101.
(3) Milord Maréchal à J.-J. Rousseau, 5 déc. 1764. (Streckeisen-Moultou, II, 110.)
(4) Voltaire à Damilaville, 24 avril 1765, et à d'Argental, 19 décembre 1764. — Il est vrai que peu après, en mars 1765, le *Dictionnaire philosophique* était condamné par le Parlement.
(5) S. l. (Genève, Cramer), 1756. 7 vol. in-8°. Beug., 1162, et nouvelle édition en 1761-1763, 8 vol. in-8°.
(6) Voltaire à Damilaville, 30 novembre 1762 et 9 mai 1763.

condamner par le Parlement. C'est du moins ce qu'assurait l'abbé de Chauvelin, et de fait la vente en fut bien tolérée. Robin, l'autre colporteur ordinaire des philosophes qui n'en avait pas reçu directement de Cramer, trouvait bien le moyen de s'en procurer et la vendait également (1).

Pour qu'on ne se méprît pas sur les intentions de Voltaire, Cramer imprimait en même temps un petit volume de quatre-vingt-cinq pages in-octavo ; les morceaux nouvellement ajoutés à son *Histoire* y étaient rassemblés en un recueil, « qui se trouvait être la satire du genre humain ». Voltaire protestait bien de cette prétendue trahison de Cramer ; mais il n'en laissait pas moins le volume se répandre à Paris et il devait au fond en être fort satisfait (2).

Pour développer encore plus librement ses idées sur l'antiquité du monde, sur la petite place que tient dans l'histoire générale le peuple d'Israël, sur la croyance innée de tous les hommes à un seul Dieu, Voltaire publiait un livre nouveau, qu'il appelait la *Philosophie de l'histoire*. Il le dédiait à sa nouvelle amie, Catherine de Russie. Il y jetait un coup d'œil sur toute l'histoire de l'antiquité. Mais comme cet ouvrage beaucoup plus court, beaucoup plus superficiel que l'*Essai sur les mœurs* était aussi plus hardi et écrit dans l'intention manifeste de réfuter les idées de Bossuet sur le peuple de Dieu, il eut bien soin non seulement de ne pas le signer, mais encore de l'attribuer à un certain abbé Bazin, mort alors, mais connu de son vivant dans le parti janséniste par ses sermons. Comme toujours, personne ne s'y trompa (3). Pour qu'on ne le reconnût tout de même pas facilement, Voltaire avait fait imprimer son ouvrage en Hollande et en faisait adresser directement les exemplaires à Damilaville qui les distribuait autour de lui. « M. de La Haye, lui écrivait-il le 1er avril (4), a dû vous envoyer des chiffons couverts d'une toile cirée : il y a une Mme de Chamberlin qui aime passionnément les chiffons ; vous ferez une bien bonne œuvre de lui en envoyer deux. On ne peut se dispenser d'en envoyer trois à M. de Ximénès, attendu qu'il en donnera un à M. d'Autrey pour lui faire entendre raison. Vous

---

(1) *Journal de la librairie*, 19 mai 1763, 22463, 20. Voltaire à Damilaville, 23 juin.
(2) 22463, 47, et Voltaire à d'Argental, 9 avril.
(3) Grimm a bien tort de plaindre à ce sujet les critiques de l'an 3765, qui ne sauront plus découvrir la vérité parmi tant de supercheries (1er mai 1765, VI, 269).
(4) Voltaire à Damilaville, 1er avril 1765. Cf. 4 et 27 mars.

êtes prié d'en faire tenir un à M. le marquis d'Argence de Dirac, à Angoulême. »

Il en avait aussi reçu beaucoup en Suisse et chargeait toutes les personnes qui venaient le voir d'en porter quelques exemplaires à Paris. Merlin recevait encore mission de vendre la *Philosophie de l'histoire* avec toutes les précautions nécessaires et était même autorisé à en faire lui-même une seconde édition, quand la première serait épuisée. Voltaire voulait qu'il devînt « le libraire des philosophes. Cette dignité peut mener un jour à la fortune ou au martyre ; ainsi il doit être invisible comme les rose-croix ». Du reste, on était trop occupé au Parlement par la dernière phase de la lutte contre les Jésuites pour se préoccuper beaucoup des Egyptiens ou des Juifs. On laissait la *Philosophie de l'histoire* se répandre assez facilement dans le public, et, quoiqu'on y trouvât ressassées beaucoup de choses qu'on avait déjà vues mille fois ailleurs, le livre avait le succès dont était assuré un ouvrage aussi rare et sorti de la plume de Voltaire (1).

VI

Car les idées du philosophe commençaient à n'être plus bien neuves. Mais, pour les faire entrer dans tous les cerveaux, il fallait les répéter sans cesse et c'est bien ce qu'il faisait ; « les presses gémissent sans interruption pour le compte de M. de Voltaire », disait Bachaumont (2). Sa production littéraire est prodigieuse pendant ces années de lutte sans merci. On sent son âpre désir de vaincre, à la multiplicité de ces ouvrages qui, à propos de tout, mènent toujours le lecteur à la même conclusion. Qu'on lise seulement ce qu'il écrivit de 1762 à 1768, on connaîtra toute la philosophie voltairienne. Elle est peu profonde, mais simple, claire, admirablement faite pour satisfaire des esprits un peu superficiels et très logiques. Il en faisait le sujet constant de sa prédication. Il reprenait de vieux manuscrits, il composait des ouvrages nouveaux, il rééditait sous mille formes variées ceux qu'il avait déjà publiés. Dans les *Questions sur les miracles*, dans le *Philosophe*

---

(1) Voltaire à d'Argental, 29 mai ; — à Damilaville, 17 avril et 9 mai 1765. — *Mém. secr.*, 28 avril 1765, II, 204.

(2) *Mém. secr.*, 21 mai 1763, I, 243.

ignorant, dans l'*Examen important de Milord Bolingbroke*, dans l'*Ingénu*, c'était toujours la même doctrine qu'il exposait sous des aspects toujours nouveaux pour satisfaire le goût de chacun.

Il envoyait d'abord à Paris successivement ses *Lettres sur les miracles* (1), imitant un peu Pascal et ses *Provinciales*. C'étaient d'abord des lettres de M. le proposant Théro à un professeur de théologie. Le jeune proposant développait longuement les objections qu'il avait entendu faire contre les miracles du christianisme, si mal prouvés, si irrationnels et si peu dignes de Dieu, y répondait brièvement et demandait au professeur des avis pour y répondre plus amplement. Puis le P. Needham, jésuite irlandais en résidence à Genève, ayant fait quelques répliques, Voltaire le prit directement à parti avec quelques autres Genevois, et la collection s'augmenta ainsi jusqu'à la vingtième lettre. Pendant tout l'été de 1765, Paris en recevait continuellement. Voltaire les envoyait à ses amis, de Genève, où il les avait fait imprimer. Mais « ce n'étaient là que des troupes légères qui escarmouchaient (2) ». Il y en avait aussi de plus solides.

Un an après, en effet (1766), c'était aux gens plus sérieux qu'il offrait un exposé systématique de sa doctrine dans le *Philosophe ignorant*. Ce n'était qu'une brochure de cent quatre-vingts pages divisée en beaucoup de chapitres brefs, qui ne devaient pas fatiguer le lecteur. Il y développait théoriquement ses principes sur le monde éternel, ordonné par une Intelligence supérieure, sur l'homme, qui acquiert toutes ses notions par l'expérience et n'a que la liberté de faire ce qu'il veut, non de vouloir ce qu'il veut, sur la morale, dont l'idée est innée, naturelle à tout homme, enfin sur l'ignorance où nous sommes plongés quand nous essayons de dépasser ces quelques idées fondamentales. Mais ce livre fut peu lu. Il fut saisi à la Chambre syndicale de Paris et renvoyé aux Cramer qui l'avaient imprimé (3). Il était trop peu piquant pour

---

(1) S. l. n. d. (Genève, 1765). Les seize premières lettres parurent successivement dans des brochures in-8° d'une dizaine de pages. Les trois dernières parurent sans doute seulement dans le recueil complet. Il y en eut deux réimpressions en 1767. Beng., 1714.

(2) *Mém. secr.*, 23 juillet, 21 août, 4, 23 septembre 1765, II, 233, 245, 253, 261. — Voltaire à Damilaville, 13, 19, 27 novembre 1765, 13 avril 1766.

(3) Cette mesure de sévérité était prévue. Marin en avait averti Voltaire le 19 juillet 1766 (*Merc. de Fr.*, 1908), et s'était même entendu avec un libraire pour qu'il arrêtât aux environs de Paris le ballot expédié par Cramer. Mais ce libraire ne tint pas parole. « Il est des temps où l'on peut tout risquer, disait Marin. Il en est d'autres où les choses les plus innocentes tirent à conséquence. » On était alors sous le coup des condamnations du clergé de 1765.

qu'on en tentât des éditions clandestines. Les quelques rares privilégiés qui purent l'avoir n'y trouvèrent rien de neuf, ni de profond. On le laissa repartir sans en parler (1).

Si les livres de pure philosophie passaient ainsi presque inaperçus, il n'en était pas de même du nouveau roman que Voltaire donnait en 1767 pour réveiller l'attention. « L'*Ingénu* (2) est fort couru des hommes, des femmes, des filles, même des prêtres », disait-il lui-même. Il l'attribuait à Du Laurens, l'auteur du *Compère Matthieu*, alors réfugié en Hollande. Car le livre était trop audacieux pour qu'il l'avouât. C'était une satire générale des mœurs politiques et surtout religieuses, présentée d'après le procédé piquant employé jadis par Montesquieu dans les *Lettres persanes* (3).

Dès que l'édition de Genève fut achevée, Voltaire s'occupa de faire imprimer son livre à Paris même et s'adressa à La Combe, cet avocat reçu récemment dans la communauté des libraires. Voltaire lui fit des avances tout en ne s'avouant pas l'auteur de l'*Ingénu*, mais en assurant que Marin avait promis à Du Laurens une permission tacite (4). La Combe accepta. Il se trouva effectivement un censeur, d'Albaret, pour conclure à une permission, qui fut accordée ! Voltaire lui-même en était stupéfait : « Je ne puis concevoir comment on a permis en France l'impression du livre de Du Laurens, intitulé l'*Ingénu*. Cela me passe. » Et il désavouait naturellement cette édition comme incorrecte et contrefaite (5). Mais le *Huron* se vendait publiquement. Les colporteurs l'achetaient sans aucune difficulté quarante-huit sols à La Combe et le revendaient trois livres au public ; cependant l'édition étrangère ne valait que vingt sols. On pouvait le trouver partout, au Palais-Royal, aux Tuileries, au quai de Gesvres comme au Palais (6). En huit jours La Combe en avait vendu quatre mille exemplaires. Un si grand succès alarma les dévots ; ils crièrent si fort que le gouvernement retira sa permission et défendit très

---

(1) Voltaire à Helvétius, 27 octobre 1766. — Grimm, 1ᵉʳ juin, VII, 49 ; — et *Mém. secr.*, 15 août, III, 73.
(2) Beng., 1470-1471.
(3) Voltaire à d'Alembert, 3 août ; — à La Combe, 7 août ; — à Damilaville, 12 septembre 1767.
(4) « Le *Huron* ou l'*Ingénu* (approuvé par M. d'Albaret), d'abord permis, puis refusé, 17 septembre 1767 » (21981, 35). Pourtant, le *Journal de la librairie* l'annonce dès le 3 septembre comme paraissant sans permission (22064).
(5) Voltaire à Damilaville, 12 septembre ; — à d'Argental, 18 septembre 1767.
(6) Nouv. Acq., 1214, 504-505.

sévèrement l'ouvrage. Paru à la fin d'août, il était introuvable dès le milieu de septembre. C'était encore une de ces nombreuses incohérences dont l'ancien régime était coutumier (1).

A côté de ces ouvrages nouveaux, il paraissait enfin continuellement, parfois avec l'assentiment et le concours de Voltaire, parfois à son insu, des mélanges, des recueils, des pensées, sortes de bréviaires où l'on réunissait, pour l'édification des fidèles, quelques-unes de ses œuvres. Dans l'hiver de 1764-1765, des colporteurs, dont on était sûr, allaient proposer aux particuliers avec grand mystère l'*Evangile de la raison*, imprimé à Amsterdam, sans lieu ni date, où étaient réunies cinq pièces qui n'étaient d'ailleurs pas toutes de Voltaire (*Saül et David*, *Testament de J. Meslier*, *Catéchisme de l'honnête homme*, *Sermon des Cinquante*, *Examen de la religion*, attribué à Saint-Evremond, à Dumarsais et à de La Serre). Voltaire n'était pas étranger à cette publication. Il prévenait Damilaville en août 1764 qu'« on réimprimait en Hollande le petit ouvrage attribué à Saint-Evremond, revu et corrigé, et qu'on lui en avait promis quelques exemplaires », et, dès qu'il paraissait en décembre, il le désavouait comme il savait le faire pour ses propres livres. Six éditions de l'*Evangile de la raison*, dont quelques-unes contenant la *Profession de foi du Vicaire Savoyard*, paraissaient de 1765 à 1768 (2).

L'année suivante, en 1766, Voltaire faisait imprimer, à Genève cette fois, avec la rubrique Leipsik, il est vrai, et en affirmant qu'il sortait des presses de Rey, le *Recueil nécessaire* (3). Ce *Recueil* réunissait aussi plusieurs petits ouvrages de Voltaire, le *Saül*, le *Caloyer*, le *Sermon des Cinquante*, avec le *Vicaire Savoyard* et l'*Analyse de Dumarsais* (4). C'est là que paraissait pour la première fois l'*Examen important de Milord Bolingbroke*, « l'ouvrage le plus fort qu'on eût jamais écrit contre la superstition (5) ». Voltaire y racontait à sa manière, qui n'était rien moins qu'orthodoxe, toute l'histoire de l'Ancien et du Nouveau Testament, et concluait que

---

(1) Grimm, VII, 417., *Mém. secr.*, 30 août et 13 septembre 1767, XVIII, 307 et 315. Voltaire à Damilaville, 21 septembre.
(2) Beng., 1897. — *Mém. secr.*, 12 novembre 1764, II, 125, et 22 153, 99.
(3) Beng., 1899.
(4) Petit ouvrage composé entre 1722 et 1740 et extrait sans doute d'une *Analyse des quatre religions qui ont eu le plus de sectateurs*, par Dumarsais. Il circula longtemps manuscrit. (Voir Lanson, *Revue d'hist. litt.*, 1912, II, 301.)
(5) Voltaire à Frédéric de Hesse-Cassel, 25 Auguste 1766. — L'*Examen important* était écrit depuis 1736. Il fut publié à part en 1767.

« la seule religion qu'on doive professer est celle d'adorer Dieu et d'être honnête homme ». Il prit un singulier moyen pour envoyer le *Recueil nécessaire* à Paris. Une femme qui ne savait même pas lire, nommée Doiret, en mit quatre-vingts exemplaires avec des feuilles d'autres ouvrages, dans le fond de trois malles, où elle emportait quelques vieux habits de théâtre de Ferney. On avait acheté le silence de Dumesrel fils, le commis de la douane de Colonges, où les malles devaient être plombées. Mais ce commis ne tint pas sa parole ; il ouvrit les malles et y trouva les imprimés. « La Doiret » pouvait aisément se tirer d'affaire en disant : « Il n'y a point là de contrebande, je n'ai de vieux papiers imprimés que pour couvrir de vieilles hardes. » Mais elle perdit la tête, s'enfuit au milieu des neiges, et il fallut que Voltaire s'empressât d'intriguer auprès des fermiers généraux pour étouffer l'affaire ; il ne fut content que quand il eut obtenu la destitution du commis si indélicat (1). On était un peu inquiet de l'effet qu'allait faire cet « arsenal infernal » à Paris. Les circonstances n'étaient pas favorables. « Quand une bête féroce (le Parlement) a trempé sa langue dans le sang humain, elle ne peut plus s'en passer ; cette bête manque d'aliments, disait Diderot à Voltaire (2), et, n'ayant plus de Jésuites à manger, elle va se jeter sur les philosophes... surtout sur celui qui est entré si fièrement dans leur édifice de paille et qui a mis le feu de tous côtés. » Mais on ne voit pas que le *Recueil nécessaire* ait fait grand scandale. Il paraissait encore en 1768 avec l'*Evangile de la raison* (3).

C'était sûrement avec l'approbation de Voltaire qu'on publiait en 1765 trois volumes de *Mélanges* (4). Ils contenaient la *Tolérance*, la *Philosophie de l'histoire*, puis quelques rapsodies de peu de valeur qui n'avaient pas encore paru, le *Pot pourri*, le *Dialogue du chapon et de la poularde*, etc. « C'était du rabâchage, mais le rabâchage du plus bel esprit de l'Europe (5). » Voltaire y attacha peu d'importance, déclara que Gabriel Cramer les avait imprimés sans l'en prévenir, et raconta, quand ils arrivèrent à Paris, que c'était l'effet d'une singulière méprise, Cramer ayant

---

(1) Voltaire à d'Argental, 23 décembre 1766 ; — à Damilaville, 2 février ; — à M. de Montyon, 9 février 1767.
(2) 1766, t. XIX, p. 485.
(3) Beng., 1899.
(4) *Nouveaux mélanges philosophiques, historiques, critiques*, commencés par les Cramer en 1765, et dont la dix-neuvième partie ne parut qu'en 1775. Beng., 2212.
(5) Grimm, 15 novembre 1765.

envoyé à Paris ces *Mélanges* qu'il destinait à la Hollande et en Hollande des *Corneille* qu'il voulait adresser à Paris (1). Mais on les y débita très bien avec une permission tacite (2).

Enfin, La Combe faisait aussi en 1766 un recueil de tout ce que Voltaire avait écrit sur la poésie (3). L'édition était bien faite. Voltaire en fut content et il voulut employer La Combe à une œuvre plus utile. Il ne s'agissait plus alors de poésie, mais de philosophie; il proposait donc à La Combe de réunir par ordre alphabétique tout ce qu'il avait écrit sur des matières philosophiques et qui avait déjà paru dans ses trois nouveaux volumes de *Mélanges* et dans le *Dictionnaire philosophique*; il promettait même de donner quelques petites additions et une préface (4). Il ne semble pas que La Combe ait profité de la proposition. Mais Contant d'Orville réalisait cette idée en donnant cette même année 1766, sans doute avec le concours de Voltaire, ses *Pensées philosophiques* (5).

Au milieu de toutes ces publications incessantes et comme pour attirer encore mieux l'attention sur lui, arrivaient continuellement à Paris des désaveux, chaque fois qu'on lui attribuait quelqu'une de ces œuvres, qu'il répandait avec tant de soin. Il écrivait perpétuellement au *Mercure*, au *Journal étranger*, au *Journal encyclopédique*, à Marin, pour désavouer les *Recueils*, le *Dictionnaire philosophique*, la *Philosophie de l'histoire*, les *Questions sur les Miracles*, etc. C'était chez lui « une manie d'écrire toujours, de toujours imprimer et de désavouer ensuite ce qu'il avait fait (6) ».

C'est grâce à cette ardeur et à cette fécondité que sa royauté littéraire ou plutôt philosophique s'établissait définitivement. En 1750, il était déjà considéré comme un génie, mais on n'avait que peu d'égards pour sa personne et on « n'aurait pas permis un éloge donné à ce grand homme, sans y joindre la restriction expresse que c'était sans approuver la doctrine pernicieuse de

---

(1) Voltaire à Damilaville, 21 février 1766.
(2) Voltaire à La Combe, 1er juillet 1766.
(3) *Poétique* de M. de Voltaire, Genève et Paris, La Combe, 2 parties, in-8°. Beng., 2217.
(4) Voltaire à La Combe, 5 avril, 5 mai et 1er juillet 1766.
(5) Ou *Tableau encyclopédique des connaissances humaines contenant l'esprit, les principes, maximes, caractères, portraits, etc., tirés des ouvrages de ce célèbre auteur et rangés suivant l'ordre des matières.* Le faux titre portait : *Voltaire portatif.* — *Mém. secr.*, 15 juin 1766, III, 48. Beng., 2216.
(6) *Mém. secr.*, 10 janvier, 30 août 1765, 13 décembre 1766, II, 53, 250; III, 125.

beaucoup de ses ouvrages ». Vers 1768, au contraire, on regardait une critique littéraire de Voltaire comme un libelle diffamatoire et on professait « qu'elle ne pouvait être que l'ouvrage de la passion et que l'honneur de la nation était intéressé à ne pas laisser insulter en France l'homme par qui la France était illustrée (1) ».

VII

Il est en effet presque seul à combattre pendant cette période de 1762 à 1768. Il fait face partout à la fois, il défend toutes les positions déjà prises et il attaque sans relâche. Aussi, c'est à peine si l'on peut citer encore quelques-uns de ses lieutenants. Il les éclipse tous, il les réduit tous à l'inaction.

Dans les premiers temps Morellet bataillait un peu à ses côtés, comme au temps des *Car* et des *Si*. Grâce à la protection de Malesherbes, qui lui était assurée, il pouvait encore faire paraître en 1762 avec une permission tacite, un petit ouvrage, qui dut « faire du bien », comme disait Voltaire. C'était le *Manuel des inquisiteurs à l'usage des inquisiteurs d'Espagne et de Portugal ou abrégé de l'ouvrage intitulé Directorium inquisitorium composé vers 1358, par Nicolas Eymeric, grand inquisiteur dans le royaume d'Aragon*. Le simple exposé de ces doctrines suffisait pour révolter l'esprit ; il n'y avait même pas de notes, seulement une préface, et cette lecture donnait pour l'intolérance plus d'horreur qu'un traité en forme n'en pouvait exciter (2).

En 1765, il faisait une *Apologie de la Gazette littéraire*. Les directeurs en étaient deux philosophes, Suard et l'abbé Arnaud, qui jouissaient de la protection de M. de Praslin. Aussi, quand un théologien scrupuleux s'avisa de dénoncer à l'archevêque de Paris certaines propositions dangereuses qu'il y avait trouvées, M. de Praslin, qui eut connaissance de cette dénonciation, en fit-il aussitôt part aux philosophes et Morellet « donna sur les oreilles au dénonciateur » dans une *Apologie de la Gazette littéraire* (3). Voltaire se chargea de la faire imprimer à Genève, et Praslin natu-

---

(1) Malesherbes, *Mém. sur la liberté de la presse*, p. 78.
(2) Morellet, *Mém.*, I, 60. — Grimm, janvier 1762. — 22038, 3.
(3) Thiériot écrivait à Voltaire, le 1er décembre 1766, qu'on ne pouvait « rien lire d'une meilleure dialectique et d'une critique plus philosophique que cet excellent ouvrage ». (*Revue d'hist. litt.*, 1909.)

rellement en favorisa le débit. Mais Morellet s'occupait plus de questions économiques que de querelles littéraires (1).

Quant aux doctrines philosophiques, c'est toujours la théorie sceptique et rationaliste de Voltaire qu'on retrouve dans les ouvrages de ses émules. Le marquis d'Argens qui, depuis 1755, date de la seconde édition de sa *Philosophie du bon sens*, n'avait rien donné, publie en 1764 ses traductions de la *Défense du paganisme* de l'empereur Julien et de l'*Ocellus Lucanus*. Il ne les traduit guère que pour les notes dont il les émaille. C'est encore une critique voltairienne du christianisme, agrémentée de plusieurs propos licencieux. Dans le *Julien* surtout, il insistait sur la ressemblance de la mythologie et de l'Evangile. La raison, affirmait-il, ne peut nous être d'aucun secours pour croire les vérités de la religion, et ces vérités sont-elles assez solidement fondées sur la foi seule? D'Argens, d'ailleurs, comme Voltaire, était plutôt déiste, sceptique que matérialiste et athée. Ces ouvrages qu'il faisait imprimer en Allemagne, où il vivait à la cour de Frédéric, étaient réservés, comme ceux de Voltaire, à la petite Eglise philosophique, et les Parisiens n'en recevaient que peu. Cette prudence leur évitait les condamnations (2).

C'était encore à peu près la même doctrine qui était développée dans l'*Examen critique des apologistes* donné sous le nom de Fréret et qu'on attribue à Levesque de Burigny (3). On y attaquait vivement le christianisme, mais l'auteur n'en était pas athée. Il montrait, au contraire, qu'avant Jésus-Christ, le monde avait autant de lumières sur Dieu et que Platon, notamment, croyait déjà à la spiritualité de l'âme. Aussi Voltaire, dont le déisme était assez semblable à celui du prétendu Fréret, attendait-il l'*Examen* avec impatience, et il se hâtait de s'en faire envoyer trois exemplaires qu'il voulait distribuer lui-même. C'était tout à fait ce qu'il souhaitait, de bons petits ouvrages bien « diaboliques, savants, clairs et bien raisonnés », qui ne pouvaient certes pas convenir à tout le monde, mais qui pouvaient faire beaucoup de bien aux initiés (4).

---

(1) Morellet, *Mém.*, I, 154.
(2) 22096, 102. *Mém. secr.*, 27 novembre 1764, II, 136.
(3) S. l., 1766, petit in-8°; il circula manuscrit vers 1740 et a sans doute été composé en 1730. (Lanson, *Revue d'hist. litt.*, 1912, II, 297.)
(4) Voltaire au marquis de Villevielle, 26 avril 1766; — à Damilaville, 17 mai; à M. de Rochefort, 1er juillet; — à d'Argental, 22 juin. — D'Alembert à Voltaire, 26 juin.

C'est pourquoi il se réjouissait également quand on réimprimait la *Profession de foi du Vicaire Savoyard* « dégagé du fatras d'Emile ». C'était le seul ouvrage de Rousseau, qu'il estimât, le seul où les doctrines des deux philosophes fussent assez semblables (1).

Et ces doctrines se répandaient de plus en plus. Frédéric II lui-même ne dédaignait pas de travailler pour les « frères ». Les guerres de la succession d'Autriche et de Sept ans ne l'empêchaient pas de philosopher. Déjà, en 1760, on avait publié en France une édition de ses *OEuvres*, qui avait mis Malesherbes et le gouvernement dans le plus grand embarras ; car il était également impossible de condamner le roi de Prusse et d'approuver le Philosophe de Sans-Souci (2). En 1765, c'était lui encore qui éditait un extrait du *Dictionnaire de Bayle*, où se retrouvait bien toujours la même philosophie voltairienne avant la lettre. Frédéric avait entrepris cet ouvrage avec la collaboration de d'Argens, après la paix d'Hubertsbourg, puis avait confié le soin de faire le choix et de revoir les épreuves à Beausobre, qui en avait lui-même chargé Toussaint, et finalement ce fut Thiébault qui y travailla le plus sérieusement (3). L'édition se ressentait un peu de ces collaborations successives ; mais c'était tout de même une « bonne chiquenaude appliquée sur le nez de l'*inf*... (4) », et, deux volumes in-octavo se lisant plus facilement que les énormes in-folio de Bayle, son « poison » se répandait mieux ainsi dans les esprits (5).

Cinq ans plus tard, la même idée était reprise à nouveau par Robinet. Cet auteur, réfugié alors en Hollande, y travaillait à la solde des libraires. En 1770, il donnait une réédition de quatre volumes de l'*Analyse raisonnée de Bayle*, de l'abbé de Marty, auxquels il ajoutait quatre volumes nouveaux. Nous avons vu comment, en 1755, le crédit alors tout-puissant de la Compagnie de Jésus avait obtenu la rapide condamnation de l'*Abrégé* fait par

---

(1) Voltaire à d'Argental, 26 septembre 1766.
(2) Saillant, de Paris, et Bruyset, de Lyon, entreprenaient en même temps cette édition. Malesherbes fit lui-même quelques corrections indispensables, et les *OEuvres* de Frédéric parurent en 1760. 22191.
(3) Thiébault, *Souvenirs de vingt ans de séjour à Berlin*, II, 384.
(4) Frédéric à Voltaire, 25 novembre 1766.
(5) *Mém. secr.*, 6 juillet 1765, II, 228. Un autre ouvrage publié également en 1765, le *Spinosisme modifié ou le monde-Dieu*, renfermait de même, « en un court espace, tout le poison répandu dans les matérialistes qui ont écrit depuis Démocrite, Lucrèce, etc. ». Cette quintessence n'avait que quarante-huit pages. (*Ibid.* 20 octobre 1765, II, 272.)

l'abbé, ancien Jésuite défroqué. Mais, en 1770, la Compagnie n'existait plus et l'*Analyse de Bayle*, augmentée par Robinet, paraissait sans difficulté (1).

Robinet avait plus de succès pour cet ouvrage de vulgarisation qu'il n'en avait eu, quand il avait fait paraître en Hollande son traité *De la Nature* (2). Son livre causa le plus grand scandale et fut immédiatement interdit. Il affirmait bien l'existence de Dieu, mais comme il lui refusait tout attribut, aussi bien la bonté que la méchanceté, la sagesse que l'action ou la liberté, son affirmation équivalait à peu près à une négation. Le reste de l'ouvrage était un système d'histoire naturelle qui ramenait toute chose dans la nature au type de l'animal. Malgré toute sa bonne volonté, Malesherbes ne put permettre à Bruyset d'imprimer un ouvrage aussi « systématique (3) ». Ces exposés très théoriques étaient encore trop défendus pour qu'ils pussent se répandre beaucoup; et les livres de La Mettrie, qu'on réimprimait en 1762 et en 1765, ne se vendaient guère mieux (4).

Mais la tactique beaucoup plus savante de Voltaire portait ses fruits. « Ce n'est plus dans les ténèbres et le silence que se traîne l'impiété timide, disait Bachaumont en 1765 (5), elle lève aujourd'hui un front altier » et Grimm ajoutait en 1767 (6) : « Tout est aujourd'hui philosophe, philosophique et philosophie en France. »

VIII

Car il y avait bien réellement une révolution dans les esprits. Voltaire en avait été le principal artisan et ses disciples, en somme, avaient été rares. C'est surtout de la manne de Ferney que s'était nourrie pendant dix ans cette élite intellectuelle et sociale qui finissait par adopter toutes les idées philosophiques. Mais, à côté de Voltaire et pendant qu'il remplissait Paris du bruit de ses innombrables ouvrages, Diderot travaillait dans le silence et son œuvre n'était pas moins féconde.

(1) Grimm, 1er octobre, IX, 131.
(2) Les deux premiers volumes parurent en 1761; le troisième et le quatrième en 1766.
(3) Nouv. Acq., 3347, 334-337; juillet-décembre 1761.
(4) Nouv. Acq., 1214, 390. 22153, 89.
(5) 23 octobre, II, 272.
(6) Février, VII, 225.

Nous avons vu comment, en 1758, l'*Encyclopédie* avait été condamnée, et son privilège révoqué, et que, d'Alembert s'étant retiré, Diderot restait seul au milieu de ces ruines. Mais son énergie ne l'abandonne pas. Immédiatement il se remet à l'ouvrage. Son grand fond d'honnêteté, autant que son ardeur d'apôtre, le persuadent de continuer. Il ne peut tromper l'espérance de quatre mille souscripteurs. Il se sent lié par ses engagements avec les libraires, qui ont acquis le manuscrit à des frais exorbitants. « Nous n'en pouvons distraire un feuillet sans infidélité… Abandonner l'ouvrage c'est tourner le dos sur la brèche et faire ce que désirent les coquins qui nous persécutent… Notre devise est : sans quartier pour les superstitieux, pour les fanatiques, pour les ignorants, pour les fous, pour les méchants et pour les tyrans (1). »

Il a encore bien des difficultés, bien des déboires soit avec ses libraires, soit avec ses collaborateurs. Il est toujours sous le coup de cette menace du gouvernement, qui a condamné l'*Encyclopédie*, et qui est prêt à saisir les volumes dès qu'ils paraîtront. Il lui vient souvent des sollicitations, de Voltaire surtout, d'aller s'installer à Bouillon, à Neuchâtel ou à Clèves. En 1760, il est décidé à faire imprimer à l'étranger, tout en restant à Paris, pour donner le change à ses ennemis (2). Avec les trois ou quatre contre-seings, dont disposent les encyclopédistes, la chose est possible. Mais il ne se décide pas à tromper ses libraires, et il reste. Il travaille avec acharnement. Ses collègues ne font presque rien ; tout retombe sur lui et sur le chevalier de Jaucourt. « Cet homme est au centre de six ou sept secrétaires lisant, dictant, travaillant treize à quatorze heures par jour (3). » Lui-même fait avec la même ardeur, le même travail de forçat. Ainsi l'impression du *Dictionnaire* avance régulièrement et secrètement. On tire à mesure que le manuscrit est achevé, mais on garde soigneusement les feuilles ; et on continue toujours à rédiger et à composer.

Pourtant les avantages que Diderot retirait de ce labeur héroïque étaient bien minimes. Les libraires associés s'étaient réservé tous les bénéfices de l'entreprise : ils touchaient seuls le produit des quatre mille trois cents souscriptions. On estima

---

(1) Diderot à Voltaire, 19 février 1758, et 29 septembre 1762; XIX, 451, 464.
(2) Diderot à M{}^{lle} Volland, 21 novembre 1760, XIX, 28.
(3) *Ibid.*, 10 novembre 1760, XIX, 24.

qu'ils gagnèrent deux millions. Cependant Diderot ne recevait, pour tout le temps qu'il travaillait à l'ouvrage à partir de 1762, qu'une rente de 1500 livres, plus 350 livres par volume de planches, et, par volume de texte, outre ces 350 livres, les 500 livres qui étaient la part de d'Alembert (1). Mais quel labeur acharné ne devait-il pas fournir et au prix de quels risques, pour gagner ce modeste salaire! Néanmoins ses rapports avec Le Breton, qui lui devait tant, n'étaient pas excellents. Il allait souvent voir le mari et la femme soit à Paris, rue Hautefeuille, soit à leur campagne de Massey. Mme Le Breton, quoique assez mûre, faisait la petite folle, sans grand agrément pour Diderot. Les discussions étaient parfois assez violentes entre eux. Un soir, la conversation vint sur Cramer. Le Breton, sans doute jaloux d'un heureux concurrent, en disait beaucoup de mal. Diderot prit sa défense. On s'échauffa; à une heure du matin, on discutait encore et en termes si vifs que le lendemain Diderot recevait des excuses des époux Le Breton. Bref ces soirées étaient aussi « maussades que bruyantes (2) ».

Les rapports entre le philosophe et le libraire furent pourtant assez cordiaux jusqu'en 1764. Mais alors Diderot ayant cherché un renseignement dans un article de la lettre S, qui était déjà imprimé, quoique non encore en vente, s'aperçut que le texte définitif n'était pas semblable à celui des épreuves qu'il avait corrigées. Voici comment les choses avaient dû se passer à son insu. Le Breton se levait pendant la nuit pour aller retoucher, adoucir, couper les manuscrits, qu'il avait bien soin de brûler ensuite. A vrai dire, les passages retranchés ne devaient être ni très considérables ni très importants : les auteurs des articles ainsi *sabotés* ne firent aucune protestation quand le livre parut; ou peut-être Diderot était-il la seule victime (3)! Toujours est-il qu'il fut pris

---

(1) Diderot à Mlle Volland, 31 juillet 1762, XIX, 90. Grimm dit que les honoraires de Diderot avaient été fixés à 2500 livres pour chacun des dix-sept volumes in-folio de discours et à une somme de 20 000 livres une fois payée (janvier 1771, IX, 214). Fenouillot de Falbaire dit d'autre part dans son *Avis aux gens de lettres*, 1770 : « M. D*** n'a reçu par an qu'un modique salaire de 2500 livres qui lui étaient nécessaires pour vivre, tant que son travail a duré... il ne lui en reste à présent que 100 pistoles de rente... Il est vrai que les libraires lui font 1500 livres de rente, mais sur cette rente, dont le principal est de 30 000 francs, il y a 10 000 francs de ses épargnes. » (Voir Œuvres de Diderot, édition Assézat et Tourneux, t. XIII, p. 125.)
(2) Diderot à Mlle Volland, 2, 19 octobre 1761, XIX, 58, 71.
(3) Diderot à Mlle Volland, 18 août 1765, XIX, 168.— Grimm, janvier 1771, IX, 206, et *Mémoires* de Mme de Vandeul.

d'un violent accès de colère et qu'il écrivit à Le Breton une lettre assez raide et fort longue (1) :

« Vous m'avez mis dans le cœur un poignard que votre vue ne peut qu'enfoncer davantage... C'est une atrocité dont il n'y a pas d'exemple depuis l'origine de la librairie. En effet, a-t-on jamais ouï parler de dix volumes in-folio clandestinement mutilés, tronqués, hachés, déshonorés par un imprimeur? votre syndicat (2) sera marqué par un trait qui, s'il n'est pas beau, est du moins unique. On n'ignorera pas que vous avez manqué avec moi à tout égard, à toute honnêteté et à toute promesse. A votre ruine et à celle de vos associés que l'on plaindra, se joindra, mais pour vous seul, une infamie dont vous ne vous laverez jamais. Vous serez traîné dans la boue avec votre livre, et l'on vous citera dans l'avenir comme un homme capable d'une infidélité et d'une hardiesse, auxquelles on n'en trouvera point à comparer. C'est alors que vous jugerez sainement de vos terreurs paniques et des lâches conseils des barbares ostrogoths et des stupides vandales qui vous ont secondé dans le ravage que vous avez fait... J'en ai perdu le boire, le manger et le sommeil. J'en ai pleuré de rage en votre présence ; j'en ai pleuré de douleur chez moi, devant votre associé, M. Briasson, et devant ma femme, mon enfant et mon domestique... Voilà donc ce qui résulte de vingt-cinq ans de travaux, de peines, de dépenses, de dangers, de mortifications de toute espèce ! »

Il aurait tout abandonné, si Briasson, qui avait ignoré ces manœuvres et qui s'en indignait, n'était venu le supplier de continuer. Il céda, mais jamais il ne put pardonner à cette « brute » de Le Breton, le « massacre » de son ouvrage. « Vous exigez, lui disait-il, que j'aille chez vous, comme auparavant, revoir les épreuves ; M. Briasson le demande aussi : vous ne savez ce que vous voulez ni l'un ni l'autre ; vous ne savez pas combien de mépris vous aurez à digérer de ma part : je suis blessé pour jusqu'au tombeau. » Le Breton devait, en effet, être un peu gêné devant Diderot, qui continuait à travailler chez lui ; il « promenait autour du philosophe sa lourde et pesante figure, il s'asseyait, il se levait, il se rasseyait, il voulait parler, il se taisait » ; et Diderot

---

(1) 12 novembre 1764, XIX, 467, — 472.
(2) Le Breton avait été élu syndic de la Communauté des libraires de Paris en 1762.

n'allait plus à la campagne chez lui, et il pouvait dire adieu à la belle tabatière que la vieille Mme Le Breton lui avait promise (1) !

Cette trahison ne servit de rien au libraire. Le Breton était pourtant un sage, un prudent, il avait pris l'ingénieuse précaution de se faire nommer syndic de sa communauté de 1762 à 1765, afin d'être des premiers prévenus s'il devait y avoir une saisie. Il était évident du reste que le gouvernement savait fort bien qu'on continuait à imprimer l'*Encyclopédie*. Cinquante ouvriers étaient employés sans relâche à ce travail dans une des plus grandes imprimeries de Paris. Peu à peu l'ouvrage avançait ; le 25 juillet 1765, il ne restait plus que quatorze cahiers à tirer. En huit ou dix jours tout devait être fini. « Je verrai donc la fin de cette entreprise qui m'occupe depuis vingt ans », disait Diderot (2). Les volumes de planches avaient paru régulièrement avec approbation du gouvernement, la condamnation ne s'étendant pas aux dessins, qui étaient utiles pour la lecture du texte (3). Enfin, au début de 1766, tout fut achevé, les cinq volumes de planches comme les dix derniers volumes de texte. On mit sur la couverture Neuchâtel comme lieu d'impression, et on prit un arrangement assez bizarre pour faire croire qu'ils venaient de l'étranger : on les envoya dans les environs de Paris, et ce furent les souscripteurs eux-mêmes qui durent « les y faire entrer à leurs risques et périls (4) ». En même temps on les envoyait aux souscripteurs de la province et de l'étranger. Car « on voulait bien que les Suisses se damnassent, mais on veillait de près sur le salut des Parisiens (5) ». En effet, le clergé, qui allait s'assembler, trouvait fort mauvais qu'on distribuât ainsi, sans que le gouvernement s'en émût davantage, un ouvrage qui était condamné et proscrit. Le Breton commit la sottise d'aller porter à Versailles des *Encyclopédies*, précisément à ce moment-là (6). Saint-Florentin se fit alors donner les noms de tous ceux qui avaient retiré leurs exemplaires, et il pria le lieutenant de

---

(1) Diderot à Mlle Volland, 18 août 1765, XIX, 168. Diderot appelle parfois Mme Le Breton la vieille d'Houry. C'est peut-être alors de la mère de Le Breton qu'il entend parler. Car sa mère était bien une demoiselle d'Houry, fille d'un libraire célèbre. Mais sa femme était une demoiselle Vaux. (Lottin, p. 103.)

(2) A Mlle Volland, 25 juillet 1765 ; XIX, 159.

(3) *Mém. secr.*, 19 janvier 1762, I, 25.

(4) *Ibid.*, III, 14. Bachaumont dit à tort : « On les a fait venir aux environs de Paris, de Hollande, où ils sont imprimés. »

(5) Voltaire à d'Alembert, 5 avril 1766.

(6) Voltaire à Damilaville, 12 mai 1766.

police de leur envoyer un ordre du roi d'avoir à les lui rapporter. Sartine devait annoncer en même temps qu'on rendrait le prix des souscriptions (1). On pense bien qu'il ne dut pas en recevoir beaucoup; c'était une sage précaution du gouvernement pour prévenir les clameurs du clergé, mais rien de plus (2). Une autre satisfaction, qu'on lui donna encore, fut d'arrêter ce pauvre Le Breton, qui dut être singulièrement déçu et affolé en voyant l'inutilité de toutes ses prudentes combinaisons. Il fut mis à la Bastille; il est vrai qu'il n'y demeura que huit jours (3).

Malgré toutes ces difficultés, l'*Encyclopédie* avait pu enfin paraître tout entière.

Ainsi, la grande œuvre des philosophes était achevée. Les quatre mille trois cents souscripteurs avaient le Dictionnaire complet. Voltaire le saluait ainsi : « L'ouvrage est en général un coup de massue porté au fanatisme... Ne craignons point de répéter ce qu'il est nécessaire de savoir; il y a des choses qu'il faut river dans la tête des hommes à coups redoublés (4). » Lui et les encyclopédistes avaient porté assez de ces coups pour que leurs idées fussent bien rivées dans les têtes de leurs contemporains. Ils avaient fourni une rude étape pendant ces vingt ans de travail acharné. Ayant médité d'abord dans le silence, ils avaient ensuite forcé l'attention du *monde* par le vacarme de leurs querelles littéraires, puis ils avaient fini par l'endoctriner tout à fait, en le fournissant sans cesse des œuvres satiriques, théoriques ou légères de Voltaire et en lui offrant enfin la Somme du dix-huitième siècle complète et achevée. Ils avaient réussi à faire accepter par l'élite des gens de bon goût et de bonne éducation les idées nouvelles en matière de philosophie.

On s'en tenait à un déisme vague, à une théorie morale traditionnelle, au mépris de la théologie et de la superstition, à la haine de l'intolérance, à la réhabilitation et à la glorification de la raison, au rejet du principe d'autorité. On niait moins qu'on ne doutait; on n'avait pas encore le matérialisme intransigeant; et l'athéisme effrayait. On cherchait à apprendre, on n'affirmait pas encore que l'on savait. On avait déblayé le terrain sans trop abattre et sans trop oser reconstruire. « Vous ne sauriez croire,

---

(1) Saint-Florentin à Sartine, 21 août 1766, *Archives de la Bastille*, XII, 476.
(2) Cf. *Mém. secr.*, 24 avril, III, 25; — Voltaire à d'Argental, 12 mai.
(3) Nouv. Acq., 1214, 460; Hardy, 23 avril 1766, I, 93.
(4) Voltaire à d'Argental, 12 mai 1766.

disait encore Voltaire à d'Alembert (1), quels progrès la raison a faits dans une partie de l'Allemagne (et il en était bien un peu de même en France). Je ne parle pas des impies, qui embrassent ouvertement le système de Spinoza, je parle des honnêtes gens, qui n'ont point de principes fixes sur la nature des choses, qui ne savent point ce qui est, mais qui savent très bien ce qui n'est pas ; voilà mes vrais philosophes. » Ce n'est que plus tard que vont venir les esprits plus hardis, plus radicaux, qui vont pousser la doctrine beaucoup plus loin, au risque même de scandaliser Voltaire.

En politique, on n'a encore fait qu'entrevoir les problèmes, fixer les principes, constituer les écoles. C'est plus tard aussi qu'on se passionnera pour ces questions graves, arides, mais urgentes, angoissantes même. On n'est pas encore parvenu jusqu'aux masses du peuple, qui ne seront jamais véritablement atteintes, du reste, que par ces préoccupations économiques, et non du tout ou très peu par ces controverses métaphysiques; Voltaire proclame « qu'à l'égard de la canaille, il ne s'en mêle pas (2) ». Mais ce qu'on a réussi à faire dans cette période pour les détacher de leurs croyances, pour transformer leur conception du monde est tout de même considérable. Evidemment, l'*Encyclopédie* ne touche pas ou à peine la bourgeoisie. « Je voudrais bien savoir quel mal peut faire un livre qui coûte cent écus, disait Voltaire (3). Jamais vingt volumes in-folio ne feront de révolution ; ce sont les petits livres portatifs à trente sous qui sont à craindre. Si l'Evangile avait coûté douze cents sesterces, jamais la religion chrétienne ne se serait établie. »

Mais, outre qu'on commence à faire de ces petits livres portatifs à trente sous (4), et Voltaire le sait mieux qu'aucun autre, puisque telle a été sa tactique constante pendant ces huit années, on a réussi à affaiblir considérablement les autorités, qui dirigeaient le peuple. On a jeté du discrédit sur le clergé. Voltaire l'a si souvent représenté cupide, ambitieux, intéressé, qu'on se déprend un peu du respect qu'il avait toujours inspiré.

De plus, on l'a en partie gagné aux idées nouvelles. Quand

---

(1) 5 avril 1766.
(2) Voltaire à d'Alembert, 4 juin 1767.
(3) A d'Alembert, 5 avril 1766.
(4) Il est vrai que les condamnations dont ils étaient toujours menacés, en faisaient souvent monter considérablement les prix, et qu'ils n'étaient en somme réservés qu'aux initiés.

l'abbé Yvon revient de Hollande en 1762, il se propose d'écrire une *Histoire ecclésiastique*, qu'il compte traiter *philosophiquement*, et ce projet n'est pas étonnant de la part de l'ancien collaborateur de l'*Encyclopédie*, de l'ancien correcteur de Rey; mais ce qui l'est davantage, c'est que l'archevêque, à qui il montre son plan, n'est nullement effrayé du mot (1). En 1764, le chapelain de Chilly fait un livre très fort contre la religion et a la prétention d'obtenir un privilège (2). En 1769, un professeur de Toulouse, l'abbé Audra, parent et ami de Morellet, enseigne publiquement l'*Histoire universelle* et se propose d'en faire un abrégé classique (3). « Il a fait plus, raconte Voltaire (4); il l'a fait imprimer à l'usage des collèges avec un privilège. Un vicaire l'a brûlée devant sa porte; le premier président l'a envoyé prendre par deux huissiers et l'a menacé du cachot en pleine audience. Presque tout le Parlement court aux leçons de l'abbé Audra. On ne reconnaît plus ce corps. » Les prédicateurs eux-mêmes font parfois des sermons philosophiques et parlent plus de morale que de religion, en attendant qu'ils ne traitent plus que d'économie politique. C'est ce qu'on appelle les sermons à la grecque (5). Les prêtres, qui sont chargés le 25 août de faire le panégyrique de saint Louis ne font plus qu'un discours historique « sur Louis IX (6) », où ils cherchent à l'excuser bien plutôt qu'à le louer d'avoir fait les croisades. En 1767, l'abbé Bassinet, en 1769, l'abbé Le Cousturier donnent ainsi à l'Académie dans la chapelle du Louvre de charmantes harangues, qui soulèvent des applaudissements (7), et le parti est si puissant que ces panégyriques reçoivent l'approbation administrative et sont imprimés, même présentés au roi (8).

Car l'on s'est servi si habilement du gouvernement, on l'a si bien assiégé de toutes parts, si bien cajolé, qu'on l'a finalement détaché du clergé, et qu'on a pu ainsi porter des coups mortels à la grande et implacable ennemie, à l'Église, en attendant qu'on

---

(1) *Mém. secr.*, 6 novembre 1762, I, 156.
(2) Nouv. Acq., 1214, 438.
(3) Voltaire à l'abbé Audra, 20 septembre 1769.
(4) Voltaire à d'Alembert, 3 mars 1770.
(5) *Mém. secr.*, 1764, II, 51.
(6) Voltaire à d'Alembert, 4 septembre 1767.
(7) *Mém. secr.*, 31 août 1769.
(8) C'est Riballier lui-même, le farouche docteur de la Sorbonne, qui autorisa le panégyrique de Le Cousturier. (Brunel, p. 188.)

joignit dans une haine commune le despotisme et la superstition.

L'Eglise, du reste, avait prêté le flanc à ces attaques par ses maladresses, ses imprudences et ses abus. Voyons donc rapidement quel terrain elle a perdu, puisque nos philosophes ont si grandement contribué à l'en chasser et puisqu'ils vont pouvoir tant profiter de la défaite de leurs adversaires.

CHAPITRE IX

LES ADVERSAIRES DES PHILOSOPHES. AFFAIBLISSEMENT DE LEUR PARTI

I. L'expulsion des Jésuites. Leur procès, 1762. La *Destruction des Jésuites* de d'Alembert, 1765. — II. Diverses condamnations, 1765. — III. L'affaire du *Bélisaire* de Marmontel, 1767. — IV. Succès des philosophes.

I

Le coup le plus sensible porté à la puissance de l'Eglise fut l'expulsion des Jésuites. Ce n'est assurément pas l'action directe et exclusive des philosophes qui amena leur ruine. Leurs intrigues, leur soif inextinguible de domination avaient soulevé contre eux beaucoup de mécontentement dans toutes les classes et dans tous les partis. La fortune de leur Compagnie avait été si grande au dix-huitième siècle, qu'ils devaient être les premiers en butte aux attaques de quiconque cherchait à secouer le joug de l'autorité. Surtout la faute énorme qu'ils avaient commise en poursuivant le jansénisme avec une passion et une violence, qui n'avaient certes rien de chrétien, avait fait de ce parti, maintenant puissant dans la nation et au Parlement, leur adversaire le plus implacable. Jamais on ne leur pardonna les ruines de Port-Royal. Les luttes ridicules et pénibles entre Molinistes et Jansénistes, dégradèrent toute la première moitié du dix-huitième siècle, querelles des billets de confession, protestations des appelants, exaltations des convulsionnaires, prétendus miracles du diacre Pâris. Les philosophes suivaient avec intérêt ces discussions qui divisaient le parti ennemi contre lui-même, tantôt se réjouissant de voir leurs adversaires prêts à s'entre-déchirer, tantôt attristés de ces vaines et scandaleuses disputes où s'abaissait l'esprit de la nation. Mais ce fut leur action qui détermina la chute de la puissante

Compagnie. « Oui, Monsieur, disait d'Alembert en 1765 (1), dût-on accuser encore la philosophie de chercher à se faire valoir, elle peut se flatter d'avoir contribué beaucoup à cette grande opération, à la vérité d'une manière sourde et peu éclatante; ceux qui se glorifient d'y avoir eu la plus grande part, ont agi par l'impression de la lumière générale que la raison a répandue depuis quelques années dans presque tous les esprits, et dont plusieurs personnes en place sont aujourd'hui heureusement éclairées. Pour vous en convaincre, voyez, Monsieur, avec quelle amertume on reproche à la philosophie le désastre des Jésuites dans la plupart des apologies qu'on a données de ces pères, et même dans quelques-uns des mandements publiés en leur faveur. »

On connaît toutes les péripéties de ce grand drame historique. Le premier acte se passa au Portugal où le marquis de Pombal, voyant tout le mal que les intrigues des Jésuites faisaient à son pays, profita d'un complot qu'avaient formé certains nobles contre le roi et dont ils étaient complices, pour les déférer au tribunal de l'Inquisition. Ils furent condamnés; plusieurs d'entre eux, notamment le célèbre Malagrida, furent brûlés dans un auto-da-fé; les autres furent exilés et transportés en Italie. Tant de cruauté souleva pourtant l'indignation des philosophes.

Le second acte se passa en France. L'occasion de sévir contre eux fut offerte au Parlement par le P. La Valette, qui venait de clore par une faillite de trois millions les opérations commerciales et le trafic d'esclaves qu'il faisait avec les plantations des Antilles. Il offrit seulement à ses créanciers de dire la messe « pour leur obtenir de Dieu la grâce de souffrir chrétiennement leur ruine (2) ». Les créanciers poursuivirent les Jésuites comme étant solidaires les uns des autres. Ceux-ci, sûrs de triompher, n'usèrent pas du droit qu'ils avaient de faire évoquer leur cause par le Grand-Conseil; ils demandèrent que le procès fût porté à la Grand'Chambre du Parlement de Paris. C'est ce qui les perdit. Le Parlement était violemment janséniste et gallican. Il demanda communication des statuts de leur Compagnie. La cour ne les soutenait pas; l'opinion publique leur était manifestement hostile. Tous leurs ennemis profitaient de la circonstance pour leur porter

---

(1) D'Alembert, *Destruction des Jésuites*, p. 103.
(2) *Ibid.*, p. 50.

quelque coup. Simon, l'imprimeur du Parlement, éditait un recueil fait par les commissaires de tout ce qu'on avait trouvé de plus fort dans leurs livres (1). La Chalotais, procureur général du Parlement de Bretagne, faisait un *Compte rendu* très philosophique où il recommandait la destruction des Jésuites, les plus pernicieux des moines, en attendant celle des autres religieux, et Voltaire l'en félicitait chaleureusement (2). Leurs collèges étaient fermés le 1er avril 1762, et, le 6 août suivant, paraissait enfin l'édit du Parlement, qui prononçait la dissolution de la Société de Jésus comme « favorisant l'arianisme, le socinianisme, le sabellianisme, le nestorianisme... l'impiété des déistes... l'épicuréisme, et... apprenant aux hommes à vivre en bêtes ». Les Jésuites furent sécularisés, leurs biens aliénés et vendus, puis finalement, ils furent exilés.

Les philosophes se réjouirent de cette condamnation ; mais leur triomphe ne fut pas insolent. Même ils eurent pitié de ces pauvres moines vagabonds. Helvétius secourut un Jésuite, qui avait pourtant trahi son amitié, et Voltaire hébergea le Père Adam, à Ferney. Ils avaient trop peur d'être confondus avec la foule délirante des Jansénistes pour se jeter trop vivement dans la mêlée. Ils se contentaient de tirer profit de leur succès. La Chalotais s'empressait de rédiger son *Plan d'éducation nationale* pour que les philosophes fussent prêts à remplacer les collèges des Jésuites (3). Un autre ouvrage fait sur le même sujet et avec la même intention paraissait en même temps. On l'attribua à Diderot, quoiqu'il ne fût sans doute que d'un professeur janséniste, J.-B.-L. Crevier (4). Il proposait toute une méthode pour enseigner aux enfants la religion, la morale et la physique, les trois connaissances essentielles, en en étudiant l'histoire, c'est-à-dire les faits, la théorie ou les systèmes qui en découlent, et la pratique, c'est-à-dire l'ensemble des règles qui sont tirées de ces théories (5). Voltaire ne s'occupa pas directement de ce grand procès, dont il devait rire sous cape. Le bruit courut à Paris

---

(1) Nouv. Acq., 1214, 364.
(2) 17 mai 1762.
(3) *Mém. secr.*, 13 mai 1763, I, 239.
(4) Une lettre de Thiériot à Voltaire, du 2 février 1763, publiée par M. Caussy (*Revue d'hist. litt.*, 1908), laisse entendre que cette attribution est fausse et que l'ouvrage, quoique « rempli d'excellentes réflexions », était d'un prêtre très attaché à ses idées.
(5) *Mém. secr.*, 21 janvier, I, 185. La Harpe, t. XVIII, p. 48.

qu'il travaillait à une histoire de l'expulsion des Jésuites (1). Mais il ne fit rien paraître. Ce fut d'Alembert qui se chargea d'être en la circonstance le porte-parole du parti.

Il écrivit en 1765 une brochure assez plate, assez lourde, où il faisait une histoire impartiale de la Compagnie. C'est la *Destruction des Jésuites*. Le savant secrétaire perpétuel de l'Académie française ne voulut pas se compromettre par un ouvrage de polémique trop vif. Son but était bien de « donner des croquignoles à l'infâme », mais « en lui demandant pardon de la liberté grande (2) », et en feignant de lui faire beaucoup de révérences. Le but était surtout d'empêcher que les Jansénistes ne tirassent un trop beau parti de la chute de leurs adversaires. Il faisait bien une critique assez juste de l'esprit d'ambition et de domination de la célèbre Compagnie et de ses principes de morale relâchés, mais il reconnaissait aussi très impartialement qu'ils ont souvent été de grands savants, d'excellents éducateurs, et que leurs mœurs étaient très pures. Il racontait enfin l'histoire de leurs querelles avec les Jansénistes et celle de leur procès, il blâmait sévèrement la fureur des Jansénistes et se félicitait de ce que ces luttes intestines et scandaleuses fussent terminées.

L'ouvrage, une fois composé et quoique très modéré, fut envoyé à Voltaire pour qu'il le fît imprimer à Genève (3). Voltaire le confia à Cramer qui le donna à imprimer à son confrère Chirol. Voltaire s'occupa de tout, fit envoyer une lettre de change à d'Alembert pour ses droits d'auteur, hâta l'impression, la fit faire en gros caractères bien lisibles et corrigea les épreuves. En six semaines le travail fut achevé et le livre envoyé à Lyon, à frère Bourgelat, pour être ensuite dirigé sur Paris. D'Alembert était enchanté et déclarait qu'il ne ferait plus imprimer en France, refusant de se laisser « couper les ongles jusqu'au sang par un censeur », quand il se les coupait déjà lui-même de bien près. On s'attendait à un très beau succès. Mais Cramer faillit tout gâter par une imprudence; il fit partir à Paris quelques exemplaires de la *Destruction* par des amis au mois de mars. « La canaille jansé-

---

(1) *Mém. secr.*, 19 janvier 1763, I, 183.
(2) D'Alembert à Voltaire, 3 janvier 1765.
(3) D'Alembert à Voltaire, 3, 25 janvier; 26 mars; 9, 27 avril; 14 auguste. Voltaire à d'Alembert, 9, 25 janvier; 16 mars; 16 avril; 10 auguste; 4 septembre. — Voltaire à Damilaville, 11 décembre 1765; 12 janvier; 5, 20 février; 1er avril; 22 auguste 1766.

nienne et jésuitique ainsi prévenue cria d'avance contre sa publication et le magistrat la suspendit; on saisit une partie de l'édition à Lyon. Mais, bientôt, on se ravisa. » Les gens raisonnables trouvèrent l'ouvrage impartial et utile, les amis des Jésuites même surent gré à l'auteur de n'avoir dit de la Société que le mal qu'elle méritait. Seuls, les Jansénistes, qui y étaient assez malmenés, se mirent à crier, mais, comme « le Parlement y était traité avec ménagement », ils ne parvinrent pas à le faire condamner. Merlin put le débiter, sans doute avec une permission tacite, en avril (1). Mais d'Alembert avait beau exhaler dans ses lettres sa satisfaction de ces « croquignoles », par où il avait commencé, et annoncer qu'il allait continuer par « des coups de houssine, des coups de gaule, des coups de bâton et même un coup de stylet », son livre était trop terne pour qu'il fît grand bruit, et quand, deux ans après seulement, il voulut en faire faire une seconde édition, Chirol refusa d'en courir le risque, déclarant que personne ne s'intéressait plus à « l'humiliation des prêtres de Baal ». D'ailleurs, un livre qui n'était pas condamné ne pouvait guère prétendre aux honneurs de la seconde édition.

Cependant l'affaire des Jésuites redevenait un sujet d'actualité; on en reparla beaucoup à propos de leur expulsion d'Espagne. C'était leur pays d'origine, celui où ils furent le plus puissants. Mais, là encore, ils abusèrent de leur force et furent les instigateurs d'une émeute contre le roi en 1766. Charles III se vengea d'eux en ordonnant subitement l'année suivante de les arrêter dans toutes ses possessions et de les en bannir. On en déporta six mille en Italie, où ils errèrent longtemps sans trouver d'asile. D'Alembert profita de l'occasion pour donner encore deux *Lettres à M***, conseiller au Parlement de ***, pour servir de supplément à la Destruction des Jésuites*. La seconde rendait compte de cette nouvelle affaire d'Espagne; la première répondait à quelques objections qu'on avait faites à la *Destruction;* d'Alembert y reprenait les mêmes idées en les accentuant, n'épargnant toujours pas plus les Jansénistes que les Jésuites et se félicitant du triomphe imminent de la raison sur la superstition. Il eut encore recours à Voltaire pour la faire imprimer à Genève et lui envoya ce qu'il appelait ses « gants d'Espagne ». Ces lettres ne se répandirent pas très facilement; il y en eut peu à Paris. D'A-

---

(1) *Mém. secr.*, 2 avril 1765, II, 189; Nouv. Acq., 1214, 444.

lembert les prêtait seulement à ses amis et sous le sceau du plus grand secret (1).

Cette expulsion des Jésuites d'Espagne fut le prélude du dernier épisode de leur triste aventure. Les cours de Madrid, de Parme et de Paris s'entendirent pour demander au pape la dissolution de leur Société. Clément XIII s'y refusa toujours. Mais à sa mort, en 1769, les Bourbons firent élire au conclave Ganganelli, sous la condition qu'il promît de condamner les Jésuites. En 1773, après de longs atermoiements, le bref de suppression était signé par Clément XIV.

II

Ce fut un grand affaiblissement pour le parti antiphilosophique que cette défaite des Jésuites. Le clergé, comme le Parlement, en était trop occupé pour veiller à la défense de la foi. Les philosophes avaient beau jeu. Ils avaient si bien déconsidéré, bafoué leurs ennemis que ceux-ci n'osaient plus les condamner ou que, s'ils l'osaient, ils ne réussissaient qu'à s'attirer « des quolibets ». En 1769, on ne se gênait pas pour « tympaniser » un mandement de l'archevêque de Lyon, qu'on estimait un peu « capucinal (2) ».

Les condamnations n'étaient, d'ailleurs, pas très fréquentes. Elles venaient comme par crise. Presque tous les ouvrages de Voltaire, dont nous avons parlé, quelque dangereux qu'ils fussent, échappèrent aux foudres du Parlement et du clergé. Pourtant en 1765, quand l'affaire des Jésuites fut un peu oubliée, on s'avisa de part et d'autre de faire comme une revision des ouvrages condamnables qui avaient paru pendant le grand procès. Le Parlement fit, le 19 mars, un arrêt contre le *Dictionnaire philosophique portatif* et les *Lettres écrites de la Montagne* (3). Omer Joly de Fleury,

---

(1) *Mém. secr.*, 7 juin 1768, XVIII, 376. D'Alembert à Voltaire, 14 juillet 1767. — D'Alembert à Mandinet, 22 juin 1767. *Corresp. inédite*, p. 59.

(2) *Mém. secr.*, 22 février 1769, IV, 236.

(3) L'arrêt fut rendu « toutes les chambres assemblées » (124 magistrats présents). Cette procédure extraordinaire n'eut lieu qu'à cause de trois libelles religieux dirigés contre le Parlement, qui étaient condamnés en même temps que les deux ouvrages de Voltaire et de Rousseau. (Voir Lanson, *Quelques documents inédits... sur la condamnation des Lettres de la Montagne*. *Ann. J.-J. Rousseau*, 1er vol., et les documents de la Collection Joly de Fleury, dossier 4576, vol. 397, f° 98-153.)

qui allait être bientôt remplacé comme avocat général par Séguier, fit un de ses derniers réquisitoires, et s'attira, comme de coutume, les sarcasmes de ses adversaires. Comme pour bien montrer le peu de discernement qu'on mettait dans ces arrêts, on condamnait le même jour que ces ouvrages des deux plus grands philosophes du siècle, trois libelles « obscurs et fanatiques : l'*Avis important*, le *Cosmopolite* et les *Réflexions importantes*, qui déparaient cette apothéose (1) ».

Le clergé, qui s'assemblait vers le même temps, voulut faire un holocauste plus complet et choisit mieux ses victimes. Ses *Actes* commençaient par la condamnation de quantité d'ouvrages « que peu de ces saints prélats étaient en état d'entendre » : le *Dictionnaire philosophique*, l'*Encyclopédie*, l'*Esprit*, l'*Emile*, le *Contrat social*, etc. « C'était proscrire en quelque sorte d'un coup de plume toute la France littéraire (2). » Mais cette condamnation ne pouvait pas faire grande impression sur le public. On ne l'avait que difficilement : elle était condamnée elle-même par le Parlement : car elle contenait, outre ces désignations d'ouvrages dangereux, une déclaration sur la bulle *Unigenitus* et sur la doctrine des deux puissances; tant étaient confuses ces attributions de pouvoirs, tant étaient contradictoires des décisions qui auraient dû se renforcer. Les philosophes pouvaient bien railler tant d'incohérence, et Voltaire ne s'en faisait pas faute; il écrivait alors, après cette déclaration de l'Assemblée du clergé, son spirituel *Mandement de Mgr l'archevêque de Novogorod* (3).

Dans d'autres mandements plus authentiques que ceux de Voltaire, dans des lettres pastorales, dans des oraisons funèbres, les évêques avaient accoutumé de faire une sortie contre les philosophes. C'est ce qu'on appelait le *point d'orgue* des évêques, d'après l'expression qui servait à désigner le temps d'arrêt par lequel les chanteurs italiens faisaient remarquer les passages où ils montraient leur savoir-faire. La mort du Dauphin (en 1766), qui était connu pour sa dévotion et sa haine des philosophes, fut une belle occasion pour les points d'orgue (4). Telles étaient les

---

(1) *Mém. secr.*, 21 mars 1765, II, 184. Cf. Grimm, avril 1765, IV, 252, et Collection Joly de Fleury, dossier 4576, vol. 397, f° 112; Lettre de Sartine à Joly de Fleury, donnant des renseignements sur les individus à poursuivre. Voir Lanson, *Ann. J.-J. Rousseau*, 1, p. 129.
(2) Grimm, 15 novembre 1765, VI, 411. — *Mém. secr.*, 18 septembre 1765, II, 258.
(3) S. l. n. d. (1765), in-8°, 21 p., Beng., 1712.
(4) Grimm, 1er avril 1766, VII, p. 4.

mesquines satisfactions et les revanches inefficaces auxquelles se complaisait, à défaut d'action plus sérieuse, le parti catholique.

III

L'année suivante pourtant, il tenta de résister réellement, mais il le fit si maladroitement, qu'il ne réussit qu'à se couvrir de ridicule. A propos d'un livre bien fade et insignifiant, le *Bélisaire* de Marmontel, à cause d'un chapitre qu'il contenait sur la tolérance, on fit, ou plutôt on voulut faire une condamnation sensationnelle, dont l'échec lamentable montre bien l'impuissance et le discrédit, dans lesquels étaient tombées les autorités chargées de surveiller la presse.

Marmontel était déjà connu par ses *Contes moraux*, qu'il avait publiés en 1761 et en 1765 avec permission tacite, puis avec privilège. Le succès en avait été assez considérable et allait toujours grandissant. Les premières éditions avaient commencé à l'enrichir (1). Ils étaient pourtant bien fades, bien littéraires, bien « bavards »; mais ils étaient empreints d'une douce philosophie attendrissante et vertueuse, qui avait mis le genre à la mode et inspiré même des imitateurs (2). Encouragé par ces succès, Marmontel écrivit une sorte de roman semblable sur Bélisaire. C'était une suite de longues dissertations entre le vieux général aveugle et l'empereur ingrat qui l'avait disgracié, sur des lieux communs de morale. Mais, pour se conformer au goût du jour, Marmontel avait choisi le principe de la tolérance comme sujet à une de ces dissertations. Reprenant une idée chère à Voltaire sur le salut des païens, il faisait dire à son Bélisaire : « Je ne puis me résoudre à croire qu'entre mon âme et celle d'Aristide, de Marc-Aurèle et de Caton, il y ait un éternel abîme, et, si je le croyais, je sens que j'en aimerais moins l'Etre excellent qui nous a faits »; puis il lui faisait prononcer toute une conférence sur la nécessité pour les princes de ne pas se mêler des querelles théologiques et concluait : « Le fanatisme n'est le plus souvent que l'envie, la cupidité, l'orgueil, l'ambition, la haine, la vengeance,

---

(1) Marmontel, *Mém.*, I, 210; Grimm, 15 décembre 1764.
(2) Bastide et La Dixmerie.

qui s'exercent au nom du ciel, et voilà de quels dieux un souverain crédule et violent se rend l'implacable ministre ! »

Marmontel avait déjà composé son *Bélisaire* depuis quelque temps, il l'avait même lu à l'assemblée extraordinaire que tint l'Académie en l'honneur du prince héréditaire de Brunswick, quand il se décida, en 1767, à le faire imprimer. Mais sa situation littéraire et mondaine était trop bien établie pour qu'il consentit à la risquer, sans avoir pris toutes les précautions possibles : et il suffisait d'un exposé aussi anodin du principe de la tolérance pour qu'il fût difficile d'éviter les trois écueils du Parlement, de la cour et de la Sorbonne (1).

Marmontel agit avec méthode et voulut d'abord se gagner le Parlement, où l'abbé Terray, qui n'était pas encore au ministère, avait une grande influence : il alla donc avec Mᵐᵉ Gaulard, une amie commune, passer quelque temps chez Terray, à sa terre de La Motte, et l'on pense que nulle visite ne fut moins désintéressée. Il commença par lire son *Bélisaire* à son hôte, et il nous avoue lui-même modestement, ce que nous avons quelque peine à croire aujourd'hui, que « l'abbé, quoique naturellement peu sensible, le fut à cette lecture ». Profitant de ce succès, il lui confia « qu'il appréhendait quelque hostilité de la part de la Sorbonne et lui demanda s'il croyait que le Parlement condamnât son livre dans le cas qu'il fût censuré. Terray l'assura que le Parlement ne se mêlerait point de cette affaire et lui promit d'être son défenseur si quelqu'un l'attaquait ». Gardé ainsi du côté du Parlement, Marmontel travailla à se rendre la cour favorable. La chose était plus délicate. Sa protectrice de jadis, la marquise de Pompadour, était morte depuis bientôt quatre ans et il n'avait aucun appui auprès du vieux chancelier Maupeou. Il eut alors recours à la femme de son libraire, Mᵐᵉ Merlin, laquelle était connue et protégée du chancelier. Pressenti par elle, Maupeou promit sa faveur. Marmontel jugea pourtant que cette assurance n'était pas suffisante et il fit part à Saint-Florentin du désir qu'il avait de dédier *Bélisaire* au roi ; à quoi on lui répondit, comme il s'y attendait, que, l'ouvrage risquant d'être censuré, le roi ne pouvait en accepter la dédicace. Du moins avait-il ainsi à Versailles un témoin de ses bonnes intentions.

(1) Voir pour tout ce récit les *Mémoires* de Marmontel. Cf. *Mém. secr.*, III, et *Gazette à la main* de Marin. (Bibl. Ville de Paris.)

Il affronta alors courageusement la censure, qui lui fut assez sévère, puisqu'on ne se contenta pas du censeur littéraire et qu'on crut devoir soumettre son livre à un théologien, à cause des passages sur les matières religieuses qu'il contenait. C'était un docteur de la Sorbonne, qui s'appelait Chevrier, fort honnête homme d'ailleurs et très poli, qui fit à Marmontel beaucoup de compliments, lorsque celui-ci vint le voir huit jours après lui avoir livré son manuscrit, mais qui refusa son approbation et ne put que lui conseiller de chercher un autre censeur. C'est ce que Marmontel ne tarda pas à trouver en la personne de M. Bret, qui eut plus d'audace que son collègue et n'hésita pas à prendre la responsabilité de ce privilège. Ce M. Bret était un esprit indépendant et évidemment bien disposé pour les encyclopédistes ; et quand, aussitôt après le scandale de *Bélisaire*, on le raya de la liste des censeurs, il répondit au lieutenant de police, qui lui en exprimait ses regrets : « Eh bien, Monsieur, ne me plaignez pas tant ; c'est un malheur, mais ce n'est pas un déshonneur (1). »

Bélisaire put donc paraître en février 1767. Tout le monde s'accorda pour trouver que c'était « une dissertation très froide, très longue, très rebattue sur des objets de morale et de politique plutôt qu'un conte (2) » et que le style en était furieusement monotone et devenait à la longue fort ennuyeux (3). « Quand serons-nous délivrés de l'ennui de lire des ouvrages où des pédants prétendent éclairer les hommes d'Etat ? » s'écriait Collé (4). Néanmoins, *Bélisaire* réussit ; la première édition était rapidement épuisée et fut immédiatement suivie de deux autres. En trois mois on en avait vendu neuf mille exemplaires. C'est qu'il y avait ce fameux chapitre XV, que tout le monde voulait avoir lu ; on prétendit y voir des allusions et on en fit aussitôt des applications malignes. Voltaire, dès qu'il reçut le livre, « se jeta, par un heureux instinct, sur ce chapitre de la tolérance ». Il en fut si enlevé qu'il demanda immédiatement à Damilaville d'aller acheter à son compte un exemplaire complet de ses *OEuvres* chez Merlin, de le faire relier et de le présenter de sa part à Marmontel (5).

---

(1) *Mém. secr.*, 10 avril 1767, III, 187.
(2) *Mém. secr.*, 13 février 1767, III, 157.
(3) *Gazette à la main* de Marin au comte Assolinski, 16 février 1767. (Bibl. Ville de Paris.)
(4) *Journ.*, fév. 1767, III, 128.
(5) Voltaire à Damilaville, 16 février 1767.

Malgré cet enthousiasme, il est vraisemblable que l'ouvrage aurait été bientôt oublié, si la Sorbonne n'avait eu l'insigne maladresse de s'en mêler, pour le plus grand désavantage de sa propre cause et de celle qu'elle défendait. On ne voit pas trop ce qui la décida à agir; car Voltaire « avait déjà dit vingt fois et cent fois mieux que cet aveugle que Marc-Aurèle, Trajan et Antonin devraient bien tenir un coin dans le ciel des païens(1) ». Mais le succès de *Bélisaire* excita le zèle des sages maîtres. Soit de sa propre initiative, soit sur l'invitation de la cour, la Sorbonne s'en préoccupa dès le mois de février.

Aussitôt l'émotion soulevée fut grande. Le bruit courait que le privilège allait être cassé, que « l'archevêque de Paris se disposait à tonner contre les maximes de l'auteur par un mandement, que la Faculté de théologie allait les proscrire par une censure publique(2) ».

Marmontel, loin d'être effrayé de tout ce bruit, s'en réjouissait tranquillement, pensant que tant de condamnations allaient donner à son livre une renommée que son seul mérite ne lui aurait peut-être pas value; il jugea que son rôle était de ne paraître « ni faible ni mutin et de gagner du temps(3) ». Aussi, quand l'archevêque, inspiré sans doute par un certain M. Vial, son homme de confiance, et compatriote de Marmontel, proposa à ce dernier de s'arranger avec lui pour terminer l'affaire, il se montra très docile et promit de faire toutes les rétractations et professions de foi que l'on voudrait, de signer la constitution, le formulaire, etc. Des conférences eurent lieu à Conflans, où Mgr de Beaumont tenta de concilier le farouche Riballier et le docile Marmontel. Mais comme l'un ne voulait pas démordre de ses principes d'intolérance, auxquels l'autre était décidément opposé, ils ne purent s'entendre.

Au *primâ mensis* de mars, Riballier rendit compte du *Bélisaire*(4). Il relevait les écarts que Marmontel s'était permis contre la religion catholique; il lisait la lettre de soumission que le malheureux auteur avait envoyée à l'archevêque, mais il concluait que les explications données jadis par Montesquieu et Buffon ayant été insuffisantes pour réparer le scandale, il convenait

---

(1) Collé, *Journal*, février 1767, III, 128.
(2) *Mém. secr.*, 21 février 1767, III, 159.
(3) Marmontel, *Mémoires*, p. 266.
(4) Arch. Nat., MM, 258, f° 169.

d'agir, cette fois-ci, plus vigoureusement. L'Assemblée nomma huit commissaires pour faire valoir ses raisons auprès de l'archevêque. Celui-ci déclara qu'il n'avait en vue, dans toute cette affaire, que le plus grand bien de la religion. Les commissaires n'eurent pas de peine à lui prouver que le plus grand bien de la religion réclamait une condamnation en règle ; ils décidèrent de se concerter pour faire une explication théologique, qui corrigerait les passages dangereux de *Bélisaire* (1).

Toutes ces discussions éveillaient fort l'attention du public, qui, en attendant la censure, lisait le livre. On était encore indécis et on ne savait trop ce qu'il fallait penser et de l'ennuyeux volume de Marmontel et du zèle bien ardent de la Sorbonne. Or, Voltaire, qui protégeait Marmontel depuis le début de sa carrière littéraire, qui suivait toute cette affaire avec grand intérêt et qui y voyait l'occasion de quelque nouvelle bataille contre « l'infâme », pensa qu'il valait mieux prendre tout de suite l'offensive et discréditer la Sorbonne avant même qu'elle n'eût agi. Aussi, vers la fin de mars, une brochure, intitulée *Anecdotes sur Bélisaire*, commençait-elle à percer dans Paris (2). L'auteur anonyme y rapportait la conversation qu'un académicien et un moine avaient eue après boire chez un magistrat. Le licencié de théologie expliquait que la doctrine de la tolérance, soutenue avant Marmontel par saint Jérôme et saint Paul, était pourtant évidemment très condamnable, que le nombre des élus était bien de deux à trois mille sur quatre-vingts milliards de nos frères, qu'Henri IV est damné, mais que Ravaillac, purgé par le sacrement de pénitence, jouit de la gloire éternelle, que les philosophes étaient une troupe de coquins qui ne cessaient de prêcher la bienfaisance, la douceur, l'indulgence et qui poussaient la méchanceté jusqu'à vouloir que Dieu fût bon, enfin que, puisque toute l'Académie pensait comme Marmontel, il fallait qu'il fût puni avec l'Académie. A quoi le magistrat répondait : « Ce que vous avancez là est fort chrétien, mais n'est pas tout à fait juste... » Peu de temps après, une seconde *Anecdote* paraissait, que Voltaire envoyait aux amis de Paris (3). Un prétendu abbé Mauduit y racontait comment Frère Triboulet, docteur de Sorbonne, ayant eu une discus-

---

(1) *Mém. secr.*, 26 février, 3 et 15 mars 1767, III, 160, 165, 171. *Gazette* de Marin, 2, 16 mars.

(2) Beng., n° 1735. *Mém. secr.*, 31 mars, III, 183.

(3) D'Alembert à Voltaire, 23 mai.

sion avec Frère Tamponnet, Jacobin, et Frère Bonhomme, Cordelier, ils finirent par se mettre d'accord pour minuter ce décret (1) : « Nous, assemblés extraordinairement dans la ville des *Facéties*..., animés du même esprit qui nous guide toujours, nous donnons à tous les diables un nommé Bélisaire, général d'armée en son vivant d'un nommé Justinien ; lequel Bélisaire, outrepassant ses pouvoirs, aurait méchamment et proditoirement conseillé audit Justinien d'être bon et indulgent, et aurait insinué avec malice que Dieu était miséricordieux ; condamnons cette proposition comme blasphématoire, impie, hérétique, sentant l'hérésie : défendons sous peine de damnation éternelle, selon le droit que nous en avons, de lire ledit livre sentant l'hérésie et enjoignons à tous les fidèles de nous rapporter les exemplaires dudit livre, lesquels ne valaient précédemment qu'un écu, et que nous revendrons un louis d'or avec le décret ci-joint. » Voilà qui était plus léger, plus amusant que la lourde prose de Marmontel, et, après avoir lu ces petits pamphlets, on était bien tenté de trouver que la Faculté avait tort.

Cependant, la Sorbonne avait beaucoup de difficulté à arriver à une solution. Au *primâ mensis* d'avril, les commissaires choisis lui soumirent les articles qu'ils avaient extraits du quinzième chapitre et au sujet desquels ils se proposaient de dresser des explications que Marmontel devrait signer. La Sorbonne les examina le 1er, le 3 ; puis finalement, le 6, elle rejeta ce travail, se décida à faire une censure dans la forme ordinaire et nomma de nouveau douze députés à cet effet (2).

Au commencement de mai, ces douze députés avaient réussi à extraire un *Indiculus propositionum excerptarum ex libro cui titulus Bélisaire*. Le 5, la Sorbonne délibéra sur ce projet qu'elle approuva, tout en le trouvant insuffisant et en déclarant nécessaire une censure plus complète (3). Cet *Indiculus*, qui condamnait trente-sept propositions, fut néanmoins publié ; il parut seulement ridicule, surtout quand Turgot, se mêlant à la lutte, eût répondu par *Trente-sept vérités opposées aux trente-sept impiétés de Bélisaire par un bachelier ubiquiste* (4).

(1) C'est la traduction de la formule du compte rendu des *primâ mensis* : « ... Habita sunt comitia generalia eaque extraordinaria in aula majore collegii Sorbonæ... »
(2) Coll. Joly de Fleury, vol. 423, f° 32. — Arch. Nat., MM, 258, f° 174.
(3) Arch. Nat., MM, 258, f° 176.
(4) *Mém. secr.*, 24 juin, III, 245.

Au début de juin, les députés arrivèrent à soumettre un projet de censure à la Sorbonne, qui en délibérait pendant tout le mois. Enfin, le 26, elle approuvait les quatre articles de la censure dont elle ordonnait l'impression en latin et en français (1).

Mais il y fallait encore mettre la dernière main, et pendant que les députés y travaillaient, de nouvelles difficultés surgirent. Le zèle des docteurs les avait entraînés trop loin. Ils avaient étendu leur principe de l'intolérance religieuse à l'administration civile. Le gouvernement maintenant se trouvait compromis et ne voulait pas que la censure fût publiée.

Des négociations étaient entamées entre la Sorbonne et le Parlement. La censure était communiquée au Premier Président. Les députés étaient obligés de se déclarer prêts à faire les corrections qu'on jugerait utiles et la Sorbonne promettait de ne plus parler de *Bélisaire* (2). Le syndic, qui voulait seulement lire sa préface au *primâ mensis* d'août, se soumettait et ne disait rien (3). Les mémoires et les conférences se multipliaient; finalement, comme la cour était à Fontainebleau et le Parlement en congé, on décida d'attendre la rentrée des Chambres et le retour de Fontainebleau (4).

Mais en juillet, une nouvelle, bien soigneusement répandue à Paris par tous les amis de Voltaire, achevait de rendre la Sorbonne tout à fait « méprisable ». S. M. l'Impératrice de Russie, voyageant en Asie, avait daigné s'amuser dans ses loisirs avec les seigneurs de sa suite à traduire *Bélisaire* en russe, et on imprimait cette traduction à Casan. La tsarine elle-même le mandait à Voltaire (5). Que pouvait bien signifier une censure de ces « chats fourrés » de Sorbonne, quand on avait un témoignage aussi éclatant de la grande Catherine? Elle n'était pas la seule d'ailleurs à approuver *Bélisaire* à l'étranger. On écrivait de Vienne que LL. MM. Impériales, ayant honoré ce livre de leur estime, il s'imprimait en Autriche, quoiqu'on y sût très bien ce qui se passait à Paris (6).

(1) Arch. Nat., MM, 258, f° 178.
(2) Coll. Joly de Fleury, vol. 423, f° 35.
(3) Arch. Nat., MM, 258, f° 182.
(4) Coll. Joly de Fleury, vol. 423, f° 36.
(5) Voltaire à Damilaville, 22 juillet.
(6) Voltaire à Marmontel, 7 auguste; Cf. 21 auguste 1768. (Cette lettre, publiée par M. Caussy dans *le Correspondant* du 25 août 1911, est certainement mal datée en 1764.)

Justement Voltaire était de nouveau excité contre la Sorbonne. L'abbé Coger, le second de Riballier, avait publié un *Examen de Bélisaire*, où il attribuait à Voltaire le poème sur la *Religion* (*Loi*) *Naturelle* et le *Dictionnaire philosophique*. On sait la fureur de Voltaire, sitôt qu'on l'accusait d'avoir fait un ouvrage qu'il avait désavoué. Il ne cessait de protester, et son ressentiment contre les Coger, les Riballier et les autres ne faisait qu'augmenter. En octobre il lançait à Paris la *Lettre de Gérofle* (son valet), *à Coger* (1); il promettait à Marmontel son concours encore plus actif, quand sa santé lui redonnerait quelque force. Enfin, on avait décidé, pour frapper encore davantage le public, de réunir toutes ces productions éphémères de Voltaire, Turgot, Marmontel en un volume intitulé *Pièces relatives à Bélisaire* (2). On l'avait fait imprimer à Genève avec la mention Amsterdam, et à Saint-Quentin chez un imprimeur clandestin nommé Gaubry; et on le distribuait prudemment. D'Argental, d'Alembert, Damilaville et l'abbé Morellet le déposaient eux-mêmes par petits paquets de six ou douze exemplaires chez des personnes de leur connaissance, qui les vendaient ensuite. Le suisse de M. d'Argental en distribuait aux colporteurs qu'il connaissait. Ceux-ci en trouvaient aussi chez Merlin, qui en avait reçu un certain nombre de Damilaville. Il en avait toute une provision qu'il cachait soigneusement dans sa cuisine (3).

Le public, qui voyait la Sorbonne ridiculisée de toutes manières, méprisée par les cours étrangères, en opposition même avec le gouvernement, était tout favorable au parti encyclopédiste dans cette affaire. Marmontel, qui s'était réfugié à Spa et voyageait en Allemagne pendant toute cette alerte, était « pleinement victorieux »; il ne lui manquait plus pour l'être encore davantage que d'être officiellement et publiquement condamné par la Sorbonne. Les sages maîtres « furent assez fous pour lâcher ce décret (4) ». Le 1er décembre la censure de la Faculté de théologie parut enfin. Elle formait un volume in-quarto français et latin de cent vingt-trois pages (5). Elle ne condamnait plus que quinze propositions au lieu de trente-sept; et tout le passage sur l'intolérance civile avait été complètement refondu. En effet

(1) Beng., n° 1745.
(2) *Ibid.*, n° 1900.
(3) Nouv. Acq., 1214, 510, 519.
(4) *Mém. secr.*, 1er septembre, III, 243. — Voltaire à Damilaville, 11 novembre.
(5) Arch. Nat., AD III, 26, f° 47, et 22098, 97. Elle n'est copiée dans les registres de la Sorbonne qu'au mois de février 1768 (Arch. Nat., MM, 258, f° 200-278).

le gouvernement, qui avait suspendu la censure depuis le mois de juin, avait imaginé de mander les gens du roi et les avait priés de corriger ce qui le blessait. Puis on avait exigé de Riballier, homme dévoué à la cour, qu'il fît passer les corrections. Celui-ci gagna si bien les commissaires que sur quinze, un seul protesta et une censure parut ainsi, qui n'avait plus rien de commun avec la véritable censure de la Sorbonne, mais qui était conforme aux sentiments du gouvernement. Aussitôt les sages maîtres s'émurent et firent de vifs reproches au syndic et aux commissaires à leur réunion du 4 décembre. Mais Riballier les calma, obtint que la délibération fût renvoyée au mois suivant, puis « tira aussitôt une lettre de cachet pour leur prouver qu'ils avaient d'autant mieux fait de surseoir qu'il avait des ordres supérieurs pour arrêter toute délibération (1) ».

La publication de cette censure tronquée mettait l'archevêque dans le plus grand embarras; son mandement était prêt depuis longtemps, et il ne voulait pas paraître en contradiction avec la Sorbonne (2). Cependant les philosophes prenaient plaisir à augmenter le trouble de ces pauvres docteurs. Marmontel faisait mettre dans les petites affiches qu'il avait perdu son portefeuille et, quelques jours après, qu'on le lui avait renvoyé. Mais entre temps paraissait imprimé un recueil de lettres de l'Impératrice de Russie, du Roi de Pologne, du Prince royal de Suède qui « traitaient les sages maîtres comme des cuistres (3) ». Quant à Voltaire, il envoyait une petite réponse catégorique au sieur Coger où il demandait qu'on renfermât ce régent de collège dans une maison qui ne s'appelait pas collège. Mais c'étaient là maintenant les derniers coups égarés de la bataille. Le gouvernement ordonnait qu'on cessât le feu; et cet ordre ne s'adressait pas à ces pauvres philosophes persécutés par l'inquisition française et qui ne se plaignaient plus trop maintenant, tous les succès étant pour eux, mais aux docteurs, furieux de leur échec et de la façon dont on les avait bernés. Au *primâ mensis* de janvier, Riballier avait une lettre de cachet, qui défendait toute délibération sur *Bélisaire* et le doyen Xaupy avait ordre de s'y opposer absolument (4). Les sages maîtres, qui flairaient sans doute le coup,

---

(1) *Mém. secr.*, 10 décembre 1767, III, 293.
(2) Hardy, 3 décembre, I, 140, et *Mém. secr.*, 10 décembre, III, 293.
(3) *Mém. secr.*, III, 295.
(4) *Mém. secr.*, 3 janvier 1768, III, 304.

— 249 —

décidèrent de renvoyer la discussion. Cependant on débitait toujours, comme reflétant l'opinion de la Faculté, cette censure contre laquelle on lui défendait de protester. Elle ne put qu'enregistrer, le 18 janvier 1768, la lettre de cachet du roi et déclarer que l'addition sur les deux pouvoirs n'était pas son ouvrage, s'abstenant néanmoins de dire son sentiment sur le fonds de cette addition. Le 3 février on lut une lettre de Saint-Florentin au syndic interdisant de plus délibérer sur la censure de *Bélisaire*; la Sorbonne continua pourtant de s'en occuper dans des assemblées particulières; mais on n'en parla plus aux *primâ mensis* (1).

La partie était bien perdue. L'archevêque, qui avait son mandement tout imprimé (2), se décida à le faire lire au prône le 1er février. On le jugea assez modéré. Mais le mandement, comme la censure, était conspué par tout le monde (3). La censure était bien affichée un peu partout à Paris. Quand Marmontel revint d'Allemagne, il la trouva à la porte de l'Académie et à celle de Mme Geoffrin, chez qui il demeurait; mais il semblait que les suisses du Louvre se fussent entendus pour essuyer leurs balais à cette pancarte. On prévint Marmontel de se tenir tranquille et « *Bélisaire* continua de s'imprimer et de se vendre avec privilège du roi (4) ». C'était maintenant un ouvrage célèbre que les imprimeurs clandestins recherchaient. En mai 1768, la femme de ce Gaubry, qui avait imprimé les *Pièces relatives*, vint à Paris pour chercher du travail; elle acheta un exemplaire à Merlin et le fit imprimer par son mari, à l'insu de Merlin, qui fut obligé d'accepter ensuite l'édition, ne voulant pas voir l'ouvrage paraître ailleurs que chez lui. Cette affaire faillit même le brouiller avec Marmontel, car la femme Gaubry annonça malignement à celui-ci cette nouvelle édition dont il n'avait pas été prévenu (5).

IV

La Sorbonne fut désormais tout à fait déconsidérée. « Elle était couverte d'un ridicule et d'un opprobre éternels; elle était

---

(1) *Mém. secr.*, 14, 19 janvier, 9 février 1768, III, 311-331.
(2) 22 099, 8.
(3) Voltaire y répondit aussitôt par la *Lettre de l'archevêque de Cantorbery à l'archevêque de Paris* (mars 1768. Beng., no 1756).
(4) Marmontel, *Mémoires*, p. 285.
(5) Nouv. Acq., 1214, 536.

tombée précisément au niveau de Fréron (1). » Elle ne se mêla plus de condamner. Elle prenait des moyens plus détournés, mais non pas plus heureux pour attaquer ses adversaires. En 1772, elle proposa comme sujet d'éloquence latine pour son prix annuel : « Non magis Deo quam regibus infensa est ista quæ vocatur hodie philosophia ». « Ce beau latin, traduit littéralement, comme le remarquait d'Alembert, veut dire que la philosophie n'est pas plus ennemie de Dieu que des rois, ce qui signifie en bon français qu'elle n'est ennemie ni des uns ni des autres. » Beau sujet de plaisanteries entre Bertrand et Raton (Voltaire et d'Alembert) et Bertrand, toujours habile à saisir les bonnes occasions, conseillait vivement à Raton de faire une nouvelle addition à sa *Destruction des Jésuites* et de prouver : 1° que « cette qu'on nomme aujourd'hui théologie était ennemie des rois, et 2° qu'elle était ennemie de Dieu parce qu'elle en faisait un être absurde, atroce, ridicule et odieux (2) ».

Cette affaire de *Bélisaire* avait en effet porté à la Faculté un coup dont elle ne se releva pas, et c'était la philosophie qui retirait tous les avantages du discrédit, où était tombée son ennemie. Voltaire écrivit à d'Alembert au moment même où elle lançait son *Indiculus* : « Dieu maintienne votre Sorbonne dans la fange où elle barbote ! La gueuse a rendu un service bien essentiel à la philosophie. On commence à ouvrir les yeux d'un bout de l'Europe à l'autre. Le fanatisme, qui sent son avilissement, et qui implore le bras de l'autorité, fait malgré lui l'aveu de sa défaite. Les Jésuites chassés partout, les évêques de Pologne forcés d'être tolérants, les ouvrages de Bolingbroke, de Fréret et de Boulanger, répandus partout, sont autant de triomphes de la raison. Bénissons cette heureuse révolution qui s'est faite dans l'esprit de tous les honnêtes gens depuis quinze ou vingt années ; elle a passé mes espérances (3). »

Et de fait, quand le Parlement d'Abbeville condamnait et faisait exécuter en 1770 le chevalier de La Barre, Voltaire parvenait sans peine à soulever l'indignation publique contre ce « crime du fanatisme », qui était bien l'un des derniers, où il osât s'aventurer.

Car le parti philosophique était maintenant une puissance re-

---

(1) Voltaire à Marmontel, 21 auguste 1767, p. p. M. Caussy (*Correspondant*, 25 août 1911).
(2) D'Alembert à Voltaire, 26 décembre 1772 ; Voltaire à d'Alembert, 12 février 1773.
(3) Voltaire à d'Alembert, 4 juin 1767.

doutable dans la nation. L'Académie lui était presque entièrement gagnée, et, quoique Voltaire n'eût pas réussi à y faire entrer Diderot, comme il s'était mis en tête de le faire vers 1760, les grands chefs du parti siégeaient tous parmi les Quarante. Leurs premières victoires avaient été les élections de Voltaire et de Duclos en 1746, puis de d'Alembert en 1754 et celle de Duclos en 1755 à la charge de secrétaire perpétuel. Ils avaient réussi à remplacer peu à peu les grands seigneurs ou les ministres, qui avaient envahi l'Académie, par de véritables hommes de lettres, c'est-à-dire le plus souvent par des philosophes. Ils se mettaient peu à peu à y travailler pour la cause, lisant des discours ou proposant des prix de littérature sur des sujets philosophiques, que Thomas savait toujours traiter avec succès. Après la crise de 1760, qui avait affirmé leur victoire, ils avaient gagné plusieurs sièges; et là déjà, l'élection assez difficile de Marmontel, en 1763, avait marqué la date d'une conquête définitive des philosophes. Désormais tous les nouveaux élus étaient du parti, Thomas, 1767, Condillac, 1768, Saint-Lambert et Loménie de Brienne, 1770, puis en 1771 le prince de Beauveau, Gaillard, l'abbé Arnaud (1).

La majorité de l'Académie est alors nettement encyclopédiste. Quand Duclos meurt en 1772, malgré l'opposition de Richelieu et de la cour, c'est d'Alembert qui est élu secrétaire perpétuel et pendant douze ans il régentera l'Académie. Duclos avait été modéré, il fut agressif. Son ardeur était d'ailleurs assez inutile; presque tous ses collègues étaient désormais de son parti.

En dehors de l'Académie, les philosophes avaient d'autres cénacles où ils tenaient leurs assises. Les salons littéraires étaient devenus de véritables organismes politiques. Voici les *Annonces et bans* que Diderot publiait le 1ᵉʳ janvier 1770 : « Sœur Necker fait savoir qu'elle donnera toujours à dîner les vendredis; l'église s'y rendra parce qu'elle fait cas de sa personne et de celle de son époux; elle voudrait pouvoir en dire autant de son cuisinier. »

« Sœur de Lespinasse fait savoir que sa fortune ne lui permet pas d'offrir ni à dîner, ni à souper, et qu'elle n'en a pas moins d'envie de recevoir chez elle les frères qui voudront y venir digérer. L'église m'ordonne de dire qu'elle s'y rendra et que, quand on a autant d'esprit et de mérite, on peut se passer de beauté et de fortune. »

---

(1) Il n'y eut pas d'élection entre 1763 et 1767. (Voir Brunel, *les Philosophes et l'Académie*.)

« Mère Geoffrin fait savoir qu'elle renouvelle les défenses et lois prohibitives des années précédentes et qu'il ne sera pas plus permis que par le passé de parler chez elle ni d'affaires intérieures, ni d'affaires extérieures; ni d'affaires de la cour, ni d'affaires de la ville; ni d'affaires du Nord, ni d'affaires du Midi; ni d'affaires d'Orient, ni d'affaires d'Occident; ni de politique, ni de finances; ni de paix, ni de guerre; ni de religion, ni de gouvernement, ni de théologie, ni de métaphysique, ni de grammaire, ni de musique, ni en général d'aucune matière que ce soit... L'église, considérant que le silence, et notamment sur les matières dont il est question, n'est pas son fort, promet d'obéir autant qu'elle y sera contrainte par forme de violence (1). »

Grâce à l'influence de ces salons, la philosophie gagnait peu à peu les gens du monde; elle devenait de plus en plus à la mode. Voltaire pouvait continuer à écrire ses mille petits ouvrages impies; il était assuré de trouver des lecteurs parmi les fidèles de l'église. Et, pendant que d'autres entraient en scène et poussaient jusqu'à leurs dernières conséquences les principes de la philosophie nouvelle, il allait sans relâche se remettre à amuser et à instruire ses disciples, dont le nombre grossissait chaque jour davantage.

(1) Grimm, XIII, 437.

CHAPITRE X

LA MANUFACTURE DE FERNEY (1768-1774)

I. Ouvrages littéraires et légers de Voltaire : Les *Guèbres*, 1769. Le *Dîner du comte de Boulainvilliers*, 1767. La *Canonisation de saint Cucufin*, 1768, etc. — II. Ouvrages plus philosophiques : *Dieu et les hommes*, 1769. *Tout en Dieu. Les adorateurs.* — III. Les Recueils. Les éditions complètes de ses *Œuvres*, 1768-1777, in-quarto, Cramer; 1775, in-octavo, Cramer et Bardin. — IV. L'*Encyclopédie* de Panckoucke. Sa condamnation. Les *Questions sur l'Encyclopédie* de Voltaire. Publication du *Supplément* de Panckoucke.

I

Pendant les dernières années du règne de Louis XV, Voltaire continua avec le même acharnement sa lutte contre « l'infâme ». Il n'allait plus être seul, et même il allait être dépassé. Ses adversaires, d'autre part, étaient bien affaiblis et il aurait presque pu goûter en paix les plaisirs de la victoire. Mais il voulait encore porter quelques coups à son ennemie. Cette polémique était devenue chez lui comme une habitude. La liste est longue des ouvrages qu'il donnait vers 1768-69. Caché sous les pseudonymes les plus variés, on savait le reconnaître à son style, à son esprit, et on l'accueillait toujours avec plaisir, quelque rebattues que fussent ses idées.

Tantôt c'était une tragédie qu'il écrivait ainsi pour illustrer ses théories par des exemples. Les *Guèbres* prêchaient encore la tolérance et la haine du fanatisme (1), et une préface explicative

---

(1) On connaît l'intrigue de cette tragédie qui est assez compliquée, comme le sont souvent les pièces de Voltaire. Des prêtres de Pluton veulent immoler à leur fanatisme une jeune fille guèbre, Arzame, coupable du crime affreux de professer le déisme le plus pur et de refuser de sacrifier aux idoles païennes. Le tribun romain déclare sa volonté de l'épouser pour la sauver. Mais la jeune fille, étant Guèbre, est déjà mariée à son frère Arzamon. D'où des complications et des situations pathétiques, jusqu'à ce qu'on découvre enfin que le tribun est le père d'Arzamon, et qu'ainsi leur mariage est très naturel. Les prêtres sanguinaires sont punis par Arzamon, qui

ne laissait aucun doute sur les intentions de leur auteur, un prétendu Desmahis (1). Car Voltaire, qui faisait alors l'*Histoire du Siècle de Louis XV* et l'*Histoire du Parlement*, profitait de ces alibis pour désavouer avec assez de vraisemblance cette tragédie philosophique. Il avait bien l'espoir de la faire jouer, et de fait, il y en eut quelques représentations en province. Mais elle ne fut pas acceptée à la Comédie-Française, et il dut se contenter de deux éditions faites, l'une par Cramer et l'autre par La Combe, à Paris, au profit de Marin et sous la surveillance de Sartine lui-même (2).

Tantôt il amusait son fidèle public par quelque ouvrage léger et piquant. Tel, ce *Dîner du comte de Boulainvilliers* (3), qu'il faisait paraître sous le nom de M. de Saint-Hyacinthe, officier de dragons. C'est un dialogue entre un abbé, Fréret, le comte et la comtesse de Boulainvilliers. Tous les arguments ordinaires contre la religion y sont passés en revue : critique des miracles, des prophéties, de l'histoire du christianisme, qui ne s'est établi que grâce aux fraudes de la superstition, au fanatisme et à la persécution. La philosophie y est définie, « l'amour éclairé de la sagesse soutenu par l'amour de l'Etre éternel, rémunérateur de la vertu et vengeur du crime », et c'est ce déisme moral que l'abbé finissait par confesser après avoir abandonné un à un tous ses dogmes. Selon son habitude, Voltaire fut très prudent pour publier son ouvrage. Il n'en envoya d'abord qu'un, puis trois ou quatre exemplaires, qui passaient aussitôt de mains en mains avec une rapidité étonnante. On n'hésitait pas à faire recopier les soixante pages serrées et de caractère fin que comptait le *Dîner*. On voulait absolument avoir ce catéchisme de la religion naturelle.

En avril 1768, le vieux malade fut assez inquiet. Le bruit courait que la reine, qui venait de mourir, avait demandé au roi, après avoir reçu les derniers sacrements, la punition de l'auteur de tous ces libelles impies. L'archevêque était furieux, et menaçait de dénoncer Voltaire au Parlement et de le faire

en fait un grand massacre, et l'Empereur arrive fort à propos pour le gracier, l'approuver et faire une profession de foi sur la tolérance et les principes d'une sage administration.

(1) Voltaire avait bien soin d'y dire qu'il avait d'abord fait de ses personnages des chrétiens, mais que le christianisme était trop respectable pour le mettre sur la scène, qu'à la vérité les prêtres d'Apamée pourraient bien être des Jésuites ou des inquisiteurs et qu'il avait eu pour but de prêcher la charité, l'humanité et la tolérance.

(2) Beng., 276-77. Voltaire à d'Argental, 3, 8, 23 mai, 7 juillet, 4 auguste; à Bordes, 6 septembre; à Richelieu, 27 septembre 1769.

(3) Beng., n° 1750, in-8°, 60 pages s. l. (Genève), 1728 (1767).

décréter de prise de corps. Aussi Voltaire se défendait-il énergiquement d'être l'auteur du *Dîner*, écrivait-il à tous ses amis pour le désavouer, et Mme Denis faisait un voyage à Paris, pendant lequel elle allait constamment voir M. de Choiseul. Comme Ferney était bien loin de Paris, et que, d'ailleurs, les preuves faisaient défaut, la prise de corps ne fut pas décrétée (1).

Sa frayeur momentanée ne l'empêchait pas de répandre avec une ardeur toujours plus grande ses petites brochures. C'était en 1769, à propos de la récente canonisation, par Clément XIII, de frère Séraphin d'Ascoli, une plaisanterie qu'il intitulait *la Canonisation de saint Cucufin, frère capucin d'Ascoli, avec son apparition à un bourgeois de Troyes* (2). Il y faisait un parallèle entre les dieux de l'Olympe et les Saints, déclarait qu'on devrait bien mettre au calendrier saint L'Hôpital, saint de Thou, saint Henri IV (idée que les révolutionnaires reprendront plus tard), et se plaignait du trop grand nombre des fêtes religieuses, qui empêchent le peuple de travailler et le forcent à passer la journée au cabaret. Les femmes et les petits-maîtres se disputaient à Paris ce petit pamphlet (3). D'autres rogatons attiraient encore l'attention sur lui, soit de simples recueils de pièces contre Nonotte, soit une lettre à M. de Voisenon, qu'on ne lisait qu'à cause de la signature, soit les *Colimaçons*, recueil de lettres de deux religieux sur la grave question de savoir comment il pouvait se faire qu'une tête repoussât à un colimaçon décapité, puisque, son âme étant logée dans son cerveau, il devait être réellement mort. Chaque mois, chaque semaine parfois, les Parisiens recevaient ainsi un petit opuscule de Ferney, qui mettait la *science* à la portée des profanes (4). « Le but évident du traducteur, dit Wagnières (5), à propos de la *Collection d'anciens Evangiles*, a été de communiquer aux gens du monde un monument très curieux qui n'était connu que d'un petit nombre de savants. »

---

(1) Grimm, janvier, 15 avril 1768, VIII, 52. Collé, avril 1768, III, 192. Voltaire à Marmontel, 22 janvier.
(2) S. l. n. d. (Genève, 1768), in-8°, 14 p. Beng., n° 1774.
(3) *Mém. secr.*, 6 mai 1769, XIX, 80.
(4) C'étaient le *Sermon prêché à Bâle par Josias Rosette*; les *Conseils raisonnables à M. Bergier*; la *Profession de foi des théistes*; le *Discours aux confédérés catholiques de Kaminick*; l'*Epître aux Romains par le comte Passeran*; les *Remontrances du corps des pasteurs de Gévaudan*; les *Singularités de la nature*; l'*Homélie du pasteur Bourn*; l'*Instruction du gardien des capucins de Raguse à frère Pediculoso*; la *Collection d'anciens Evangiles*..., 1768 et 1769. (Beng., n°⁸ 1757-1776.)
(5) I, 297.

C'était toujours la même clientèle de gens riches et oisifs qui achetaient ces petits livres. Les exemplaires en étaient rares à Paris, et ceux qui échappaient à la police se vendaient plusieurs louis, quand leur valeur commerciale ne dépassait pas vingt-quatre sous ou un écu. Mais on payait le risque du colporteur et de tous les intermédiaires. « Tout le monde aujourd'hui veut penser philosophiquement et parler gouvernement, dit un libraire en 1769 (1). Chacun en raisonne et s'empresse d'avoir les ouvrages, même les plus dangereux qui paraissent sur ces matières. La classe des malheureux, toujours considérable, quelque attention que puisse y apporter le gouvernement, assure la facilité de se les procurer et donnera en tout temps une foule d'hommes qui, entraînés par le besoin ou l'avidité du gain, feront le commerce dangereux au mépris des peines, qui y sont attachées. » Une fois qu'on avait réussi à se procurer un de ces nouveaux ouvrages, on se le passait de mains en mains entre initiés, et il finissait par être lu de tout le monde.

C'est ainsi que Voltaire envoyait constamment aux dévots « des agnus et des chapelets et recommandait à leur zèle la propagation de la foi (2) ». « C'est une des maximes fondamentales établies par le chef de cette manufacture (de Ferney), disait Grimm (3), que les hommes sont de dure conception, et que la vérité ne peut se nicher dans leur cerveau qu'à force de se présenter la même sous des formes et des tournures diverses. »

II

Aussi, à côté de ces facéties, Voltaire ne négligeait-il pas les ouvrages plus philosophiques, plus sérieux. Car il sentait que les esprits étaient bien préparés pour accepter des exposés dogmatiques de la doctrine. D'ailleurs, l'école rivale du baron d'Holbach donnait beaucoup de ces traités, et Voltaire ne voulait pas se laisser distancer. « Cette répétition, malgré sa continuité, n'est pas fastidieuse », dit Diderot (4). De fait, il s'efforçait bien de ne pas l'être

---

(1) Mémoire de Labadie, libraire à Valenciennes, puis à Paris, 22 123, 21. Cf. une note de d'Hémery, 11 décembre 1766, *ibid.*, 6.
(2) La Harpe à Suard, de Ferney, 1767. Nisard, *Mém. hist. et litt.*, p. 345.
(3) 1er juillet 1768.
(4) *Correspondance de Grimm*, 15 novembre 1769, VIII, 303.

et aussi de ne pas trop effaroucher ses lecteurs. Son traité de *Dieu et les hommes, par le docteur Obern, œuvre théologique, mais raisonnable, traduite par Jacques Aimon* (1), prêchait un sage déisme précisément à un moment, où les attaques contre le christianisme étaient si fortes qu'on ne savait plus au juste ce qu'il fallait respecter et conserver. Lui, Voltaire, affirmait plus que jamais que les « nations qu'on nomme civilisées ne trouvèrent jamais de plus puissant antidote contre les poisons, dont les cœurs étaient pour la plupart dévorés, que le recours à un Dieu rémunérateur et vengeur ». Il faisait toujours la critique des dogmes et surtout de la théologie chrétienne. Il recommençait encore une fois son histoire des religions, en commençant par la Chine, et particulièrement son histoire sainte, si l'on peut ainsi parler, qui se prolongeait en histoire ecclésiastique. Il y notait les emprunts que les juifs, puis les chrétiens avaient dû faire à la mythologie et à la philosophie grecques, l'absurdité de leurs dogmes, la prétendue infériorité de leur morale, les fraudes de la superstition et les maux innombrables qu'avait causés le fanatisme. Il allait jusqu'à calculer très exactement le nombre des hommes, que les persécutions faites par les chrétiens avaient tués depuis l'établissement de leur religion, et son addition ne s'élevait pas à moins de neuf millions quatre cent soixante-huit mille huit cents.

Pourtant cette fois la critique de Voltaire était sérieuse et méthodique en même temps que légère et spirituelle. Le gouvernement finit par s'en inquiéter et crut devoir condamner *Dieu et les hommes* en 1770. Mais cet ouvrage fut le seul qui attira les foudres du Parlement.

On commençait enfin à trouver la « fourniture de Ferney trop abondante » ; d'autant que ce n'était plus parfois qu'« un galimatias théologique », comme le *Tout en Dieu ou commentaire sur Malebranche par M. l'abbé de Tilladet* et les *Adorateurs ou les Louanges de Dieu, ouvrage de M. de Jonhorff*, où Voltaire abordait gravement trop gravement même, le problème du mal et diverses autres questions métaphysiques (2).

---

(1) Berlin, Ch. de Vos (Genève), 1769 ; Beng., n° 1785. — Ce sont exactement les mêmes idées qu'il avait déjà exprimées deux ans auparavant dans l'*Examen important de Milord Bolingbroke.*
(2) Beng., n°s 1783-1787. A partir de 1769, les ouvrages politiques remplacent les ouvrages philosophiques. (Voir, dans Bengesco, les *Mélanges*.)

III

Mais c'était un admirable essayiste, un journaliste de génie. Il savait maintenir constamment en haleine la curiosité publique par ses innombrables productions, véritables articles qu'il envoyait ainsi perpétuellement, qu'on lisait rapidement pour se distraire et qui ne laissaient pas à la longue de faire une impression profonde sur les esprits. Comme tout bon journaliste, il ne se contentait pas d'écrire ces articles éphémères et de les laisser périr après une courte existence. Toutes ces facéties, libelles, lettres, dissertations philosophiques étaient encore réunis dans des collections faites avec ou sans son consentement.

Il paraissait d'abord un petit recueil en trois volumes, intitulé les *Choses utiles et agréables*(1); puis de 1769 à 1780, toutes ces pièces fugitives étaient réimprimées encore une fois dans les seize volumes de l'*Evangile du jour* (2), ce qui ne les empêchait pas d'être publiées à nouveau dans les éditions complètes des *OEuvres* de Voltaire, ni ces éditions complètes de se multiplier en ces dernières années.

C'est bien une preuve du succès définitif de Voltaire que cette belle édition in-quarto de ses œuvres (3), illustrée par Gravelot, qu'entreprenait Cramer en 1768. On pouvait y retrouver toutes ces petites pièces attribuées à tant d'hommes morts ou inconnus et que Voltaire désavouait toujours obstinément. Les éditeurs disaient dans la *Préface* : « Nous croyons que cette édition in-quarto, corrigée et augmentée, sera favorablement reçue. L'auteur a joint à la communication qu'il a bien voulu nous donner de tous ses ouvrages, le soin de les revoir tous avec exactitude et d'y faire des additions très considérables, surtout dans l'*Histoire générale*... Quant aux *Mélanges de philosophie et de littérature*, ce sera toujours un objet de la curiosité des lecteurs de voir quels progrès a faits l'esprit humain dans le temps où l'auteur écrivait. »

---

(1) Berlin (Genève), 1769-1770; Beng., 1902. On y trouve notamment *La canonisation de saint Cucufin, le Diner de Boulainvilliers, les Adorateurs, les Pièces relatives à Bélisaire, le Pauvre diable.*

(2) Londres (Amsterdam), Beng., 1904.

(3) 30 volumes in-4°, Genève, Cramer. Deux autres éditions furent faites sur cette édition in-4°, une à Liége et une à Paris, par Panckoucke. (Beng., 2137-2140.)

Voltaire avait revu au moins les premiers tomes et se préoccupait assez sérieusement, au début, de l'entreprise. Il faisait même des recommandations à Panckoucke, qui avait acquis le droit de vendre l'édition à Paris : « Si j'avais un conseil à vous donner, ce serait de modérer un peu l'ancien prix établi à Genève, mais de ne point jeter à la tête une édition qu'alors on jette à ses pieds. Il faut que les chalands demandent, et non pas qu'on leur offre. Les filles qui viennent se présenter sont mal payées ; celles qui sont difficiles font fortune ; c'est l'A B C de la profession. Imitez les filles : soyez modeste pour être riche (1). » Puis, à mesure que l'édition s'avançait, il la patronnait moins ouvertement. « Je vous répète, écrivait-il à Cramer (2), qu'on ne va pas à la postérité avec un si gros bagage » ; et, quand l'édition en arrivait aux *Mélanges*, il désavouait ces rapsodies. « Il y a bien des choses dans ces volumes qui ne sont pas de moi, disait-il encore à Cramer (3), et j'ai bien peur d'être réduit à la triste nécessité de les désavouer dans les journaux... Il y a beaucoup de petits bâtards qui courent le monde sous le nom de mes enfants légitimes. On s'imagine à Paris que c'est moi qui dirige à Genève toutes les éditions auxquelles je n'ai pourtant aucune part. » Et sans doute il ne les dirigeait pas ; du moins il ne les ignorait pas et il ne faisait rien pour les empêcher.

Parfois même il corrigeait une édition qu'il désavouait. Il en fut ainsi pour celle de 1775 (4). Les éditeurs avaient pourtant eu la prudence de ne pas mettre le nom de Voltaire au frontispice des trente-sept premiers volumes et d'intituler les trois derniers, qui contenaient les ouvrages les plus forts contre la religion, *Pièces détachées attribuées à divers hommes célèbres*. Voltaire ne les en désavoua pas moins. Ce misérable Bardin ne s'était-il pas avisé d'annoncer son édition dans les journaux « et de lui imputer hardiment tous les ouvrages de Milord Bolingbroke, le *Catéchumène* de M. Bordes (5), le *Dîner de Boulainvilliers*, des extraits de

---

(1) Voltaire à Panckoucke, mars 1768.
(2) 31 mars 1770.
(3) 11 juillet et 10 septembre 1771.
(4) 40 vol. in-8°, Genève, par Cramer et Bardin, édition encadrée (Beng., 2141). C'est sur cette édition, dont 31 volumes avaient été corrigés en entier de la main de Voltaire, que fut faite l'édition de Kehl.
(5) Ce *Catéchumène* est bien de Bordes. Les autres ouvrages étaient tous de Voltaire. « Quelquefois il arrivait que, pour mieux cacher son jeu, il faisait ajouter à ses diatribes, d'autres diatribes du même genre qui étaient évidemment connues pour n'être pas de lui. » *Recherches sur les ouvrages de Voltaire*, p. 31. (Beng., IV, 103.)

Boulanger et de Fréret et cent autres abominations de cette force (1) ». Et, pour comble de malheur, voilà que Panckoucke achète cette « infâme édition » pour la débiter à Paris, et Cramer, satisfait des quatre cent mille francs qu'il a gagnés à imprimer les ouvrages de Voltaire depuis vingt ans, quitte la librairie, et se retire dans une très belle maison de campagne qu'il a achetée chèrement. Voltaire « se voit de tous côtés entre l'enclume et le marteau, victime de l'avarice d'un libraire, victime d'une faction de fanatiques à Paris, et près de quitter, dans sa quatre-vingt-troisième année, le château et la ville qu'il a bâtis, les jardins et les forêts qu'il a plantés, les manufactures florissantes qu'il a établies, et d'aller mourir ailleurs, loin de toutes ses consolations (2) ». Aussi désavoue-t-il « comme un beau diable » cette édition que le Président des Brosses dénonçait au Parlement de Dijon (3). Il écrit à Cramer, à d'Alembert, à Panckoucke, à Condorcet, à d'Argental (4) pour éviter que le scandale ne soit trop grand à Paris et c'est à peine s'il est calmé par la réponse que lui fait Suard : « Je vous conjure, Monsieur, d'être bien tranquille sur l'édition de Bardin. Elle ne se vend point ici. Panckoucke n'a garde de se charger d'un pareil effet (5). »

IV

Panckoucke, en effet, était devenu le grand libraire du parti philosophique. Il avait le génie des affaires, et son sens littéraire très averti lui permettait de proposer aux auteurs d'utiles travaux. Il discerna fort bien que des articles courts, précis et suggestifs répondaient également au goût du public et au talent naturel de Voltaire, et ce fut à son instigation que le vieux philosophe de Ferney entreprit le dernier et le plus complet de ses dictionnaires ; voici à la suite de quelles circonstances parurent en 1771 les *Questions sur l'Encyclopédie*.

---

(1) Voltaire à d'Alembert, 8 février 1776.
(2) Voltaire à d'Argental, 6 mars 1776.
(3) Métra, 20 avril, III, 55.
(4) 1er, 8, 23, 28 février, 6 mars 1776.
(5) 6 mars.

Le succès de l'*Encyclopédie*, dont les derniers volumes de planches paraissaient peu à peu, avait prouvé à quel point la mode était aux dictionnaires et combien cette forme était avantageuse pour répandre les idées nouvelles. Les grands profits qu'avaient retirés les libraires associés de leur entreprise rendaient jaloux leurs confrères et surtout Panckoucke. Aussi voulut-il lancer une affaire semblable, malgré les difficultés sans nombre essuyées par les premiers éditeurs. Il résolut, en janvier 1769, de faire une seconde édition de l'*Encyclopédie* corrigée et refondue. Il forma une société et acheta pour deux cent cinquante mille francs les planches de la première édition. La chose était facile, mais il l'était moins de persuader aux auteurs de promettre leur collaboration et au public de donner ses souscriptions. On se souciait peu de voir aussitôt dépréciée, par une édition meilleure, cette première édition qui avait coûté si cher et qu'on avait eu tant de peine à se procurer. D'autre part, les auteurs n'avaient pas grand désir de se lancer à nouveau dans une affaire qui leur avait déjà causé tant d'ennuis.

Panckoucke fut obligé de modérer ses ambitions, et il ne projeta plus de faire qu'un supplément à l'*Encyclopédie* (1). Il demanda à Diderot d'y collaborer ; mais il fut maladroit ; il le prit de trop haut avec le philosophe et ne réussit qu'à s'attirer cette belle réponse : « Monsieur Panckoucke, en quelque lieu du monde que ce soit, dans la rue, dans l'église, en mauvais lieu, à qui que ce soit, il faut toujours parler honnêtement ; mais cela est bien plus nécessaire encore, quand on parle à un homme qui n'est pas plus endurant que moi et qu'on lui parle chez lui. Allez au diable, vous et votre ouvrage ; je n'y veux point travailler. Vous me donneriez vingt mille louis et je pourrais expédier votre besogne en un clin d'œil, que je n'en ferais rien. Ayez pour agréable de sortir d'ici et de me laisser en repos. — Ainsi, ajoute Diderot avec assez de raison, voilà, je crois, une inquiétude bien finie (2) ».

Panckoucke reçut un meilleur accueil de Voltaire, qui « approuva fort son dessein ». Les réponses de Ferney étaient des plus aimables : « Vous savez, Monsieur, que je vous regarde comme un homme de lettres et comme mon ami », lui disait le

---

(1) Grimm, 1er janvier 1771, IX, 215. *Mém. secr.*, 19 janvier 1769, IV, 215.
(2) Diderot à Mlle Volland, 11 septembre 1769, XIX, 330.

patriarche de la philosophie, qui lui promettait de se charger de la partie littéraire (1). En décembre, il avait déjà « plus de cent articles de prêts », qui, sans être téméraires, étaient un peu hardis. Mais il « répondait bien que tous ceux qui étaient à la tête de la librairie ne mettraient aucun obstacle à l'introduction de cet ouvrage en France ». En attendant, il conseillait à Panckoucke de faire un petit programme pour « avertir Paris, Moscou, Madrid, Lisbonne et Quimper-Corentin et même d'y donner quelques échantillons, comme par exemple l'article *Femme*, afin d'amorcer les chalands ». Mais, quand Voltaire sut que les vrais encyclopédistes ne collaboraient pas au *Supplément*, il ne voulut pas travailler seul à une œuvre dont tout le monde semblait se désintéresser. Il demanda « pour l'intérêt même de l'entreprise » qu'on rayât son nom et il préféra être « le panégyriste de cet ouvrage que son collaborateur (2) ».

D'ailleurs, il n'était pas bien encourageant de se lancer dans une affaire, qui fut, dès le début, l'objet des plus vives attaques. L'Assemblée du clergé se réunissait dans les premiers jours de 1770. C'était toujours une mauvaise époque pour les philosophes, et particulièrement à ce moment où les livres dangereux étaient plus nombreux que jamais. L'archevêque de Reims, grand aumônier de France, qui en était le président, était un des ennemis les plus acharnés des encyclopédistes. C'est lui qui s'était opposé tout récemment à l'érection de la statue de Voltaire. Il représenta au roi toute la douleur du corps épiscopal devant ce nouvel assaut de l'irréligion, et il obtint que les trois volumes que Le Breton avait déjà imprimés pour le compte de Desaint et Panckoucke, fussent supprimés. Les libraires eurent beau faire un « présent » de mille louis au chancelier, pour qu'il favorisât l'entreprise et en donner autant à l'ancien colporteur Corbie, devenu maintenant commissaire des guerres, pour qu'il soudoyât divers personnages, dont le crédit pouvait être utile, ils furent obligés de livrer leurs volumes. Ils obtinrent d'abord du lieutenant de police qu'on les déposât seulement dans un magasin où on mit les scellés. Mais ils furent bientôt obligés de laisser d'Hémery les emporter à la Bastille (3). Du 6 au 13 février, on en amena

---

(1) Voltaire à Panckoucke, 6 décembre 1769.
(2) Voltaire à d'Alembert, 31 janvier 1770.
(3) Hardy, 3 février 1770, I, 111. — *Mém. secr.*, 2 mars 1770, V, 86. — Ducis, Lettre au prince de Wurtemberg, 21 mars 1771. (*Amateur d'autographes*, 1899, p. 155.)

chaque jour une cinquantaine de ballots. Il y en avait en tout quatre cent vingt. On les mit sous la voûte de la cour intérieure, en y faisant un mur avec une porte et une fenêtre pour que les volumes fussent à l'abri des intempéries, et on fit payer aux pauvres libraires eux-mêmes la moitié des frais de ce travail de maçonnerie qui s'élevait à trois cent quatre-vingts francs (1). C'était un désastre pour Panckoucke. Cependant, il avait encore bon espoir que ce hangar ne serait pas un tombeau, dont on ne pourrait jamais sortir son *Encyclopédie*. Voltaire regardait aussi un peu « cette aventure comme une défense aux rôtisseurs de Paris d'étaler des perdrix pendant le carême (c'est-à-dire pendant l'Assemblée du clergé), et qu'après Pâques, on ferait très bonne chère (2) ».

Mais lui, Voltaire, n'avait pas les mêmes raisons de jeûner pendant le carême. Il se félicitait de ne pas s'être associé à cette affaire et il en préparait une autre. Il voulut faire son *Encyclopédie* à lui tout seul, recommencer en grand ce qu'était son *Dictionnaire philosophique*. La nouvelle s'en répandit à Paris, vers le mois d'avril et la curiosité publique en fut fort excitée. On pensait bien que ce ne serait que des « broutilles » et qu'il se contenterait de vider là le fond de son portefeuille. Mais on était sûr que ce ne serait pas ennuyeux (3). En fait, c'était une réédition de quantité de morceaux déjà parus, dans les petits livres philosophiques comme les *Adorateurs* ou *Tout en Dieu,* dans les ouvrages économiques, comme les *Commentaires de Beccaria* ou l'*ABC*, dans les lettres ou surtout dans le *Dictionnaire philosophique*.

Dès le mois de décembre 1770, on commença à imprimer ces *Questions sur l'Encyclopédie* (4), et malgré la difficulté très grande qu'il y avait alors, après cette crise de 1770, à envoyer des livres à Paris, Voltaire faisait parvenir les trois premiers volumes à d'Alembert par la voie de Marin, dès les premiers jours de 1771. Pour faire avoir à Condorcet les exemplaires qu'il lui destinait, il usait très simplement de la Chambre syndicale et les adressait à Briasson. Il ne voulait pas, d'ailleurs, que son ouvrage fût trop connu, de peur

---

(1) Archives de la Bastille (Bibl. de l'Arsenal), 10305.
(2) Voltaire à La Combe, juin 1770.
(3) *Mém. secr.*, 17, 26 avril, 26 mai 1770, XIX, 203, 207, 219.
(4) *Questions sur l'Encyclopédie par des amateurs* s. l. (Genève, Cramer), 1770-72, 9 vol. in-8°. Beng., 1408. — Il y en eut deux réimpressions en 1771.

de s'attirer quelque condamnation ; il le destinait seulement aux amis, défendant qu'on en prît copie. Le quatrième et le cinquième volume paraissaient en mai, et Voltaire les envoyait aux frères, malgré les mêmes difficultés. Les colporteurs en recevaient bien quelques exemplaires aussi et les vendaient au public. Mais la police était trop sévère pour que l'édition s'en répandît beaucoup. Toute l'Europe en recevait librement ; mais, à Paris, « il n'y avait plus moyen d'envoyer un seul livre ». Il fallait combiner toutes sortes d'intrigues pour approvisionner au moins les amis des derniers volumes qui paraissaient en novembre, et, comme frère Damilaville était mort (1), Voltaire faisait de nouvelles connaissances utiles, et notamment celle d'un M. Bacon, « non pas Bacon de Vérulam, mais Bacon le substitut du procureur général et pourtant philosophe ». Il se servait de lui pour faire parvenir les tomes VI et VII à d'Alembert, et quand un voyageur allant à Paris passait par Ferney, fût-il Anglais et grand seigneur, il en profitait aussitôt pour lui confier quelques volumes à emporter. C'est milord Dalrymple, qui se chargea de fournir d'Argental des *Questions sur l'Encyclopédie* (2).

Cependant l'autre Encyclopédie, le *Supplément* de Panckoucke, dormait toujours dans son hangar de la Bastille. Un individu proposa bien à Mme Le Breton, dès juillet 1770, de l'en faire sortir. Mais l'affaire n'aboutit pas (3). Panckoucke trouvait que le carême durait un peu longtemps. Il pensa d'abord faire imprimer son dictionnaire à Bouillon (4), mais il préféra attendre qu'on lui rendît son ouvrage. Seulement, il se vanta un peu trop haut de réussir au moyen de quelques présents faits à Mme la marquise de Langeac, maîtresse de La Vrillière (5). Le chancelier Maupeou en fut instruit ; sa haine contre l'*Encyclopédie* en fut avivée ; il ordonna de murer les portes du hangar, et même de mettre un second rempart, afin d'être bien sûr qu'aucune surprise ne pourrait affranchir les *Suppléments de l'Encyclopédie*. Panckoucke découragé se décida à continuer l'édition à Genève, espérant bien que Maupeou

(1) Damilaville mourut en 1768. Voltaire écrivait à d'Alembert le 13 janvier 1769 : « Oui, sans doute, j'ai regretté Damilaville ; il avait l'enthousiasme de saint Paul et n'en avait ni l'extravagance, ni la fourberie : c'était un homme nécessaire. » C'était une oraison funèbre bien peu émue pour un si fidèle lieutenant !
(2) Voltaire à d'Alembert, 2 mars, 27 avril, 14 juin, 14 novembre ; à Marmontel, 21 octobre ; à d'Argental, 21 décembre.
(3) Nouv. Acq., 1214, 597.
(4) Condorcet à Turgot, février 1771. *Correspondance*, p. 45.
(5) Saint-Florentin, duc de La Vrillière, secrétaire d'État de la maison du roi.

serait mort ou du moins ne serait plus en place, avant la fin de l'impression, et que tous les volumes pourraient alors paraître ensemble (1). C'est, en effet, à peu près ce qui arriva ; Maupeou fut renvoyé en 1774. Dans l'été de 1775, l'impression était terminée à Genève, mais c'était encore justement l'époque de l'Assemblée du clergé, et il fallut temporiser. Enfin, en février 1776, le libraire Saugrain put retirer les ballots de la Bastille et toute l'édition put paraître alors en même temps (2).

A côté de ce *Supplément*, en quelque sorte officiel de l'*Encyclopédie*, il paraissait des contrefaçons (3); puis des éditions complètes, qui refondaient le *Supplément* dans le corps de l'ouvrage (4). Diderot, de retour de son voyage en Russie, où il avait reçu le meilleur accueil de Catherine II, projetait d'en faire sur sa demande une édition pour elle. Mais l'affaire n'aboutit pas. Il pouvait, néanmoins, s'estimer heureux, il assistait à la consécration définitive de son succès.

C'est ainsi, dans ces dernières années du règne de Louis XV, que s'affirmait le triomphe définitif de l'école voltairienne et encyclopédiste. Le grand dictionnaire avait paru tout entier, même avec des suppléments, et plusieurs éditions contrefaites l'avaient rendu plus commun. D'autre part, le vieux philosophe de Ferney n'avait cessé depuis plus de quinze ans d'inonder Paris de ses ouvrages impies, et il pouvait se vanter, à juste titre, d'avoir été le principal artisan de cette révolution, qui s'était accomplie dans les esprits et qui le réjouissait si fort. Il ne se trouvait pas de bibliothèque qui n'eût au moins un volume de sa philosophie, pas un de ces esprits frivoles et raisonneurs de l'ancienne société qui n'eût eu l'occasion de le lire, de s'en amuser et qui n'en eût été sérieusement frappé. Il avait tant écrit, tant publié, tant fait parler de lui et si habilement, que personne ne pouvait l'ignorer. Il est bien réellement le héros de son siècle, son représentant le

---

(1) *Mém. secr.*, 7 juillet, 21 septembre 1772, VI, 181 ; XXIII, 220.
(2) En 4 vol. *Mém. secr.*, 9 juillet, 9 septembre 1775, VIII, 123, 190.
(3) Livourne, 1770 ; Genève, Lucques, 1775.
(4) Genève, 1777 ; Lausanne, Berne, 1777 ; Yverdun, 1778. Une des occupations incessantes de la librairie genevoise était alors de multiplier les éditions ou les tirages de l'*Encyclopédie*. Le libraire Pellet en fit trois pour son compte, et la troisième ne valant que 344 livres au lieu de 1400 que coûtait l'édition de Paris, fut enlevée avec rapidité (1778). (Gaullieur, *Études sur l'histoire littéraire de la Suisse française*, p. 94.)

plus typique, tant par ce qu'il a reçu de lui que par ce qu'il lui a donné.

Avec Voltaire et l'*Encyclopédie*, c'était une philosophie relativement modérée qui triomphait : haine de l'intolérance ; négation radicale du surnaturel et des dogmes, mépris de toute pratique cultuelle, dédain pour les entités métaphysiques, mais aussi croyance à un déisme parfois un peu vague, quoique souvent solidement affirmé, croyance à une loi morale naturelle et universelle, croyance à un Etre suprême, créateur et ordonnateur du monde.

Et pourtant, si Voltaire était sans doute sincère dans ses affirmations, Diderot, qui s'en tenait encore à ces idées, surtout négatives dans l'*Encyclopédie*, ne craignait pas de pousser sa pensée jusqu'à des théories singulièrement plus hardies dans ses méditations intimes. Mais il n'osait pas les publier ; il n'en faisait part qu'à cette société de philosophes, qu'il fréquentait chez le baron d'Holbach. Là, on était radicalement déterministe, franchement matérialiste, ouvertement athée, et c'est à partir de 1767, jusqu'en 1774, que ces doctrines extrêmes, qui n'avaient pas jusquelà franchi le seuil de l'hôtel du célèbre baron, furent jetées tout d'un coup dans le public, marquant le dernier stade auquel devait aboutir la philosophie du dix-huitième siècle.

CHAPITRE XI

LA SECTE HOLBACHIQUE (1767-1773)

I. Le baron d'Holbach. Ses premiers ouvrages, l'*Antiquité dévoilée*, le *Christianisme dévoilé*, 1767. Sa philosophie. — II. Les œuvres des disciples. Le *Catéchumène* de Bordes, 1767, le *Militaire philosophe* et la *Théologie portative* de Naigeon, 1768, la *Contagion sacrée*, 1768, etc. — III. Le *Système de la Nature*, 1770. Le matérialisme de d'Holbach. Réfutation de Voltaire. Condamnations. — IV. Après le *Système de la Nature;* le *Bon sens*, 1772, et le *Système social*, 1773. Le *Bonheur* et l'*Homme* d'Helvétius, 1773.

I

Vers 1763, au moment où les idées de Voltaire et des encyclopédistes paraissaient triompher définitivement, une autre école philosophique, encore plus hardie, celle du baron d'Holbach, se mit à attaquer violemment la religion en général et le christianisme en particulier, sans négliger, en passant, les invectives contre le despotisme. La maison du baron allemand (1) était depuis longtemps déjà le centre d'une véritable secte, la « secte holbachique », comme l'appelle Grimm. Outre Diderot, qui était son hôte assidu, tant à Paris qu'à sa propriété du Grand-Val, on rencontrait chez lui Lagrange le mathématicien, précepteur de ses enfants, Leroy, l'auteur des *Lettres sur les animaux* (2), l'abbé Morellet, Raynal qui venait écouter toutes les conversations et tâchait toujours d'en tirer parti, Naigeon surtout, qui devint comme son secrétaire et son factotum, et dont l'athéisme était peut-être encore plus radical et plus intransigeant que le sien. On peut lire dans les lettres de Diderot à Mlle Volland le récit de ces journées littéraires et gaies, où l'on ne cessait pas de philo-

---

(1) D'Holbach était né à Heidelsheim (Bade); il fut naturalisé Français.
(2) Et de l'*Examen des critiques du livre intitulé De l'Esprit*. Voir p. 133.

sopher sous la direction bienveillante du baron, de sa femme et de sa belle-mère, la vieille et folle Mᵐᵉ d'Aine.

Cette petite société avait des airs de société secrète. On n'y parlait jamais des ouvrages du baron, qui ne les signait naturellement pas. Chacun de ses invités savait fort bien qu'il en était l'auteur, mais, avant sa mort, aucun ne confia aux autres ses connaissances sur ce point (1). D'Holbach prenait du reste les plus grandes précautions pour qu'on ne le reconnût pas; et il y réussit en somme assez bien, puisque encore aujourd'hui il est difficile de déterminer s'il est véritablement l'auteur et surtout le seul auteur de tous ces petits ouvrages, le plus souvent prétendus traduits de l'anglais. Tout ce qu'on savait, c'est que ces livres, qui arrivaient constamment de Hollande en échappant aux sévérités de la police, portaient tous la même marque de fabrique; on reconnaissait facilement qu'ils sortaient de « la manufacture de Marc-Michel ». C'est Rey, en effet, qui était l'imprimeur ordinaire de d'Holbach, et peut-être ne connaissait-il pas lui-même le baron; car celui-ci ne lui adressait jamais ses manuscrits. Quand il les avait rédigés définitivement, il les confiait à l'ami Naigeon, qui les revoyait, les corrigeait un peu, et les envoyait non pas à l'imprimeur, mais à son frère, lequel était contrôleur des vivres à Sedan. Cet emploi ressemblait assez à une sinécure, et Naigeon le jeune pouvait venir passer six mois à Paris dans sa famille. Il y employait son temps à recopier les manuscrits de d'Holbach; quand il était à Sedan, on les lui envoyait par la poste par l'intermédiaire de son ami Bron, qui était taxateur et en même temps inspecteur général du bureau du départ. Comme il aimait et cultivait « les belles-lettres et la philosophie, en raison de son intelligence, avoue-t-il lui-même modestement (2), et qu'il était extrêmement curieux de lire et de recopier ces sortes d'ouvrages, il y travaillait avec un zèle et une exactitude incroyables ». Quand il avait fini, il envoyait sa copie à Liége, à un certain M. Loncin, qui était correspondant de Rey et qui la lui faisait parvenir. S'il y avait encore quelques corrections à faire, il la renvoyait, grâce à l'obligeance de l'aimable M. Bron, à son frère qui la faisait passer directement en Hollande. D'Holbach, lui-même, ignorait quel était ce copiste. Ses livres étaient ainsi écrits, recopiés,

---

(1) Morellet, *Mémoires*, I, 138.
(2) Dans une note qu'il avait écrite en tête d'un exemplaire du *Système de la Nature*. Voir Damiron, *Mémoires sur la philosophie au dix-huitième siècle*, t. II, p. 382.

imprimés dans le plus grand mystère. Puis, tout à coup, ils apparaissaient à Paris dans l'éclatante lumière d'un scandale ; et, dès que l'un d'eux était oublié, un autre venait aussitôt fixer à nouveau l'attention publique. Leur audace était de plus en plus grande. C'était comme un poison auquel on s'habitue vite, et dont il faut sans cesse augmenter les doses.

Le premier ouvrage qui parut ainsi fut, en 1766, l'*Antiquité dévoilée par ses usages ou Examen critique des principales opinions, cérémonies et institutions religieuses et politiques des différents peuples de la terre*, par feu M. Boulanger. Ce Boulanger, qui avait fait des travaux de mathématiques et d'autres pour le génie, était mort en 1759, à trente-sept ans, laissant en manuscrit son *Despotisme oriental*, qu'on avait publié peu après et qui avait fait grand bruit à cause de la hardiesse de ses idées. Son nom était donc facile à prendre pour développer dans un ouvrage nouveau des principes analogues. Tout le monde y reconnut la touche de Boulanger, quoique l'ouvrage fût de d'Holbach (1). C'était une histoire des origines de la religion. Selon d'Holbach, les hommes, effrayés par les grandes calamités et les grandes catastrophes comme le déluge, avaient cherché à se représenter la Puissance d'où venaient tous leurs maux et avaient imaginé les symboles religieux. Ces conjectures étaient développées sur un ton très dogmatique dans trois gros volumes ; et la police, après avoir hésité quelque temps, finissait par demander quelques cartons et par tolérer la distribution des douze cents exemplaires qu'en avait reçus un libraire de Paris (2). On était frappé par ces raisonnements logiques et hardis ; mais l'ouvrage était trop long et un peu ennuyeux. Voltaire l'appelait « l'Antiquité voilée (3) ».

Aussi d'Holbach, profitant de l'expérience, corrigea-t-il sa manière ; son *Christianisme dévoilé*, qui parut l'année suivante, n'avait plus qu'un volume (4). En même temps que plus court, il était beaucoup plus fort contre la religion ; aussi l'attribuait-on volon-

---

(1) Quérard pense que Boulanger avait laissé un manuscrit sur lequel d'Holbach refit l'ouvrage.
(2) *Mém. secr.*, 2 novembre 1765, II, 278.
(3) La Harpe, *Œuvres*, t. XVIII, p. 233 ; Grimm, 15 janvier 1766, VI, 467.
(4) *Journal de la librairie*, 5 février 1767, 22164, 12 r°. — *Mém. secr.*, 11 novembre 1766, III, 106. — Une note de Barbier, rédigée d'après les conversations de Naigeon rapporte qu'une première édition fut faite à Nancy en 1761 par les soins de Saint-Lambert et introduite à Paris par les officiers du régiment de Nancy. Mais le *Christianisme dévoilé* était certainement assez peu répandu avant cette édition de 1766.

tiers à Voltaire qui, cette fois-ci, était plus satisfait et appelait cet *Examen des principes et des effets de la religion chrétienne* (c'est le sous-titre) « l'Impiété dévoilée ». C'était, en effet, une critique du christianisme tout à fait dans le goût de Voltaire. Même histoire des Juifs et du Nouveau Testament, même réfutation des preuves de la religion tirées des miracles, des prophéties ou des martyrs, même ridicule jeté sur les mystères, les dogmes et les rites. D'Holbach insistait surtout sur la morale chrétienne, sur les dangers qu'elle faisait courir à la société, en proposant aux hommes un idéal de vie ascétique et paresseuse, et sur l'esprit autoritaire et fanatique des prêtres qui asservissent les rois aussi bien que les peuples. Mais l'athéisme n'était pas encore ouvertement professé. « Si l'on ne peut nier l'existence d'un Dieu, il est du moins certain qu'on ne peut admettre celui que les chrétiens adorent (1). » Tel était le ton du *Christianisme dévoilé*.

Cette fois-ci, la police ne donnait plus aucune espèce de permission; l'édition était sévèrement proscrite. Le dépôt des exemplaires était chez Damilaville et on les vendait jusqu'à dix écus pièce (2). Le scandale dura longtemps. En août 1768, un M. de Boisenval écrivit à Joly de Fleury une lettre indignée, où il dénonçait « le *Christianisme dévoilé*, ou plutôt travesti et défiguré, comme le plus grand outrage qui ait jamais été fait à la divinité... Les provinces sont désolées, disait-il, et la capitale doit être pour le moins effrayée des orages qui moissonnent d'avance nos blés, nos vins et nos fruits. Il faut que nos impies ne connaissent ni Dieu, ni Providence, ou qu'ils avouent avec nous et avec nos auteurs sacrés que ce sont là des châtiments que nous inflige la justice de Dieu (3) ».

Cette lettre attira peut-être sur l'ouvrage de d'Holbach l'attention du Parlement, qui prononça, quelques mois plus tard, une sévère condamnation contre un colporteur coupable d'avoir vendu le *Christianisme dévoilé*. C'était un certain L'Ecuyer qui en avait donné en paiement ou autrement deux exemplaires à un garçon épicier. Celui-ci les vendit à son maître. Mal lui en prit, car il fut dénoncé, arrêté, ainsi que le colporteur et sa femme, pilorié, fouetté, marqué et condamné à neuf ans de galères, tandis que L'Ecuyer l'était à cinq ans et que sa femme était mise

---

(1) P. 70.
(2) *Mém. secr.*, 11 novembre 1766, III, 106. — Desnoiresterres, VI, 247.
(3) Collection Joly de Fleury, dossier 5419, vol. 448, f° 126.

pour la fin de ses jours à l'Hôpital. Diderot et d'Alembert étaient furieux et épouvantés de cette condamnation (1). Il y avait bien là, en effet, de quoi effrayer les colporteurs clandestins, et on comprend qu'ils fissent payer cher les risques qu'ils couraient.

D'ailleurs, la clientèle susceptible de se plaire à ces impiétés et capable de s'offrir un tel luxe était restreinte ; et le noble baron n'aurait pas voulu que ses ouvrages se répandissent dans le peuple. Il ne croyait pas qu'« un livre pût être dangereux pour lui. Le peuple ne lit pas plus qu'il ne raisonne, disait-il (2) ; il n'en a ni le loisir, ni la capacité. Les livres ne sont faits que pour la partie d'une nation que ses circonstances, son éducation, ses sentiments mettent au-dessus du crime ». Bel optimisme, qui n'était pas très clairvoyant. Les idées que toute une élite intellectuelle accepte unanimement ne peuvent pas y rester confinées. Il est inévitable qu'elles pénètrent peu à peu les couches inférieures de cette société. L'exemple venu d'en haut est toujours suivi.

Or, ces mondains pouvaient bien être convertis aux idées de d'Holbach, tant il mettait de passion à les faire entrer dans leurs cerveaux. Le nombre des ouvrages où il les exprimait, en ces années 1767-1768, est considérable. Il avait maintenant trouvé la forme qui convenait à son public ; et, bien loin d'être arrêté par la condamnation du malheureux L'Ecuyer, il allait produire avec une activité fébrile, de concert avec son fidèle Naigeon, de quoi le convertir à ses idées. Ses titres sont toujours suggestifs. Ce sont : l'*Esprit du clergé*, les *Prêtres démasqués*, l'*Imposture sacerdotale*, où Voltaire voyait le style de Démosthène (3), les *Doutes sur la religion*, le *Militaire philosophe*, la *Théologie portative*, l'*Essai sur les préjugés*, la *Contagion sacrée*, les *Lettres à Eugénie ou le Préservatif*, les *Opinions des anciens sur les Juifs*, l'*Examen des prophéties*, l'*Enfer détruit*, l'*Esprit du judaïsme*, l'*Examen important des principales religions du monde*, les *Lettres philosophiques traduites de l'anglais, de Toland* (4). Diderot pouvait bien dire, en annonçant à Mme et à Mlle Volland « ces pâtures qui les

---

(1) D'Alembert à Voltaire, 22 octobre 1768; *Gazette d'Utrecht*, du 14 octobre 1768 (Desnoiresterres, VII, 240). Diderot à Mlle Volland, 8 octobre 1768, XIX, 284. — 22 099, 88.
(2) Préface du *Christianisme dévoilé*, p. IX.
(3) A Damilaville, 8 février 1768.
(4) Naigeon donnait encore en 1770 un *Recueil philosophique ou Mélange de pièces sur la religion et la morale par divers auteurs* (d'Holbach, Diderot, Dumarsais, Mirabaud, etc.).

attendaient : Il pleut des bombes dans la maison du Seigneur (1) ».

Tous ces ouvrages, qu'ils fussent de d'Holbach lui-même ou de son inséparable Naigeon, ou de tous les deux ensemble, de quelque autre ouvrier de leur manufacture ou de quelque artisan isolé comme Bordes, l'auteur du *Catéchumène*, répétaient tous à satiété les mêmes idées simples, les mêmes raisonnements clairs et logiques, les mêmes assertions hardies, mais toujours catégoriquement affirmées. Il s'agissait de démontrer que les religions sont des inventions aussi ineptes que nuisibles au genre humain, qu'elles ne sont toutes que le produit de l'imagination des hommes, qui les ont conçues sous l'influence de la peur et de l'épouvante ; des prêtres intelligents, et surtout ambitieux et hardis, ont profité de ces vaines frayeurs pour établir sur les hommes leur domination, et leur imposer la croyance à de certaines divinités farouches qu'eux seuls savent apaiser. D'ailleurs, ces prêtres paresseux et astucieux ont su tirer le meilleur parti de ces superstitions qu'ils ont eux-mêmes inventées, et quand ils parlent de Dieu, c'est toujours d'eux-mêmes et de leur intérêt personnel qu'ils entendent parler. Ils ont réussi à asservir aussi complètement que les peuples, les princes, chefs guerriers plus forts qu'eux, dont ils favorisent la tyrannie ; et leur domination se transmet ainsi de génération en génération, grâce à l'éducation qu'ils donnent eux-mêmes au peuple, et par laquelle ils s'efforcent d'étouffer la raison chez les enfants. La croyance que les prêtres ont réussi à imposer en une divinité cruelle a conduit les peuples, surtout les peuples juif et chrétien, au fanatisme le plus farouche ; et a amené ces persécutions et ces guerres de religion, qui n'ont cessé d'ensanglanter le monde. Elle a aussi grandement contribué à maintenir le pouvoir tyrannique des despotes et à laisser le peuple dans l'ignorance la plus obscure. *Tantum religio potuit suadere malorum!* Mais maintenant que, par les progrès rapides de la raison, les esprits sont éclairés, il est nécessaire d'examiner sérieusement la religion et de se rendre un compte précis de l'instabilité de ses fondements, prophéties, miracles ou martyrs, de l'absurdité de ses dogmes et de ses rites. En s'affranchissant de ce joug odieux, l'humanité recouvrera rapidement ses droits au bonheur.

Telles étaient les idées générales et un peu simplistes que

---

(1) 24 septembre 1767, XIX, 147.

chacun de ces livres développait avec plus ou moins d'abondance, mais toujours dans le même esprit. « Il semble, disait Voltaire, qui savait pourtant bien à quoi s'en tenir (1), que M. Rey, d'Amsterdam, fait travailler, à tant la feuille, plusieurs moines défroqués, capucins, cordeliers, mathurins qui écrivent tant qu'ils peuvent contre la religion romaine, pour avoir du pain. » Et ces prétendus moines faisaient des prosélytes. « Cette lassitude générale du christianisme, qui se manifeste de toutes parts et particulièrement dans les Etats catholiques, dit Grimm (2), cette inquiétude, qui travaille sourdement les esprits et les porte à attaquer les abus religieux et politiques, est un phénomène caractéristique de notre siècle, comme l'esprit de réforme l'était au seizième, et présage une révolution imminente et inévitable. On peut bien dire que la France est le foyer de cette révolution. »

II

On s'efforçait généralement de donner une forme aussi piquante, aussi précise que possible à ces critiques des abus, de se rapprocher de la manière de Voltaire, dont ces livres rappelaient assez exactement la philosophie. Aussi, le *Catéchumène* de Bordes (3), un des premiers parmi ces livres et le seul peut-être qui ne sortit pas de la secte holbachique, quoiqu'il en développât toutes les idées, était-il couramment attribué à Voltaire, dont le *Dîner du comte de Boulainvilliers* paraissait précisément dans le même temps. Le *Catéchumène* était une petite brochure de trente-quatre pages, divisée en questions et réponses d'une ou deux lignes. C'était une imitation du procédé de l'*Ingénu*. Un homme faisait naufrage chez des chrétiens; quand on lui demandait quelle était sa religion, il s'étonnait qu'il y en eût plusieurs, et, quand à son tour il posait quelques questions sur le christianisme, les réponses qu'on lui faisait le plongeaient dans un étonnement beaucoup plus grand encore. Son déisme était si large et si naturel qu'il ne pouvait comprendre pourquoi Dieu était adoré

---

(1) A Chardon, 11 avril 1768.
(2) Janvier 1768, VIII, 13.
(3) Membre de l'Académie de Lyon et correspondant de Voltaire.

dans des temples et pourquoi ces temples étaient fermés. Enfin, le chapelain qui avait réussi à le baptiser lui avouait, dans le dîner qu'on lui offrait pour fêter cet heureux événement, que toutes ces histoires étaient des inepties auxquelles il ne croyait pas, et que « quand la folie et l'intrigue se joignent ensemble, cela va loin ». Ce petit ouvrage, qui se mêlait à la foule des libelles voltairiens, était considéré comme un des plus forts qui eût été fait contre la religion ; il était à Paris d'une extrême rareté (1).

On reconnaissait également, et également à tort, la main de Voltaire dans les *Doutes sur la religion*, attribués au comte de Boulainvilliers, dont les énormes dissertations étaient ainsi réduites à peu de pages et mises à la portée de tout le monde (2). « Ce qu'il y a de triste en France, disait le vieux philosophe de Ferney (3), c'est que des Frérons m'accusent d'avoir part à ces infamies. » Et pourquoi n'aurait-il pas écrit aussi celles-là ? il en avait déjà écrit et désavoué tant d'autres (4).

Aussi est-ce toujours lui qu'on supposait l'auteur d'une autre brochure infernale, qui est certainement de Naigeon, le *Militaire philosophe* (5). Elle était méthodiquement divisée en dix-huit vérités, dont chacune était prouvée par un raisonnement syllogistique, appelé argument démonstratif. Ces vérités étaient des difficultés sur la religion proposées au P. Malebranche, « qui aurait été fort embarrassé d'y répondre », remarque ironiquement Voltaire (6). Naigeon y était encore plus rationaliste que véritablement athée. Il affirmait seulement qu'il faut examiner la religion avec la raison que Dieu nous a donnée, que le christianisme est injurieux à Dieu, puisqu'il est si souvent en opposition avec la

---

(1) Grimm, janvier 1768, VIII, 11.
(2) *Mém. secr.*, 6, 26 octobre 1767, III, 256, 269.
(3) A Bordes, 4 avril 1768.
(4) Les *Doutes sur la religion*, attribués à Boulainvilliers, avaient déjà été imprimés en 1761 sous ce titre : *Examen de la religion dont on cherche l'éclaircissement de bonne foi*, attribué à M. de Saint-Evremond, traduit de l'anglais de Gilbert Burnet, par privilège du roi à Londres, chez G. Cook, 1761. (Voir Lanson, *Revue d'hist. litt.*, 1912.)
(5) *Ou Difficultés sur la religion proposées au R. P. Malebranche, de l'Oratoire*, par un ancien officier. Londres, 1768. Naigeon dit dans son *Avertissement* qu'il publie ce manuscrit, qui existait déjà dans les bibliothèques des curieux, d'après une copie appartenant à M. le comte de Vence. Quérard dit également qu'il composa le *Militaire philosophe*, d'après un manuscrit déjà existant. Il y a à la Bibliothèque Mazarine un manuscrit semblable dont l'auteur paraît être un militaire ayant vécu vers 1714. Naigeon en a reproduit la première partie en réduisant ses vingt et une vérités à dix-sept propositions, auxquelles d'Holbach en ajouta une dix-huitième. (Voir Lanson, *Revue d'hist. litt.*, 1912, 1.)
(6) A Marin, 27 novembre 1767.

raison et que toute religion factice, outre qu'elle est fausse, est contraire à la morale ou au moins lui est totalement inutile; et naturellement, il ne précisait pas quelles étaient les religions factices. Le titre portant simplement comme nom d'auteur : par un ancien officier, on l'attribuait aussi à M. de Saint-Hyacinthe, officier de dragons, mort alors et qui était annoncé comme étant l'auteur du *Dîner du Comte de Boulainvilliers*. Cette impiété n'était encore réservée qu'aux privilégiés. Il fallait mettre un louis et même parfois trente-six francs pour avoir un exemplaire de cette brochure de deux cents pages à peine. Mais le *Militaire philosophe* était réimprimé par lambeaux dans le *Courrier du Bas-Rhin*, nouvel ouvrage périodique (1).

Le gouvernement était d'ailleurs parfaitement impuissant à s'opposer à « ce débordement de brochures scandaleuses. Il était si grand que le sage magistrat, qui présidait à la police, ne pouvait que le suspendre, par intervalles encore; tandis qu'il était occupé à l'arrêter d'un côté, il gagnait de l'autre successivement (2) ». Dans les *Opinions des anciens sur les Juifs*, les *Réflexions impartiales sur l'Evangile* (3), l'*Examen des prophéties*, l'*Enfer détruit*, qui paraissaient presque en même temps (1768-1769), on retrouvait les mêmes attaques contre la religion, la même critique de ses fondements. Mais on n'allait guère plus loin, et même dans les *Lettres philosophiques*, où d'Holbach soutenait que le mouvement est un attribut essentiel de la matière, il concluait qu'un Dieu spirituel peut très bien avoir créé cette matière active.

Pourtant, le matérialisme commençait à percer dans quelques-uns de ces ouvrages de propagande ; et, dans la *Théologie portative* qui est aussi de 1768, il était déjà clairement sous-entendu. Ce petit livre de deux cent vingt-neuf pages n'était pas difficile à lire et flattait le goût du temps pour les dictionnaires. Il annonçait aimablement dans sa préface que « les grands et les petits, les personnes éclairées, ainsi que les plus simples, les femmes

---

(1) Grimm, 1er janvier 1768, VIII, 11. — *Mém. secr.*, 31 octobre 1767, III, 275. Il est vrai que l'entrée de la France fut interdite précisément en 1767 au *Courrier du Bas-Rhin*, à cause du ton de licence et d'impiété qui y régnait. (22154, 33, et Hattin.)
(2) *Mém. secr.*, 22 mars 1769, IV, 241.
(3) Ces deux ouvrages, publiés par Naigeon, doivent sans doute être attribués à Mirabaud. Ils figurent dans un manuscrit de l'Arsenal sous ce titre *Motifs pressants pour eviter la foi des chrétiens et pour leur en faire fréquemment produire les actes*. (Lanson, *Revue d'hist. litt.*, 1912, II, p. 304.)

même seraient en état de parler pertinemment d'un grand nombre de questions, qui jusque-là ne s'étaient montrées qu'environnées de nuages ». On trouvait dans cet étrange dictionnaire les articles les plus bizarres ; ainsi entre *Fraudes pieuses* et *Frères*, un article *Frélons* était ainsi rédigé : « Insectes malfaisants et paresseux, qui ôtent aux abeilles leur miel et qui portent le trouble dans la ruche où l'on travaille. V. *Dîmes*, *Prêtres*, *Moines*, *Vampires* » ; et l'article *Frères*, qui suivait, était tout aussi suggestif : « Tous les Chrétiens sont Frères ; c'est-à-dire sont en querelle pour la succession de Monsieur leur Père, dont le Testament est devenu fort obscur, grâce aux frères Théologiens. *Rara est concordia fratrum.* » Ce sont d'ailleurs surtout des termes de philosophie et de théologie qui étaient expliqués dans ce dictionnaire et toujours dans le même but de confondre la religion et l'Eglise avec le clergé et de montrer l'ambitieuse cupidité des prêtres, leur insatiable soif de domination, enfin l'impossibilité de comprendre aucun raisonnement théologique, ni aucune expression métaphysique. Naigeon y était déterministe convaincu, et sa critique de l'idée de Dieu, dont il déclarait les attributs incompréhensibles, le menait jusqu'à une sorte d'athéisme latent, mais certain. Enfin, la morale chrétienne y était partout représentée comme inutile, sinon dangereuse à la société (1).

Car c'était bien le but qu'on se proposait. Après avoir jeté tant de ridicule sur le christianisme, il fallait séparer la cause de la morale de celle de la religion. Or, d'Holbach et son école prétendaient bien montrer que non seulement le christianisme était parfaitement étranger à la vraie morale, mais encore qu'il lui était directement contraire, en recommandant des vertus fort dangereuses pour la société. De cette façon était victorieusement réfuté l'argument suprême des chrétiens, que la religion est nécessaire pour contenir le peuple. Bien au contraire, leur répond-on, la vertu qu'elle prêche n'est pas la vraie vertu, et c'est précisément à cause de la servitude intellectuelle et politique dans laquelle elle tient les peuples, que ceux-ci sont pervers et malheureux. C'est ce que voulait prouver la seconde partie des *Lettres à Eugénie ou Préservatif contre les préjugés*, dont

---

(1) La *Théologie portative* était naturellement très défendue. On la vendait en province avec des pamphlets et autres, « brochures infâmes ». Un libraire de Cahors et un autre de Toulouse furent arrêtés en 1775, emprisonnés et mis aux fers pour l'avoir vendue avec la *Pucelle* et l'*Ombre de Louis XV*. (Hardy, III, 441.)

l'épigraphe était : *Arctis religionum animos nodis exsolvere pergo*, et que son style facile et son ton d'ironie mettaient à la portée de tout le monde (1).

C'est enfin cette théorie qui était exposée tout au long dans la *Contagion sacrée ou Histoire naturelle de la superstition*. Cette contagion sacrée, c'est la morale qui devait s'en préserver; car la religion ne peut jamais lui servir de fondement, ses préceptes étant toujours contradictoires. La morale doit être « claire, sociable, naturelle, avoir pour objet l'intérêt des hommes, l'expérience, la raison et la vertu pour garants..., élever le cœur de l'homme en lui montrant sa dignité, en lui enseignant ses droits, en lui inspirant de l'activité, de l'énergie et du courage », toutes choses que la religion ne commande nullement. Bien loin de faire son bonheur, comme la morale doit le faire, elle le rend méchant et malheureux. Car elle a contracté avec la tyrannie une alliance néfaste pour opprimer les peuples. « Tous les esclavages se tiennent... et partout le prêtre fait trembler et désarme le sujet afin que le despote le dépouille impunément (2). » Le seul remède à ces maux est qu'un prince vienne enfin qui sache s'affranchir de ces servitudes et qui soit décidé à ne s'appuyer que sur la raison, la justice, la morale et les lois.

C'est ainsi qu'on commençait à lier indissolublement le sort de la superstition et celui de la tyrannie. Tous les disciples des philosophes ne les suivaient plus aussi allègrement sur ce terrain. Quand parut l'*Essai sur les préjugés* attribué à Dumarsais, l'un d'entre eux au moins en fut peu flatté. C'était le roi de Prusse, qui trouvait les attaques contre la religion meilleures quand on n'y mêlait pas la critique du despotisme. Il en fit même une réfutation. « On n'est pas roi pour rien », disait Voltaire (3).

Pendant ces deux années 1768-1769 on avait donc bien préparé le public à entendre la révélation de la vérité. « Il y a une manufacture établie à Amsterdam, dans la boutique du libraire Marc-Michel Rey, d'où il sort continuellement une foule incroyable de livres contre la religion, disait Grimm en août 1768 (4). » « Les presses infernales de l'étranger ne cessent de gémir », disait

---

(1) *Mém. secr.*, 11 septembre 1768, IV, 114.
(2) Tome II, p. 125; tome I, p. 128.
(3) A d'Alembert, 11 juin 1770.
(4) VIII, 157.

Bachaumont (1). Voltaire conseillait vivement à ses amis (2) de faire venir « une petite bibliothèque complète de chez MM. Rey... il y a plus de quinze volumes de tous les livres qu'il a imprimés sur ces matières ». Enfin, d'Holbach lui-même écrivait à un prélat italien : « Nous gémissons ainsi que vous, mon très cher Père, des plaies profondes que l'on fait de toutes parts à la sainte Eglise romaine... Nous sommes inondés plus que jamais de livres impies, qui tendent évidemment à saper les fondements de la religion. On est surtout choqué de l'audace de la *Contagion sacrée*, des *Lettres à Eugénie* et de huit ou dix autres ouvrages de la même trempe que la vigilance des magistrats rend très rares en ce pays ; je ne doute pas qu'il n'en soit de même chez vous (3). »

III

Quand le terrain fut ainsi bien préparé, d'Holbach se décida à porter les derniers coups. Jusque-là il avait marché de pair avec le patriarche de Ferney ; leurs philosophies avaient même principe et même but. Elles s'efforçaient de ruiner l'ancien système traditionnel sans tenter encore d'en reconstruire un autre. Mais, en 1770, les deux partis se séparèrent brusquement. Le baron allemand posa franchement les conclusions les plus absolues de son matérialisme ; et le scandale que fit son *Système de la Nature* détermina une rupture avec Voltaire.

Il parut au début de 1770 sous la signature de feu M. de Mirabaud, secrétaire perpétuel de l'Académie française et précepteur des princes d'Orléans. La substance de ces deux gros volumes in-octavo imprimés en caractères fins était une théorie radicalement athée, qui effraya tout le monde. C'était la conséquence dernière de tout le mouvement philosophique du siècle. Sur un ton grave et didactique, d'Holbach enseignait que rien n'existe en dehors de la nature, que le mouvement est une des qualités essentielles de la matière et qu'« exister n'est autre chose qu'éprouver des mouvements, se conserver qu'en recevoir et en

---

(1) *Mém. secr.*, 11 septembre 1768, IV, 114.
(2) A d'Argence de Dirac, 2 janvier 1768.
(3) 6 mars 1769. Lettre autographe à la Bibliothèque ambrosienne de Milan. Goncourt, *Portraits du dix-huitième siècle*, p. 471.

donner ». Or, ces mouvements sont tous réglés par des lois nécessaires, aussi bien ceux des êtres moraux que ceux des êtres physiques. Car notre volonté n'est nullement libre et nous ne sommes que des rouages de la grande machine de l'univers. Nos sensations, nos pensées ne sont que des mouvements de nos cerveaux. « C'est peut-être dans les plaines de la Libye que s'amassent les premiers éléments d'un orage, qui, porté par les vents vers nous, appesantira l'atmosphère et influera sur le tempérament et les passions d'un homme, qui influera lui-même sur ses semblables et décidera d'après ses volontés de leur sort. » L'âme n'existe pas, toutes les facultés de l'esprit sont des facultés du corps ; et les idées de valeur artistique et morale, du beau et du laid, du bien et du mal, sont purement objectives et relatives. Nous n'avons donc aucun devoir moral, mais le but de notre vie est de nous conserver et de nous rendre heureux, en nous procurant toutes les jouissances, dont nous sommes capables. C'est le rôle de l'Etat de faire le bonheur de la société en réglant les passions des hommes, sans les détruire, et ce sont le plus souvent les gouvernements qui sont responsables des crimes auxquels la mauvaise éducation, les mauvais exemples et les religions nous conduisent infailliblement. Quant à l'idée de Dieu, elle a été inventée par les premiers hommes, affolés par la peur qui les assaillait de toute part. Elle est parfaitement inintelligible pour la raison et elle est dangereuse et nuisible. Elle enfante les religions, qui sont les pires fléaux de l'humanité. D'ailleurs, les athées peuvent être des citoyens très vertueux. Enfin la vérité triomphera sûrement, éclairera le monde et fera le bonheur universel. En pratique, du reste, rien de subversif : une apostrophe finale de la Nature donnait à l'homme des conseils d'une morale assez traditionnelle.

Néanmoins, c'était l'exposé le plus complet qu'on eût vu jusqu'alors du matérialisme et de l'athéisme. L'apparition de ce livre fit un énorme scandale. Il ne s'adressait évidemment qu'à un petit nombre de gens ; il se vendait d'abord de quinze à dix-huit francs (1), puis de quatre à cinq louis ; et la police le proscrivait sévèrement (2). Mais c'était la première fois que cette doctrine

---

(1) C'est ce que M. de Montalembert et M. de Châteauneuf l'achetaient à Segault, qui tenait ces exemplaires de Mannoury, libraire de Caen, de passage à Paris. Avril 1770. 22100, 101. Cf. Nouv. Acq., 1214, 588.
(2) *Mém. secr.*, 19 février 1770, V, 80.

s'échappait des manuscrits poudreux réservés aux seuls savants ; et la curiosité était vivement excitée. Le succès en était très grand. « Il fait chaque jour une infinité de prosélytes », disait Favart (1), qui ne pouvait s'empêcher d'ajouter : « C'est un livre désolant pour l'humanité... ce n'est plus le déisme, c'est l'athéisme tout pur. » « Tout le monde insista pour le lire, dit excellemment sir John Morley (2), et presque tout le monde fut terrifié. On avait eu cinquante ans de jouissance intellectuelle très vive, telle qu'on n'en avait pas vue depuis l'époque de Michel-Ange. Mais il sembla alors à beaucoup, comme ils tournaient les pages de ce livre, qu'ils se trouvaient face à face avec le démon de la légende médiévale, venu pour réclamer leurs âmes. La satire de Job et de David, le badinage sur les massacres de Josué et les concubines de Salomon, l'invective contre les pasteurs aveugles et les troupeaux plus aveugles, le zèle pour mettre Newton sur le trône de Descartes et Locke sur le piédestal de Malebranche, les vœux que les derniers Jansénistes fussent étranglés avec les boyaux des derniers Jésuites, tout cela avait donné du goût et de la saveur à la vie. Au milieu de leur grande fête, d'Holbach leur montra du doigt leur propre divinité, la Raison, écrivant sur le mur le jugement effrayant qu'il n'y a pas de Dieu, que l'univers n'est que de la matière en mouvement spontané, et le mot le plus grave de tout, que ce que les hommes appellent leur âme meurt avec leur corps, comme la musique meurt, quand les cordes sont brisées. »

Voltaire, dès qu'il entendit parler du *Système de la Nature*, désira vivement savoir quelle impression il avait faite à Paris. Il trouvait qu'il y avait « des choses excellentes, une raison forte et de l'éloquence mâle », mais aussi, « des longueurs, des répétitions et quelques inconséquences (3) ». Il n'était pas de ceux que le matérialisme athée de d'Holbach pouvait beaucoup émouvoir, encore que sa raison eût quelque peine à concevoir l'existence du monde sans un Être suprême. Mais ce qui l'inquiétait, c'était « le mal affreux » que ce livre trop hardi allait faire à la philosophie. Il y avait là de quoi rendre tous les philosophes exécrables aux yeux du roi et les perdre à jamais dans l'esprit de tous les

---

(1) Favart à Durazzo, 10 juin 1770, II, 245.
(2) *Diderot*, p. 342.
(3) A d'Alembert, 16 juillet 1770.

magistrats et des pères de famille (1). C'était une grande faute que de ne pas ménager assez l'opinion ; il ne fallait pas trop effaroucher les gens. Aussi, pour pallier le déplorable effet qu'il craignait, Voltaire fit-il une réfutation du *Système de la Nature*, et l'on pense bien qu'il n'hésita pas à la signer, à l'avouer et à l'envoyer aux ministres (2). Mais cette réfutation elle-même servait bien la cause de la philosophie et tel, qui avait été effrayé des trois volumes in-octavo de d'Holbach, lisait le petit livre de Voltaire ; « l'athéisme ainsi dégagé de toute la forme syllogistique, enrichi de toutes les grâces du style et de tout le piquant de la satire, allait se répandre sur toutes les toilettes et infecter les esprits les plus frivoles (3) ».

L'émotion qu'avait soulevée le *Système de la Nature*, surtout parmi les dévots, était considérable. Les autorités ne pouvaient vraiment pas se dispenser d'agir; les condamnations ne se firent pas attendre longtemps. Le livre de d'Holbach avait paru dans l'hiver de 1770, et au printemps l'Assemblée du clergé se réunissait. Elle se hâta de solliciter à Rome une déclaration pontificale et obtint que le pape « écrivît au roi très chrétien, une lettre excitatoire, pour le conjurer, par les entrailles de Jésus-Christ, de préserver son royaume de la pernicieuse inondation des mauvais livres (4) ». Dans la séance d'ouverture, en mars, l'archevêque de Reims alla déposer aux pieds de Sa Majesté un mémoire sur les suites funestes de la liberté de penser et d'imprimer, où il dénonçait « cette philosophie superbe, qui ne s'abaissait plus à couvrir ses paradoxes d'un voile séducteur, mais qui osait dogmatiser avec la plus entière indépendance ». Au moment de se séparer, l'archevêque de Toulouse, Loménie de Brienne, lut un avertissement du clergé de France, assemblé à Paris par permission du roi, aux fidèles du royaume sur les dangers de l'incrédulité. On l'envoya dans tous les diocèses et l'abbé Dulau fut chargé de le porter à Compiègne où était la cour. Il en revint avec la promesse du duc de La Vrillière, intermédiaire officiel entre le roi et l'assemblée, d' « arrêter le débordement des productions impies », et la nouvelle qu'on venait de saisir un ballot de ces

---

(1) A d'Alembert, 2 novembre 1770.
(2) A Maupeou, 22 auguste.
(3) *Mém. secr.*, 8 septembre 1770, V, 188. — De son côté, le roi de Prusse fit une réfutation du *Système de la Nature*.
(4) Grimm, 1er septembre 1770, IX, 111.

mauvais livres. Enfin un dernier mémoire au roi donnait cet avertissement salutaire au gouvernement : « Avec la foi, vont s'éteindre à jamais les sentiments d'amour et de fidélité à la personne du souverain. » La cour fut assez effrayée. D'ailleurs, elle ne pouvait pas refuser au clergé la condamnation qu'il lui demandait, l'Assemblée ayant eu la gracieuse pensée, pour remercier par avance le roi de sa bonne volonté et pour lui forcer la main, de voter un don gratuit de seize millions ; c'était le prix même que lui avait coûté, en 1758, la révocation du privilège de l'*Encyclopédie*.

Le roi déféra donc le livre au Parlement. Celui-ci amplifia le débat et examina, avec le *Système de la Nature*, plusieurs autres livres récemment parus. Le 18 août, la condamnation était prête, et le nouvel avocat général, Séguier, prononça son réquisitoire devant toutes les Chambres assemblées. A la manière de Cicéron, il commençait par les paroles fameuses : « Jusques à quand, Messieurs, abusera-t-on de notre patience? » Puis il analysait longuement le *Système de la Nature*. Enfin sept livres étaient condamnés à être lacérés et brûlés : la *Contagion sacrée; Dieu et les hommes; Discours sur les miracles de Jésus-Christ*, traduit de l'anglais de Woolston ; l'*Examen critique des apologistes de la religion chrétienne*, par M. Fréret, secrétaire de l'Académie des Inscriptions ; l'*Examen impartial des principales religions du monde;* le *Christianisme dévoilé*, de Boulanger, et le *Système de la Nature ou des lois du monde physique et du monde moral*, par M. de Mirabaud, secrétaire perpétuel de l'Académie (1). En exécution dudit arrêt, le bourreau fit aussitôt un fagot au bas du grand escalier de Mai et il alla y brûler quelques vieux rôles de procureur, représentant ces sept ouvrages. Car on pense bien que Messieurs du Parlement n'allaient pas de gaîté de cœur dégarnir leurs bibliothèques de ces livres rares, qui leur revenaient de droit et qu'ils n'allaient pas se priver du plaisir de les lire, pour les faire sottement brûler, sans profit pour personne. En outre, sur le rapport de M. Léonard de Sahuguet d'Espagnac, conseiller clerc en la Grand'Chambre, le Parlement arrêta sagement, selon la louable coutume de France, « qu'il serait nommé des commissaires qui s'assembleraient le lendemain de la Saint-Martin, à l'effet d'aviser aux moyens les plus efficaces d'arrêter les progrès d'écrivains

---

(1) Arch. Nat. X¹ᵃ, 8511, f° 332-357. 22100, 143. Grimm, septembre 1770, IX, 116.

téméraires, qui semblaient n'avoir d'autre objet que d'effacer de tous les cœurs le respect dû à la religion, l'obéissance aux puissances et les principes qui maintiennent la paix, l'ordre et les mœurs parmi les citoyens (1). »

On publia aussitôt l'arrêt du Parlement, mais sans y joindre le réquisitoire, contrairement à l'usage. Le Parlement avait peur que cette quintessence des ouvrages condamnés, que Séguier n'avait pas suffisamment réfutés, ne fît plus de mal que les livres eux-mêmes. Mais le ministère était sans doute d'un avis contraire, et, onze jours après l'arrêt, le réquisitoire sortait des presses de l'Imprimerie royale où il avait été imprimé, par ordre exprès du roi (2). Les gens de lettres en furent révoltés ; car il était violent contre eux. On en voulait surtout beaucoup à l'avocat général d'avoir compris dans son réquisitoire un livre de Voltaire, à qui on s'occupait justement alors d'élever une statue (3). On savait bien que cette condamnation n'était qu'une facétie, que le gouvernement voulait une liberté raisonnable de la presse et était animé de l'esprit de tolérance, mais on souffrait de voir son excessive faiblesse devant ces actes de fanatisme et de persécution, qui ne servaient qu'à déconsidérer le Parlement, comme l'était déjà la Sorbonne (4).

Du moins les philosophes surent-ils bien montrer à Séguier quels étaient leurs sentiments à son égard. Le 6 septembre suivant, Thomas recevait à l'Académie Loménie de Brienne. Il fit, dans son discours, une sortie assez insolente contre les gens du monde, qui « trahissent les lettres par faiblesse ou les laissent outrager par indifférence ou les persécutent par orgueil ou, voyant la haine sous l'effort du dédain, tâchent d'affecter pour elles un mépris qui ne trompe personne et qui est la marque la plus sûre

---

(1) *Mém. secr.*, 21 août 1770, V, 179. Hardy, 18 août, I, 172. Coll. Joly de Fleury, dossier 5572, vol. 472.

(2) « Le roi, instruit que le réquisitoire ne serait point imprimé, voulant juger par lui-même des moyens de réfutation qu'il contenait, fit écrire de Compiègne, dès le lendemain 19 juin 1770, à son procureur général une lettre par son ministre du département de Paris (La Vrillière) pour qu'il eût à envoyer à Sa Majesté le réquisitoire de M. Séguier. Cet ordre a été fidèlement exécuté, et le roi ayant pris connaissance de ce réquisitoire et ayant jugé combien il était important qu'il fût connu, donna ses ordres pour qu'il fût imprimé à l'Imprimerie royale et distribué avec la mention : *imprimé par ordre exprès du roi.* » Collection Joly de Fleury, *ibid.*, f° 145. *Gazette à la main de Marin*, septembre 1770 (Bibl. Ville de Paris).

(3) *Mém. secr.*, 6 septembre 1770, XIX, 253.

(4) Condorcet à Turgot, août 1770 ; *Correspondance*, p. 18.

d'un sentiment contraire (1) ». Tous les philosophes, qui composaient la majeure partie de l'assemblée, applaudirent. Le passage visait Séguier, qui était d'ailleurs de l'Académie. Celui-ci, aussitôt après la séance, alla en porter ses plaintes au chancelier Maupeou, qui fit demander sur-le-champ Thomas et Duclos, le secrétaire perpétuel, et leur fit défense expresse d'imprimer le discours. Loménie de Brienne refusa alors de faire imprimer son discours seul (2).

Mais Séguier n'allait bientôt plus pouvoir faire ses beaux réquisitoires. En 1771, Maupeou appliquait ses plans de réforme de la magistrature et exilait l'ancien Parlement qui était remplacé par celui qu'on appela le Parlement Maupeou. Tout le bruit que faisaient ces affaires du temps n'empêchaient pas la police d'être encore fort sévère. Le scandale du *Système de la Nature* avait été trop vif pour qu'on l'oubliât de si tôt. Voltaire avait bien dit, qu'au bout de trois semaines, on n'en parlerait plus et qu'on oublierait ces disputes, aussi vite que l'opéra-comique dont on s'amuse quelques heures (3). Mais, pendant au moins un an, la police continua d'y penser. Grâce à son éteignoir, la littérature ne produisait plus rien (4). Même des *Éloges de Fénelon*, qui avaient concouru avec succès pour l'Académie, étaient condamnés par le Conseil d'Etat, qui ordonnait de faire approuver, par deux censeurs de la Faculté de théologie, tous les discours présentés pour les prix de l'Académie (5).

IV

Mais ces sévérités ne durèrent pas longtemps, et la secte holbachique reprit bientôt courage. Pendant les dernières années du règne de Louis XV, elle répandit encore plusieurs ouvrages, où elle s'efforçait de mettre à la portée de tous son matérialisme, qui paraissait bien peu attrayant dans les deux gros volumes du *Système de la Nature*.

(1) Thomas, 1802, II, p. 24, cité par Brunel : *Les Philosophes et l'Académie*, p. 196.
(2) Collé, septembre 1770, III, 268. *Mém. secr.*, 12 septembre 1770, V, 190.
(3) Voltaire à Villevieille, 16 novembre 1770.
(4) Condorcet à Turgot, 20 janvier 1771 ; *Correspondance*, p. 38.
(5) 22101, 95 ; 21 septembre 1771.

En 1772, d'Holbach réunissait en un seul tome de trois cents et quelques pages, les idées maîtresses de son *Système*. C'était le *Bon sens ou les lumières naturelles opposées aux lumières surnaturelles*. Il y avait semé quelques apologues ; tous les raisonnements en étaient simples et la forme aisée. Ce petit volume divisé en deux cent six paragraphes aux maximes claires, logiques, tranchantes, avait assez l'aspect d'un de ces opuscules, que Voltaire avait produits si abondamment pendant les années précédentes. Mais les idées en étaient singulièrement plus hardies. Ce n'était plus, à vrai dire, un simple appel au bon sens, ni seulement une critique de la religion chrétienne : c'était encore la négation de toute métaphysique spiritualiste. Le sensualisme du milieu du siècle y aboutissait au matérialisme le plus intransigeant. D'Holbach y réfutait toutes les preuves traditionnelles de l'existence de Dieu et concluait « qu'il était bien plus naturel et intelligible de tirer tout ce qui existe du sein de la nature, dont l'existence est démontrée par tous nos sens (1) ». Il niait le libre arbitre, l'existence de l'âme et affirmait sèchement : « L'homme meurt tout entier, rien n'est plus évident (2). » Enfin il chassait le déisme de ses derniers retranchements, en niant que la religion, même naturelle, eût aucun effet de contrainte sur le peuple : c'est la religion qui a corrompu la morale populaire, comme elle a aussi perverti les princes ; et, quoique le *Bon sens* fût dirigé contre la superstition, bien plus que contre le despotisme, on y pouvait lire cette phrase bien capable de faire réfléchir beaucoup de gens : « Des princes négligents, ambitieux et pervers sont les causes réelles du malheur public. »

Aussi était-on très effrayé de voir la doctrine de d'Holbach ainsi vulgarisée. C'était « l'athéisme mis à la portée de tout le monde, des femmes et des enfants », disait Bachaumont (3), « des femmes de chambre et des perruquiers », ajoutait Meister (4). Lui, Meister, ne croyait pas à l'influence sur la société des idées religieuses ou philosophiques à moins que l'ambition ne s'en emparât. C'est ce qui devait arriver bientôt, et, quand la politique allait s'en mêler, les idées seraient mûres pour agir sur le peuple. Voltaire trouvait le *Bon sens* terrible et que le baron d'Holbach

---

(1) § 22.
(2) § 102.
(3) *Mém. secr.*, 1er octobre 1772, VI, 225.
(4) *Correspondance de Grimm*, janvier 1773, X, 175.

s'était bien perfectionné depuis le *Système de la Nature*. D'Alembert partageait ce sentiment, il lui écrivait : « Si on abrégeait encore ce livre (ce qu'on pourrait aisément, sans y faire tort), et qu'on le mît au point de ne coûter que dix sous, et de pouvoir être acheté et lu par les cuisinières, je ne sais comment s'en trouverait la cuisine du clergé (1). » Le Parlement Maupeou s'émouvait tout comme aurait fait l'ancien, et condamnait le *Bon sens* en 1774 sur un rapport de M. de Verges qui disait : « L'auteur a trouvé sans doute les sophismes métaphysiques de son maître trop élevés pour les esprits ordinaires. (M. de Verges attribuait le *Bon sens* à un disciple de d'Holbach). Il a craint que ce poison affreux ne circulât pas assez rapidement dans les cœurs corrompus. Il s'est imposé la tâche de former comme une sorte de catéchisme, à l'usage du vulgaire, des principes et des monstrueuses conséquences du *Système de la Nature* (2). »

Après le *Bon sens*, d'Holbach fit l'année suivante le *Système social*, qui fut attribué à un certain Mustel mort déjà depuis quelques années. Le sous-titre en était : *Principes naturels de la morale et de la politique avec un examen de l'influence du gouvernement sur les mœurs* (3). D'Holbach y prêchait le droit au bonheur et y enseignait que les devoirs ne sont que les moyens de satisfaire le plus complètement notre sensibilité physique et « d'engager nos semblables à concourir à notre propre félicité et à s'unir d'intérêt avec nous », que la vertu essentielle est la justice, qui devient envers nos semblables l'humanité et envers nous-mêmes la tempérance, que le « gouvernement est la somme des forces sociales déposées entre les mains de ceux qui sont jugés les plus propres à conduire au bonheur », que les gouvernements sont toujours responsables de la corruption des nations et que le seul remède est d'établir la liberté, l'économie et la simplicité (4).

Décidément le gouvernement pouvait se bien défendre. Les attaques du baron d'Holbach devaient le toucher vivement. Il trouvait des défenseurs dévoués pour entreprendre de tarir « ces

---

(1) Voltaire à d'Alembert, 29 juillet. D'Alembert à Voltaire, 15 auguste 1775.
(2) 22101, 152.
(3) Londres (Amsterdam, Rey), 3 parties in-8°.
(4) D'Holbach développait encore ses théories politiques dans la *Politique naturelle*, 1773, 2 vol. in-8°, et dans l'*Ethocratie ou gouvernement fondé sur la morale*, 1776, in-8°.

sources empestées » d'où sortaient, comme autant de ruisseaux, tous les ouvrages dangereux qui « méritaient si bien l'animadversion de la cour ». L'un d'eux proposait en même temps à Joly de Fleury quatre réfutations de la *Nature* de Robinet, de la *Politique naturelle*, des *Lettres d'un théologien à l'auteur des trois siècles de notre littérature*, enfin du *Système social* (1). Mais tous ces défenseurs n'étaient pas très habiles ou très honnêtes. Il vint de l'étranger en 1773 une autre réfutation du *Système de la Nature*, qui fut réimprimée à Paris (2). Le censeur en fut le célèbre Riballier. Ravi de cette critique d'un livre qu'il détestait, il s'empressa de donner son approbation et ne s'aperçut pas qu'elle contenait des maximes politiques plutôt dangereuses, que notamment le portrait d'un roi athée et superstitieux, qui s'y trouvait, pouvait assez facilement s'appliquer à Louis XV et que l'auteur y proclamait légitime le droit à l'insurrection dans les cas où le despotisme est excessif. Ce livre fit un bruit terrible. Le Conseil d'Etat révoqua aussitôt le privilège et le chancelier fit saisir tous les exemplaires qu'on trouvait à Paris (3).

A côté des livres de d'Holbach, on faisait encore paraître, à la fin du règne de Louis XV, deux ouvrages posthumes d'Helvétius. Le petit poème du *Bonheur* n'eut pas beaucoup de succès et les mauvais vers d'Helvétius n'auraient pas retenu l'attention, s'ils n'avaient été précédés d'une préface de Saint-Lambert sur sa vie et ses œuvres (4). Mais le livre de l'*Homme* fut assez remarqué.

Le philosophe de l'*Esprit* n'avait pas fait parler de lui depuis la triste aventure de 1758. Il ne voulait pas s'exposer à de nouvelles rétractations aussi humiliantes. Mais il travaillait en secret à un ouvrage où il réexposait son système ; et, comme il savait bien que son nouveau livre serait considéré comme une récidive avec aggravation, il avait spécifié qu'on ne le publiât qu'après sa mort. C'est donc en 1773 seulement que parut le livre de l'*Homme*. Quoique plus fort que celui de l'*Esprit*, il ne fit pas grand scandale. Les idées avaient bien avancé en quinze ans et le matérialisme d'Helvétius n'était pas pire que celui de d'Holbach. Il affirmait comme d'Holbach que la morale ne consiste qu'à rechercher

---

(1) Coll. Joly de Fleury, 1682, 139.
(2) *Réflexions philosophiques sur le Système de la Nature.*
(3) *Mém. secr.*, 18 janvier 1773, VI, 293. — 22101, 114, et 22073, 136.
(4) Grimm, 15 novembre 1772, X, 102; Mlle de Lespinasse à Condorcet, 23 août 1772, *Lettres inéd.*, p. 92; *Mém. secr.*, 16 septembre 1772, VI, 219.

l'intérêt personnel, qu'elle est complètement indépendante de la religion et que c'est le gouvernement qui doit se préoccuper de faire le bonheur de tous, les talents comme les vertus n'étant qu'un effet déterminé de l'éducation. Il allait tout de même plus loin que le baron allemand, quand il affirmait dans sa préface que la nation française était irrémédiablement avilie, qu'elle périrait par la consomption et ne pourrait reprendre une situation dans le monde que sous un autre nom, après avoir été conquise par quelque étranger.

L'*Homme*, que le prince Galitzine avait fait imprimer en Hollande (1), était naturellement rigoureusement défendu à Paris et n'y pénétrait que difficilement. Au lieu de scandaliser, il ne faisait plus qu'ennuyer. Voltaire trouvait que c'était du fatras et qu'il n'avait pas le sens commun, quoiqu'il y eût de beaux éclairs. « Voilà le plus grand coup porté contre la philosophie, disait-il (2). Si les gens en place ont le temps et la patience de lire cet ouvrage, ils ne nous pardonneront jamais. » Il faut croire pourtant que beaucoup de gens eurent cette patience ; six semaines après la publication, on en faisait une seconde édition en Hollande (3). Le Parlement le brûla et l'assemblée du clergé le comprit dans ses condamnations de 1775 (4).

Car ce n'est qu'en 1775 qu'on lança les condamnations solennelles. Encore n'atteignirent-elles pas tous les ouvrages qui étaient sortis de l'imprimerie de Rey pendant ces six années. D'Holbach avait semé, comme un bon ouvrier, ses idées à tous les vents et beaucoup de grains avaient trouvé la terre où germer. Il pouvait se reposer désormais et attendre que la moisson fût mûre. Il ne devait d'ailleurs pas assister à la sanglante récolte de 1793. Il mourut peu avant l'ouverture des Etats généraux. Mais, pendant les quinze années du règne de Louis XVI, il ne produisit plus rien. La philosophie s'affaiblissait dans son triomphe même; et les discussions politiques, qui déjà à la fin du règne de Louis XV devenaient de plus en plus à la mode, allaient remplacer les prédications métaphysiques.

---

1) Voltaire à d'Alembert, 16 juin 1773.
(2) *Ibid.*
(3) Voltaire à d'Alembert, 2 auguste.
(4) Grimm, novembre 1773. — *Mém. secr.*, 21 février 1774, XXVII, 196.

CHAPITRE XII

LES QUESTIONS POLITIQUES (1768-1774)

I. Diverses brochures politiques. Le *Nouvel ami des hommes*. Le *Droit du souverain*, 1770. — II. La question du commerce des blés. Les *Dialogues* de l'abbé Galiani, la *Réfutation* de Morellet, 1770. — III. Le Parlement Maupeou. L'*Histoire du Parlement* de Voltaire, 1769. — IV. Les ouvrages politiques de Voltaire. L'*Homme aux quarante écus*. Les *Dialogues d'A B C*. Le *Siècle de Louis XV*. Les *Lois de Minos*.

I

Les tristes années de la fin du règne de Louis XV virent paraître, à côté de cette foule d'ouvrages vraiment philosophiques, plusieurs brochures sur les questions économiques et politiques, qui préoccupaient de plus en plus l'opinion. Il semble qu'on commençât alors à envisager plus sérieusement les problèmes pratiques, qu'on voulût traiter les maux dont souffrait la société avec cet esprit d'examen, d'analyse qu'on appliquait aux sciences ou à la religion. On ne se désintéressait pas encore des idées abstraites, des études purement spéculatives, mais on s'inquiétait davantage des événements politiques ; et on sentait le besoin de plus en plus impérieux d'apporter quelques remèdes aux abus de l'ancien régime. Des Parisiens, des provinciaux même, devenaient volontiers auteurs, rédigeaient leurs plans de réformes et cherchaient à les faire connaître à leurs concitoyens ; comme ce bon vicomte d'Aubusson, membre externe de la Société d'agriculture de Brive-la-Gaillarde, qui fit imprimer à ses frais en 1771 une *Profession de foi patriotique d'un bon Français*, où il soutenait un projet d'impôt unique et territorial. Il comptait bien convertir quelques adeptes, il faisait porter sa brochure par un particulier à cheval chez toutes les personnes qualifiées ; et quand le lieutenant de police lui fit des reproches de vendre ainsi un livre sans permission, il répondit avec naïveté qu'il n'avait rien écrit que ne pût écrire un fidèle sujet du roi (1).

Nous n'étudierons pas ici les théories économiques et sociales, encore moins les querelles politiques de la fin du dix-huitième siècle. Nous nous bornerons à signaler le rôle qu'ont joué les philosophes dans ces discussions et à constater que le gouvernement était généralement assez tolérant pour ces ouvrages et qu'il ne sévissait guère que dans les cas de diffamation. Si on arrêtait en 1770 le sieur Durosoi et deux imprimeurs de Beauvais et de Meaux pour avoir écrit et imprimé le *Nouvel ami des hommes*, c'est que cet ouvrage contenait des attaques assez directes contre Choiseul. Mais la sévérité du ministre ne fut pas de longue durée ; il ne tarda pas à élargir Durosoi (2).

Parfois même c'était malgré eux que les ministres poursuivaient des libraires ou des auteurs dont ils approuvaient secrètement les ouvrages. Car, bien que la monarchie et l'Eglise vécussent officiellement en excellents termes, les ministres eux-mêmes ne soutenaient pas toujours les intérêts du clergé. Le marquis de Puységur, qui avait déjà écrit en 1768 un livre sur les biens ecclésiastiques, fit en 1770 un traité *Du droit du souverain sur les biens-fonds du clergé et des moines et de l'usage qu'il peut faire de ces biens pour le bonheur des citoyens*, dont le principe ne pouvait déplaire au gouvernement, toujours à la recherche d'un moyen d'équilibrer son budget. Le chancelier donna très volontiers une permission tacite. Le *Droit du souverain* fut imprimé chez Besongne à Rouen et envoyé à Versailles. Gauguery, un colporteur récemment reçu libraire et installé rue des Mathurins, s'associa à son confrère Segault pour les faire entrer immédiatement à Paris en fraude, quoique le chancelier eût spécifié qu'ils devraient attendre la clôture de l'Assemblée du clergé. Ils s'adressèrent à un ouvrier de la manufacture de Sèvres, qui avait l'habitude de faire entrer des paquets en contrebande et qui fit passer cette édition comme mercerie, moyennant trente-six livres. Il n'y avait que cinq jours qu'on la débitait au Palais-Royal quand on en interdit brusquement la vente. Gauguery et Segault furent arrêtés, mis au secret, puis cassés de maîtrise

---

(1) Hardy, I, IIe partie, 404, 1er décembre 1771.
(2) Nouv. Acq., 1214, 589, 593. *Mém. secr.*, 4 août 1770, XIX, 243.

par le Conseil d'Etat, et Besongne fut puni d'une amende de trois cents livres. C'est que les libraires s'étaient trop pressés de vendre ce *Droit du souverain* qui paraissait en août, précisément au moment où le clergé préparait ses condamnations contre les philosophes. Les évêques, qui y siégeaient, s'émurent de ces nouvelles attaques, qui les touchaient encore bien plus directement que celles de Voltaire et de d'Holbach. Mais ils hésitaient à faire une censure qui ne manquerait pas de donner au livre beaucoup de publicité. On se contenta donc d'agir auprès du gouvernement, qui obéit aussitôt, et de prier le P. Bonhomme, cordelier, docteur en Sorbonne, de réunir les meilleurs écrits faits en faveur de la bonne cause (1).

Quant aux écrits sur les affaires du temps, sur la Compagnie des Indes ou sur le procès de La Chalotais, ils circulaient assez facilement et d'ailleurs on discutait sur ces matières encore plus qu'on n'en écrivait.

II

De toutes les questions économiques, c'est celle du commerce des blés qui souleva les polémiques les plus vives. Deux amis des philosophes y furent mêlés, Galiani et Morellet (2).

Les édits de 1763 et 1764, qui avaient tant enthousiasmé les économistes, ne donnèrent pas longtemps de bons résultats (3). D'abord ils firent bien relever un peu les cours qui étaient tombés anormalement bas ; de huit livres le setier, le prix du blé passa à dix et à treize. Mais avec les mauvaises récoltes de 1767-1768 il monta brusquement jusqu'à trente-quatre livres ; c'était la famine. On en rendit responsable l'école libérale qu'on attaqua furieusement. Dupont de Nemours, Mercier de la Rivière, Mirabeau, l'abbé Roubaud n'en continuèrent pas moins à soutenir le principe de la liberté.

Ce fut alors que l'abbé Galiani écrivit ses *Dialogues*. Il était secrétaire de l'ambassade de Naples, mais aussi parisien que s'il fût né à Paris. Très versé dans le monde des encyclopédistes,

---

(1) Nouv. Acq., 1214, 599. — 22070, 16-19. — Hardy, 12 août 1770, I, IIe partie, 171, et 7 septembre, 183. — *Mém. secr.*, 13 août 1770, V, 172.
(2) Voir sur cette question Gaudemet, *Galiani*. Voir aussi Morley, *Diderot*, p. 406.
(3) Voir p. 189.

il n'adoptait pas le système des économistes, quoiqu'il fût en bonnes relations avec plusieurs d'entre eux. Il venait d'être rappelé à Naples ; mais il laissa, en partant, son manuscrit à Mme d'Epinay et à Diderot, en les chargeant de s'occuper de sa publication (1). L'affaire ne se fit pas sans d'assez grandes difficultés. Sartine, qui était pourtant un ami de Galiani, lui donna comme censeur un économiste, Court de Gébelin, lequel s'empressa de montrer le manuscrit à ses amis et notamment à Morellet. Fort heureusement pour Galiani, Maynon d'Invau, disciple de Gournay nommé récemment contrôleur général et qui pouvait s'opposer à la publication de son livre, quitta le ministère à la fin de 1769 et fut remplacé par l'abbé Terray, adversaire déterminé de la libre exportation. Merlin, à qui le manuscrit avait été vendu cent louis, put donc en achever tranquillement l'impression et faire paraître le livre en janvier 1770.

Il eut aussitôt le succès le plus vif. « On est ensorcelé, dit Diderot (2), et on ne peut plus le quitter. Depuis l'instant qu'il est devenu public, tout le monde se l'arrache ; le patriarche de Ferney suspend ses travaux apostoliques, nos philosophes quittent la table et négligent l'Opéra-comique, la femme sensible son amant, la coquette la foule qui s'empresse autour d'elle, la dévote son directeur, l'oisif son désœuvrement : tous et toutes veulent rester tête-à-tête avec notre charmant abbé ; l'économiste seul pâlit, écume et s'écrie : C'en est fait de mes Apocalypses. Tel est le privilège de l'homme de génie... En un mot, depuis l'*Esprit des lois* il n'a pas paru en France un plus grand livre ni qui ait autant fait penser que celui-ci. » Diderot alla jusqu'à comparer les *Dialogues* aux *Petites lettres* de Pascal ; et Voltaire affirma que Platon et Molière avaient dû s'allier pour composer un tel livre.

C'était lui faire beaucoup d'honneur. Il n'est pourtant pas douteux que sa forme vive, spirituelle, devait retenir les esprits plus que les lourdes dissertations de ses adversaires. Sans être un ennemi déclaré de la libre exportation, Galiani combattait surtout les principes trop autoritaires et trop systématiques des économistes. Il estimait que ces problèmes très délicats étaient

---

(1) Mme d'Epinay à Galiani, 4 octobre 1769. *Mém. et Corresp.* de Mme d'Epinay, III, 365.

(2) *Correspondance de Grimm*, 1er janvier 1770, VIII, 423.

susceptibles de solutions très variables selon les circonstances, qu'il n'était ni prouvé ni souhaitable que la France eût un excédent de blé, et qu'il ne fallait pas encourager à l'excès l'exportation, dont les nombreux dangers balançaient les avantages. Il fallait surtout débarrasser la France des entraves qui s'opposaient encore au libre commerce intérieur et établir un droit modéré tant à l'exportation qu'à l'importation. Telles étaient les idées qu'exposait spirituellement au marquis de Roquemaure et au Président, le chevalier Zanobi qui n'était autre que Galiani lui-même.

Le grand succès de l'ouvrage, que pourtant les encyclopédistes ne soutinrent pas comme ils l'auraient fait si Galiani avait encore été à Paris, émut beaucoup les économistes dont les champions voulurent relever le défi (1). L'abbé Baudeau, l'abbé Roubaud, Mercier de la Rivière, Dupont répondirent à Galiani (2). Surtout Morellet, qui avait lu l'ouvrage manuscrit, entreprit, sur l'instigation de Maynon d'Invau et de Choiseul, de combattre les idées de Galiani. Pendant qu'on imprimait les *Dialogues*, il en écrivit une *Réfutation* où il affirmait à nouveau son libéralisme intransigeant et ses principes d'une logique abstraite sur le droit absolu à la propriété libre de toute réglementation. Il fit tous les frais de l'édition. Diderot, à qui Sartine communiqua le manuscrit et qui n'acceptait pas toutes les idées de Galiani, trouva pourtant qu'on n'en pouvait défendre la publication. Mais le censeur Gibert fit quelques difficultés. Quand la *Réfutation* fut enfin prête à paraître, le ministère était changé et l'abbé Terray, qui se proposait de rétablir l'ancienne réglementation, ne donna aucune permission. L'ouvrage fut enfermé à la Bastille. Morellet en fut pour ses quinze cents livres et dut attendre l'arrivée de Turgot au ministère en 1774 pour pouvoir vendre sa *Réfutation* (3).

III

Peu après ces violentes querelles sur le commerce des blés, Choiseul quittait le ministère, et l'un des premiers actes du

---

(1) Grimm, 1ᵉʳ janvier 1770, VIII, 440 ; juillet 1770, IX, 81.
(2) *Mém. secr.*, 18 mars 1770, XIX, 200.
(3) Morellet, *Mém.*, I, 192. Condorcet à Turgot, 10 mars 1770. *Correspondance* publiée par Henry, p. 2 et 3. — *Mém. secr.*, 20 décembre 1774, VII, 279.

triumvirat d'Aiguillon, Terray, Maupeou, qui lui succédait, était la suppression du Parlement. On sait quelles querelles le règne de Louis XV avait vu s'élever entre la royauté et le Parlement et avec quelle passion l'opinion publique les avait suivies. Aussi le coup d'état de Maupeou souleva-t-il une grosse émotion. Le gouvernement essaya de calmer le plus possible les esprits et tenta de s'opposer à la publication des ouvrages où on discutait cette question. *Le Véritable et bon Liégeois*, almanach pour 1772, qui contenait des réflexions sur la suppression du Parlement était renvoyé à l'étranger le 24 décembre 1771 ; mais huit jours après il entrait en France avec la permission du gouvernement (1). Et beaucoup d'autres brochures paraissaient, qui essayaient de jeter du ridicule sur la nouvelle magistrature.

Les philosophes ne se désintéressaient pas de la querelle. Mais ils étaient assez embarrassés pour prendre parti : le Parlement était le défenseur des libertés nationales contre le pouvoir absolu, mais il avait aussi condamné maints ouvrages philosophiques. Il avait chassé les Jésuites, mais il avait aussi ordonné le supplice de Calas et l'exécution du chevalier de La Barre. L'ardeur avec laquelle Voltaire se mit aussitôt à s'occuper de ces questions politiques est une preuve certaine de la faveur dont elles jouissaient dans l'opinion. Toujours désireux de plaire à son fidèle public, il flattait son goût nouveau, et il profitait de l'occasion, qu'il ne trouvait pas si fréquemment, de mettre son esprit au service du gouvernement. Car, se souvenant des condamnations de livres plus que de la destruction des Jésuites, il prit contre le Parlement le parti du ministère.

Cette question n'était pas nouvelle pour lui. Déjà en 1769 et peut-être sur l'instigation du gouvernement, il avait écrit l'*Histoire du Parlement depuis les origines jusqu'au procès des Jésuites* (2). La cour s'était fort émue de cette publication, autour de laquelle Voltaire avait fait beaucoup de bruit, multipliant des désaveux, qu'il faisait ostensiblement paraître dans les journaux (3). Séguier, qui avait fait un voyage à Ferney en septembre, avait parlé de

---

(1) Hardy, 24 et 31 décembre 1771, I, IIe partie, 412, 416.
(2) Par l'abbé Big***, Auguste 1769, 2 vol. in-8°. Beng., 1247. Elle fut imprimée par Rey.
(3) Voltaire dit à tout le monde qu'il n'avait pu écrire dans sa retraite de Ferney un pareil livre, qui nécessitait bien deux ans de recherches dans des manuscrits poudreux. Tantôt il en faisait honneur à un jeune homme assez modeste pour imiter son style; tantôt il affirmait qu'on lui avait volé son manuscrit et qu'on

l'*Histoire du Parlement* à Voltaire, qui ne s'en était naturellement pas déclaré l'auteur, et il ne lui avait pas caché qu'il allait la faire poursuivre.

Mais le Parlement fut chassé avant d'avoir pu condamner le livre. Voltaire soutenait le gouvernement. Dans son *Avis à la noblesse*, en 1772, il tournait le Parlement en ridicule. Il mettait sa plume au service de la réforme, et écrivait, avec l'ardeur et la facilité qu'on lui connaît, une foule de brochures pour défendre la cause du chancelier. C'étaient la *Lettre d'un jeune abbé*, la *Réponse aux remontrances de la Cour des Aides*, l'*Avis important d'un gentilhomme à toute la noblesse du royaume*, *Les peuples au Parlement*, etc., etc.

IV

Voltaire s'occupait encore de plusieurs procès. Tantôt, c'étaient les Montbailli, accusés d'avoir tué leur mère, et, en faveur desquels il faisait la *Méprise d'Arras;* tantôt, c'était l'affaire du comte de Morangiès, pour laquelle il écrivait les *Essais sur les probabilités en fait de justice*, celle de Lalli, et celle du chevalier d'Etallonde, l'ami de La Barre, ou enfin, le procès des serfs du Mont Jura (1). Généralement, il signait ces petits ouvrages; car ils ne pouvaient qu'accroître sa gloire et son autorité. C'étaient maintenant ces questions juridiques ou politiques qui absorbaient toute son activité.

Déjà le nouveau conte qu'il publiait en 1768, l'*Homme aux quarante écus* (2), faisait la satire de la législation fiscale; et

---

l'avait fait imprimer en le modifiant. Enfin, il écrivit au début de juillet une lettre officielle à Marin pour désavouer son œuvre. On la fit imprimer dans le *Mercure*, de sorte que toute la France fut avisée de l'existence de cette histoire, à laquelle on n'avait pas trop fait attention jusque-là. L'effet n'étant pas encore assez grand, il écrivit à la fin du mois une seconde lettre à Marin, qu'il fit courir chez les personnes intéressées et imprimer dans le *Mercure* d'août. Comme il y qualifiait son *Histoire* d'indécente et de hardie, tout le monde voulut la lire. Les premiers lecteurs l'avaient trouvée superficielle. Elle fit alors fureur. On l'acheta jusqu'à six louis à cause des prohibitions sévères du Parlement, et Voltaire dut en faire faire d'autres éditions en Hollande. (Voltaire à Thiériot, 29 mai 1769; à Rochefort, 3 juillet; à d'Argental, 7 et 22 juillet; à Mme du Deffand, 20 septembre. — *Mém. secr.*, 25 juin, 21 juillet, 2 et 3 août 1769, IV, 292; XIX, 117, 127, 128.)

(1) Voir dans Bengesco, 1806-1828.
(2) Il y en eut neuf éditions en 1768. Beng., 1478-1486. Le *Chinki* de l'abbé Coyer, qui parut également en 1768, est un pendant de l'*Homme aux quarante écus :* un agriculteur ruiné par les impôts émigre à la ville, où il est encore plus malheureux qu'à la campagne.

quoiqu'il ne négligeât pas de toucher en passant, avec sa verve incisive, à diverses questions philosophiques, le sujet de son roman était économique. Il ne le désavouait pas et ne craignait pas de l'envoyer à tous ses correspondants, même de le faire présenter à Choiseul (1). Tant par la poste, que par des personnes qui venaient de Suisse, il s'en introduisait beaucoup à Paris. Il en parut des fragments dans le *Mercure*. Mais, au bout de quelque temps, il fut condamné; c'est pour l'avoir vendu avec le *Christianisme dévoilé* que Josserand, L'Ecuyer et sa femme, furent condamnés au carcan et aux galères, et, en conséquence de cet arrêt, le Parlement le fit brûler (2); c'était une vengeance de Messieurs de la Ferme, qui gardaient rancune à Voltaire de l'article *Tyran* du *Dictionnaire philosophique*, où il disait qu'il valait mieux avoir affaire à une seule bête féroce, qu'à une bande de petits tigres subalternes (3).

De même dans les dialogues d'*A B C* (4), il discutait bien les problèmes de l'âme et du pessimisme, mais il posait surtout les questions de la forme du gouvernement et de la meilleure législation, il prônait les solutions libérales anglaises et il ne manquait pas en passant de critiquer Montesquieu. Naturellement, il n'avouait pas « ce roastbeef anglais, très difficile à digérer pour beaucoup de petits estomacs de Paris », et il voulait que ce fût un La Bastide de Chiniac, avocat, qui l'eût traduit de M. Huet, membre du Parlement d'Angleterre. Mais il l'envoyait encore à tous ses amis ou le leur faisait envoyer par M. Guillemet, typographe de Lyon, qui écrivait, à ce sujet, des lettres charmantes à la duchesse de Choiseul (5).

C'était encore de politique plus que de philosophie qu'il était question dans la nouvelle édition que Voltaire préparait en 1768 du *Siècle de Louis XIV*, auquel il ajoutait le *Siècle de Louis XV* (6),

---

(1) Voltaire à Chardon, 3 février 1768.
(2) Voir p. 270.
(3) *Journal de la librairie*, 18 février 1768, 22 165, 12, v°. — Diderot à Mlle Volland, 8 octobre 1768, XIX, 284.
(4) L'*A B C*, dialogues curieux, traduits de l'anglais de M. Huet, chez Robert Freemann (Genève), 1762 (1768). Beng., n° 1772.
(5) Voltaire à Mme du Deffand, 12, 26 décembre 1768; 6 janvier 1769. Mme du Deffand à Voltaire, 20 janvier 1769, I, 532.
(6) S. l. (Cramer), 1768. Beng., 1191. L'*Histoire de la guerre de 1741* avait déjà paru en 1755. Elle eut deux rééditions en 1770 et 1771. Rey pensa en faire une en 1769, et Voltaire lui écrivait: « Je souhaite passionnément que ce soit vous qui fassiez au *Siècle de Louis XIV* l'honneur de le réimprimer »; mais le projet n'aboutit pas. — *Mém. secr.*, 20 décembre 1768, IV, 192.

merveilleux alibi qui lui permettait de désavouer les petits livres philosophiques qu'il ne laissait pas, même alors, d'écrire encore. Le Parlement le fit pourtant arrêter, trouvant mauvais que le jugement de M. de Lally y fût critiqué. Mais, quoique clandestinement, l'ouvrage se répandait très bien à Paris et Voltaire ne désespérait pas de le faire présenter au roi lui-même, par le maréchal de Richelieu.

Les préoccupations politiques étaient tant à l'ordre du jour, et Voltaire le sentait si bien que, jusque dans son théâtre, il prêchait la justice sociale. C'est autant pour faire allusion au nouveau Parlement et faire sa cour au chancelier Maupeou, que pour rendre odieux le fanatisme, qu'il écrivit les *Lois de Minos*. C'était une tragédie dans le goût des *Guèbres*, faite pour être imprimée plutôt que jouée, pour convaincre plus que pour plaire. Il l'attribuait encore à un jeune avocat, Duroncel, et voulait, en mars 1772, en faire cadeau à un libraire de Lyon, Rosset, qui finalement ne l'imprima pas (1). Il espéra bien la faire jouer au tripot. Le maréchal de Richelieu, à qui il l'avait dédiée, avait promis de s'entremettre auprès des comédiens, qui l'acceptèrent en juin; mais il ne promit plus bientôt qu'une représentation à Fontainebleau, pour le mariage du comte d'Artois; et, finalement, les *Lois de Minos* ne furent pas jouées; en 1773, il y en eut seulement une édition, faite par un libraire de Paris. Après avoir circulé entre les mains de Thibouville, de d'Argental, du duc d'Aumont, de Lekain, de Marin et de beaucoup d'autres, elle finit, en effet, par tomber entre celles de Valade, qui l'imprima (2). Aussitôt Voltaire de pousser les hauts cris; il acquiert la conviction que c'est Marin qui a vendu le manuscrit à ce « fripon de Valade », et il se brouille avec Marin. Il écrit à Condorcet, à Rochefort : « A mon secours, les philosophes! » Il proteste auprès de tout le monde, et il hâte l'impression que fait Cramer, avec la dédicace à Richelieu et des notes (3). En mai, l'édition était à Paris et d'Alembert se chargeait du soin de la distribuer (4).

Même quand il suivait ainsi l'opinion publique sur le terrain politique et social, Voltaire n'oubliait pas que c'était pour des

---

(1) Voltaire à d'Argental, 2 mars; à Vasselier, 2, 28 mars; à Richelieu, 8 mai 1772.
(2) Voltaire à Marin, 27 mai 1772; à Thibouville, 1er janvier; à d'Argental, 4 janvier.
(3) Voltaire à Condorcet, 1er février; au comte de Rochefort, 1er février, mars 1773.
(4) Condorcet à Voltaire, 16 mai 1773.

idées philosophiques qu'il avait jusque-là combattu; et il ne négligeait pas de tirer profit de la reconnaissance que lui devait le gouvernement pour obtenir certaines protections fort avantageuses pour le parti. Pour lui témoigner sa satisfaction des *Lois de Minos*, Maupeou donnait à Merlin la liberté de vendre, publiquement, ses ouvrages les plus impies; il permettait même que les ballots fussent adressés directement chez lui, Maupeou, et il les délivrait lui-même à Merlin, sans les faire passer par la Chambre syndicale. Naturellement le libraire profitait largement de cette faveur et ne se faisait pas faute de faire envoyer à M. le chancelier d'autres livres prohibés, imprimés en Hollande (1).

Le règne de Louis XV finissait dans l'incohérence et dans l'impuissance.

(1) *Mém. secr.*, 1772, cités par Bersot, p. 81.

CHAPITRE XIII

CONDAMNATIONS ET SURVEILLANCE SOUS LOUIS XVI

I. L'Assemblée du clergé de 1775. — II. La condamnation de la *Philosophie de la nature* de Delisle de Sales. — III. — La condamnation de l'*Histoire des Indes* de l'abbé Raynal. — IV. La police de la librairie sous Louis XVI.

I

Quand Louis XVI monta sur le trône, on pensa qu'une ère nouvelle était arrivée, qu'on allait assister au règne de la raison, qu'on allait voir toutes les réformes nécessaires s'accomplir, la philosophie triompher, la nation jouir enfin de la félicité tant promise et si attendue.

Pourtant le nouveau gouvernement ne fit pas preuve, dans les premières années, de toute la bienveillance qu'on escomptait pour les philosophes. Il y eut même un redoublement de sévérité, comme un dernier spasme, une dernière tentative pour revenir aux beaux jours d'antan, où quelques condamnations suffisaient pour contenir le débordement des ouvrages dangereux. La charge de Directeur de la librairie, dont le département avait été rattaché à la police après le départ de Malesherbes (1), fut rétablie et confiée à Le Camus de Néville, que les mauvaises langues disaient être le fils du chancelier (2). Il apportait dans son administration « un despotisme, qu'on n'aurait pas présumé d'un excellent patriote comme lui (3) ». Le marquis de Noailles, qui, comme ambassadeur à La Haye, s'était déjà conduit fort habilement en Hollande et avait réussi à rendre la République aussi

---

(1) Sartine fut en effet Directeur de la librairie tout en restant Lieutenant Général de police de 1763 à 1774.
(2) *Mém. secr.*, XIV, 167.
(3) *Mém. secr.*, 23 septembre 1776, IX, 248.

sage que Paris (1), était envoyé à Londres pour surveiller le commerce des pamphlets et des livres défendus, qui y devenait florissant (2).

Enfin l'Assemblée du clergé, qui se réunit en automne 1775, imita celle de 1770, en lançant une condamnation magistrale destinée à montrer au jeune roi la voie dans laquelle il lui fallait marcher. Elle fut presque entièrement consacrée à l'examen de tous les livres qui avaient paru contre la religion depuis la grande Assemblée de 1765. Elle condamna nommément le *Christianisme dévoilé*, l'*Antiquité dévoilée*, le *Sermon des Cinquante*, l'*Examen important de Milord Bolingbroke*, la *Contagion sacrée*, l'*Examen critique des anciens et des nouveaux apologistes du christianisme*, la *Lettre de Thrasybule à Leucippe* (3), le *Système de la Nature*, le *Système social*, les *Questions sur l'Encyclopédie*, *De l'homme*, l'*Histoire critique de la vie de Jésus-Christ*, le *Bon sens*, l'*Histoire des Indes*; et les autres furent compris dans un *et cætera* récapitulatif. Elle adressa au roi un avertissement qu'elle alla lui présenter en corps et auquel Louis XVI répondit, en promettant d'appliquer les lois et règlements sur la librairie. Enfin elle envoya une lettre circulaire aux archevêques et évêques de France, pour les avertir que leur principal souci pendant ces séances avait été de se préoccuper des moyens d'arrêter ces productions impies (4). « Le clergé réuni avec le Parlement, disait Voltaire (5), a laissé par sa dernière assemblée quatre-vingts ouvrages à brûler par ces Messieurs et quatre-vingts auteurs à être jetés dans les mêmes flammes. »

Mais le roi n'eut pas recours au moyen classique et ne déféra pas à la justice de ces Messieurs les ouvrages condamnés par le clergé. Le Parlement, qui venait d'être rappelé par Louis XVI, ne tenait pas sans doute à signaler son retour par quelque nouveau réquisitoire, et avait bien d'autres affaires à traiter. Pourtant la juridiction criminelle ne resta pas inactive; et des mesures sévères furent prises contre quelques philosophes. Deux d'entre eux eurent particulièrement à en souffrir, si l'on peut ici parler de souffrances, Raynal et Delisle de Sales.

---

(1) A moins que ce ne fût Paris qui fût devenu aussi libre que la Hollande.
(2) *Mém. secr.*, décembre 1773, février 1774, XXVII, 162 et 191.
(3) S. l. n. d. C'est un ouvrage de Fréret qui circula beaucoup manuscrit avant d'être imprimé vers 1768. (Lanson, *Revue d'hist. litt.*, 1912, II, 300.)
(4) 22101, 176. — *Mém. secr.*, 16 et 19 décembre 1775, VIII, 319, 320.
(5) Voltaire à Christin, 5 mars 1776.

II

Ce Delisle de Sales était un ancien oratorien, « très cordialement médiocre ». Voici le portrait que fait de lui Chateaubriand, dont il connaissait assez bien la sœur, Mme de Farcy (1) : « Gras et débraillé, il portait un rouleau de papier crasseux que l'on voyait sortir de sa poche ; il y consignait au coin des rues sa pensée du moment. Sur le piédestal de sa statue en marbre, il avait tracé de sa main cette inscription empruntée au buste de Buffon : Dieu, l'homme, la nature ; il a tout expliqué. Delisle de Sales tout expliqué ! Ces orgueils sont bien plaisants mais bien décourageants. »

Il avait fait paraître en 1770 un livre intitulé : *Essai sur la morale de l'homme ou Philosophie de la Nature*, trois volumes in-douze. C'était un simple pastiche de Voltaire, de Rousseau, de Montesquieu, de Diderot, avec des appels constants à la Nature, à ses oracles, à ses impulsions et la répétition des lieux communs philosophiques les plus plats (2) ; bref, un de ces ouvrages sans originalité, sans talent, comme en traîne après elle toute école victorieuse (3). Le livre d'ailleurs ne fit pas grand bruit. Il avait été soumis à un censeur, docteur de Sorbonne, le sieur abbé Chrétien, avait obtenu sans peine une permission tacite et avait été édité à Paris par Saillant avec la mention : chez Arkstée et Merkus, Amsterdam, 1770 (4).

En 1774, Delisle voulut faire une suite à son ouvrage, et, craignant plus de difficultés de la part de la censure, donna à ses trois derniers volumes le titre d'*Anatomie du corps*; moyennant quoi, on le présenta à un censeur de chirurgie, qui ne fit aucune objection et qui donna son approbation. Delisle enleva alors ce

---

(1) *Mémoires d'outre-tombe*, I, 218.
(2) Grimm, avril, 15 juin 1770, VIII, 510 ; IX, 49.
(3) Tout en condamnant naturellement le fanatisme et la superstition, Delisle s'en tenait d'ailleurs à un théisme assez chrétien. « Quand l'Instituteur de ce culte sublime ne mériterait pas notre hommage comme Fils de Dieu, dit-il (II, 47), il faudrait encore lui élever des autels comme au seul Législateur qui a apporté sur la terre une morale parfaitement épurée. »
(4) Arkstée et Merkus étaient bien des libraires hollandais ; ils écrivirent à Malesherbes en 1758. (22191, 90.) Saillant dit avoir reçu une lettre de Merkus en 1755. (Nouv. Acq., 3346, 102.)

titre supposé et la *Philosophie de la Nature* parut ainsi désormais en six volumes (1).

Tout allait bien et on oubliait ce grand ouvrage, quand en 1775 un sieur Audran, conseiller au Châtelet, grand dévot et très janséniste, froissé peut-être de ce que Saillant ne voulût pas lui en « donner pour rien » un exemplaire, s'avisa de dénoncer à sa Compagnie le livre comme impie et dangereux (2). Le 9 septembre 1775, le Châtelet le condamna. Mais le Garde des Sceaux, Hue de Miromesnil, désireux d'éviter un scandale inutile, demanda pendant les vacances, communication de la sentence et du réquisitoire et dit que le roi désirait qu'on ne publiât que la sentence ; car il ne pouvait y avoir que du danger à rappeler le souvenir d'un livre presque oublié et à le mettre ainsi par extraits entre les mains du public (3). Le Châtelet chargea le lieutenant civil Engran d'Allery d'aller représenter à Mgr le Garde des Sceaux qu'il avait le droit de publier tous ses réquisitoires et que d'autre part il y avait danger à ne pas poursuivre un livre dont on venait d'écouler trois mille exemplaires et dont on préparait justement alors une nouvelle édition. En conséquence, le 14 décembre, à midi, en place de grève, la *Philosophie de la Nature* était lacérée et brûlée, et la sentence du Châtelet vendue publiquement avec le discours de M. du Delay d'Achères, avocat du roi. De bonnes âmes prêtaient leur concours au zèle du Châtelet, et, quand Saillant vendit son fonds vers cette époque, « des personnes aisées et chrétiennes » chargèrent la veuve Macquignon de racheter l'édition et de la pilonner (4). Cependant le Châtelet ne se trouvait pas satisfait de cette condamnation et il continuait de poursuivre « avec une cruauté digne du siècle le plus superstitieux » l'auteur, les censeurs et l'imprimeur (5). « Il fallait vraiment qu'il fût bien désœuvré », pensait Voltaire (6). Les censeurs furent ajournés pour être ouïs et Delisle de Sales décrété de prise de corps. Mais il en appela au Parlement, qui convertit ce décret en une simple assignation pour être ouï. « C'est un dédale d'intrigues et de contre-intrigues », disait Condorcet. On avait surtout voulu « prouver à tout l'univers que le lieutenant

---

(1) *Mém. secr.*, 17 décembre 1776, IX, 325-327.
(2) D'Alembert à Frédéric, 23 février 1776.
(3) Hardy, 24 octobre 1775, III, 131.
(4) Hardy, 14 décembre, III, 148.
(5) *Mém. secr.*, 22 février 1776, IX, 55.
(6) D'Argental, 12 février.

de police qui ne pouvait manquer d'être un scélérat, puisqu'il était l'ami de M. Turgot, avait permis la distribution d'un livre abominable » et on avait seulement réussi à démontrer que ce livre avait été approuvé par un censeur de théologie dès 1770 (1).

Enfin on pouvait croire l'affaire terminée, Delisle de Sales y trouvait gloire et profit. Voltaire voulait ouvrir une souscription pour l'indemniser de ces persécutions et donnait l'exemple en envoyant cinq cents livres pour lui à son notaire, M. Dailli (2). D'ailleurs, Delisle savait bien tout seul profiter des circonstances.

Il fit faire une édition nouvelle de son livre avec de belles estampes, un grand luxe typographique et surtout un prospectus très alléchant, où il était dit : « La première édition fut prodigieusement gâtée par les censeurs. Il y eut des volumes où l'on retrancha jusqu'à cent pages ; de plus, les grandes idées sur la marche physique de la nature n'avaient point eu le temps de mûrir dans la tête de notre philosophe (3). » Mais ce nouveau défi excita la colère de M. le conseiller Audran, qui ne voulut pas lâcher de si tôt sa victime. La dite victime « se livra à son détracteur avec toute la constance et tout le courage d'un martyr ». On va voir, en effet, de quel courage et de quelle constance il fallait faire preuve pour supporter cette cruelle persécution. En vérité, on croit assister à une mascarade en lisant le récit de cet étrange procès (4).

Le 21 mars 1777 fut « le jour funeste, où la voix du fanatisme convoqua une assemblée des ministres de sa fureur (5) ». La séance dura de 6 heures 1/2 du matin à 11 heures du soir. Delisle arriva à 7 heures au Châtelet, où il fut gardé à vue. On avait posé des sentinelles, on doubla, puis on tripla la garde. Personne ne put sortir avant la fin de la séance. Les magistrats dînèrent à la buvette, et le lieutenant civil fit dîner à ses frais les accusés dans une chambre séparée (6). « A midi, M. Delisle a été conduit à la salle du conseil, pour subir son dernier interrogatoire, racontent les Correspondances littéraires du temps (7). Il avait

---

(1) Condorcet à Voltaire, 11 février, et mars 1776. (Moland, 9646, 9684.)
(2) Voltaire à Delisle de Sales, 15 avril 1776.
(3) Métra, 22 février 1777, IV, 170.
(4) Grimm, février 1777, XI, 428.
(5) Métra, 15 avril, IV, 304-319.
(6) Hardy, 22 mars 1777, III, 340.
(7) Les récits de Grimm et de Métra concordent presque exactement.

préparé un discours pour sa défense ; on ne lui a pas permis de le lire. On l'a interrogé d'abord, sur la prétendue falsification du manuscrit ; ses réponses ont été si précises et si fortes, qu'on s'est hâté d'abandonner l'incident, pour en venir au fond du procès... Le Président du Châtelet a dit à l'accusé, au nom de sa compagnie : Je suppose, Monsieur, que votre manuscrit est en règle et que vous avez satisfait à la loi. Nous vous déclarons maintenant, que vous êtes infiniment coupable, d'avoir avancé les propositions qui sont dans votre ouvrage et sur lesquelles nous allons vous interroger... 1° Vous avez dit dans une Epître dédicatoire, qu'il faut toujours finir par adorer Palmyre (1), et par suivre la nature. Cela tend au spinosisme, cela réduit les lecteurs à rejeter toute autre loi que la loi de la nature. 2° Vous avez avancé, qu'il était impossible à l'homme d'avoir des idées claires sur l'essence de Dieu, et qu'il fallait se contenter de l'adorer en silence. 3° Vous avez distingué un certain culte de l'homme, du culte du citoyen. 4° Vous avez dit qu'il y avait des moments de fermentation dans un Etat, où chaque citoyen prenait un caractère, et où les rois n'étaient plus que des hommes. 5° Vous avez avancé le blasphème, que le bonheur était pour l'homme une série d'instants voluptueux. 6° Vous avez osé dire que les quatre vertus cardinales pouvaient se réduire à une seule. 7° Vous avez avancé que la circoncision était un outrage contre la nature, ce qui est une dérision de la loi de Moïse. 8° Vous vous êtes abandonné, dans votre ouvrage, à une chaleur d'imagination très criminelle ; vous avez présenté beaucoup de tableaux de l'amour et le mot de jouissance se trouve souvent sous votre plume. L'accusé s'est retiré. Un conseiller au Châtelet, M. de Gouve de Vitry, a répété plusieurs fois dans Paris, qu'il n'avait jamais vu d'accusé mettre tant de sagesse et de courage dans ses réponses. La compagnie a été aux opinions. Les premières voix ont été pour condamner M. Delisle, *ad omnia citra mortem* ; cette formule désigne le fouet, la marque et les galères perpétuelles. Cet avis a été proposé avec chaleur. On ne pouvait pas condamner à mort l'accusé, parce que, dans l'intervalle, Messieurs avaient dîné. Ensuite, on a opiné à ce que l'auteur fût condamné au carcan, à faire amende honorable en chemise et une torche à la main, devant le portail

---

(1) La femme avec laquelle la Nature veut que nous travaillions à la propagation de l'espèce (note de Métra).

de Notre-Dame, ensuite, banni à perpétuité. Cet avis, longtemps discuté, a été sur le point de prévaloir. Enfin la pluralité de quatorze voix contre sept a été pour la sentence suivante : Le libraire déchargé de toute accusation. Les deux imprimeurs, injonction d'être plus circonspects. M. Le Bas, censeur des trois derniers volumes, mandé et admonesté. M. l'abbé Chrétien, censeur des trois premiers, blâmé et arrêté jusqu'à l'exécution. M. Delisle, atteint et convaincu d'avoir composé la *Philosophie de la Nature*, banni à perpétuité et ses biens confisqués ». Plusieurs conseillers et, parmi eux, le sous-doyen, M. Pitouin, furent si indignés qu'ils se retirèrent (1). « A onze heures du soir, M. Delisle a été conduit par des archers, baïonnette au bout du fusil, en prison, où il a passé la nuit, séparé par quelques toises de terrain des filles qu'on conduisait à la Salpêtrière, et des scélérats qu'on destinait à l'échafaud. »

Delisle de Sales resta dans sa prison, en attendant l'effet de l'appel *a minima*, qui avait été interjeté par le substitut du procureur général. Il devint le héros du jour. Tout le monde s'occupait de lui. On fit déloger le concierge du Châtelet, et on l'installa dans son appartement, qu'on fit superbement meubler. Il y recevait constamment des visites. Les philosophes, les femmes les plus distinguées du parti, venaient l'y féliciter. On prétendit que l'Académie française avait nommé une députation pour aller le consoler (2). Des inconnus lui envoyaient des rouleaux de louis, mais « sa délicatesse ne lui permettait pas de les accepter (3) ». Il se contentait de profiter de la vogue que sa condamnation donnait à son livre.

Après Pâques, son affaire passa au Parlement. Craignait-on des manifestations? ou avait-on peur qu'une journée ne suffît plus pour reviser le jugement? Toujours est-il que les intéressés furent assignés entre quatre et cinq heures du matin. Mais, à neuf heures, l'arrêt était rendu. Il infirmait la sentence du Châtelet. Delisle n'était plus qu'admonesté; les censeurs étaient déchargés de toute accusation; cependant, on priait le sieur abbé Chrétien de ne plus examiner de livres, et le sieur Lebas de se borner à examiner ceux qui touchaient à son art; quant au

(1) *Mém. secr.*, 31 mars 1777, X, 92.
(2) Marin, *Gazette à la main*, 3 avril (Bibl. de la Ville de Paris).
(3) *Mém. secr.*, 12 avril, X, 109.

libraire Saillant et aux imprimeurs Leprieur et Lottin, ils étaient simplement acquittés (1).

On avait mis en branle la lourde machine de la justice pour un bien petit résultat. Delisle de Sales releva aussitôt la tête; il lança une philippique contre ses juges du Châtelet, les *Lettres de l'Inquisiteur de Goa sur la Philosophie de la Nature*, auxquelles on fit l'honneur de les attribuer à Voltaire (2); et tout fut dit. On avait finalement réussi à attirer beaucoup l'attention sur un auteur, à qui toute la publicité de ce scandale n'était pas inutile, à faire lire un livre médiocre et à jeter, sur les juridictions criminelles, ce ridicule qui avait déjà tué la Sorbonne, lors de la condamnation de *Bélisaire*. Depuis longtemps, il était trop tard pour que ces condamnations eussent l'effet que l'on souhaitait. Maintenant, elles en avaient certainement un, qui était de rendre plus visible et plus irrémédiable la victoire des philosophes.

C'est au même résultat qu'aboutissaient, vers le même temps, les poursuites dirigées contre Raynal.

III

L'*Histoire philosophique et politique des établissements et du commerce des Européens dans les deux Indes* avait paru à la fin du règne de Louis XV. Raynal y avait réuni toutes les idées contre la religion, le fanatisme, le despotisme, l'esclavage, qui avaient déjà inspiré toutes les récentes productions de la secte holbachique. Il était d'ailleurs un hôte assidu des salons d'Helvétius et du baron d'Holbach, et plusieurs de ses amis, Diderot, Pechmeja, Paulze, durent collaborer à son *Histoire*.

Ces six volumes in-octavo furent imprimés à Nantes en 1772, sans la surveillance de Raynal, de sorte que cette première édition était pleine de fautes et suivie d'un long errata (3). Le gouvernement en toléra l'entrée à Paris, en mars 1772, avec précaution, ne permettant d'abord que vingt-cinq exemplaires. Cette rareté le fit vendre très cher (4). Mais, dès le début, l'ou-

---

(1) Hardy, 14 mai, III, 360. *Mém., secr.*, 17 mai, X, 148.
(2) Voltaire à La Harpe, 4 juin 1777. Voir Bengesco, 2427.
(3) Mme de Genlis, *Mémoires*, II, 136. Grimm, avril 1772, IX, 487.
(4) *Mém. secr.*, 20 mars 1772, VI, 426.

vrage eut le plus grand succès et le nombre des vingt-cinq exemplaires permis fut bientôt dépassé. Raynal, qui n'avait naturellement pas signé son *Histoire*, obtint de ne pas être inquiété, moyennant douze livres par exemplaire qu'il donnait au secrétaire d'un homme en place (1). On ne tarda pas à découvrir qu'il en était l'auteur, mais on ne l'affirmait pas trop haut, de peur de lui attirer des difficultés. Car sa hardiesse pouvait bien lui amener quelque condamnation. Pourtant le gouvernement ne s'émut pas beaucoup et laissa la première édition s'épuiser assez rapidement.

Cette société de la fin de l'ancien régime, qui se passionnait également pour la politique et pour la philosophie, en fut d'autant plus charmée, qu'elle retrouvait, dans ces lourds in-octavo, de quoi satisfaire plus complètement son goût. Il y avait, à côté de notions commerciales et économiques, des passages capables de plaire à l'imagination lubrique des lecteurs, puis des descriptions enthousiastes, des idylles attendrissantes, des déclamations emphatiques sur les mœurs idéales de ces peuples primitifs, des invectives violentes contre les Européens, qui asservissaient ces nations heureuses, et surtout contre les moines, qui faisaient le trafic d'esclaves, des plaidoyers violents pour la liberté, la justice, contre l'intolérance des prêtres et le despotisme des tyrans. « Il vous raconte tout au monde, disait Walpole à Lady Aylesbury (2), comment faire des conquêtes, des invasions, des maladresses, des banqueroutes, des fortunes, etc., il vous raconte l'histoire naturelle et historique (*sic*) de toutes les nations; il parle de commerce, de navigation, de thé, de café, de porcelaine, de mines, de sel, d'épices, des Portugais, des Anglais, Français, Hollandais, Danois, Espagnols, Arabes, des caravanes, des Persans, des Indiens, du roi Louis XIV et du roi de Prusse, de La Bourdonnaye, de Dupleix et de l'amiral Saunders, du riz, des femmes qui dansent nues, du guingan et de la mousseline, de millions de millions de livres, roupies et cauris, des câbles de fer et des femmes circassiennes, de Law et du Mississipi, et contre tous les gouvernements et toutes les religions. » Mme du Deffand en était naturellement aussi charmée que son ami, et lui annonçait que l'*Histoire* de Raynal réussissait parfaitement à Paris (3).

(1) La Harpe, *Corr. litt.*, I, 20.
(2) *Lettres*, V, 42, cité par J. Morley, *Diderot*, chap. xv.
(3) A Walpole, 5 janvier 1773, II, 294.

Diderot en était enthousiasmé, y trouvait de vastes connaissances, des vues profondes et concluait que c'était « un livre capital », qui allait « faire une forte sensation (1) ».

Quand cette sensation fut bien faite, en décembre 1772, le Chancelier s'avisa qu'il contenait des propositions hardies, dangereuses, téméraires et contraires aux bonnes mœurs, et aux principes de la religion. Un arrêt du Conseil d'Etat du 19 décembre le supprima et, un mois après, la Sorbonne nomma des commissaires pour l'examiner (2).

Néanmoins on en fit des contrefaçons (3), et, en juillet 1774, il parut une nouvelle édition retouchée, corrigée, augmentée, ornée de gravures suggestives (4). On y retrouvait les mêmes défauts que dans la première, trop de digressions, trop de déclamation; mais on n'en admirait pas moins les « sublimes beautés » dont elle était remplie. Cette seconde édition, quoique plus dangereuse encore que la première, se vendait publiquement. « Nous ne pouvons nous empêcher de remarquer ici, disait Meister (5), qu'il y a une sorte d'étoile pour les livres comme pour les hommes. Que de livres brûlés et persécutés, même de nos jours, qui ne sauraient être comparés pour la hardiesse à l'*Histoire philosophique*. Cependant elle s'est vendue partout assez publiquement : serait-ce parce que ce livre attaque toutes les puissances de la terre avec la même audace que toutes l'ont supporté avec la même clémence ? »

Raynal jouissait tranquillement de son triomphe et de la fortune qu'il avait acquise, malgré toutes ses déclamations, par une spéculation sur la traite des nègres. Il donnait des déjeuners très renommés; il devenait l'homme du jour. Mais, en juillet 1775, la persécution vint l'atteindre à son tour. Malesherbes venait d'arriver au pouvoir et les ennemis de Turgot étaient furieux du surcroît de crédit qu'il allait retirer de la présence de son ami au ministère. Ils firent tomber leur rage sur l'*Histoire des Indes*, qui devint « l'objet d'une intrigue effroyable ». On la dénonça à l'Assemblée du clergé, en août et en septembre, et l'abbé Raynal,

---

(1) *Correspondance de Grimm*, avril 1772, IX, 488.
(2) *Mém. secr.*, 1er avril, 30 décembre 1772, 5 février 1773, VI, 134, 277, 313.
(3) Plus de 40, dit La Harpe (mai 1774, I, 17).
(4) Par exemple : Un philosophe écrit sur une colonne : *Auri sacra fames*, tandis que des blancs massacrent des noirs, ou bien la Nature allaite un petit blanc et un petit nègre, pendant que des esclaves travaillent dans des champs de cannes à sucre.
(5) *Correspondance de Grimm*, juillet 1774, X, 455.

qui ne l'avait pas assez publiquement désavouée, reçut de la cour l'ordre de s'expatrier (1).

On n'en continua pas moins à la lire et à en parler. Au moment même de cette cabale, il arrivait de l'étranger une *Analyse de l'Histoire des deux Indes*, où l'ouvrage était critiqué si vivement qu'on la réimprima, en en adoucissant les traits, afin que l'auteur pût en profiter pour la prochaine édition (2). Un jeune religieux nommé Hédouin, enfermé au fort de Ham, employa ses loisirs à réunir les passages les plus vifs de la célèbre *Histoire* et il les publia en un seul volume, plus facile à lire, qu'il intitula l'*Esprit de Raynal*. Un imprimeur de Montargis, nommé Le Quatre, se chargea de l'imprimer et deux libraires de Paris, Hardouin et Lejay, de le vendre. Mais le gouvernement, qui tolérait les in-octavo de Raynal, ne voulait pas qu'on en « quintessenciât le poison » et que ces doctrines dangereuses fussent mises à la portée des petites bourses. L'imprimeur fut mis à la Bastille et les libraires destitués de leur état, « cassés de maîtrise », comme dit Hardy (3).

Cependant Raynal ne s'estimait pas encore heureux ; il voulait tirer plus de gloire de son ouvrage ; et, profitant de la tolérance, dont faisait souvent preuve le gouvernement de Louis XVI, il prépara en 1780 une nouvelle édition. Seulement, au lieu d'adoucir les passages hardis, il les accentua et les multiplia, grâce à l'aide obligeante de ses amis et notamment de Diderot (4). Quand on lui demandait qui oserait signer, il répondait que, lui, l'oserait, et, comme il payait bien, on ne fit pas difficulté d'imprimer. Il poussa l'audace jusqu'à mettre très ouvertement son nom en tête de l'ouvrage. Il était alors en Savoie, il venait de passer à Lyon. Il s'y était posé en protecteur éclairé des lettres, en donnant un prix à l'Académie pour un mémoire sur l'influence que la découverte de l'Amérique a eue sur le moral et le physique du genre humain. Il put facilement faire imprimer son *Histoire* à Genève, chez Léonard Pellet, imprimeur de

---

(1) Métra, 26 juillet, 9 septembre 1775, II, 69, 149.
(2) *Mém. secr.*, 24 juillet 1775, VIII, 135.
(3) Hardy, 2 juillet, III, 374. Cf. 22180, 64, et *Mém. secr.*, 16 juin 1777, X, 167.
(4) Il se permit surtout « d'attaquer, non pas seulement les choses, mais les personnes ; de tracer dans une apostrophe directe au roi tout ce qu'on doit faire (selon l'auteur) et tout ce qu'on ne fait pas... enfin de blesser personnellement le principal ministre du royaume ». (La Harpe, *Corr. litt.*, III, 236.)

la ville et de l'Académie, qui en prépara une fort belle édition (1).

Le gouvernement en fut avisé et sut que l'auteur, outre ses idées hardies, prenait parti pour les Anglais dans la guerre d'Amérique. Les ordres les plus sévères furent envoyés pour qu'on empêchât le livre d'entrer en France (2). Néanmoins, on trouva bien le moyen de le faire arriver jusqu'à Paris, où il parvenait en mars 1781. On alla jusqu'à soupçonner Necker d'avoir favorisé cette fraude. Il est vrai qu'un libelle récent, la « *Lettre de M. le marquis de Caraccioli à M. d'Alembert*, traitait Raynal de « timballier du parti Necker »; mais il ne s'était pas montré un admirateur assez fervent du contrôleur général et celui-ci avait une trop grande réputation d'honnêteté, pour que la calomnie parût vraisemblable (3). Quoi qu'il en soit, on pense bien que les ennemis de Raynal n'allaient pas accepter cette nouvelle édition sans protester. L'un d'eux mit sur le bureau du roi un exemplaire qu'il avait eu soin de faire relier de telle façon, « qu'il s'ouvrît naturellement aux endroits les plus répréhensibles. » Louis XVI ne manqua pas de tomber sur ces passages, et envoya aussitôt chercher le Garde des Sceaux, auquel il se plaignit qu'on laissât entrer de tels livres dans son royaume. Miromesnil était un peu gêné; car il avait souscrit à un exemplaire ainsi que son collègue des affaires étrangères Vergennes, et le roi le savait bien. Il fut donc obligé d'obéir avec d'autant plus de zèle qu'il avait à se faire pardonner son imprudence. Il demanda à Vergennes de solliciter de la République de Genève la proscription du livre; il le dénonça au Parlement (4) et il écrivit au lieutenant de police la lettre suivante : « Je suis informé que l'*Histoire des Indes* se distribue à Paris avec une profusion étonnante, quoiqu'on n'en ait laissé entrer aucun exemplaire par la Chambre syndicale; ce livre est du nombre de ceux qui sont le plus capables de séduire et d'éloigner les hommes des principes salutaires qui pourraient seuls les attacher à leurs devoirs, dont le premier est la foi et le respect dû à la religion. Vous voudrez bien faire faire des recherches pour tâcher de saisir les exemplaires de cet ouvrage et pour punir les distributeurs (5). »

(1) *Mém. secr.*, 2 juillet, 23 septembre 1780, XV, 252; XVI, 3. Grimm, octobre 1780, XII, 442.
(2) Métra, 27 août 1780, 14 janvier 1781, X, 153; XI, 42 et 51.
(3) Grimm, avril 1781, XII, 498.
(4) *Mém. secr.*, 30 mai 1781, XVII, 219.
(5) Manuel, *Police de Paris dévoilée*, p. 79. Lettre du 26 mai 1781.

Le Parlement, de son côté, montra une grande sévérité. L'avocat général fit un long réquisitoire ; comme jadis Joly de Fleury aux beaux jours des grands auto-da-fés de livres, Séguier se lamentait de ce que « l'esprit philosophique devint de plus en plus l'esprit du jour » et se scandalisait surtout de l'audace avec laquelle les auteurs « se nommaient dans l'espérance de l'impunité et se promettaient une célébrité, fondée sur la hardiesse de leurs principes, la fierté de leurs préceptes et l'insolence de leurs assertions » ; il dénonçait les opinions dangereuses de Raynal sur l'égale valeur de toutes les religions, sur les progrès du christianisme dus à la persécution et à l'ignorance, sur la barbarie et l'extravagance de la morale chrétienne ; il laissait échapper cette phrase assez malheureuse : « L'auteur enlève à l'homme le dogme précieux de l'immortalité de l'âme, ce fruit merveilleux de l'imagination », et il citait enfin tout ce tableau de la philosophie, dont les lecteurs de Raynal devaient être les admirateurs enthousiastes : « Elle doit tenir lieu de divinité sur la terre ; c'est elle qui lie, éclaire, aide et soulage les humains. Elle leur donne tout, sans en exiger aucun culte ; elle demande, non le sacrifice des passions, mais un emploi juste, utile et modéré de toutes les facultés. Fille de la nature, dispensatrice de ses dons, interprète de ses droits, elle consacre ses lumières à l'usage de l'homme, elle le rend meilleur pour qu'il soit plus heureux. Elle ne hait que la tyrannie et l'imposture parce qu'elles foulent le monde ; elle fuit le bruit et le nom de secte, mais elle les tolère toutes. Les aveugles, les méchants la calomnient ; les uns ont peur de voir, les autres d'être vus, ingrats qui se soulèvent contre une mère tendre, quand elle veut les guérir des erreurs et des vices, qui font les calamités du genre humain. » A la suite de ce beau plaidoyer, le Parlement, les Grandes Chambres et Tournelle assemblées le 25 mai 1781, condamna l'ouvrage à être brûlé par la main du bourreau, l'auteur à être appréhendé au corps partout où on pourrait le saisir et ses biens confisqués (1).

C'était plus que Raynal n'avait pensé ; il n'avait compté que sur un simple embastillement. Il dut fuir à l'étranger. Mais Séguier, qui ne s'était chargé du réquisitoire qu'à contrecœur, l'avait prévenu d'avance, à Courbevoie, où il était chez

---

(1) Bibl. Nat., Rés., F. 719, 85. Grimm, juin 1781, XII, 518. Hardy, 29 mai 1781, IV, 467. La Harpe, *Corr. litt.*, III, 238.

le fermier général Paulze (1). Il eut tout le temps de se mettre en sûreté. Quand le bourreau brûla son *Histoire* au pied de l'escalier de Saint-Barthélemy, le 29 mai, il était aux eaux de Spa. Il y rencontra le prince Henri de Prusse. Puis il se fixa en Belgique, dans une paisible retraite. Sans doute il ne pouvait plus toucher la pension de douze cents livres qu'il avait sur le *Mercure;* du moins pouvait-il se moquer de la censure, que la Faculté de théologie faisait en août 1781 de son livre (2). Il occupait ses loisirs à faire une réponse à cette censure, dans laquelle il insérait des vers intitulés : *La Nymphe de Spa à l'abbé Raynal* (3).

Il assista là au succès définitif de son livre. Tant de condamnations achevaient de le rendre célèbre. On le lisait en France jusqu'au fond des provinces, et M. de Chateaubriand, le père de René, était charmé par ses déclamations, dans son château de Combourg (4). Bien plus, sa réputation devenait mondiale. Il était fort estimé de Gibbon et de Robertson, en Angleterre. Franklin le lut avec admiration; Frédéric II en fut enthousiasmé, jusqu'à ce qu'il fût arrivé au passage, où Raynal l'apostrophait en lui recommandant de devenir plus pacifique; et Toussaint Louverture, dans sa cabine d'esclave à Haïti, en faisait le sujet de ses méditations. Olavidès était condamné par l'Inquisition pour l'avoir traduit en espagnol, et l'amiral Solano dut faire pénitence publique, parce que l'aumônier de son vaisseau l'avait trouvé chez lui. On assurait, dès 1780, qu'Achmet IV venait de le faire traduire en arabe (5). Enfin, en France, on en faisait une foule d'imitations ou du moins on appliquait dans les ouvrages historiques les principes de Raynal sur le commerce, considéré dans ses rapports avec les mœurs, la puissance et la prospérité des nations (6). L'abbé Raynal devenait un maître, un chef d'école.

---

(1) *Mém. secr.*, 28 mai 1781, XVIII, 213.
(2) Arch. Nat., MM 259, f° 73-121. Cette censure fut envoyée par la Sorbonne aux évêques et aux facultés de province, qui lui en exprimèrent leur vive reconnaissance. (*Ibid.*, 126, sqq.)
(3) *Mém. secr.*, 30 mai, 18 juillet, 3 août, 23 novembre 1781, XVII, 219, 317, 348; XVIII, 173.
(4) Chateaubriand, *Mémoires d'outre-tombe*, I, 192.
(5) Comte de Ségur, *Mémoires*, I, 265. Morley, *Diderot*, chap. xv.
(6) Grimm, avril 1778, XII, 76, à propos de l'*Essai sur le commerce de Russie* de M. de Marbois.

IV

L'échec de ces condamnations n'avait pourtant pas découragé le Parlement, qui en lançait bien encore quelques autres pendant le règne de Louis XVI. En 1776, toutes les Chambres assemblées et les Princes y séant, il condamnait, après un réquisitoire « capucinal » de Séguier, une nouvelle édition de la *Théologie portative*, qui portait ironiquement sur le titre « par l'abbé Bernier, licencié en théologie, imprimé à Rome avec permission et privilège du conclave », et il ordonnait que l'ouvrage serait lacéré et brûlé et que Bernier serait arrêté (1). C'est que 1776 était une année de jubilé. Riballier, le syndic de la Sorbonne, et l'évêque du Puy, Lefranc de Pompignan, se remuaient beaucoup. Bulle du pape, mandements d'évêques, prônes de curés, sermons, rien n'était négligé pour attaquer les philosophes et ceux-ci répondaient par une *Epître aux calomniateurs de la philosophie*, où les prêtres étaient fort maltraités et où l'on voyait comme une sorte de *chef-d'œuvre* que La Harpe aurait fait pour arriver à l'Académie (2).

Louis XVI lui-même dénonçait parfois des livres au Parlement. Enfermé à Versailles, il suivait peu le mouvement des idées, ou peut-être ne l'osait-il pas, et, dès qu'un courtisan lui donnait un livre un peu philosophique à lire, il en était aussitôt épouvanté. Le Marquis de Montesquiou lui parla ainsi en 1776 d'un *Monarque accompli*, œuvre d'un pédant suisse, disciple de Raynal, où l'auteur exprimait cet espoir qu'un jour il n'y aurait plus de roi ; Louis XVI manda aussitôt le Premier Président du Parlement, et une bonne condamnation vint donner beaucoup de réputation à cette médiocre brochure (3).

Sa police, d'autre part, était prise d'un beau zèle ; elle faisait des recherches partout, trouvait dans des écuries des imprimeries clandestines, dont les ouvriers s'étaient faits palefreniers (4), arrêtait des colporteurs, enfermait avec eux « dans le capharnaüm de la Bastille deux charretées d'ouvrages défen-

---

(1) Arch. Nat., X¹ᵇ, 8566, f° 356-364. — Coll. Joly de Fleury, dossier 5649, vol. 463, p. 236. *Mém. secr.*, 25 février 1776, IX, 60.
(2) *Ibid.*, 22 et 24 mai, IX, 129-130.
(3) Métra, 13 mai 1776, III, 72.
(4) *Mém. secr.*, 27 août 1776, IX, 223.

dus » (1). On ne pouvait plus trouver aucun livre nouveau. La littérature était « affligée d'une prodigieuse stérilité » ; les banqueroutes de libraires se multipliaient et « l'empire littéraire qui s'était élevé dans les beaux jours de Louis XIV » menaçait ruine (2).

M. de Néville, qui resta à la Direction de la librairie jusqu'en 1784, proscrivait sévèrement l'entrée de tous les ouvrages imprimés en pays étrangers, et, pour ce qui était imprimé en France, il ordonnait à la censure d'être très rigoureuse. Le célèbre abbé Maury étant venu un jour se plaindre des difficultés que lui faisait son censeur, le non moins célèbre Riballier, Néville le reçut très aimablement, lui promit d'intervenir en sa faveur, écrivit bien à Riballier, mais pour lui recommander de redoubler d'attention dans l'examen de l'ouvrage de l'abbé (3).

La police avait beau user de tant de sévérité, elle ne parvenait nullement à remédier au mal. Les stratagèmes étaient si faciles à trouver, quand les complicités s'offraient de toutes parts ! Le roi soupçonnait si bien que, même chez lui, des livres dangereux pouvaient se cacher, qu'il ordonnait en 1782 à son prévôt de l'hôtel, de faire des visites à l'improviste à Versailles dans tous les appartements de la famille royale. Il ordonnait en même temps au chef des bureaux de la Porte de la Conférence, de fouiller à leur entrée à Paris les voitures de son frère, le Comte d'Artois, et on y trouvait beaucoup de libelles et de livres prohibés (4).

Car ces mesures incohérentes et inefficaces n'étaient que le signe caractéristique de l'affolement qui précède les grandes catastrophes. Aussi bien est-il trop tard pour rien empêcher. Désormais tous les esprits qui réfléchissent sont gagnés aux théories nouvelles. La doctrine est depuis longtemps arrêtée, admise par eux. Le nombre des adeptes ne fait que s'accroître pendant le règne de Louis XVI ; mais les idées elles-mêmes ne font plus aucun progrès.

---

(1) Métra, 28 septembre 1776, III, 317.
(2) Métra, 12 mai 1778, VI, 209, et 13 janvier 1776, II, 323. C'est en 1779 que Merlin fit une faillite qui l'obligea à vendre tous ses livres au profit de ses créanciers.
(3) *Ibid.*, 4 janvier 1777, IV, 75.
(4) Hardy, 23 mai 1782, V, 163.

CHAPITRE XIV

LES OUVRAGES PHILOSOPHIQUES SOUS LE RÈGNE DE LOUIS XVI

I. Les derniers ouvrages de Voltaire : *Lettres chinoises, indiennes et tartares*, 1776. La *Bible enfin expliquée*, 1776. *Un chrétien contre six Juifs*, 1776. Le *Prix de la Justice et de l'Humanité*, 1778. Sa mort, 1778. — II. L'édition de Kehl. — III. Les ouvrages des autres philosophes. Les *Confessions* de Rousseau, 1782. L'*Encyclopédie* de Panckoucke, 1782. Le *Sénèque* de Diderot, 1778-1782. Les *Éloges* de d'Alembert. Les *Époques de la Nature* de Buffon, 1779. Les *Incas* de Marmontel, 1777. Les *Principes de morale* de Mably, 1784. — IV. Les disciples des philosophes. Condorcet. Bernardin de Saint-Pierre et les *Études de la nature*, 1784. Sylvain Maréchal.

I

La production proprement philosophique se ralentit beaucoup après l'avènement de Louis XVI; non pas assurément que les mesures incohérentes de la police et du gouvernement fussent en rien efficaces; mais l'attention du public se détachait de ces ouvrages désormais fastidieux et superflus. On avait déjà lu tant de livres impies qu'on en avait maintenant un peu le dégoût; et on s'était livré si passionnément au plaisir de la lecture qu'on n'y trouvait plus aucune distraction. D'ailleurs les grands hommes du siècle vieillissent et sont près de mourir. Ils ne disparaîtront pourtant pas sans faire encore parler d'eux.

Voltaire surtout, malgré ses quatre-vingts ans, reste infatigable sur la brèche; et, pendant qu'on réédite la collection complète de ses *Œuvres*, pendant qu'il jouit de la gloire et de l'autorité, que lui confère sa longue carrière littéraire, il travaille encore à écrire quelques nouvelles lettres ou quelques commentaires sur les sujets qui lui sont chers. Ces ouvrages nouveaux, mais dont les idées ne sont pas neuves, font peu de bruit à Paris; et le gouvernement, qui le sait bien, comprend l'inutilité des poursuites ou des condamnations; aussi les laisse-t-il paraître assez librement.

Mais Voltaire ne peut laisser passer aucune occasion de défendre ses idées et au besoin il en crée. En 1774, un chanoine de Xantem (dans le duché de Clèves), M. de Pauw, avait publié des *Recherches philosophiques sur les Egyptiens et les Chinois*, où les convictions les plus intimes de Voltaire sur les peuples asiatiques étaient directement contredites. Pauw osait affirmer que les Chinois étaient brutes et paresseux et qu'ils descendaient des Egyptiens. Or Voltaire n'avait cessé de soutenir que c'était le peuple le plus vénérable du monde, autant par l'antiquité de sa race que par l'excellence de sa morale et de sa philosophie; il avait largement usé de l'Extrême-Orient dans sa lutte contre le christianisme, faisant constamment des parallèles fort peu à l'avantage de notre civilisation. Il répondit donc au chanoine de Xantem en un volume assez gros qu'il intitula : *Lettres chinoises, indiennes et tartares à M. Pauw par un bénédictin* (1). Il y développait toutes les idées qu'il avait déjà exprimées dans le *Dictionnaire philosophique* ou dans la *Philosophie de l'histoire* sur la religion, les mœurs et les lois de la Chine, et s'égayait un peu « sur la généalogie de l'empereur Kien-long, arrière-petit-fils d'une vierge céleste, sœur de Dieu (2) ». Au printemps de 1776, il commençait à répandre ses *Lettres* en Europe et en France. Il les envoyait à Frédéric (3); il en adressait un exemplaire à La Harpe sous l'enveloppe de M. de Vaines (4), il en faisait parvenir aux autres amis par M. de Sartine lui-même (5); et en avril « les magots de la Chine, les pagodes des Indes et les figures tartares, » étaient connus à Paris. Ils n'y soulevaient pas d'ailleurs grand enthousiasme et étaient longs à percer. On trouvait le sujet vraiment trop rebattu. « On annonce de l'infatigable M. de Voltaire un nouvel ouvrage ayant pour titre : *Lettres tartares et chinoises*, disait assez sèchement le rédacteur des *Mémoires secrets* (6). C'est tout ce qu'on en fait. »

La même année, Voltaire publiait un ouvrage qu'il avait depuis longtemps dans son portefeuille. C'était la *Bible enfin expliquée par plusieurs aumôniers de S. M. L. R. D. P.* (7). Voltaire

(1) Paris (Genève), 1776. Beng., 1859.
(2) Voltaire à Frédéric. 29 janvier 1776.
(3) 11 mars 1776.
(4) 19 avril, à La Harpe et à Vaines.
(5) A d'Argental, 30 mars.
(6) 22 avril 1776, IX, 99. — Cf. Grimm, avril 1776.
(7) Sa Majesté le roi de Pologne. Londres (Genève). 1776, 2 vol. in-8°. Beng., 1861, et quatre rééditions en 1776-1777.

donnait là comme son testament d'irréligion. C'était un commentaire de tous les livres de la Bible, où il avait réuni toutes les railleries, toutes les impiétés qu'il ne cessait de mettre au jour depuis trente ans. Aussi le nonce l'achetait-il pour l'envoyer au pape en le lui dénonçant, et l'avocat général Séguier préparait un réquisitoire formidable (1). Cependant d'Alembert voulait, pour éviter la condamnation, que l'ambassadeur de Frédéric à Paris déclarât que ce commentaire était l'œuvre des aumôniers du roi de Prusse (2). Mais la farce aurait été un peu trop grosse et Frédéric ne s'y prêta pas; tout le monde savait bien que le Philosophe de Sans-Souci n'avait pas d'aumôniers. « Cette matière est épuisée, disaient les *Mémoires secrets* (3); le procès est jugé pour ceux qui veulent se servir de leur raison et de leurs lumières et les autres ne liront pas plus ce commentaire que le reste. »

Enfin, comme s'il ne voulait pas mourir sans avoir réglé son compte avec tous ses adversaires, Voltaire travaillait encore en 1776 à répondre à un ouvrage paru en 1769, les *Lettres de quelques juifs portugais et allemands à M. de Voltaire*. Il n'avait sans doute pas su plus tôt quel en était l'auteur. En 1776 il le demanda à d'Alembert et apprit que « ce secrétaire juif, qui était malin comme un singe et qui mordait jusqu'au sang en faisant semblant de baiser la main (4) », était « un nommé Guénée, ci-devant professeur au collège du Plessis (5) ». Il résolut aussitôt de le mordre à son tour et écrivit tout un ouvrage qu'il intitula : *Un chrétien contre six juifs* (6). Mais Raton (Voltaire) sentait bien que ses pattes étaient devenues bien faibles « pour jouer avec la souris nommée Guénée (7) », et qu'il fallait vraiment être « enragé » pour vouloir « manger sans avoir de dents et danser sans avoir de jambes (8) ». C'est aussi ce qu'on trouvait assez généralement, et comme, par malheur, l'abbé Guénée était le meilleur de ses adversaires, celui qui lui était le moins inférieur quant au style et à l'esprit, on ne regardait plus guère ce dernier ouvrage que comme un radotage de vieillard (9).

(1) *Mém. secr.*, 22 octobre, 10 novembre 1776, IX, 280, 284.
(2) D'Alembert au roi de Prusse, 30 décembre 1776.
(3) 26 juillet 1776, IX, 192.
(4) Voltaire à d'Alembert, 8 décembre.
(5) D'Alembert à Voltaire, 5 novembre.
(6) La Haye (Genève) et Londres (Amsterdam), 1777. Beng., 1860.
(7) Voltaire à d'Alembert, 18 novembre 1776.
(8) A d'Argental, 4 décembre.
(9) *Mém. secr.*, 31 mai 1777. X, 156.

Mais Voltaire ne se serait pas encore jugé satisfait s'il n'avait agi aussi sur le terrain juridique et politique, et il résumait encore une fois ses idées sur la justice criminelle. La *Gazette de Berne* avait proposé, le 15 février 1777, un prix de cinquante louis en faveur du meilleur mémoire sur ces matières. Voltaire, qui n'avait pas peu contribué au choix de ce sujet, en mettant ces questions à la mode, voulut s'associer encore plus directement à une œuvre qu'il jugeait utile. Il ajouta une somme d'argent au prix proposé, ainsi que Frédéric II et le landgrave de Hesse-Cassel, et il se mit aussitôt, non pas à faire un mémoire, mais à rédiger quelques notes qui pussent servir aux candidats (1). Il écrivit ainsi, peu avant son dernier voyage à Paris, le *Prix de la justice et de l'humanité*, qu'il signait et datait : par l'auteur de la *Henriade*, avec son portrait, à Ferney (2).

C'était comme la consécration de son succès, que cet ouvrage avoué sur un sujet qu'il savait utile et où il se sentait d'accord avec tout le monde. Il commence à entrer dans la légende et va connaître les gloires de l'apothéose. On sait dans quel triomphe il est mort et quel étrange spectacle ce dut être pour les survivants des époques de la lutte héroïque que son dernier voyage à Paris. Que les temps étaient changés ! L'ancien proscrit, qui avait dû s'installer en pays étranger pour échapper aux poursuites de la justice ; et qui, depuis, n'avait cessé d'inonder la France de ses railleries impitoyables, le philosophe audacieux et moqueur, l'ennemi déclaré de l'Eglise, l'adversaire sournois de toute religion, le satirique, qui s'était ri sans relâche des mœurs de son temps, le vengeur des innocents persécutés, l'homme enfin qui avait combattu tout ce qui était estimé, respecté, revenait en vainqueur dans ce Paris auquel il n'avait jamais cessé de penser et qu'il avait finalement conquis. On lui faisait une ovation à la Comédie française ; toute la noblesse défilait dans l'hôtel du Marquis de Villette où il était descendu ; la reine désirait vivement le voir. Le temps était bien loin où, jeune poète, il était embastillé et roué de coups par les hommes du chevalier de Rohan ! C'étaient maintenant les ducs et les marquis qui lui devaient du respect et qui lui en témoignaient. Il était salué comme le héros de son siècle.

(1) *Mém. secr.*, 3 avril 1778, XI, 213.
(2) (Genève), 1778, et trois autres éditions en 1778 : Londres, Genève, Leipzig. Beng., 1874.

Mais aussi par quel savant et persévérant effort il avait su acquérir lentement et malignement cette étonnante renommée! Quelle adresse il avait déployée pour profiter de toutes les occasions d'agir sur l'opinion publique, pour la séduire par les formes infiniment variées et charmantes de son talent multiple, pour faire connaître ses livres aux Parisiens, pour les leur faire parvenir en temps utile et pour soulever autour d'eux tout le bruit qui les imposait à l'attention de tous! Il récoltait ce qu'il avait semé; il jouissait pleinement du succès de son long travail. De toutes les ressources de son intelligence, et l'on sait si elles étaient nombreuses, son habileté en quelque sorte politique fut sans doute la plus étonnante; et, s'il est facile de rencontrer les limites de son inspiration poétique, épique, dramatique, même satirique, si l'on peut trouver aisément de plus grands savants, des philosophes plus profonds, même de meilleurs historiens, on ne peut s'empêcher de rester stupéfait devant l'extraordinaire énergie de cet apôtre, devant la fureur avec laquelle il a lancé partout sa voix sèche et coupante, devant l'art avec lequel il a su convertir ses contemporains. Son succès est le témoignage le plus éclatant de cette habileté.

Il n'était pas encore mort qu'il entrait dans l'histoire, on le célébrait comme un héros; et sa mort même était l'occasion d'un nouveau triomphe pour les philosophes. D'Alembert en profitait pour « porter deux coups fourrés au clergé en sa faveur ». D'abord il refusa de laisser faire le service religieux d'usage pour aucun confrère de l'Académie, avant que celui de Voltaire ne fût célébré. Puis il proposa son éloge en vers, afin d'éviter les formalités de la censure de la Sorbonne (1). Les mânes du philosophe devaient tressaillir de joie à ces deux tours malicieux.

II

Mais on pensa bientôt que le meilleur moyen de rendre hommage à la mémoire de Voltaire était, plutôt que de faire son éloge, de donner encore une édition complète de ses *OEuvres*. Cette fois, enfin, elle serait bien complète et définitive.

Panckoucke, en habile homme d'affaires qu'il était, avait pris

(1) *Mém. secr.*, 16 décembre 1778, XII. 223. — Métra, 30 janvier 1779, VII, 251.

les devants (1). Il avait accompagné sa sœur, Mᵐᵉ Suard, dans le pèlerinage qu'elle fit à Ferney en 1775 et qui l'avait tant émue (on sait qu'à la vue du philosophe, elle faillit se trouver mal). Il réunit dès ce moment tous les matériaux pour une nouvelle édition de Voltaire ; et, dans le courant de 1777, il lui envoya un exemplaire interfolié de l'édition encadrée. Voltaire le recevait en janvier 1778 (2). Il avait déjà fait quelques corrections sur un autre exemplaire qu'il fit reporter sur l'exemplaire interfolié, et, quand il mourut quatre mois après, il laissait plus de trente volumes ainsi corrigés. Ce furent ces volumes et quelques autres manuscrits que Mᵐᵉ Denis envoya à Panckoucke en deux caisses en septembre 1778 (3). La Harpe, Grimm, d'Alembert, Condorcet donnèrent à Panckoucke les lettres qui leur avaient été adressées par Voltaire. Il acheta pour quatre mille livres à Mᵐᵉ de Vimeux, légataire de d'Argental, la correspondance avec « les anges ». Mais le courage lui manqua au dernier moment pour se lancer dans cette entreprise ; et lui, qui n'avait pas hésité devant une réédition de l'*Encyclopédie*, il n'osa pas assumer la charge de donner l'édition définitive de Voltaire : il chercha à s'en défaire.

Cependant là où Panckoucke avait échoué, Beaumarchais pouvait encore se risquer (4). Il n'y avait guère que lui qui fût assez riche, assez audacieux, assez fou pour se lancer dans cette aventure. Dès qu'il fut informé que Panckoucke abandonnait son projet, il alla à Versailles et représenta à Maurepas combien il serait honteux pour la France de laisser imprimer à l'étranger les œuvres de son grand philosophe ; et, comme Maurepas était assez ami des philosophes, il obtint de lui qu'il protégeât, au moins en secret, l'édition que lui, Beaumarchais, se disait prêt à entreprendre dans ces conditions. Il se déclara donc « correspondant général de la société philosophique, littéraire et typographique (5) », qui ne se composait d'ailleurs que de lui tout seul, et se mit à faire les choses en grand. Il acheta d'abord les manus-

---

(1) Desnoiresterres, VIII, 446, sqq.
(2) Voltaire à Panckoucke, 12 janvier.
(3) *Mém. secr.*, 5, 8 octobre 1778, XII, 143, 145.
(4) Gudin, *Hist. de Beaumarchais*, p. 241, sqq.; L. de Loménie, *Beaumarchais et son temps*, chap. xxv; Anton Bettelheim, *Beaumarchais, eine Biographie*, 1886, p. 424-440. — Nouv. Acq., 6450, notes recueillies sans doute par un envoyé de l'imprimerie royale, qui alla étudier l'installation typographique de Kehl.
(5) *Mém. secr.*, 1ᵉʳ juin 1780, XV, 194.

crits de Panckoucke trois cent mille francs (1). Puis, comme il voulut avoir les plus beaux caractères qu'il y eût, il acheta en Angleterre ceux de Baskerville pour cent soixante mille livres. Il acquit trois papeteries dans les Vosges et il entra en négociations avec le margrave de Bade pour obtenir la location du vieux fort inutilisé de Kehl (près de Strasbourg), où il se proposait d'établir son imprimerie. Car il ne fallait pas songer à faire une impression des œuvres complètes de Voltaire en France. Il avait hésité entre Kehl, la capitale du Duché des Deux-Ponts, qui avait une imprimerie, alors célèbre par une édition qu'on y préparait de classiques grecs et latins, et Neuwied, où Métra imprimait sa *Correspondance secrète*. Mais Ch.-Frédéric de Bade était un ami des philosophes et des économistes, un correspondant de Mirabeau le père. L'affaire fut conclue avec lui.

Quinze presses furent installées dans le fort de Kehl. Beaumarchais pensa prendre comme prote Rétif de la Bretonne, qui refusa à cause de ses idées sur l'orthographe, qu'il ne voulait pas sacrifier; finalement il prit son beau-frère Miron; il confia à Decroix, de Lille, le soin de revoir les épreuves; il établit comme agent à Kehl un certain Le Tellier, ancien architecte, intelligent, mais un peu vif, qu'il dut diriger dans ses rapports avec les ouvriers; il chargea enfin Cordorcet de la partie littéraire, c'est-à-dire de la revision des manuscrits et de la rédaction des notes; et il se mit lui-même à « épeler sur la papeterie, l'imprimerie et la librairie ». Il voulait avant tout que l'exécution fût parfaite. C'était un commerçant plein de magnificence. Il n'était jamais content des échantillons de papier qu'on lui envoyait. « Ne vous passez rien sur la médiocrité », écrivait-il à Le Tellier (2). Il tira sur toutes ses presses à la fois les *OEuvres* de Voltaire. Deux cent quarante mille volumes in-octavo et quarante mille in-quarto devaient sortir en même temps de son imprimerie. La curiosité de Paris était très excitée. « Pour le moment, c'est un fanatisme outré que l'adoration qu'on a pour tout ce qui vient de Voltaire », disait Mme du Deffand en 1779 (3).

Mais la patience se lassait un peu. Car on pense bien que Beaumarchais, peu au courant du métier d'imprimeur, rencontra

---

(1) Métra, 10 avril 1779, VII, 375. Loménie, qui dit 160 000, a dû confondre avec les caractères de Baskerville.
(2) Loménie, p. 227.
(3) A Walpole, II, 685.

mille difficultés qu'il n'avait pas prévues. Il fallut d'abord rechercher le seul ouvrier de Baskerville, qui restât, pour lui faire graver les accents français qui n'existaient pas dans l'alphabet anglais. Le Tellier savait si peu tenir les ouvriers que ceux-ci revenaient souvent en France; ils l'appelaient le tyran de Kehl. Il fallait envoyer les épreuves à corriger à Decroix. Enfin, les négociations avec le margrave pour l'obtention d'un privilège étaient très délicates. Il refusa une première fois en août 1779, à Le Tellier, de le dispenser de la censure et les pourparlers furent suspendus jusqu'en février 1780. Le Tellier retourna alors à Carlsruhe avec des propositions nouvelles. Il s'engageait à ne publier « aucun ouvrage des auteurs vivants, aucun écrit impie ni blasphématoire (1) ». C'était beaucoup promettre, quand on se disposait à faire une édition de Voltaire. On discuta encore pendant toute cette année 1780, et le privilège ne fut accordé que le 18 décembre, à cette condition expressément stipulée qu'on n'imprimerait pas à Kehl la *Pucelle*, le *Cantique des cantiques*, ni *Candide* (2).

Aussitôt le privilège obtenu, en janvier 1781, le *Prospectus* parut. Beaumarchais y annonçait l'affaire commercialement; il la lançait avec autant d'audace qu'il l'avait entreprise. Il apprenait au public qu'il avait déjà fait des dépenses énormes, que la souscription entière serait de cinq mille exemplaires, c'est-à-dire de quatre mille pour l'édition in-octavo en soixante volumes à trois cents livres et de mille pour l'édition in-quarto en quarante volumes à cinq cents livres; et, pour allécher davantage les souscripteurs, il annonçait une loterie à laquelle il consacrait deux cent mille livres (3). Un prospectus particulier était publié pour les gravures de Moreau le jeune (4).

Quand l'annonce de cette souscription fut connue en France, elle excita les clameurs du fanatisme et de la superstition, pour parler le langage du temps. Il parut en mars 1781 un imprimé furtif qui était une *Dénonciation au Parlement de la souscription pour les œuvres de M. de Voltaire* (5). C'était un petit ouvrage de

---

(1) Requête de Le Tellier, du 16 février 1780. Bettelheim, *Beaumarchais*, p. 429.
(2) Ces trois pièces furent néanmoins imprimées dans l'édition de Kehl.
(3) Il y avait un lot de 24 000 francs, un de 12 000 francs, un de 8 000, un de 5 952, 36 lots de 1 288 francs et 360 de 288 francs.
(4) *Mém. secr.*, 31 janvier 1781, XVII, 53.
(5) Hardy, IV, 425.

quelques pages avec l'épigraphe *Ululate et clamate*. « Voilà, Messieurs, ce que crient à tous les hommes vertueux la patrie, la religion, les mœurs » ; et l'auteur anonyme s'élevait violemment contre « cette collection d'impiétés, d'infamies, d'ordures qu'on invitait l'Europe entière à se procurer en la parant de tout le luxe des caractères, de toute l'élégance du burin, de toute la magnificence typographique ». Il suppliait le Parlement « de ne pas attendre que tout fût perdu, que l'édifice entier fût renversé, pour essayer de le relever ». Déjà le mal était assez grand. N'avait-on pas eu l'exemple du chevalier de La Barre « qui avoua que la lecture seule de Voltaire l'avait conduit à l'échafaud », de ces jeunes militaires, qui, avant de se suicider, « attestèrent dans leurs testaments de mort que cette fureur tranquille leur avait été inspirée par les écrits de Voltaire » ? Combien « d'autres ravages sont renfermés dans le sein des familles réduites à en gémir dans le silence » ! Et le dénonciateur concluait, en proposant l'exemple de ces auteurs qui, au dix-septième siècle, avaient été condamnés au dernier supplice, comme criminels de lèse-majesté divine pour avoir composé des vers contre l'honneur de Dieu et l'honnêteté (1). Il est vrai qu'il n'osait pas conseiller tant de sévérité « dans un siècle ridiculement philosophe où l'on ne connaissait de vertu qu'une cruelle tolérance (2) ». Mais les amis de Voltaire réussirent à étouffer « ces hurlements » et la *Dénonciation* ne fut un peu connue qu'en novembre (3).

Une autre dénonciation plus réelle fut faite au Parlement par M. d'Eprémesnil, mais elle n'eut pas de suites. Beaumarchais était protégé par trop de grandes dames pour avoir rien à craindre. Cependant, les évêques ne laissaient pas de donner des mandements contre l'édition de Kehl. L'archevêque de Paris avait aussitôt protesté et « tancé » fortement les auteurs du *Journal de Paris* de l'avoir annoncée (4). L'évêque d'Amiens, qui rappelait aussi assez maladroitement l'exécution du chevalier de La Barre, défendait à ses ouailles de souscrire et à son imprimeur d'annoncer qu'on trouverait chez lui des exemplaires de la nou-

---

(1) Théophile et Berthelot, 1623.
(2) Cette dénonciation, d'ailleurs fictive, montre bien quelle influence on affirmait que la philosophie de Voltaire avait eue. Elle est citée dans les pièces justificatives de *Beaumarchais*, de Loménie, II, p. 570. Beaumarchais y répondit par quelques lignes méprisantes dans les Gazettes étrangères.
(3) *Mém. secr.*, 21 novembre, XVII, 169.
(4) Métra, XI, 71.

velle édition de Voltaire. Mais les idées avaient tant avancé que le prélat avait presque autant de difficultés à faire paraître son *Mandement* que Beaumarchais son *Prospectus*. Sa famille (c'était un Machault) l'engagea vivement à modérer son zèle antiphilosophique, et il fut obligé de retirer tous les exemplaires qu'il put de sa diatribe. Malgré les difficultés qu'on craignait de la part de la censure, elle fut pourtant imprimée dans les feuilles des *Affiches de province*, où avait paru l'annonce de l'édition de Kehl. Mais, quand il ordonna de lire son mandement au prône le jour de Pâques, les curés d'Abbeville s'y refusèrent absolument, craignant d'y exciter une trop grande effervescence, tant l'histoire de La Barre était encore présente à tous les esprits. Il dut leur intenter un procès sur ce refus (1).

Deux mois après, l'archevêque et comte de Vienne, Pompignan, l'ancien évêque du Puy, frère du célèbre académicien, marchait sur les traces de l'évêque d'Amiens. Il défendait sous peine de péché mortel d'acheter, lire, retenir ou communiquer les *OEuvres* de Voltaire (2). Enfin le cardinal de Rohan, lui-même philosophe, académicien, ancien ami de Voltaire, se croyait obligé, en sa qualité d'évêque de Strasbourg (Kehl était dans son diocèse), de faire aussi un mandement, et il allait même jusqu'à menacer le margrave de porter la question devant l'empereur, s'il continuait à autoriser l'impression des *OEuvres* de Voltaire (3).

La Faculté de théologie, dont le zèle était excité par celui des prélats et qui craignait sans doute que la rédaction d'une censure ne fût trop longue et ne soulevât trop de mécontentement, formula, dans son *Primâ mensis* de juin, un simple projet de réclamation contre le *Prospectus* de l'édition de Kehl, puis décida de « le faire imprimer et d'en ordonner une distribution éclatante ».

Mais le Garde des Sceaux, prévenu de cette intention, écrivit au syndic « qu'il avait donné les ordres les plus précis pour empêcher que cette édition ne se répandît dans le royaume et qu'il veillerait avec la plus grande attention à ce que ces ordres fussent rigoureusement exécutés ». Et il ajoutait : « La Sorbonne devait s'adresser à moi et s'en rapporter aux mesures

---

(1) *Mém. secr.*, 19, 27 avril, 8 mai 1781, XVIII, 144, 156, 176.
(2) *Ibid.*, 3 juillet, XVII, 285.
(3) *Ibid.*, 16 janvier 1782, XX, 34, et Bettelheim, p. 435.

que je suis à portée de prendre, pour prévenir ou empêcher le scandale dont elle a sujet de se plaindre. Je serai toujours disposé à seconder les travaux auxquels elle se livre pour les intérêts de la religion, mais je ne saurais consentir qu'elle donne à une simple réclamation la même publicité qu'elle est autorisée à donner aux censures et aux jugements que lui suggère le zèle dont elle est sans cesse animée pour le maintien de la bonne doctrine. Je vous prie de lui faire part de cette lettre et cependant de suspendre toute impression et toute publicité du projet de réclamation (1). »

« Les sages maîtres qui ne s'attendaient pas à un pareil persiflage en furent fort scandalisés » (2), mais ils furent bien obligés de renoncer à leur projet de réclamation (3).

Pourtant, toutes ces protestations avaient peut-être produit quelque effet, ou peut-être encore oublia-t-on un peu le grand homme, quand il ne fut plus là pour faire parler constamment de lui. Mais le public, découragé aussi sans doute par la lenteur inévitable de l'exécution, et moins alléché que craignant d'être déçu par ces superbes annonces, mit peu d'empressement à souscrire. Deux mois après l'apparition du *Prospectus*, il n'y avait encore que quinze cents exemplaires souscrits sur les quatre mille annoncés (4).

Ce fut seulement en 1783 que parurent les premiers volumes. Les fameuses loteries furent tirées, quoiqu'on n'ait jamais atteint le nombre des quatre mille souscripteurs auxquels étaient promis les quatre cents lots en argent. Beaumarchais publia les trente premiers volumes assez facilement, mais toujours sans beaucoup de succès : on se plaignait et de la forme et du fonds. M. de Nivernois fut si mécontent de l'édition in-quarto, qu'il la renvoya à Beaumarchais en lui disant qu'il y avait sans doute erreur et qu'on avait dû lui envoyer une contrefaçon (5).

L'affaire commençait à mal tourner. En 1784 le caissier Cantini avait disparu subitement ; et Le Tellier, à qui Beaumarchais « avait accordé trop d'aveugle confiance », était renvoyé. Il fut remplacé par un ancien intendant militaire, La Hogue. Celui-ci

(1) Arch. Nat.; MM. 259, f° 70.
(2) *Mém. secr.*, 14 juillet 1781, XVII, 303.
(3) Séance du 15 juin. Arch. Nat., MM. 259, f° 70.
(4) Louis XVI était un des souscripteurs. (D'Alembert au roi de Prusse, 13 décembre 1782.)
(5) *Mém. secr.*, 3 mars 1785, XXVIII, 182.

déploya beaucoup d'activité (1), mais il y avait encore bien des obstacles à surmonter. En 1783, l'Assemblée du clergé s'émut, fit des vœux pour qu'on proscrivit l'édition. On défendit à tous les ouvrages périodiques d'en parler et à Beaumarchais d'inviter les souscripteurs à venir prendre leurs exemplaires (2). Enfin, le 3 juin, un arrêt du Conseil intervint, qui supprima les trente premiers volumes. On l'afficha partout avec ostentation et on affecta même d'en coller deux exemplaires à la porte de Beaumarchais. On défendit au libraire Ruault de distribuer l'ouvrage (3). On pria Mgr le duc de Chartres de donner des ordres pour empêcher qu'on ne l'introduisit au Palais-Royal (4). Mais tout cela n'était qu'une satisfaction illusoire donnée au clergé. On savait très bien que ces trente premiers volumes avaient été distribués aux souscripteurs. On avisa encore d'un moyen assez étrange pour atténuer le mal que pouvait faire cette édition : on fit réimprimer tous les articles de l'*Année littéraire*, où Fréron s'était efforcé vainement d'attaquer la réputation et de flétrir la gloire de Voltaire (5).

D'ailleurs les protections ne manquaient pas à Beaumarchais. Maurepas était mort en 1781. Mais Beaumarchais était en fort bons termes avec Calonne, le ministre, et avec son frère, l'abbé, à qui il donnait souvent de très bons dîners. Celui-ci intervenait auprès du Garde des Sceaux ou des fermiers généraux pour faciliter l'introduction de l'édition de Kehl, et Beaumarchais n'avait pas trop à se plaindre des persécutions. En 1787, il put faire une nouvelle livraison de vingt et un volumes contenant, sous le titre de *Philosophie générale, métaphysique, morale et théologie*, les ouvrages de Voltaire les plus anathématisés (6). Mais pour les derniers tomes, qui restaient à paraître, le margrave, pris de scrupules, fit des difficultés. C'étaient les *lettres* et il avait peur de déplaire aux correspondants royaux de Voltaire. Catherine, surtout, s'opposa à la publication de ses lettres; puis demanda, par l'intermédiaire de Grimm et du ministre français, des cartons qu'elle s'engageait à payer, mais qu'effectivement elle ne paya

---

(1) Bettelheim, p. 655.
(2) *Mém. secr.*, 16 avril 1785, XXVIII, 308.
(3) *Ibid.*, 12, 15 juin 1785, XXIX, 81, 88. Hardy, 14 juin, VI, 130; Métra, XVIII, 182.
(4) 21866, 146.
(5) Métra, XVII, p. 312.
(6) *Mém. secr.*, 16 juillet 1787, XXXV, 301.

pas (1). Enfin, le 7 juillet 1788, Ruault recevait de Decroix les sept dernières épreuves et en août Beaumarchais était autorisé à faire venir le reste de son édition à l'adresse de M. de Villedeuil lui-même, le nouveau Directeur de la librairie (2). Le tome LXX et dernier parut en 1790.

Beaumarchais avait annoncé en 1785 sept autres éditions de différents formats et à différents prix depuis quatre livres jusqu'à vingt-quatre sols le volume, et cette nouvelle alarmait fort les dévots (3). Mais l'insuccès de la première édition et les événements politiques ne lui permirent pas de réaliser son plan. Il avait tiré cette première édition à quinze mille exemplaires ; il n'eut que deux mille souscripteurs. Il vendit au rabais un grand nombre de volumes à Clavelin, libraire de la rue Hautefeuille. Il lui resta encore des masses de papier imprimé qu'il entassa dans sa maison du faubourg Saint-Antoine et qui donnèrent naissance, sous la Révolution, à la légende des blés et des fusils, qu'il accaparait, disait-on, chez lui (4).

Les adversaires de la philosophie essayèrent bien encore de faire des éditions plus ou moins expurgées de Voltaire pour confisquer un peu de sa gloire à leur profit. En 1788, l'archevêque de Paris donnait son approbation à un vicaire de Saint-Nicaise, de Châlons-sur-Marne, et à un médecin, M. Bablot, pour publier avec des corrections les œuvres choisies de Voltaire (5). Mais il était bien tard. On n'avait plus besoin de nouvelles éditions, même corrigées par M. Bablot. Tout le monde avait déjà lu Voltaire et se disposait à mettre en pratique ses conseils et ses préceptes.

III

Rousseau disparaissait la même année que Voltaire. Il avait bien eu toujours ses disciples fervents qui l'admiraient et le vénéraient. Mais sa vie errante, sa misanthropie empêchaient qu'on parlât de lui aussi constamment que de son vieil ennemi. C'est plutôt pendant ce règne de Louis XVI, quand fut un peu

---

(1) Note manuscrite de Beaumarchais sur un exemplaire broché. Voir Bengesco.
(2) 21 867, 176.
(3) Métra, 3 février 1785, XVII, 312.
(4) Loménie, p. 234.
(5) 21 867, 2.

apaisée la fureur des luttes antireligieuses de 1768, que Rousseau devint réellement à la mode. C'est l'époque de la bergerie de Trianon, des fêtes de la nature chères aux âmes sensibles. Dès qu'il fut mort, on s'attendrit sur lui, on fit des pèlerinages à son tombeau. Marie-Antoinette elle-même alla à Ermenonville. On devint curieux de tout ce qu'avait laissé le pauvre philosophe. Dutens, qui avait acheté sa bibliothèque en Angleterre, fit imprimer par Barbou ses notes sur l'*Esprit* d'Helvétius qu'il n'avait pas voulu publier de son vivant (1). Surtout on désirait beaucoup connaître les mémoires qu'on savait qu'il avait laissés. C'est le titre qu'on mettait à son *Rousseau juge de Jean-Jacques*, afin d'allécher les lecteurs. Mais comme on ne vendait l'ouvrage en un seul volume que quatre livres dix sols, on pensa bientôt que ce n'étaient pas les vrais mémoires (2).

Pourtant, ils existaient bien. Rousseau en avait laissé le manuscrit à Thérèse Levasseur, et dès le mois de juillet 1778 on en avait la préface (3). Ce n'est qu'en 1782 que les six premiers volumes des *Confessions* parurent enfin « avec une sorte de tolérance ». On fut un peu déçu que le récit s'arrêtât ainsi à l'époque où l'auteur arrivait à Paris, époque à partir de laquelle sa vie plus connue intéressait davantage ses amis et surtout ses ennemis (4). Les philosophes déclarèrent aussitôt que l'ouvrage était pitoyable; ils ne faisaient grâce qu'à quelques passages en faveur du style (5). Mais le libraire Laporte en vendit tout de même pour six mille livres en un jour, et « on remarquait à ce sujet que le gouvernement accordait plus que jamais aux presses de la capitale une liberté qui ne tendait pas, à beaucoup près, au soutien de la religion et au profit des bonnes mœurs (6) ». Ici encore le temps était loin, où l'on persécutait réellement le pauvre Jean-Jacques et où on le chassait de ville en ville.

Lui aussi, il avait réussi, et, quoique son succès fût moins bruyant que celui de Voltaire, son influence était presque aussi grande et allait l'être encore davantage quelques années plus tard. Mais jusqu'à ce que la Révolution éclatât, c'était bien plutôt pour sa philosophie de la nature et pour le charme exquis de

(1) *Mém. secr.*, 10 août 1779, XIV, 164.
(2) *Ibid.*, 10, 23 août 1780, XV, 278, 295.
(3) Mme du Deffand à Walpole, II, 659.
(4) *Mém. secr.*, 10, 31 mai 1782; XX, 280, 522.
(5) *Correspondance de Grimm*, juillet 1782. Cf. La Harpe, *Corr. litt.*, III, 382.
(6) Hardy, V, 195.

son art que pour ses théories politiques qu'il était estimé et aimé. Ses disciples ne sont pas encore les Robespierre ni les Marat; mais ce sont les âmes sensibles comme Mlle Phlipon (Mme Roland) ou Bernardin de Saint-Pierre.

Les autres grands philosophes qui n'étaient pas encore morts, n'avaient plus longtemps à vivre, et presque aucun d'eux ne vit la Révolution. Mais les beaux jours héroïques de la lutte philosophique étaient passés pour eux; et les jours tragiques de la guerre civile n'étaient pas encore venus pour leurs successeurs.

Diderot, après avoir terminé son grand ouvrage de l'*Encyclopédie*, auquel il avait consacré tant de temps et de labeur, s'estimait heureux du résultat si difficilement acquis et ne publiait plus grand'chose (1). De 1775 à 1777 paraissent encore cinq volumes de suppléments. Mais Diderot n'y travaille plus. C'est Panckoucke qui les édite, toujours désireux de participer à une entreprise dont le succès est si grand. Diderot ne s'occupe pas davantage des éditions qui paraissent alors à l'étranger, à Genève (2), à Lausanne et Berne (3), à Yverdun (4).

Mais, du moins, il donne à Panckoucke l'autorisation de reproduire ses articles de philosophie dans la nouvelle *Encyclopédie* que cet « Atlas de la librairie » entreprend en 1781. C'était la consécration de sa gloire et du triomphe de ses idées. Son portrait allait figurer en tête de l'ouvrage et le gouvernement donnait une permission expresse de faire cette nouvelle édition. Il devait y avoir quarante volumes de discours et sept de planches in-quarto ou quatre-vingt-quatre de discours et sept de planches in-octavo. Le prix en était fixé à six cent soixante-douze livres. Les frais devaient s'élever à près de deux millions. Il devait y avoir trente mille nouveaux articles et l'on avait fait appel à toutes les compétences. A côté des noms de Daubenton pour l'histoire naturelle, de Marmontel pour la littérature, d'Arnaud et de Suard pour les beaux-arts, de l'abbé Baudeau pour l'économie politique, de Naigeon pour la philosophie, on voyait figurer celui de l'abbé Bergier, confesseur de Monsieur, pour la théologie; curieuse preuve de l'affadissement général des idées jadis si âpres et si

---

(1) On sait qu'il avait encore plusieurs manuscrits qui ne virent le jour que longtemps après sa mort.
(2) 1777, 39 vol. in-4º.
(3) 1777-1779, 36 vol. grand in-8º.
(4) 1778-1780, 58 vol. in-4º, édité par de Felice.

tranchées (1). L'ennemi des philosophes devenait l'allié, le collaborateur de l'athée Naigeon et ses articles allaient se trouver à côté de ceux de Diderot ; il coopérait même beaucoup au succès de l'ouvrage. Le 29 juillet 1783, il recevait du nonce du pape, à Vienne, l'avis suivant : « L'imprimeur Mansje, de Venise, a déjà demandé, et obtenu le privilège pour réimprimer la *Nouvelle Encyclopédie par ordre de matières ;* c'est votre nom qui l'y a principalement engagé (2). »

L'annonce de ce nouveau dictionnaire avait d'ailleurs le plus grand succès. Le prospectus, qui était très favorablement accueilli, était traduit en espagnol et en italien ; on espérait bien avoir le patronage de l'Impératrice de Russie. Panckoucke recevait trois mille souscriptions en un mois (3). C'était un beau succès de librairie, mais ce n'était que cela ; ce n'était plus un philosophe, comme Diderot, qui dirigeait l'entreprise, mais un libraire, Panckoucke. On ne se passionnait plus pour les idées comme jadis ; tout le monde semblait être d'accord parce que personne ne tenait plus aussi sérieusement à ses opinions.

On ne voyait plus aucun de ces ouvrages de propagande philosophique comme il en avait naguère tant paru. Même Diderot, quand il écrivait, ne mettait plus la même ardeur à exprimer ses idées. Le dernier ouvrage qu'il publia n'était ni le fruit de ses réflexions philosophiques, ni une œuvre de vulgarisation, encore qu'on y rencontrât de-ci de-là quelques pensées qui le désignaient suffisamment. Sur la sollicitation de ses amis d'Holbach et Naigeon, qui venaient de terminer une traduction de Sénèque, il fit en 1778, pour y servir de préface, un *Essai sur la vie de Sénèque le philosophe, sur ses écrits et sur les règnes de Claude et de Néron.* Il y défendait la vie de Sénèque contre les attaques dont elle avait été l'objet ; il était plein d'indulgence pour ses défaillances et ses compromissions qu'il expliquait sans les juger : il reprenait l'idée, qui lui était chère, de la relativité de la morale et il ne perdait pas l'occasion de glisser quelque petit éloge de « cette science qui apprend à connaître la vérité et qui encourage à la dire, sous des prêtres qui vendent le mensonge, des magistrats qui le protègent et des souverains qui détestent la philosophie parce qu'ils n'ont

---

(1) *Mém. secr.*, 5, 7 décembre 1781, XVIII, 193, 195. Elle ne fut achevée qu'en 1832 et eut 166 vol. in-4º.
(2) *Mém. secr.*, 25 août 1783; XXIII, 135.
(3) Grimm, mai 1782.

que des choses fâcheuses à entendre du défenseur des droits de l'humanité ». Enfin, il faisait un grand éloge de la morale de Sénèque, dont il aurait voulu faire un « manuel assidu », et se glorifiait des résultats déjà obtenus par la philosophie : « Il me semble que, si jusqu'à ce jour l'on eût gardé le silence sur la religion, les peuples seraient encore plongés dans les superstitions les plus grossières et les plus barbares... Il me semble que si jusqu'à ce jour l'on eût gardé le silence sur le gouvernement, nous gémirions encore sous les entraves du gouvernement féodal... Il me semble, enfin, que si jusqu'à ce jour l'on eût gardé le silence sur les mœurs, nous en serions encore à savoir ce que c'est que la vertu (1). »

Diderot avait eu l'approbation d'un censeur, et l'examen que faisaient de son *Essai* le clergé et la Sorbonne lui donnait seulement une célébrité plus grande (2). Tout le parti philosophique le soutenait et le soutint encore bien plus quand il en publia, en 1782, une nouvelle édition augmentée en deux volumes in-octavo. Comme les corrections qu'avait demandées le censeur n'empêchaient pas les criailleries du clergé, il la faisait imprimer à Bouillon (avec la mention Londres) en laissant subsister tous les passages supprimés (3). Il y ajoutait même une note sanglante contre Jean-Jacques en réponse à ses *Confessions*. Quoiqu'il y eût assez de liberté dans plusieurs endroits et notamment dans un parallèle entre Claude et Louis XV, qui n'était pas nommé, mais qui était très facilement reconnaissable, il obtint une permission tacite. Il est vrai que les courtisans s'émurent et dénoncèrent à Louis XVI l'audace de ce parallèle. « Le prince, dit Métra (4), témoigna son mécontentement au ministre supérieur de la librairie qui fit arrêter la vente et examiner le passage. Il se présenta ensuite devant le Roi et avoua que le morceau était affreux et que l'auteur était très punissable. « Très punissable ? repartit le prince. Mais avez-vous lu l'ouvrage entier ? — Non, Sire, je n'ai lu que le passage. — Lisez-le en entier, continua le monarque juste et bienfaisant, vous y trouverez d'excellentes choses, qui rachètent bien le délit de l'auteur, et je lui pardonne bien volontiers. »

---

(1) IIe partie, § 26, p. 249 de l'édition Assézat; p. 324 de l'édition originale de 1779.
(2) Métra, 9 janvier 1779; VII, 224.
(3) *Mém. secr.*, 15 mai 1782; XX, 291. Grimm, mars 1782.
(4) XVII, 173.

L'anecdote n'est pas impossible, car voici ce que rapporte Manuel dans la *Police de Paris dévoilée* (1). « Les ministres faisaient la guerre aux livres ; à les en croire, c'est le Roi qui les commandait et voilà comme ils le prouvent : « Le roi, Monsieur,
» m'a envoyé chercher ce matin et m'a dit qu'il voulait absolument
» que l'on fît la recherche la plus exacte d'un ouvrage intitulé
» *Claude et Néron*. Sa Majesté m'a dit aussi qu'elle voulait abso-
» lument que l'on fît tout au monde pour en découvrir l'auteur
» et elle m'a ordonné de donner les ordres nécessaires et de
» lui en rendre compte. Je vous prie de ne rien négliger et de
» prendre même les mesures les plus actives pour y parvenir.
» Vous connaissez, Monsieur, mes sentiments ; ils sont bien sin-
» cères. — Miromesnil. » Ce billet parvint le même jour à la même heure à M. Le Noir et à M. de Néville. C'était le 29 avril 1782 ; Sa Majesté n'en parla jamais ni à l'un ni à l'autre. »

En tous cas, si le mot rapporté par Métra n'est pas authentique, on voit que « le monarque, juste et bienfaisant », ne mit pas beaucoup d'ardeur à venger la mémoire de son grand-père. Les magistrats de la librairie ne pouvaient plus être bien sévères pour les livres nouveaux quand le roi lui-même donnait l'exemple de tant d'indulgence.

La secte philosophique était devenue comme une nouvelle Eglise aussi reconnue, aussi respectée que l'autre. A la mort de Voltaire, d'Alembert en devenait le patriarche. Il prenait un carrosse et tout Paris en parlait. Trois fois par semaine, il recevait tout ce qu'il y avait de plus illustre dans le parti. On voyait vingt-cinq à trente voitures à sa porte. Ces assemblées étaient appelées des « conversations (2) ».

Depuis longtemps déjà, la philosophie régnait avec lui à l'Académie. Alors que Duclos avait toujours cherché à diriger l'Académie avec modération et à lui rendre les habitudes de travail, qu'elle avait perdues au début du siècle, d'Alembert, au contraire, fit preuve pendant tout le temps de son secrétariat d'une telle partialité, d'une telle âpreté dans ses discours, qu'il se brouilla même avec quelques-uns de ses amis, comme Buffon, moins fanatiques que lui (3). D'ailleurs, il avait beau parler cons-

---

(1) Page 48.
(2) *Mém. secr.*, 12 novembre 1779, 11 novembre 1780; XIV, 296; XVI, 60.
(3) Buffon fit un discours à la réception du maréchal de Duras pour réclamer la tolérance pour tous. Voir Brunel, *Les Philosophes et l'Académie*.

tamment et toujours en philosophe, on se désintéressait de ses discours ; on se passionnait beaucoup plus pour la querelle ridicule des Piccinistes et des Gluckistes, qui divisait le camp encyclopédiste. La philosophie était si généralement admise, qu'elle n'étonnait plus du tout à l'Académie. Quand Lefranc s'écria à l'Assemblée du clergé de 1775 : « Qui le croirait, Messieurs? Le sanctuaire des lettres est devenu le repaire de l'incrédulité et de l'irréligion », Loménie de Brienne lui répondit : « Mais, Monsieur, vous n'y songez pas. Nous sommes sept évêques à l'Académie (1). »

Pourtant d'Alembert ne manquait pas une occasion de laisser percer ses sentiments dans les *Eloges* qu'il prononçait à l'Académie. Même en dehors de ces occasions officielles, il écrivait d'autres éloges, tant le genre lui était familier. Ainsi, il fit en 1779 celui de milord Maréchal qui était presque autant, celui du roi de Prusse. Il le faisait imprimer à Berlin; car il y était assez hardi contre la religion et les mauvais souverains. Il n'y avait plus qu'un obscur journaliste de l'*Année littéraire*, l'abbé Royon, pour lui répondre et que Monsieur pour protéger cette petite cabale (2).

Quatre ans après, d'Alembert mourait sans sacrements, et on ne faisait plus aucune difficulté de lui donner une sépulture (3).

La gloire que s'étaient acquise les grands hommes du parti, les mettait désormais à l'abri des persécutions. On laissait paraître leurs ouvrages avec tout le respect dû à leur âge et à leur renommée. Quand Buffon publia en 1779 ses *Epoques de la Nature*, elles furent très bien accueillies par les gens du monde, à qui plurent ses hypothèses cosmogoniques. Ils trouvaient que « c'était là un des meilleurs romans qui fussent sortis de la plume de ce grand écrivain (4)». Les dévots gémirent bien un peu; car, malgré toute sa bonne volonté, Buffon ne faisait pas trop facilement cadrer son système avec celui de la Genèse, pris à la lettre; et la Sorbonne s'émut, comme dans les temps où elle croyait devoir censurer tout ce qui lui paraissait hétérodoxe. Le syndic Riballier reçut au *primâ mensis* de novembre 1779 la dénonciation

---

(1) Condorcet à Voltaire, cité par Brunel, p. 284.
(2) *Mém. secr.*, 28 avril, 24 août 1779; XIV, 38, 182.
(3) *Mém. secr.*, novembre 1783; XXIII, 285.
(4) Métra, 20 avril 1779; VII, 391.

d'un docteur, et nomma des commissaires (1). Mais le roi fit savoir qu'il désirait qu'on ne prononçât pas, avant d'avoir entendu l'accusé (2). Buffon était à Montbard. On dut attendre qu'il revînt à Paris. Il écrivit alors le 10 avril à la Sorbonne :

« Je m'adresse avec confiance, à son respectable syndic, pour la prier de me faire part des choses qu'elle pourrait trouver répréhensibles ou peu convenables, ainsi que cette illustre Faculté eut la bonté de le faire en 1751, lors de la publication du premier volume de mon ouvrage. »

La Sorbonne lui communiqua, en effet, de nombreuses propositions extraites de son livre qui lui avaient paru répréhensibles et auxquelles elle avait joint des observations. Buffon récrivit aussitôt le 18 mai :

« Je déclare que je suis toujours dans les mêmes sentiments de respect pour les décisions des députés de la Faculté de théologie, et, en renouvelant la déclaration que j'ai faite en 1751, j'avoue que je n'ai repris mon système sur la formation de la terre et des planètes, que dans la persuasion où j'étais de pouvoir la concilier avec le récit de l'historien sacré ; je reconnais volontiers que je me suis trompé dans ce jugement ; je souscris à leurs observations et j'abandonne tout ce qui, dans mon ouvrage, leur a paru contraire au texte sacré et aux règles qu'on doit suivre dans son interprétation (3). »

La Sorbonne délibéra encore longuement sur cette affaire ; mais elle se contenta de « regarder le système du philosophe comme un radotage de sa vieillesse (4) », et se consola de ne pouvoir censurer l'ouvrage, en ordonnant l'impression des deux lettres de Buffon et des observations des députés qu'elle envoya aux évêques et aux syndics des Facultés de province (5).

Elle n'aboutissait pas davantage dans l'examen qu'elle faisait des *Incas*. La déconsidération, où l'avait jetée, dix ans auparavant, la condamnation de *Bélisaire*, ne devait pas l'engager beaucoup à s'occuper encore des romans de Marmontel. Non pas que rien n'y fût à reprendre pour les sages maîtres. Il y avait des peintures assez vives des méfaits du fanatisme de l'Inquisi-

---

(1) Archives nationales, MM, 259, f° 19. *Mém. secr.*, 9 novembre 1779 ; XIV, 289.
(2) *Ibid.*, 25 décembre, 361.
(3) Archives Nationales, MM, 259, f°s 38-48.
(4) *Mém. secr.*, 10 février 1780 ; XV, 48.
(5) Archives Nationales, MM, 259, p. 52 sqq.

tion. Cependant elle préféra se tenir sur la réserve (1). Marmontel triomphait ostensiblement et disait très haut que les docteurs n'avaient pas osé l'attaquer (2). Mais les mauvaises langues disaient tout bas que, à la vérité, ses amis avaient vivement sollicité la Sorbonne de trouver dans les *Incas* quelques traits condamnables; car une bonne censure aurait certainement beaucoup aidé le libraire à se débarrasser de l'édition de cette œuvre amphibie, qu'il ne vendait guère (3). Marmontel n'avait en somme pas tant à se plaindre des persécutions qu'il avait subies; et quand il épousait la nièce de l'abbé Morellet, en 1777 (4), il pouvait être reconnaissant aux sages maîtres, qui étaient bien pour quelque chose dans les vingt mille livres de rente qu'il apportait en dot.

Parmi les écrivains survivants du milieu du siècle, il y avait encore l'abbé de Mably, que ses premiers ouvrages avaient d'ailleurs brouillé avec le parti philosophique (5). Pendant ses dernières années, il se mit également à dos le parti des dévots, en adoptant des idées très philosophiques dans ses *Principes de morale*. Il y exprimait sa haine déjà connue de l'inégalité, mais il avait aussi quelques passages sur les devoirs envers Dieu, qu'il reléguait au second plan, sur la contradiction qu'il voyait entre les principes du christianisme et ceux de la politique et de la saine morale, sur la révélation qu'il jugeait parfaitement inutile pour la réforme des mœurs, sur le célibat qu'il condamnait énergiquement et sur la prostitution qu'il voulait non seulement tolérer, mais encourager. Si le livre paraissait chez Jombert avec un privilège, c'est que Mably, après avoir fait examiner son manuscrit, n'avait fait aucune des corrections qu'avait demandées son censeur. L'émoi fut grand en Sorbonne; le censeur, M. de Sancey, fut suspendu de ses fonctions; la Faculté prépara une condamnation. Mais Mably se soumit et se rétracta; moyennant quoi, la censure fut très douce et bienveillante. Le livre était pourtant encore condamné « comme contenant des propositions respectivement

---

(1) Métra, 8 février 1777; IV, 144. La Sorbonne délibéra au sujet de ce livre pendant plusieurs *primâ mensis*, au début de 1777. (Archives Nationales, MM, 258, f° 511, sqq.)
(2) *Mém. secr.*, 15 mars; X, 76.
(3) *Gazette à la main*, de Marin, 3 avril 1777. (Bibl. de la Ville de Paris.)
(4) *Mém. secr.*, 13 octobre; X, 269.
(5) Il avait traité Voltaire avec mépris dans son *Traité de la manière d'écrire l'histoire*.

fausses, captieuses, scandaleuses, erronées, contraires à la parole de Dieu, injurieuses à la religion, pernicieuses pour les mœurs et nuisibles à la société ». Quand cette censure parut en juin 1784, M. de Sancey fut rétabli dans ses fonctions sur la demande de l'archevêque, et le livre se vendit beaucoup mieux, quand l'attention eut été attirée sur lui par tout ce bruit (1).

IV

Mais tous les vieux chefs de l'école disparaissaient, ou du moins n'écrivaient plus, et leurs disciples leur étaient bien inférieurs. Le baron d'Holbach avait cessé d'inonder Paris de ses productions impies. A la fin de 1777, puis une autre fois en 1784, deux ouvrages paraissaient encore sur des questions religieuses, le *Nazaréen ou le Christianisme des Juifs, des Gentils et des Mahométans*, traduit de l'anglais de Toland, puis les *Lettres philosophiques sur saint Paul, sur sa doctrine politique, morale et religieuse et sur plusieurs points de la religion chrétienne, considérés politiquement*, qu'on voulait faire croire traduites de l'anglais par Voltaire et trouvées dans le portefeuille de Wagnière (2). Rien qu'à ce titre, on voit bien quel changement était survenu dans les préoccupations intellectuelles depuis 1770. Les questions dogmatiques n'étaient qu'effleurées, tandis que l'auteur insistait beaucoup sur la politique et la morale, et cherchait à défendre l'humanité contre le despotisme et la tyrannie bien plus que contre la superstition et le fanatisme (3).

On essayait bien encore un peu de copier Voltaire. Les *Soirées philosophiques du cuisinier du roi de Prusse* roulaient sur différents sujets à la manière des *Questions sur l'Encyclopédie*. *Guillaume le disputeur* était un roman philosophique qui essayait d'imiter les siens (4). Mercier tentait même, comme lui, de faire des pièces philosophiques. Son drame national, la *Destruction de la ligue*, faisait voir les inconvénients politiques d'idées religieuses mal

---

(1) MM, 259, f° 210. — Hardy, V, 467, 26 juin 1784. — *Mém. secr.*, 29 janvier, 27 mars, 18 juin, 6 juillet, 7 août 1784; XXV, 79, 229; XXVI, 67, 96, 162.— Collection Joly de Fleury, 1682, 289.
(2) Attribué à J.-P. Brissot, Neuchâtel, 1783.
(3) *Mém. secr.*, 5 septembre 1777, X, 232. — 24 mars, 3 avril 1786, XXV, 224, 238.
(4) *Ibid.*, 10 janvier, 29 mars 1782, XXVIII, 28, 254.

entendues. On ne le jouait pas (1); mais on reprenait en 1782 le *Manco Capac* de l'abbé Le Blanc, qui avait eu très peu de succès en 1763 et qui fut alors soutenu vivement par tout le parti, parce qu'il y avait de « grandes sentences philosophiques, de belles maximes philosophiques et puis de la philosophie, et toujours de la philosophie (2) ».

Mais les nouveaux venus ne savaient pas tenir la place des grands hommes auxquels ils succédaient. Ils n'avaient pas leur talent, surtout ils n'avaient pas leur ardeur, ils écrivaient peu et mal. Condorcet, le disciple le plus direct de Voltaire et de d'Alembert, s'occupait plus de science ou de politique que de philosophie. Il fit seulement en 1778 une édition de *Pascal* avec des commentaires et un prétendu *Eloge*, où il s'efforçait de réfuter le grand apologiste chrétien. C'était reprendre à la fin du siècle la tâche que s'était proposée Voltaire en 1734, en écrivant ses *Pensées sur Pascal*. Voltaire, d'ailleurs, mis au courant de ce projet en 1777, peu avant sa mort, encouragea et aida Condorcet; il se préoccupa même de faire imprimer son livre (3). La gloire de Pascal était particulièrement odieuse aux philosophes. Quatre ans après, l'abbé Bossut publiait encore un *Discours sur la vie et les ouvrages de Pascal*, où il ne parvenait pas davantage « à le couvrir de ridicule ni à atténuer son mérite (4) ».

Le meilleur disciple des philosophes dans cette génération intermédiaire entre les grands écrivains et les grands politiques, était encore Bernardin de Saint-Pierre. C'est cinq ans avant la convocation des Etats généraux qu'il publia ses *Etudes de la Nature*. Ce fut un des livres qui eurent alors le plus de succès. Il en surveilla lui-même l'édition avec un soin jaloux, et l'étude de cette publication montre bien à quel point la sévérité de la police s'était relâchée en cette fin de régime (5).

Quand Saint-Pierre eut fini son ouvrage en décembre 1783, il demanda un censeur en priant seulement qu'on lui choisît un homme de bien et qui crût en Dieu. M. de Villedeuil, qui venait d'être nommé, à la place de M. de Néville, à la Direction de la

---

(1) *Mém. secr.*, 29 juillet 1782; XXI, 45.
(2) *Ibid.*, 4 février 1782; XX, 71.
(3) Voltaire à Condorcet, 28 février, 31 octobre 1777. — Condorcet à Voltaire, 5 mars. — *Mém. secr.*, 6 avril 1778, XI, 214.
(4) *Mém. secr.*, 16 novembre 1781; XVIII, 158.
(5) Bernardin de Saint-Pierre, Lettres à M. Hennin, 30 septembre 1783 au 9 juin 1786. *Correspondance*, II, 125 à 315.

librairie, le reçut le plus aimablement du monde et lui laissa le soin de choisir son censeur. Il désigna un monsieur Sage, qui donna sans aucune difficulté son approbation. Il dut encore passer devant un censeur théologique qui lui déclara tout nettement que son livre était délicieux et divin, éloges qui ne laissèrent pas de flatter assez vivement sa vanité d'auteur. Muni de son privilège, en avril 1784, Bernardin de Saint-Pierre se préoccupa de l'impression qu'il fit faire à ses frais. Il se fit avancer l'argent nécessaire par ses amis, en hypothéquant l'édition dont il escomptait un grand succès. Il reçut ainsi cent louis; il obtint aussi plusieurs souscriptions, dont deux de MM. de Vergennes et de Breteuil, alors ministres. M. de Castries, le ministre de la guerre, lui donna huit cent vingt francs pour cent exemplaires. Il arriva alors à conclure un arrangement avec le prote de Didot pour sept cents francs comptant au début de l'impression de chacun des trois volumes.

Le livre fut assez long à percer. Les journaux n'en parlèrent pas tout de suite, et le public l'ignorait. Paru en novembre 1784, il n'y avait que cent exemplaires vendus en février 1785. Alors le succès se décide tout d'un coup. On en vend trois cent cinquante en un jour. Saint-Pierre reçoit des félicitations de toutes parts. Des grands-vicaires l'invitent à la campagne chez leurs évêques. L'étranger prépare des contrefaçons de ses *Etudes*. Il obtient une pension de deux cents livres sur le *Mercure* et il touche quelques bénéfices de son édition qui est épuisée en avril 1786. Une seconde est aussitôt préparée et s'écoule aussi vite que la première, sans compter les éditions contrefaites, que la vigilance de la police ne pouvait pas empêcher de se répandre dans le midi de la France et même à Paris, où le libraire Poinçot les faisait venir de Versailles par les voitures de la cour.

Mais un pareil succès est rare. Les quelques écrivains qui s'occupent encore de philosophie appartiennent déjà à l'époque révolutionnaire. C'est Marat, qui se fait connaître dès 1777 par un ouvrage *De l'homme ou des principes et des lois de l'influence de l'âme sur le corps et du corps sur l'âme*, avant de conquérir cette autre célébrité que la politique et non plus la médecine philosophique allait lui donner. C'est Sylvain Maréchal, ce doux maniaque de l'athéisme, qui, avant de faire son *Lucrèce français* et son *Dictionnaire des athées*, écrit son *Livre échappé du déluge ou Psaumes nouvellement découverts, composés dans la langue primitive par Arlamech*, que l'abbé Roy avait approuvé à la censure et qui valut à son auteur la perte de sa place de bibliothécaire au collège Mazarin (1). En 1788, il publiait son *Almanach des honnêtes gens* qui lui causait encore plus d'ennuis. Ce petit livre était presque prophétique de ce qui n'allait pas tarder à se réaliser. Il était daté de l'An premier de la Raison, « comme si la raison ne pouvait dater son empire que de l'époque qu'un vil troupeau d'incrédules veut bien lui assigner », disait Séguier dans son réquisitoire. Il contenait tout un calendrier basé sur des principes tout nouveaux. Les mois y étaient appelés Princeps, Alter, Ter, etc... L'année était divisée en trente-six décades et les cinq ou six jours restants étaient consacrés aux fêtes de l'Amour, de l'Hyménée, de la Reconnaissance, de l'Amitié, et à une espèce de Toussaint le 31 undécembre. Les autres jours, on fêtait un grand homme de quelque religion et de quelque race qu'il fût, Moïse aussi bien que Martial, Michel-Ange que Dupleix, Jésus-Christ que Fréret. Cette sottise causa un grand scandale ; il y eut dénonciation au Parlement, réquisitoire, condamnation, décret de prise de corps, emprisonnement de l'auteur à Saint-Lazare et exil du censeur à trente lieues de Paris (2).

Mais en général on se désintéressait de la philosophie ; on en avait abusé. Elle n'avait plus le mérite de la nouveauté ; elle n'étonnait ni n'enthousiasmait plus (3). On était devenu tranquillement déiste ou athée, sans que cela parût en rien extraordinaire. La raison avait fait tant de progrès, qu'on traitait Voltaire de bigot parce qu'il n'était pas athée (4). On ne cherchait plus de fondements scientifiques à ces idées métaphysiques. Le temps était bien passé où les philosophes travaillaient à fixer les principes de la méthode expérimentale et où Diderot les posait si magistralement dans son *Interprétation de la nature*. On était allé hâtivement des prémices aux conclusions même les plus extrêmes, et, satisfait de ces conclusions, on ne cherchait plus. Quand parut en 1782 l'*Essai sur la physiognomonie* de Lavater,

---

(1) *Mém. secr.*, 31 décembre 1784, 6, 9 juillet 1785 ; XXVI, 116 ; XXIX, 129, 134.
(2) Bibl. Nat., Rés., F. 719, 94. — Grimm, janvier 1788 ; XV, 193.
(3) « La plupart des livres, écrits dans le goût exalté, qui faisait loi avant 1774 (*l'Alambic des lois, le Despotisme, le Catéchisme de morale républicaine*), ne se composent que de plagiats et de redites ; encore les livres eux-mêmes cèdent-ils la place aux brochures et aux journaux. » (Aubertin, *l'Esprit public au dix-huitième siècle*, p. 482.)
(4) Métra, XIV, 368.

personne ne le lut (1). Et pourtant quel livre devait plaire à ces disciples des philosophes sensualistes plus que celui-là, où était annoncée la science nouvelle de la physionomie, science qui devait être forcément expérimentale, qui allait déterminer mathématiquement, par la simple étude des contours du crâne, la mesure des facultés intellectuelles et qui allait apporter des solutions logiques, physiques aux problèmes psychologiques et vitaux.

L'ère de la pensée était close ; celle de l'action allait s'ouvrir. D'ailleurs, les événements politiques marchaient leur train. Aussi, ces hommes, qui s'étaient tant divertis du jeu dangereux des idées, ne cherchaient-ils plus à appliquer leurs esprits analytiques et pénétrants qu'aux graves problèmes économiques et politiques dont ils sentaient bien que la solution n'allait plus pouvoir être différée, ou à se distraire et à s'étourdir pour tâcher de dissiper ce cruel ennui qui les obsédait de toutes parts, triste rançon de leurs trop grands plaisirs intellectuels passés.

(1) Grimm, octobre 1782. XIII, 200.

CHAPITRE XV

FRIVOLITÉ DU GOÛT SOUS LOUIS XVI

I. Le goût littéraire sous Louis XVI. — II. Le *Mariage de Figaro*. — III. Les romans. Le *Voyage de Figaro en Espagne*, 1784. Les *Nouvelles à la main*. Les *pamphlets*.

I

On lisait certainement beaucoup moins sous le règne de Louis XVI que sous celui de Louis XV. On était emporté par cette folie de plaisir, dont l'exemple était donné par la cour. La lecture des *Mémoires secrets*, de la *Correspondance* de Meister, de celle de Métra est très instructive à cet égard. Les nouvelles littéraires, les comptes rendus de livres, si fréquents autrefois, sont remplacés par des anecdotes mondaines. Ce n'est plus de l'apparition de quelque brochure de Voltaire ou de quelque volume de l'*Encyclopédie* qu'on parle ; mais des visites du comte de Falkenstein (l'empereur Joseph II) ou du comte du Nord (le grand-duc héréditaire de Russie), des expériences des frères Montgolfier, du baquet de Mesmer, de Cagliostro, ou des *premières* de la Comédie-Française et des Italiens. Quand on voulait faire lire quelque chose à ces esprits frivoles, il fallait essayer de les amuser ; de là ce goût littéraire assez spécial qui a été celui du règne de Louis XVI et qui, sans rien créer de profond ni d'original, imposait une forme caractéristique à tout ce qu'on rééditait. Le grand libraire Panckoucke avait compris à merveille cette nouvelle orientation du goût. Il savait très bien que « de ces chefs-d'œuvre où tout est nouveau, dont les pensées et le style, en sortant des presses, agrandissent le champ des sciences, des arts, des lettres, de l'entendement humain », il en paraît à peine dix à douze dans les plus beaux siècles. Or, ces dix ou douze-là avaient déjà paru au dix-huitième siècle; ils ne pouvaient plus que fournir de nouvelles matières aux dictionnaires et aux journaux. Car, « parmi toutes les espèces de productions, il en distinguait trois dont le débit infaillible et rapide formerait une vaste circulation et de métaux et de lumières ». C'étaient, outre les chefs-d'œuvre, les journaux et les dictionnaires, « ces livres que tout le monde lit, dit Garat, parce que tout le monde lit des articles et non pas des ouvrages (1) ».

De là la forme piquante, légère qu'on donnait aux livres nouveaux et qui les rendait accessibles à plus d'esprits, à plus de bourses aussi. Quand on proposa à Mirabeau de faire un grand ouvrage d'économie politique, il refusa, pensant que l'entreprise n'aurait aucune chance de succès et conseilla bien plutôt « d'adopter un plan qui éveillât la curiosité », de faire, par exemple, un *Conservateur*, qui réunirait des extraits d'ouvrages déjà parus, et « de nature à piquer la malignité (2) ». Le goût du jour était tout aux dictionnaires. « Comme il y a beaucoup de livres et que cependant on lit peu, dit La Harpe, la plupart des auteurs et imprimeurs d'aujourd'hui, qui voudraient à la fois exciter la curiosité du lecteur et ne point gêner sa paresse, ne font plus guère que réduire un grand nombre de livres en un seul et donner une nouvelle forme à ce qu'on avait fait. Voilà ce qui fait qu'aujourd'hui presque toutes les entreprises de librairie sont des dictionnaires, des recueils, des compilations (3). » « J'ai déjà observé, disait de même Métra (4), que l'on voulait de nos jours tout avoir en morceaux détachés. Qui aurait la patience, le temps même de lire, de méditer des traités? Il faut encore que les choses les plus sérieuses soient dites avec gaîté, avec esprit. » Ce n'était pas une invention nouvelle; depuis 1760, les plus grands philosophes, et surtout Voltaire, avaient adopté ce moyen d'attirer l'attention. Mais ce goût devint alors une mode; on faisait de tout un dictionnaire, un almanach et un journal (5).

Les grands journaux littéraires du siècle ont toujours le plus

---

(1) Garat, *Mémoires historiques sur la vie de M. Suard*. I. 272.
(2) Lettre de Mirabeau à Champfort. 10 novembre 1784. *Corresp.*, p. 74.
(3) La Harpe, *Correspondances*, II, 74.
(4) Octobre 1783, XV, 169.
(5) « Aujourd'hui qu'on met tout en dictionnaires, en almanachs, en journaux, qu'il y a déjà des dictionnaires et des almanachs de marine, il manquait un journal à cette partie de l'administration. » On en fit un. (*Mém. secr.*, 24 octobre 1776; IX, 272.

grand succès et il s'en fonde constamment de nouveaux. Panckoucke rachète les plus importants ; il en fait un véritable trust. Après le *Mercure* et le *Journal des Savants*, il acquiert encore le *Journal des Dames* et le *Journal de politique et de littérature*. Pierre Rousseau continue toujours, à Bouillon, la publication de son *Journal encyclopédique*, le plus philosophique de tous ces périodiques (1).

Comme la lecture même de ces courts articles n'était pas toujours supportée, on faisait aussi des conférences pour entretenir le culte de la philosophie. C'était une mode qui venait d'Angleterre avec les clubs, le whisky, les jockeys et les fracs noirs. En 1786, le parti philosophique fonda ainsi une sorte d'Université mondaine sous le nom de *Lycée*, au coin des rues Saint-Honoré et de Valois. Il est assez étrange que les organisateurs aient obtenu le patronage du comte d'Artois et de MM. de Montmorin et de Montesquiou ; car tous les conférenciers étaient les représentants les plus marquants de la philosophie. La Harpe, qui n'était pas encore converti, faisait un cours de littérature ; Condorcet enseignait les mathématiques ; Garat et Marmontel, l'histoire ; Fourcroy, la chimie, et de Parcieux, la physique. Le but était de remédier à l'insuffisance de l'éducation tant des femmes que des jeunes gens et de leur inculquer les principes d'un sain esprit philosophique. Le *Lycée* eut un succès considérable (2). On écoutait bien plus facilement une conférence qu'on ne lisait un livre.

II

On allait surtout plus volontiers encore au théâtre, et les idées philosophiques savaient bien s'y faire jour. Ce goût, qui a toujours été si marqué chez les Français, était encore plus vif en cette fin de siècle, où l'on sacrifiait tout au besoin du plaisir. Le succès prodigieux que remporta le *Mariage de Figaro* en est un des plus curieux exemples ; il marque, avec la dernière capitulation du pouvoir, la victoire suprême des idées nouvelles.

(1) Voir une note de 1759 sur le *Journal encyclopédique* et ses tendances philosophiques dans la Collection Joly de Fleury, dossier 3807, f° 59. Il y aurait toute une étude à faire sur la diffusion des idées philosophiques dans la presse littéraire et sur l'importance de plus en plus grande des périodiques à la fin du dix-huitième siècle. Voir aussi Hattin, *La presse périodique française*, et 22 133-135.
(2) Grimm, mai 1786, XIV. 363.

Cet homme étonnant, qu'était Beaumarchais, savait attirer l'attention sur lui de mille façons différentes (1). Homme d'affaires, homme de plaisir, diplomate à ses heures, censeur même parfois (2), il avait des amis et des protecteurs partout. Sa grande situation mondaine allait lui faciliter un succès que bien peu étaient en mesure de remporter. Sans doute, Beaumarchais n'est pas vraiment un philosophe ; il est trop original pour qu'on puisse l'embrigader dans aucune école ; mais dans l'assaut général qui était mené contre l'ancienne société, il sut donner des coups qui portèrent. La satire si brillante qu'il fit des mœurs et des institutions allait attaquer par le ridicule tous ces vestiges du passé qu'on avait déjà tant critiqués, et la représentation vivante de l'homme nouveau qu'était Figaro allait annoncer déjà les révolutionnaires.

On sait quelle habileté il fallut à Beaumarchais pour arriver à faire jouer sa pièce (3). Elle fut reçue par les comédiens dès les derniers mois de 1781, mais la première représentation n'eut lieu que le 27 avril 1784. Le roi, qui la lut au début de 1782, la déclara « détestable et injouable ». Beaumarchais alors la colporta dans plusieurs maisons, où il la lisait pour satisfaire la curiosité qu'elle avait soulevée dans le monde. Après avoir fait cette lecture devant le comte et la comtesse du Nord, qui en furent charmés, il tenta d'obtenir la permission de la jouer, mais on la lui refusa (fin 1782). Il attendit plusieurs mois, jusqu'à juin 1783. Un ordre vint alors de la cour de la donner au théâtre des Menus-Plaisirs. Mais quand tout fut prêt, après une quinzaine de répétitions, le matin même du jour annoncé pour la première représentation, le duc de Villequier vint déclarer que Sa Majesté s'y opposait formellement (4).

Trois mois plus tard, le comte de Vaudreuil, qui voulait donner à Gennevilliers une fête à la cour, demanda à Beaumarchais la permission de faire jouer le *Mariage de Figaro*. Beaumarchais

---

(1) En 1774-1775, il fit beaucoup parler de lui par la publication de ses *Mémoires* contre Goezman.

(2) Le Noir lui confia à examiner en 1779 un ouvrage sur la guerre d'Amérique, sur laquelle il écrivit lui-même une brochure, qui fut en partie supprimée. Il concluait son examen en remarquant que l'ouvrage en question « manquait de cette décence patriotique si peu connue dans ce pays-ci, où l'on plaisante de tout ». (Voir Loménie, II, 250.)

(3) Voir Loménie, II, chap. XXVII.

(4) *Mém. secr.*, 12, 14 juin 1783, XXIII, 5, 7. Grimm, juin 1803, XIII, 322.

autorisa, mais non sans avoir obtenu des garanties pour l'avenir ; il demanda que sa pièce fût soumise à l'examen d'un nouveau censeur (1) ; et, naturellement, M. Gaillard, un historien, membre de l'Académie française, ne put s'opposer au désir qu'on avait en si haut lieu de la voir représenter (2). Il conclut que « Figaro était déjà connu par la comédie du *Barbier de Séville* comme un de ces intrigants du bas peuple dont l'exemple ne peut être dangereux pour aucun homme du monde et que, d'ailleurs, en s'élevant par la crainte du danger contre certaines choses peu importantes, on leur donnait une valeur qu'elles n'avaient point et l'on inspirait aux sots et aux méchants une crainte ou un avis d'un danger qui n'avait point de réalité ». De plus, Beaumarchais demanda à M. Le Noir et obtint de lui sa « parole expresse que les Comédiens français pouvaient regarder sa pièce comme appartenant à leur théâtre (3) ». Après avoir pris ainsi ses précautions, il permit la représentation de Gennevilliers, qui eut effectivement lieu à la fin de septembre 1783 (4).

Fort de ce premier succès, Beaumarchais voulut en profiter pour faire jouer *Figaro* à la Comédie-Française, mais le lieutenant de police lui fit remarquer que le roi n'était pas revenu sur la défense qu'il avait faite et qu'il fallait nommer encore un ou deux censeurs. Beaumarchais se soumit à ce nouvel examen. Trois censeurs nouveaux donnèrent leur approbation en ne demandant que quelques petites corrections (5). Enfin, la pièce put être répétée en mars 1784 et jouée pour la première fois le 27 avril. Le roi n'avait-il pas dit : « Vous verrez que Beaumarchais aura plus de crédit que M. le Garde des Sceaux (6) ? »

On sait quel prodigieux succès elle remporta. La duchesse de Bouillon envoya des laquais dès le matin pour retenir ses places ; des femmes dînèrent dans les loges des actrices afin de mieux s'en assurer ; « les cordons bleus, confondus dans la foule, se coudoyaient avec les Savoyards, la garde fut dispersée, les portes enfoncées, les grilles de fer brisées sous les efforts des assail-

---

(1) Elle avait déjà été censurée et approuvée. C'est l'ordre du roi qui empêchait qu'on la jouât.
(2) Grimm, octobre 1783, XIII, 366.
(3) Loménie, II, p. 314-315.
(4) *Mém. secr.*, 22 septembre, XXIII, 26.
(5) Loménie, II, p. 321.
(6) Grimm, avril 1784, XIII, 524. Cf. *Mém. secr.*, 29 février, 24 avril 1784 ; XXV, 158, 293.

lants (1) ». Ce magnifique succès fut durable. A la trente et unième représentation, on avait déjà gagné cent cinquante mille livres. A la cinquantième, il y avait autant de monde qu'à la première ; il y eut soixante-huit représentations consécutives. Ces chiffres, qui nous paraissent médiocres, étaient prodigieux pour l'époque (2).

Beaumarchais entretenait soigneusement ce succès en faisant constamment parler de lui. En juillet (3), il annonçait que sa pièce allait être arrêtée, que lui-même allait être mis à la Bastille. Mais il n'en était rien. En octobre (4), il abandonnait le produit de la cinquantième représentation au profit des mères nourrices, et personne ne pouvait l'ignorer.

Cependant, au début de 1785, il écrivit une lettre aux rédacteurs du *Journal de Paris* qui attaquaient le *Mariage de Figaro*: « Quand j'ai dû vaincre lions et tigres pour faire jouer ma comédie, y disait-il, pensez-vous après mon succès me réduire ainsi qu'une servante hollandaise à battre l'osier tous les matins sur l'insecte vil de la nuit? » On estima que *tigre* et *lion* visait Louis XVI qui, étant à une table de jeu, rédigea, dit-on, aussitôt un ordre d'arrestation sur un sept de pique. Beaumarchais fut mis à Saint-Lazare, prison réservée aux jeunes gens dépravés. Il est vrai qu'il n'y resta que six jours. Le mouvement de mauvaise humeur du roi n'avait pas duré longtemps (5).

Quelques jours après, *Figaro* paraissait en librairie avec la préface « revêtue de toutes les formalités et dans toute son insolence ». Le gouvernement, toujours inconséquent avec lui-même, témoigna la plus grande faveur à Beaumarchais pour le dédommager, dès qu'il l'eut fait sortir de prison. La reine jouait le *Barbier de Séville* à Trianon. Beaumarchais était remboursé des sommes que lui devait le Trésor ; enfin, on permettait et on protégeait la vente en même temps que la représentation du *Mariage de Figaro*. Pierres l'avait imprimé et Ruault le vendait au Palais-Royal, où on se l'arrachait. Le lieutenant de police en fit arrêter un moment la distribution, mais le 30 mars, le baron de Breteuil lui ordonna de permettre l'édition, affirmant que « les sottises imprimées n'ont d'importance qu'aux lieux où on en gêne le cours »

---

(1) *Mém. secr.*, 27 avril : XXV, 298.
(2) *Ibid.*, 1er août, 3 octobre 1784 : XXVI, 149, 266.
(3) *Mém. secr.*, XXVI, 101.
(4) Grimm, XIV, 53 sqq.
(5) Loménie, p. 365. — *Mém. secr.*, XXVIII, 208, 220.

Six jours après la mise en vente, le 6 avril, on en avait acheté six mille exemplaires. Les éditions s'en multipliaient et ne pouvaient « se nuire les unes aux autres tant le très grand nombre des amateurs de ce singulier drame montrait toujours d'avidité à se le procurer (1) ».

III

Figaro était si à la mode qu'un certain marquis de Langle en fit, en 1784, un roman philosophique qui fut aussi très remarqué. Son *Voyage de Figaro en Espagne* eut trois éditions successives en 1784, 1785, 1786. Il ne mit son nom qu'à la troisième et on l'attribua longtemps à Beaumarchais lui-même. Ce roman était imprimé chez Fauche, à Neuchâtel (2), et parut avec une permission tacite. Il y avait quelques idées assez caractéristiques du temps sur l'amour et sur les femmes ; l'auteur voulait l'égalité des religions et qu'on ne pensât pas plus à la divinité que si elle n'existait pas ; il se moquait des saints, qui ne furent que des imbéciles, et des prêtres, dont il condamnait le célibat ; enfin, il faisait une satire contre les Espagnols, si vive que ceux-ci demandèrent diplomatiquement la suspension du livre (3). En conséquence, Séguier fit un de ses derniers réquisitoires, et le Parlement condamna au feu le *Voyage de Figaro en Espagne* (4). « Mon ouvrage sûrement sera réduit en cendres, s'écriait le marquis de Langle : tant mieux ! tant mieux ! mille fois tant mieux ! cela porte bonheur ; salut aux ouvrages qu'on brûle, le public aime les ouvrages brûlés... Au reste, ajoutent les *Mémoires secrets* (5), ce marquis de Langle débute fort avantageusement ; tout le monde veut le connaître et savoir quel il est. »

Un autre roman du même genre paraissait en même temps, mais n'était pas condamné. Dans *Faustine* ou le *Siècle philosophique*, l'auteur faisait voyager son principal personnage en Europe et relevait tous les préjugés, les abus et les absurdités qu'il rencontrait sur son chemin (6).

---

(1) Hardy. VI, 92. — Manuel. I, 182. — 22102. 63.
(2) Avec la mention Saint-Malo.
(3) *Mém. secr.*, 14 février 1786, XXXI. 104. — Hardy. VI. 109. 210, 293.
(4) 7 février 1786; Bibl. Nat. Rés. F. 719, 88.
(5) 16 février 1786: XXXI. 106.
(6) *Mém. secr.*. 6 février 1785. XXVIII. 107.

Les livres, qui avaient alors le plus de lecteurs, n'étaient pourtant pas des romans véritablement philosophiques, mais des romans obscènes, comme ce *Paysan perverti*, qui obtenait le plus grand succès auprès des femmes et qui était si licencieux qu'on le surnommait « le tas de fumier ». Il avait d'abord paru avec une permission tacite, mais le scandale fut trop grand ; il fallut le poursuivre (1). « On ne manquait pas de mettre encore sur le compte de la philosophie cette multiplication de productions ordurières... Mais rien n'était plus injuste », assurait Métra (2).

On ne recherchait pas les livres les meilleurs, mais ceux qui faisaient le plus de scandale, et si l'on se jeta avec tant d'empressement sur les *Réflexions philosophiques sur le plaisir* de La Reynière le fils, c'est uniquement parce qu'il leur avait fait une énorme publicité, mettant partout des placards qui l'annonçaient, et parce qu'il avait donné, peu de jours auparavant, un dîner ridicule qui l'avait rendu la fable de tout Paris (3).

L'actualité, le fait du jour, voilà quel était le souci constant de cette société frivole ; aussi, le règne de Louis XVI fut-il le règne des nouvelles à la main et des libelles. C'est ainsi qu'on entendait encore parler un peu de philosophie, en lisant quelqu'une de ces feuilles volantes, qui circulaient dans Paris et qui rendaient compte des menus faits littéraires comme des événements mondains ou même politiques (4).

C'est en 1777 que paraissaient imprimés les *Mémoires secrets* de Bachaumont, où les survivants de la grande époque littéraire du

---

(1) Métra, 26 janvier, 3 février, 9 mars 1776 ; II, 348, 365, 413.
(2) 27 juillet 1784 ; XVI, 342.
(3) Métra, 26 mars 1783 ; XIV, 203. Grimm, avril 1783 ; XIII, 295.
(4) La rédaction des *Nouvelles à la main* fut pendant toute la seconde moitié du dix-huitième siècle une industrie florissante. M. d'Argental, le ministre de Parme, l'ami de Voltaire, en avait un bureau chez un de ses valets de chambre, nommé Gillet. Le prix de l'abonnement était de six livres par mois. Ce commerce fut interdit peu après la mort de Mme de Pompadour ; mais on ne l'en continua pas moins clandestinement. Les commis de la poste composaient des *Nouvelles à la main*, en décachetant les lettres qui passaient à leurs bureaux. Les fermiers généraux en faisaient aussi sous la surveillance du lieutenant de police. Le principal bureau était chez Mme Doublet du Persan, maîtresse de Bachaumont. Elle resta quarante ans à son appartement dans le couvent des Filles de Saint-Thomas, sans en sortir. Elle recevait tous les jours ses amis, qui lui apportaient tous les potins de Paris. Un valet de chambre résumait sur des feuilles les nouvelles les plus marquantes du jour. Ces valets étaient des manières de journalistes. Celui-là, un nommé Carset, frère de Paul, valet de M. d'Argental et associé de Gillet, avait un bureau à lui chez Mme Doublet et à son insu : il avait six scribes, un valet, deux laquais, et employait encore le fils du cocher de Mme Doublet, un domestique et le fils du suisse du couvent. (*Archives de la Bastille*, XII, p. 490 sqq.)

siècle pouvaient repasser le récit des luttes de jadis. Ils avaient comme mention : à Londres, chez John Adamson, et ne circulaient que difficilement à Paris (1). A partir de 1774, Métra publiait sa *Correspondance littéraire secrète*, imprimée à Neuwied.

Les autres ouvrages de ce genre étaient des livres « satyrico-philosophiques », comme ce *Tableau de Paris*, où Mercier faisait une peinture assez vive des mœurs de l'époque et que la police finissait par tolérer (2), ou des libelles plus ou moins violents contre le gouvernement et les gens en place, toute une série d'*Espions* : l'*Espion anglais*, l'*Espion français*, l'*Espion chinois*, l'*Espion dévalisé*, que la sévérité du gouvernement ne parvenait pas à arrêter. En 1782, un imprimeur d'Angers, Pavie, coupable d'avoir imprimé un *Supplément aux lettres de l'Espion anglais*, était arrêté, destitué de son état et sa librairie vendue, et on ne put obtenir sa grâce qu'en le comprenant dans une liste de « criminels amnistiés (3) ». Quant à l'*Espion dévalisé*, il mit toute la diplomatie européenne en branle. Ce pamphlet, paru en 1782 avec la mention Londres, avait été réellement imprimé à Neuchâtel par Fauche, le libraire ordinaire de Mirabeau le fils, qui y avait collaboré avec Beaudouin de Guémadeuc. Il y avait des dissertations sur les questions économiques, une lettre de Diderot à la Tsarine, un éloge de Turgot et beaucoup d'anecdotes politiques. Il causa un gros scandale. Le ministre des affaires étrangères fit demander au roi de Prusse de poursuivre Fauche. Celui-ci fut décrété de prise de corps, interdit de son état et ses biens furent confisqués (4).

Ces libelles étaient le plus souvent de simples affaires de chantage. L'auteur, tranquillement installé en Angleterre ou ailleurs, écrivait au personnage intéressé, généralement un ministre ou quelque homme politique, et le prévenait qu'à moins de recevoir une somme d'argent il ferait paraître un pamphlet violent contre lui (5). Mirabeau ne négligeait pas ce moyen peu honorable de se procurer des ressources. C'est ainsi qu'il fit en 1788 son *Histoire*

---

(1) *Mém. secr.*, 4 juillet 1777, X, 183. — Mme du Deffand à Walpole, 21 septembre 1777; II, p. 623.
(2) Métra, 6 juin, 4 juillet 1781; XI, 285, 343. — Hardy, V, 176.
(3) Manuel, *Police de Paris dévoilée*, p. 43.
(4) *Mém. secr.*, 7 décembre 1782; XXI, 36; 1er janvier 1783, XXII, 1. — Métra, 29 novembre 1782, XIII, 442. — Grimm, décembre 1782, XIII, 236. — *Lettres de Mirabeau à Julie*, édition Dauphin-Meunier, p. 379.
(5) Manuel, I, 136 sqq.

secrète de la Cour de Berlin, dont Montmorin, le ministre de Louis XVI, lui acheta le manuscrit trois cents louis avant qu'il ne parût. La femme de son libraire Legay en avait, d'ailleurs, soustrait une copie et la publia peu après (1).

On sait combien les dernières années de la monarchie absolue virent éclore de ces pamphlets où les ministres, la reine ou ses amis étaient attaqués et honteusement diffamés. C'était une des façons les plus viles, mais les plus communes, de faire de l'opposition politique au régime.

(1). Bardoux, *La comtesse de Beaumont*, p. 131.

CHAPITRE XVI

LES QUESTIONS POLITIQUES SOUS LE RÈGNE DE LOUIS XVI

I. L'arrivée au pouvoir de ministres philosophes. Turgot, 1774-1776. Ses réformes : le commerce des grains, la suppression des corvées et des jurandes. Necker et son *Compte-rendu*, 1781. — II. Préoccupations politiques de plus en plus prépondérantes. Mirabeau.

I

Les questions politiques devenaient de plus en plus importantes sous le règne de Louis XVI. L'avènement du jeune roi fut salué avec enthousiasme; et les philosophes n'étaient pas les derniers à s'en féliciter. C'était comme une consécration de leur puissance, comme le triomphe de leur parti. D'une part, en effet, la gravité de la situation politique et financière força Louis XVI à prendre des ministres réformateurs plus ou moins disciples ou amis des philosophes. D'autre part, le souci de plus en plus grand du bien public faisait éclore quantité de brochures sur la politique, qui devenait la préoccupation dominante de tous les esprits. On se désintéressait un peu des luttes religieuses, nous l'avons déjà vu; parce que la victoire était acquise aux philosophes ; mais leur œuvre était loin d'être achevée en politique. Elle ne le fut vraiment que par la Révolution, dont ces quinze années du règne de Louis XVI donnent déjà constamment comme un avant-goût.

Un des premiers actes de Louis XVI fut de choisir Turgot comme contrôleur général. Turgot était un des représentants les plus autorisés de l'école économiste, qui se rattachait par tant de liens à l'école philosophique. La question de la liberté du commerce des grains revenait naturellement aussitôt à l'ordre du jour. On se disputait les livres et les brochures sur ce sujet. Les philosophes et les économistes, de persécutés devenaient persécuteurs; et les adversaires de Turgot avaient beaucoup de difficultés à publier leurs ouvrages. Ils en étaient généralement réduits à faire courir des pamphlets manuscrits ; encore leurs colporteurs étaient-ils souvent mis à la Bastille (1). Mais comme il restait dans les bureaux beaucoup de gens fidèles aux vieux principes, les économistes n'étaient pas sûrs non plus de faire passer très facilement leurs livres ; ainsi, quand il parut un volume de Condillac, intitulé : *Le commerce et le gouvernement considérés relativement l'un à l'autre*, quoique ce fût un exposé net et méthodique des principes libéraux sur le commerce, on l'arrêta à la chambre syndicale, ce qui lui donna tout de suite une certaine célébrité (2). Ce désaccord des hommes au pouvoir amenait des contradictions perpétuelles dans les ordres qu'ils donnaient pour en favoriser ou en interdire le débit. D'une part, Turgot préparait les esprits à ses réformes en protégeant ses amis les économistes ; d'autre part, le lieutenant général de police leur était opposé. Quand Necker voulut publier son ouvrage *Sur la législation et sur le commerce des grains*, il obtint une approbation de son censeur, Cadet de Senneville, nommé par le lieutenant de police. Quoique Turgot lui fût ouvertement hostile, Cadet lui donna la déclaration suivante (3) : « J'ai lu, par ordre de Mgr le Garde des Sceaux, un ouvrage intitulé *Sur la législation et sur le commerce des grains*. Quoique les principes qui y sont contenus me paraissent différer de ceux annoncés par le gouvernement sur cet objet, cependant l'auteur s'étant restreint dans les bornes d'une simple discussion sans personnalité ni déclamation, et la vérité me paraissant ne pouvoir que gagner à la discussion d'une question si importante, j'ai pensé que l'impression de cet ouvrage ne pouvait qu'être utile (4). » Finalement le livre parut et eut assez de succès (5).

Les économistes se préoccupèrent du moins de lui répondre. Condorcet fit des *Lettres sur le commerce des grains* et les fit imprimer à Genève par les soins de Voltaire, qui en était enchanté et

---

(1) *Mém. secr.*, 14, 27 novembre 1775; VIII, 272, 300.
(2) Grimm, mars 1775; XI, 53.
(3) Il est vrai qu'il ne la donna pas sans avoir averti Turgot que le livre pourrait nuire à l'établissement de la liberté du commerce des grains. Turgot lui répondit qu'il pouvait approuver. Il avait dit à Necker lui-même, quand celui-ci lui montra le manuscrit, « qu'il ne craignait pas ses écrits ». (*Mém. de Morellet*, I, 238.)
(4) *Mém. secr.*, 28 avril 1775; VIII, 17.
(5) Mme du Deffand à la duchesse de Choiseul. *Corr.* (Saint-Aulaire), III, 167. — Diderot à Necker, 12 juin 1775, XX, 68. — La Harpe, I, 148.

les trouvait dignes d'un « philosophe citoyen (1) ». Turgot remercia Condorcet d'avoir défendu sa cause, en lui donnant la direction des monnaies ; et Condorcet faisait encore un petit pamphlet sur le même sujet, *Monopole et monopoliseur*, qu'on ne pouvait débiter que furtivement, quoique le gouvernement l'approuvât fort, parce qu'il y avait quelques sorties contre les magistrats subalternes (2). De même, l'abbé Saury, qui avait fait des *Réflexions d'un citoyen sur le commerce des grains* contre les principes des économistes, eut une approbation ; mais, comme il modifia divers passages de son livre après l'examen, il fut mis à la Bastille et son ouvrage fut supprimé par le Conseil d'Etat (3).

Cependant, les troubles que suscitait dans le royaume l'application de ces réformes de Turgot sur le commerce des grains occupaient constamment l'opinion publique et les économistes défendaient énergiquement une cause que la légende du pacte de famine ne rendait pas très populaire. Voltaire, qui était un des plus chauds partisans de Turgot, prit sa défense et publia alors sa *Diatribe à l'auteur des Ephémérides* (l'abbé Baudeau) (4), dont La Harpe fit un extrait dans le *Mercure*. Il prenait très spirituellement le parti de Turgot. Mais il ne pouvait pas être un bon défenseur du gouvernement : il ne pouvait rien écrire sans lancer quelques pointes contre la religion ou ses ministres et, comme le clergé était alors précisément assemblé en 1775, sa *Diatribe* fut très attaquée. Le censeur Cadet de Senneville n'avait pas osé donner son approbation (5) ; mais la femme du libraire Valeyre en présenta douze exemplaires au lieutenant général de police, Albert, qui ne parut pas désapprouver, et Louvel, le censeur du *Mercure*, donna un avis favorable.

Quand l'ouvrage se répandit un peu dans le public, qu'on y eut lu les insinuations et les conseils de Voltaire, qui faisait jouer aux prêtres le rôle de fomentateurs des émeutes, et qui engageait vivement le peuple à refuser toute aumône aux moines mendiants, le clergé « jeta les hauts cris », et obtint le 19 août un arrêté qui supprimait la brochure, interdisait Valeyre pendant trois mois et rayait Louvel de la liste des censeurs royaux, en le privant de

---

(1) Voltaire à Condorcet, 21 avril 1775.
(2) Métra, 16 juillet 1775, II, 53.
(3) *Mém. secr.*, 22 juillet 1775, VIII, 136. — 22070, 42.
(4) (Genève), 1775, Beng., 1844.
(5) Hardy est très précis dans ce sens. Les *Mémoires secrets* disent pourtant que la *Diatribe* fut revêtue d'une approbation tacite. Mais Hardy est mieux renseigné.

sa pension de quatre cents livres (1). Non content de ces satisfactions, il dénonça même la *Diatribe* au Parlement, qui la supprima, la flétrit et ordonna à La Harpe, à Louvel et à La Combe, l'imprimeur du *Mercure*, d'être plus circonspects à l'avenir. Tout finit par une nouvelle satire de Voltaire, la *Lettre du grand inquisiteur de Goa à celui de la Chine* (2).

Turgot cherchait généralement à préparer l'opinion publique aux réformes qu'il jugeait nécessaires et se heurtait toujours aux mêmes difficultés. A la suite d'un grand comité, qui se tint en octobre 1775 à Montigny entre MM. de Trudaine, de Malesherbes, Turgot et Albert, il parut un *Dialogue entre un curé et un évêque*, où le bon curé exposait au prélat tous les arguments en faveur de la liberté des protestants. Mais, quoique munie d'une permission tacite, la brochure ne pouvait se vendre que sous le manteau à cause du clergé (3). Turgot ne craignait pas de s'adresser à Voltaire et de solliciter son concours, et Voltaire faisait ramasser à Paris toutes les pièces qui venaient de paraître sur ce sujet (4). Mais les esprits n'étaient pas encore mûrs pour cette réforme pourtant si essentielle. Il fallut attendre jusqu'en 1787 pour qu'elle pût se réaliser. Encore ne se fit-elle pas sans de violentes protestations. La maréchale de Noailles fit alors faire par l'abbé de Beauregard un libelle contre le projet, qu'elle distribuait elle-même. Néanmoins, grâce à un sage mémoire de Malesherbes, l'état civil fut accordé aux protestants (5).

Mais certaines ordonnances purent être promulguées par Turgot, notamment celle sur les jurandes et les corvées. Elles amenaient des discussions passionnées et faisaient naître aussi quantité de brochures dans les deux camps, aussi ardents l'un que l'autre à user de tout leur crédit pour empêcher les systèmes ennemis de se répandre dans le public. Le peuple était aisément gagné aux théories libérales de Turgot, que de nombreuses brochures venaient constamment lui exposer. Aussi le parti adverse lui en faisait-il un grief sérieux. Un jour, un parent du duc de Mor-

---

(1) Collection Joly de Fleury, vol. 467, f° 221.
(2) *Ibid.*, f° 219. Hardy, 27 août, 7 septembre 1775; III, 114-117. *Mém. secr.*, 26 août, 2, 6, 16 septembre 1775; VIII, 175, 184, 205; XXXI, 314. Métra, 12 septembre 1775, 9 mars 1776, II, 157, 413.
(3) Métra, 24 octobre 1775; II, 216. *Mém. secr.*, 15 octobre, VIII, 229. Hardy, 25 octobre, III, 132.
(4) *Mém. secr.*, 26 décembre 1775, VIII, 328.
(5) Grimm, décembre 1787, XV, 179.

temart, chassant sur ses terres, fut attaqué par des paysans, qui tirèrent sur lui. Le duc alla se plaindre à Versailles et prétendit que de tels événements ne s'expliquaient que trop facilement par les progrès que faisait dans le peuple le système de Turgot. Il accusa surtout une brochure intitulée *Des inconvénients des droits féodaux*, que Voltaire estimait un « code plein d'humanité », et il obtint que le Parlement le fît brûler. « Tous les princes du sang donnèrent leur voix pour le proscrire (1) ». Turgot demanda au roi la cassation de cet arrêt. Louis XVI consentit seulement à interdire aux colporteurs de vendre ledit arrêt et fit défense au Parlement de prendre à l'avenir connaissance « d'aucuns livres qui auraient été approuvés par la police (2) ». Mais de semblables attaques, qui ne se répétaient que trop fréquemment, avaient miné le crédit de Turgot, qui quitta le contrôle général en mai 1776. Pendant les quelques années qui lui restaient encore à vivre, il continua à présider aux assemblées que tenaient les économistes dans son hôtel à Paris. Ils formaient plus que jamais une secte et imaginaient même des cérémonies et des formules de réception pour les initiés (3).

Quoique le successeur de Turgot au contrôle général ne partageât pas ses idées sur l'économie politique, les philosophes n'avaient pas à se plaindre de l'arrivée au pouvoir de Necker. Depuis plus de dix ans, sa femme réunissait tous les vendredis dans son salon du Marais, les grands écrivains du parti : Marmontel, Morellet, Grimm, Diderot, d'Alembert, Mlle de Lespinasse, Galiani, B. de Saint-Pierre y fréquentaient (4). Necker favorisait parfois les ouvrages des économistes, mais se heurtait aux mêmes difficultés que Turgot avait rencontrées. Le gros livre in-quarto de Le Trosne sur l'*Administration des Etats provinciaux et la nature de l'impôt*, imprimé à Bâle en 1779, était distribué gratuitement, quoiqu'il eût dû coûter normalement une douzaine de livres et Necker le soutenait ; mais il devait bientôt l'abandonner pour ménager l'assemblée du clergé ; et tant pour éviter ces récriminations du clergé, que Le Trosne voulait imposer comme les autres corps de l'Etat, que pour exciter davantage la curiosité du public, on le vendait bientôt très cher, et clandestinement (5).

(1) Voltaire à Christin, 5 mars 1776.
(2) Métra, 6, 25 avril 1775 ; III, 23, 56.
(3) Mém. secr., IX, 273.
(4) D'Haussonville, *Le salon de Mme Necker*.
(5) *Mém. secr.*, 13 novembre, 19 décembre 1779 ; XIV. 297, 351, 353.

Mais Necker agissait sur l'opinion surtout par ses propres écrits, qui soulevèrent un enthousiasme universel. La sensation que fit son *Compte rendu* en 1781 fut « sans exemple (1) ». Il s'en débita six mille exemplaires le jour même qu'il parut. Des imprimeries étaient continuellement occupées à en fournir le public. A peine se trouva-t-il quelques adversaires pour le tourner en ridicule et l'appeler le *Conte bleu*, parce que la couverture en était de cette couleur. Le succès qu'il remporta en général et la faveur dont il jouit aussitôt auprès des philosophes sont des preuves bien caractéristiques du progrès que les idées d'études politiques sérieuses et rationnelles avaient fait, surtout sous l'influence des encyclopédistes. Diderot trouvait que ce *Compte rendu* était avec le livre de Necker sur l'Hospice, « l'ouvrage le plus intéressant qu'il eût jamais lu et qu'il pût jamais lire ». Buffon écrivait à Mme Necker : « Aujourd'hui, par cet écrit en lettres d'or, par ce compte rendu au roi, je vois M. Necker, non seulement comme un génie, mais comme un dieu tutélaire, amant de l'humanité qui se fait adorer à mesure qu'il se découvre. » Marmontel ne rêvait que finances depuis qu'il l'avait lu ; et beaucoup de nobles en étaient tout émus. « Je viens, écrivait le maréchal duc de Mouchy, de lire avec enthousiasme l'admirable compte que vous avez rendu au roi ; rien de plus beau et de plus touchant pour tout homme qui sait penser. » Le vicomte de Polignac disait de son côté : « Tout bon Français doit verser des larmes en lisant votre ouvrage et tout patriote en doit verser de sang. » Et l'archevêque de Toulouse, le futur successeur de Necker, Loménie de Brienne, en était attendri jusqu'aux larmes (2). On voyait à Paris une estampe, ayant pour titre la *Vertu récompensée* et représentant la France qui tenait le *Compte rendu* (3).

Malgré ce magnifique succès et peu après la publication de son *Mémoire sur les assemblées de province*, qui faisait dire à Grimm : « Moi, dont le cœur dur n'a pu être ému par les *Barmécides* (tragédie de La Harpe)... ; j'ai pleuré aux sanglots en lisant ce mémoire sublime (4) », Necker était obligé de quitter le contrôle général. Le royaume était alors livré à la gestion désor-

---

(1) Grimm, février 1781, XII, 484.
(2) D'Haussonville, II, p. 124 sqq.
(3) *Mém. secr.*, 22 avril 1781, XVII, 116.
(4) D'Haussonville, II, p. 139.

donnée des Calonne, des Brienne. On ne se passionnait plus pour des réformes que le gouvernement n'étudiait plus. On vivait seulement dans le souvenir des grands ministères de Turgot et de Necker et dans l'attente des événements décisifs que l'on pressentait. Necker excitait encore la curiosité par la publication de son ouvrage sur l'*Administration des finances*. De vives polémiques s'ensuivaient, que le gouvernement s'efforçait d'étouffer (1). Au moment de la mort de Turgot, plusieurs de ses amis écrivaient sa *Vie* et son *Éloge*, notamment Dupont de Nemours, qui dirigeait les *Ephémérides* depuis la retraite de l'abbé Baudeau (2), puis Condorcet, dont le livre était sévèrement proscrit et ne pouvait s'acheter que dix et même quinze livres (3).

En 1787 Necker revenait au pouvoir; et c'est alors la Révolution qui commence.

II

Elle était même déjà commencée depuis le début du règne de Louis XVI. Les émeutes de 1775 annonçaient déjà les journées révolutionnaires; et l'on apportait à l'étude des questions politiques un esprit tout à fait nouveau, plus sérieux, plus âpre, un esprit de critique, d'analyse réfléchie, qui n'était en somme que celui des philosophes.

En 1774, dès que Turgot était installé au ministère, Morellet publiait son ouvrage *De la liberté d'écrire et d'imprimer sur les matières de l'administration*, où il fixait les principes des philosophes sur la liberté de la presse ou plutôt les revendications du parti; car ce n'étaient guère des principes absolus et les philosophes eussent bien préféré garder le système en vigueur, pourvu qu'il fût à leur profit (4). L'ouvrage avait été écrit en 1764 à propos d'un arrêt du contrôleur général L'Averdy, défendant de rien imprimer sur ces matières. Trudaine et Chauvelin, à qui Morellet l'avait présenté, l'avaient approuvé; mais L'Averdy avait mis en marge, après l'avoir lu, que « pour parler d'administration, il faut tenir la queue de la poêle, être dans la bouteille à l'encre, et

---

(1) *Mém. secr.*, 18 janvier, 10 mai 1785; XXVIII, 47; XXIX, 22.
(2) *Ibid.*, 5 avril 1783; XXII, 219.
(3) *Ibid.*, 3 octobre 1786; XXXIII, 70. Hardy, 23 octobre; VI, 445.
(4) Grimm, janvier 1775; XI, 7.

que ce n'est pas à un écrivain obscur, qui souvent n'a pas cent écus vaillant, à endoctriner les gens en place (1) ». Mais, en 1774, le parti philosophique tenait un peu la queue de la poêle avec Turgot, et Morellet put faire paraître son livre avec cette épigraphe de Tacite : *Rara temporum felicitas, ubi sentire quæ velis et quæ sentias dicere licet.* Le censeur, qui était encore ce Cadet de Senneville, l'examinateur de la *Diatribe* de Voltaire, ne fit aucune difficulté et donna son approbation pour une permission tacite, en remarquant qu'il ne contenait que « des réflexions sages et tout à fait philosophiques (2) ».

« Depuis que l'on a permis d'écrire sur l'administration, les presses ne cessent de gémir et l'on ferait pour ainsi dire une bibliothèque des ouvrages qui en sortent », dit Métra en 1775 (3). Cette licence allait même si loin que parfois le Parlement était obligé de prononcer une condamnation. Ainsi le comte de Lauraguais prétendit défendre, dans l'*Ami des lois* et le *Catéchisme du citoyen*, les droits de la nature contre les atteintes du despotisme. Le *Catéchisme du citoyen* notamment était une petite brochure, « qui mettait à la portée des plus simples et des plus ineptes une doctrine que l'*Esprit des lois* et le *Contrat social* avaient noyée dans une métaphysique fort difficile à entendre. » Les deux livres étaient condamnés par le Parlement, toutes les Chambres assemblées, le 31 juin 1775 (4).

Mais, pour un volume que le Parlement réussissait à arrêter (et encore fallait-il que sa condamnation fût efficace), mille autres paraissaient aussitôt. Quelque sévère que fût la police, elle ne pouvait contenir ce flot de livres déjà révolutionnaires sur les finances, sur le droit public, sur le régime politique (5). C'est ainsi que Mably écrivait son traité *De la législation*, où étaient exposées les théories de la communauté des biens et de l'égalité absolue (6), que Condillac donnait *le Commerce et le gouvernement considérés relativement l'un à l'autre* (1776) (7), et que Voltaire, avant de mourir, faisait comme un résumé de toutes ses idées dans son *Prix de la justice et de l'humanité*. Dès 1776, le rédacteur

---

(1) Morellet, *Mémoires*, I, 147.
(2) 22015, 10.
(3) 13 juillet, II, 38.
(4) *Mém. secr.*, 15 juin 1776, IX, 119.
(5) *Mém. secr.*, IX, X, XI.
(6) Grimm, juillet 1776, XI, 304.
(7) Le censeur Cadet de Senneville lui donnait une permission tacite.

des *Mémoires secrets* écrivait : « Nos littérateurs continuent à s'occuper de matières, qui leur étaient autrefois bien étrangères ; ils ont tellement défriché et retourné le champ de la politique qu'il ne reste plus guère rien de nouveau à dire en ce genre (1). » C'était en effet le sujet presque inévitable de tout livre nouveau. L'Académie proposait comme prix en 1777 un éloge de Michel de l'Hôpital, beau sujet pour développer les principes philosophiques sur la politique, notamment sur la tolérance ; si bien que le discours couronné et très applaudi de l'abbé Rémi fut condamné par la Sorbonne. Celui de Guibert était si hardi qu'on ne put pas le vendre, même sous le manteau ; on dut se contenter d'en distribuer une centaine d'exemplaires aux portes des particuliers. On y lisait en effet des propositions de ce genre : « L'Hôpital parla le langage de la philosophie et de la raison dans le conseil des rois, préserva la France des horreurs de l'Inquisition, et voulut soulager le peuple en diminuant la richesse du clergé. » Et cela avait trop l'air d'une satire (2).

Beaucoup de magistrats étaient gagnés aux idées nouvelles. En 1781 Servan, un ancien membre du Parlement de Grenoble, fit dans une assemblée très nombreuse de Lyon, un *Discours*, qu'il fit ensuite imprimer, *sur les progrès des connaissances humaines en général, de la morale et de la législation en particulier*. Il y affirmait « qu'au règne de l'imagination et des beaux-arts avait succédé celui d'une raison plus sévère, de la méthode et de l'observation », et « que le grand ressort de l'esprit humain avait été sans doute l'imprimerie », hommage significatif rendu à l'efficacité de la littérature du dix-huitième siècle, à la veille du jour où les effets allaient s'en faire sentir si violemment dans les événements révolutionnaires (3).

Ces idées avaient tellement pénétré partout que les prédicateurs ne faisaient plus leurs sermons que sur les questions politiques. L'abbé Maury, dans le carême qu'il prêcha à Versailles en 1781, parla beaucoup de finances et d'administration, mais fort peu de l'Évangile. « C'est dommage, disait le roi en sortant de l'église ; si l'abbé Maury nous avait parlé un peu de religion, il nous aurait parlé de tout (4). »

(1) 24 novembre 1776 ; IX, 302.
(2) Grimm, août 1777, XI, 504. *Mém. secr.*, 13 novembre, X, 300.
(3) Grimm, juillet 1781.
(4) Grimm, avril 1781 : XII, 498.

Enfin une grande partie de la noblesse était gagnée depuis déjà longtemps aux idées politiques des philosophes; et certains de ses fils, enfants prodigues, il est vrai, s'employaient à achever de les répandre dans le public, avant de chercher à les appliquer. Les dernières années du régime retentissent de l'écho des productions incessantes du comte de Mirabeau. Et si, dans tout ce fatras, on trouve plus de pamphlets, de satires, d'obscénités que d'ouvrages sérieux, on y découvre aussi, épars un peu partout, les principes de la plus pure philosophie. Avant 1777 il avait déjà publié en Hollande son *Essai sur le despotisme*, « l'ouvrage le plus fier qui ait encore été écrit sur cette matière (1) », où on lisait que « l'Etat despotique devient une sorte de ménagerie, dont le chef est une bête féroce... que le roi est un salarié et que celui qui paie a droit de renvoyer celui qui est payé ». Puis, pendant son emprisonnement à Vincennes de 1777 à 1780, il écrivit une quantité innombrable de traductions, compilations, brochures, mémoires dont quelques-uns parurent aussitôt, dont d'autres ne virent le jour qu'après son élargissement. Dans son *Essai sur la tolérance* notamment et dans ses *Lettres de cachet* où il s'élevait si énergiquement contre les incarcérations arbitraires de la monarchie absolue, on retrouvait l'influence directe des philosophes. Un homme était occupé sept ou huit heures par jour à recopier ses manuscrits. Après sa sortie de prison, il s'entendit avec une société, qu'avaient formée Mallet, Vital et Fauche, le fils de l'imprimeur de Neufchâtel. Cette société lui acheta le manuscrit des *Lettres de cachet* pour cent cinquante louis et les imprima. Mais Mirabeau n'était pas très accommodant en affaires. Après avoir corrigé les épreuves au château de Joux à Pontarlier, il vint à Neufchâtel, quand l'ouvrage fut fini. Il fit grand bruit avec son livre, se mit à en distribuer des épreuves tirées à la brosse aux magistrats de la ville, puis il se brouilla avec ses éditeurs, qui trouvèrent finalement ses manuscrits trop chers et trop dangereux. Leur société fut dissoute; un arbitre trancha le différend et il n'y eut guère, avec les *Lettres de cachet*, que l'*Erotika Biblion* qui fut imprimé par eux; ces deux ouvrages furent vendus avec beaucoup d'autres pamphlets ou livres prohibés, dont Neuchâtel était devenu un centre actif. Le succès des *Lettres de cachet* était d'ailleurs considérable; on le vendait trente-six livres, mais on

---

(1) *Mém. secr.*, 22 juin 1776; IX. 157.

trouvait même à ce prix beaucoup d'acquéreurs. Il est vrai qu'il n'y en avait que neuf mille exemplaires du premier volume et quatre mille du second, une démarche de Vergennes auprès du Conseil d'Etat de Neuchâtel ayant rapidement abouti à la suppression du livre (1).

Avec Mirabeau, nous entrons déjà dans la Révolution. Le tribun ne va plus se contenter longtemps d'écrire et de répandre ses idées par les livres ; il va parler et agir.

(1) Déclaration faite à la Bastille par Mallet le 2 juillet 1783; 22046, 40. — *Lettres de Mirabeau à Julie* (édit. Dauphin-Meunier), p. 407. — Hardy, V, 324. — A. Daguet, *Mirabeau et ses éditeurs neufchâtelois*. (*Musée neufchâtelois*, 1887, p. 233.)

CONCLUSION

LES PHILOSOPHES ET LA RÉVOLUTION

I

Quand la Révolution éclata en 1789, cette longue période de lutte philosophique était déjà close. Ce n'est pas la convocation des Etats généraux ni la précipitation des événements politiques qui arrêtèrent le mouvement littéraire du siècle; ce mouvement s'était déjà arrêté de lui-même.

Nous venons de voir que, pendant le règne de Louis XVI, les esprits ne sont plus préoccupés que des questions politiques ou de ces mille petits faits insignifiants, qui fascinent l'opinion publique, quand elle a perdu l'habitude de se passionner pour les grands problèmes de l'existence. Quant aux livres vraiment philosophiques, c'est à peine si nous avons pu en citer quelques-uns, qui aient fait quelque impression sur cette société, que guette la Révolution; elle semble attendre dans un silence recueilli et effrayé, coupé seulement par instants d'un rire maladif et nerveux, les grands événements qui la menacent.

De fait, le parti philosophique était singulièrement affaibli. Il subissait le sort de tous les partis intellectuels victorieux, qui ne gagnent en étendue que ce qu'ils perdent en profondeur. Le triomphe temporel d'une doctrine a toujours pour conséquence inévitable son affaiblissement spirituel. La philosophie avait peu à peu gagné toute l'élite intellectuelle et sociale de la France. Les philosophes étaient devenus des personnages aussi importants que les grands seigneurs, qui les recevaient constamment chez eux. Or un des résultats de ce rapprochement des nobles et des gens de lettres fut de compromettre la situation des uns et des autres.

« Les grands, dépouillés de l'autorité qui n'appartenait plus qu'aux places, ambitionnèrent avant tout la richesse, dont les jouissances pouvaient seules remplacer celles du pouvoir, dit excellemment La Harpe (1). La plus grande affaire pour les grands quand ils ne sont plus que des riches oisifs, est la recherche du plaisir et la crainte de l'ennui... Ceux de ces plaisirs, dont l'attrait est le plus délicat, le plus varié et offre le plus de ressources, ceux de l'esprit, tinrent bientôt une grande et trop grande place dans un monde qui avait de l'éducation et de la vanité. Ceux-là sont de nature à ce qu'on en jouisse d'autant plus qu'on s'y connaît mieux ; et, pour apprendre à s'y connaître, il fallut fréquenter davantage ceux qui les donnent, ceux qui en sont les meilleurs juges et les meilleurs modèles, les gens de lettres... Les grands, à force de vouloir s'amuser et ne s'amusant plus qu'à force d'esprit, l'esprit se trouva enfin partout ce qu'il n'est et ne doit être qu'à l'Académie, c'est-à-dire au premier rang, non sans doute dans l'ordre politique, ce qui était impossible, mais au moins dans l'ordre social, ce qui était très pernicieux, comme on l'a dû voir enfin quand cette prééminence d'opinion dans l'ordre social a renversé l'ordre politique. En effet, cet amour-propre mal entendu, cette vanité effrénée devait gâter à la fois et les gens de lettres et les gens du monde, surtout nos philosophes d'un côté et les grands de l'autre. Ceux-ci, voulant être au niveau des premiers en réputation d'esprit, tombèrent nécessairement fort au-dessous du rang qui leur était propre, sans atteindre à celui qu'ils affectaient. Ceux-là, déjà naturellement impérieux dans leur langage, dominateurs dans leurs livres, ne virent dans la nouvelle ambition des grands qui venaient se confondre avec eux que le nouveau triomphe de la raison, qui faisait reconnaître enfin dans la science et le talent d'écrivain la première puissance de l'univers. »

Quand vers 1750 Diderot commençait l'*Encyclopédie* et que Voltaire s'installait en Suisse pour lancer plus commodément sur la France ses brochures philosophiques, même en 1760 quand Rousseau publiait ses grands ouvrages, les idées nouvelles étaient loin d'être acceptées de tous, quoiqu'elles fussent comme éparses dans l'air. En 1789, après quarante ans de propagande méthodique, acharnée, personne, dans l'aristocratie, même dans la bourgeoisie ne pouvait les ignorer. On sait quelles furent les

(1) T. XVIII, p. 292-295.

lectures de jeune fille de Mᵉ Phlipon, qu'à vingt ans elle avait lu tout Voltaire, Helvétius, Diderot, Raynal, même le *Système de la Nature* et qu'elle commençait avec enthousiasme à lire Rousseau (1). Certes, celle qui fut Mᵐᵉ Roland n'était pas une enfant ordinaire; mais ce goût pour la philosophie, quoique rarement porté à un tel degré, ne devait pas être unique dans la bourgeoisie.

Les nobles avaient mille occasions de s'assimiler des théories qui avaient cours partout dans le monde. « On recherchait avec empressement toutes les productions nouvelles des génies transcendants et des brillants esprits qui faisaient alors l'ornement de la France, dit le comte de Ségur (2). Les ouvrages de Bernardin de Saint-Pierre, d'Helvétius, de Rousseau, de Duclos, de Voltaire, de Diderot, de Marmontel donnaient un aliment perpétuel à ces conversations, où presque tous les jugements semblaient dictés à la fois par la raison et par le bon goût... Les hommes de lettres les plus distingués étaient admis avec faveur dans les maisons de la haute noblesse. » Et encore (3) : « Nous nous sentions disposés à suivre avec enthousiasme les doctrines philosophiques que professaient des littérateurs spirituels et hardis. Voltaire entraînait nos esprits; Rousseau touchait nos cœurs; nous sentions un secret plaisir à les voir attaquer le vieil échafaudage, qui nous semblait gothique et ridicule. Ainsi, quoique ce fût nos rangs, nos privilèges, les débris de notre ancienne puissance, qu'on minait sous nos pas, cette petite guerre nous plaisait... La liberté, quel que fût son langage, nous plaisait par son courage; l'égalité par sa commodité. On trouve du plaisir à descendre, tant qu'on croit pouvoir remonter dès qu'on le veut; et sans prévoyance nous goûtions tout à la fois les avantages du patriciat et les douceurs d'une philosophie plébéienne. »

Même dans les maisons religieuses où l'on envoyait les jeunes filles de l'aristocratie pour parfaire leur éducation, les idées philosophiques avaient pénétré. Quand Sophie de Grouchy partit au chapitre noble des chanoinesses de Neuville en 1784, elle avait encore la foi, qu'une éducation chrétienne, reçue à la campagne chez ses parents, lui avait donnée; elle n'avait lu que *Télémaque*, Marc-Aurèle et des livres de piété. Quand elle en

(1) Mᵐᵉ Roland, *Mémoires*.
(2) *Mémoires*, I, 56.
(3) *Ibid.*, I, 26, 41.

revint, Voltaire et Rousseau lui étaient familiers, et elle était toute prête à partager la vie et les idées de celui qu'elle allait épouser, du marquis de Condorcet (1).

Quant au clergé, cette lettre de Diderot (2) édifie assez sur ses principes religieux : « Je fis hier un dîner fort singulier ; je passai presque toute une journée avec deux moines qui n'étaient rien moins que bigots. L'un d'eux me lut un cahier d'un traité d'athéisme très frais et très vigoureux, plein d'idées neuves et hardies ; j'appris avec édification que cette doctrine était la doctrine courante dans leurs corridors... ce qui vous amusera davantage, c'est la bonhomie avec laquelle cet apôtre prétendait que son système, qui attaquait tout ce qu'il y a au monde de plus révéré, était innocent et ne l'exposait à aucune suite désagréable, tandis qu'il n'y avait pas une phrase qui ne lui valût un fagot. » L'on connaît par ailleurs la vie et les idées de certains évêques et de beaucoup de prêtres à la fin de l'ancien régime.

II

Malgré cette diffusion générale, il était impossible de ne pas voir que la philosophie était en décadence. Meister dit en 1777 (3) : « Ce siècle sera toujours un siècle de génie et de lumières, mais on ne peut se dissimuler que la philosophie et les philosophes n'aient perdu beaucoup dans l'opinion publique depuis quelque temps, soit que ces messieurs aient compromis dans plusieurs circonstances leur protection et leur dignité, qu'ils se soient avilis eux-mêmes par des intrigues et des querelles scandaleuses, qu'ils aient trahi imprudemment des principes qu'il fallait cacher ou que leur empire, comme tous les autres, ait subi les vicissitudes naturelles du temps et de la mode. Le désordre et l'anarchie, qui ont régné dans ce parti depuis la mort de Mlle de Lespinasse et la paralysie de Mme Geoffrin, prouvent combien la sagesse de leur gouvernement avait prévenu de maux... Jamais sous leur respectable administration nous n'eussions vu toutes les scènes auxquelles la guerre de la

---

(1) A. Guillois, *la Marquise de Condorcet*, p. 53.
(2) Citée par Damiron, *Mémoires sur l'histoire de la philosophie au dix-huitième siècle*. p. 282.
(3) *Correspondance de Grimm*, juillet 1777, XI. 495.

musique a donné lieu ; jamais. Ce qui pourrait bien avoir nui plus sérieusement encore à la considération de nos philosophes, c'est la publication du *Système de la Nature*. Cet ouvrage a révolté le plus grand nombre des lecteurs... C'est un charlatan qui dit son secret ; il se ruine lui-même et ses confrères avec... Le moyen d'être encore neuf, piquant, hardi, après le *Système de la Nature*... Il y a peu d'hommes qui ne soient ravis d'être comptés dans la classe des esprits forts ; mais tout le monde n'a pas le courage de passer pour athée. »

Car on est tout de même un peu effrayé des conséquences auxquelles on arrive. On a détruit beaucoup de choses, mais on ne veut cependant pas accumuler trop de ruines. On commence à craindre un peu que, la morale ne trouvant plus de fondement, le peuple ne soit amené à rejeter toute espèce de frein. On n'est plus si persuadé de ce qu'avaient répété à satiété Voltaire, puis d'Holbach : l'un, que la religion naturelle est bien suffisante pour contenir la populace ; l'autre, que les lois politiques seules sont efficaces ; et cette idée devient obsédante, qu'il faut donner un nouveau catéchisme aux hommes pour remplacer celui qu'on leur a enlevé. Un particulier dépose, en 1784, douze cents livres chez un notaire pour constituer un prix à donner à qui ferait « un *Traité élémentaire de morale* qui explique et prouve les devoirs de l'homme et du citoyen ». L'ouvrage devrait avoir cent pages in-douze, être clair, méthodique, propre à toutes les nations et à la portée des enfants (1). « Depuis que la philosophie moderne nous a donné le triste spectacle des progrès de l'incrédulité, dit Métra en 1784 (2), on désirait que des livres, à la portée de tout le monde, répandissent généralement cette vérité, que l'homme qui a eu le malheur de secouer le joug de la religion n'est pas dispensé pour cela d'être vertueux, que l'amour de soi, l'intérêt personnel ne dictent pas également les principes de la plus saine morale... Tel est l'objet d'un ouvrage nouveau dont on ne peut trop vanter l'utilité et qui a pour titre : *Catéchisme de morale, spécialement à l'usage de la jeunesse, contenant les devoirs de l'homme et du citoyen, de quelque religion et de quelque nation qu'il soit.* »

Necker dit encore : « On n'entend plus parler depuis quelque

---

(1) *Mém. secr.*, 1ᵉʳ mars 1781 ; XVII, 92.
(2) 21 septembre 1784, XVII, 29.

temps que de la nécessité de composer un catéchisme de morale où l'on ne ferait aucun usage des principes religieux, ressorts vieillis et qu'il est temps de mettre à l'écart ». Et lui, Necker, croyant l'entreprise impossible, tentait de réhabiliter le christianisme et écrivait en 1785 son livre sur l'*Importance des opinions religieuses;* mais les conclusions en étaient trop contraires à toutes les idées communément reçues pour qu'il eût un grand succès (1). On en parla peu (2). La tentative de Mme de Genlis, dans sa *Religion considérée comme l'unique base du bonheur et de la véritable philosophie*, échouait de même et pour la même raison. Alors que depuis quelques années le parti philosophique était moins audacieux, il valait encore mieux ne pas renouveler ces vieilles querelles et « ne pas réveiller le chat qui dormait (3) ».

Il fallut attendre la Révolution pour que ce projet fût mis à exécution, et c'est bien moins dans le *Catéchisme universel* de Saint-Lambert (1797-1800) ou dans celui de Volney que dans la Déclaration des droits de l'Homme qu'on peut trouver la réalisation de ce vœu de l'ancien régime finissant, qui ne voulait pas mourir sans léguer aux siècles futurs un résumé des principes qu'il avait élaborés et prêchés si ardemment.

III

Car, dans ces dernières années de la monarchie absolue, aucun écrivain n'était capable de faire l'œuvre dont on sentait la nécessité. Il y avait quarante ans et plus qu'on ne vivait que par la pensée et pour la pensée. On était las, à la fin, de ces lectures, de ces conversations. « Les grands événements s'étaient passés dans le royaume des idées, des doctrines nouvelles avaient été enfantées, avaient circulé partout, avaient été adoptées avec enthousiasme ou rejetées avec horreur... La France ne vivait en quelque sorte que par la tête et par le cœur; ses membres étaient paralysés (4). » Comme chez tous les individus et dans toutes les sociétés qui se livrent en dilettantes au plaisir unique de l'intelligence sans se proposer aucun but d'activité, le dix-

---

(1) Voir d'Haussonville, *Le salon de Mme Necker*, t. II, p. 168 sqq.
(2) Ducis à M. Deleyre, 20 mai 1788, *Lettres*, p. 86.
(3) Grimm, avril 1787, XV, 50.
(4) Cherbuliez, *Revue des Deux-Mondes*, septembre 1910, p. 131.

huitième siècle finissait par être à la fois incapable d'agir et de comprendre.

Beaucoup des idées qu'il avait agitées étaient pourtant nobles et généreuses, mais, privé de tout espoir de réalisation par le divorce qui existait entre les institutions et les nouvelles théories, il ne pouvait ni réformer les unes ni se défendre contre les autres. Aussi était-il acculé à une révolution brusque et radicale. La philosophie avait grandement contribué à saper les bases de l'ancien régime, et son écroulement si subit serait inintelligible à qui refuserait de compter parmi ses causes premières ce lent travail de destruction qu'avaient poursuivi les philosophes pendant toute la seconde moitié du siècle.

La Révolution est comme l'explosion subite de toutes les idées qui fermentaient dans les cerveaux depuis déjà longtemps. Elle n'est pas seulement un changement de régime politique, un bouleversement économique et social ; elle est aussi l'aboutissement de tout un mouvement d'idées religieuses, philosophiques et morales, qui est l'œuvre propre des philosophes. Croit-on qu'on puisse impunément prêcher à une société la même doctrine aussi inlassablement, aussi méthodiquement qu'ils l'ont fait, sans finir par la bouleverser? Croit-on que Voltaire se trompait quand il célébrait les progrès rapides de la raison? Croit-on que la joie de Diderot, terminant l'*Encyclopédie* après tant d'obstacles, était simplement la satisfaction d'un écrivain qui est arrivé au bout de son ouvrage ? Non ; l'un et l'autre, ils savaient bien que leur production littéraire n'était pas stérile, mais que c'était une semence qui allait bientôt germer et dont ils pouvaient déjà voir les premières pousses sortir de terre.

Sans doute, il serait puéril de prétendre que les philosophes ont exactement compris où ce mouvement allait entraîner la France. Ils auraient évidemment été stupéfaits par les événements révolutionnaires, s'ils en eussent été les témoins. L'attitude de quelques-uns d'entre eux, qui traversèrent la grande tourmente de 1793, comme Marmontel, Morellet, Raynal, prouve bien qu'ils n'avaient pas prévu à quels excès se laisseraient aller les admirateurs de Voltaire et de Rousseau.

Sans doute aussi, ce ne sont pas les philosophes qui ont ameuté la nation, ni déterminé les grandes journées de la Révolution. Certainement en 1789 le peuple les connaissait peu et les développements métaphysiques le touchaient beaucoup moins que la famine et la surcharge des impôts. Ce sont des causes économiques et sociales qui ont déterminé la grande crise.

Mais le mouvement philosophique a beaucoup contribué à l'amener et à l'orienter. Il avait donné à tous les esprits ce goût et cette habitude de la réflexion et de la critique, qui aboutissent fatalement, en se vulgarisant, à la discussion de toute autorité. De plus, il avait donné l'exemple de cette attitude de rébellion. Les philosophes avaient directement et violemment attaqué tous les pouvoirs établis. Ils avaient discrédité le clergé, la magistrature, le gouvernement par leurs écrits et par leurs actions. Ils avaient tant bafoué la Sorbonne et le Parlement qu'ils avaient réussi à les condamner eux-mêmes au silence. Ils avaient désagrégé les forces de résistance. Nul obstacle ne pouvait plus s'opposer à un mouvement du peuple.

Et quand le peuple se dressa pour réclamer justice des multiples abus de l'ancien régime, il ne trouva plus en face de lui aucune des autorités sociales, qui auraient pu et dû lui résister. Etant gagnés aux idées des philosophes, la noblesse et le clergé avaient perdu la foi dans leur propre cause. Il trouva, au contraire, pour le conduire, des bourgeois, des fonctionnaires, des gens de basoche, même parfois des nobles qui, disciples fervents et passionnés des encyclopédistes, surent aussitôt prendre la tête du mouvement et lui enseigner les doctrines qu'ils venaient eux-mêmes de s'assimiler. Ce sont ces hommes qui servirent d'interprètes entre le peuple et les philosophes, dont les livres étaient évidemment trop savants et trop chers pour parvenir jusqu'à lui.

On peut bien trouver certains textes qui laissent supposer que, peu avant la Révolution, la philosophie était arrivée jusqu'aux oreilles du peuple. Rétif de la Bretonne écrivait en 1785 : « Depuis quelque temps, les ouvriers de la capitale sont devenus intraitables, parce qu'ils ont lu dans nos livres une vérité trop forte pour eux. » Mercier trouve qu'« il faut beaucoup de livres, parce qu'il y a beaucoup de lecteurs et qu'il en faut pour toutes les conditions qui ont un droit égal à sortir de l'ignorance ». L'Allemand Storch dit de même : « Tout le monde lit à Paris. Chacun, surtout les femmes, a un livre dans sa poche. On lit en voiture, à la promenade, au théâtre dans les entr'actes, au café, au bain. Dans les boutiques, femmes, enfants, ouvriers, apprentis lisent ; le dimanche les gens qui s'assoient à la porte de leurs maisons lisent ; les laquais lisent derrière les voitures, les cochers lisent sur leurs sièges ; les soldats lisent au poste et les commissionnaires à leur station (1). »

Mais les laquais, les paysans, les ouvriers ne lurent ni l'*Encyclopédie*, ni les œuvres de Voltaire, ni celles de Rousseau. Seulement, beaucoup d'entre eux, ces colporteurs au moins, ces compagnons imprimeurs et tous ces pauvres gens qui avaient un intérêt si direct à la vente de leurs ouvrages, ne pouvaient pas ignorer qu'il existait un parti philosophique, qu'il était puissant et qu'il frondait le gouvernement.

Enfin, les philosophes étaient surtout connus de toute cette classe intermédiaire entre la bourgeoisie et le peuple. Elle lisait passionnément leurs ouvrages et les commentait déjà devant les foules dans des discours enflammés. Dès 1788, Marat lisait le *Contrat social* au peuple de Paris émerveillé ; et bientôt Camille Desmoulins allait faire retentir le Palais-Royal de l'écho de ses harangues révolutionnaires. C'est ainsi que les dogmes philosophiques furent révélés au peuple et que la parole de Voltaire, de Rousseau, de Diderot fut annoncée aux hommes de la Révolution.

(1) Voir Roustan, *les Philosophes et la Société française*, p. 312.

LISTE DES OUVRAGES CITÉS DANS CETTE ÉTUDE (1)

I. — **Les premiers grands ouvrages philosophiques, 1748-1750.**

MONTESQUIEU. — L'*Esprit des lois* (Genève), 1748, 2 vol. in-4°.
BUFFON. — *Histoire naturelle* (Discours généraux, Théorie de la terre), 1749, 3 vol. in-4°.
DIDEROT. — *Essai sur le mérite et la vertu*, par Milord S. Trad. de l'anglais, 1745.
— *Pensées philosophiques*. La Haye, 1746. In-12.
— *Lettre sur les aveugles, à l'usage de ceux qui voient*. Londres, in-12, 1749.
TOUSSAINT. — *Les Mœurs* (par Panage), 1748. In-12.
VOLTAIRE. Œuvres. Amsterdam (1er vol.; *la Henriade*), 1748. B, 2128.
LA METTRIE. — *L'Homme machine*, 1748.

II. — 1° **Brochures politiques vers 1750.**

Lettres *ne repugnate*. Londres (Paris), in-8°.
VOLTAIRE. — *Voix du sage et du peuple*. Amsterdam (Paris), 1750. In-8°. B, 1609.
— *Remerciement sincère à un homme charitable*, 1750. In-8°, B, 1607.
LA BEAUMELLE. — *Mes pensées ou Qu'en dira-t-on?* Copenhague, 1751. In-12.
DESFORGES. — *Avantages du mariage des prêtres*, 1758.

2° **Contes ou romans ; pamphlets, 1750.**

MÉHÉGAN. — *Zoroastre*. Berlin, 1751. In-12.
GÉNARD. — *L'Ecole de l'homme*. 1752. In-12.
FOUGÈRE DE MONBRON. — *Cosmopolite*, 1753.
— *Margot la ravaudeuse*, 1753.
— *La Fille de joie*, 1753.

(1) Cette liste n'a pas la prétention d'être une bibliographie complète des ouvrages philosophiques parus au dix-huitième siècle. Nous avons seulement voulu dresser la liste de ceux que nous avons étudiés, soit que les circonstances de leurs publications nous aient paru particulièrement intéressantes, soit qu'ils nous aient été désignés comme spécialement importants par les documents que nous avons consultés sur l'histoire de la librairie.
Nous les avons placés dans l'ordre où ils se trouvent dans les chapitres de cette étude, c'est-à-dire que nous avons respecté autant que possible l'ordre chronologique, nous permettant seulement de séparer les ouvrages politiques des livres proprement philosophiques et de grouper dans une même période les œuvres d'un même écrivain. Nous renvoyons pour plus de précision aux bibliographies du dix-huitième siècle; pour tous les ouvrages de Voltaire, nous avons indiqué la référence dans la Bibliographie de Bengesco.

Vadé. — *Déjeuner de la Rapée*, 1749.
Darles de Montigny (?). — *Thérèse philosophe*, 1748, 1755, 1761.
Voltaire. — *Memnon*, 1747 ; *Zadig*, 1748. B. 1420.
— *Pucelle*, 1755. B. 478-485.

III. — Les débuts de l'Encyclopédie, 1750-1758.

Prospectus de l'*Encyclopédie*, 1750.
Premier volume avec *Discours préliminaire* de d'Alembert, 1751.
Second volume, 1752.
Thèse de l'abbé de Prades, 1751.
Apologie de l'abbé de Prades, 1752.
Troisième, quatrième, cinquième, sixième volumes de l'*Encyclopédie*, 1753-1758.

IV. — Les grands ouvrages philosophiques, 1750-1758.

De Marty. — *Analyse de Bayle*, 1755.
Diderot. — *Lettre sur les sourds-muets à l'usage de ceux qui entendent et qui parlent*, 1751.
— *Pensées sur l'interprétation de la nature*. Londres, 1754. In-12.
Maupertuis. — *Essai de philosophie morale*. Berlin, 1749. In-12.
— *Thèse sur la formation des corps organisés*, 1751. In-12.
Condillac. — *Traité des sensations*, 1754.
D'Alembert. — *Mélanges de littérature, d'histoire et de philosophie*, 1753-1758.

J.-J. Rousseau. — *Discours sur la question proposée par l'Académie de Dijon*. Paris, 1750. In-4°.
— *Discours sur l'origine et le fondement de l'inégalité parmi les hommes*. Amsterdam, Rey, 1755. In-8°.
Morelly. — *Basiliade*, 1753. 2 vol. in-12.
— *Code de la nature*, 1755.
Burlamaqui. — *Principes du droit politique*, 1751. Amsterdam. 2 vol. in-8°.

Voltaire. — *Œuvres*. Dresde, Walther, 1748. 8 vol. in-8°. B, 2129.
— — Londres (Rouen, Machuel), 1749. 10 vol. B, 2130.
— — S. l. (Paris, Lambert), 1751. 11 vol. in-8°. B, 2131.
— — Dresde, Walther, 1751. 7 vol. in-12. B, 2132.
— — Genève, Cramer, 1756. 17 vol. in-8°. B, 2133.
— — Paris, Lambert, 1757. 22 vol. in-12. B, 2135.
— *Poëmes sur le Désastre de Lisbonne et sur la Loi naturelle*. Genève, s. d. (1756). B, 613-620.
— *Siècle de Louis XIV*, par M. de Francheville. Berlin, Henning, 1751. 2 vol. in-12. B, 1178.
— *Siècle de Louis XIV*, Dresde, Walther, 1753. B, 1183-1186.
— — publié par La Beaumelle. Francfort, Vve Knoch et Eslinger, 1753. B, 1180.
— *Supplément au Siècle de Louis XIV*. Dresde, Walther, 1753. B. 1231.
— *Abrégé de l'Histoire universelle, depuis Charlemagne jusqu'à Charles-Quint*. La Haye, J. Néaulme, 1753. 2 vol. in-12. B, 1162.

Voltaire. — *Essai sur l'Histoire universelle*, tome III. Dresde, Walther, 1754.
— *Essai sur l'Histoire générale et sur les mœurs et l'esprit des nations*, s. l. (Genève), 1756. 17 vol. in-8°. B, 1162.
— *Annales de l'Empire*, 1753. 2 vol. in-12. B, 1171.
— *Histoire de la guerre de 1741* (Paris, Le Prieur), 1755, 2 parties in-12. B, 1232.
— *Histoire de l'empire de Russie sous Pierre le Grand*, 1759, Genève, Cramer. 2 vol. in-8°. B, 1365.

V. — La crise de 1758-1762.

Helvétius. — *De l'Esprit*. Paris, Durand, 1758. In-4°.
— *De l'Esprit*. Arkstée et Merkus, Amsterdam et Leipzig (Lyon, Bruyset), 1758. 3 vol. in-12.
— *De l'Esprit*. La Haye, P. Moetjens (Michelin à Provins), 1759. 3 vol. in-12 (1).

Encyclopédie, septième volume. 1758.

Ch.-G. Leroy. — *Examen des critiques du livre intitulé « De l'Esprit »*, Londres (Paris), 1760. In-12.

Mémoire pour Abraham Chaumeix contre les prétendus philosophes Diderot et d'Alembert, 1759.

Voltaire. — *Les Quand, notes utiles sur un discours prononcé devant l'Académie française, le 10 mai 1760*, s. l. n. d. In-8°. B, 1644.

Morellet. — *Les Si, les Pourquoi*. Lyon, J.-M. Bruyset, 1760. In-12.

Voltaire. — *La Prière universelle, traduite de l'anglais de M. Pope*, 1760. In-12.
— *La Vanité*, s. l. n. d. (1760). B, 686.
— *Le Joli Recueil ou histoire de la querelle littéraire où les auteurs s'amusent en amusant le public*. B, 2203.

Morellet. — *Préface de la comédie des Philosophes ou la Vision de Palissot* (Genève et Bruyset), 1760.

Voltaire. — *Le Pauvre Diable*, 1758 (1760). B, 680-685.
— *Le Russe à Paris* (1760). B, 687-689.
— *Requête adressée à MM. les Parisiens par Jérôme Carré* (1760).
— *L'Ecossaise*, 1760.
— *Recueil des facéties parisiennes*. B, 1893.
— *Recueil des nouvelles pièces fugitives*. Genève et Paris, Duchesne, 1762-1775. 10 vol. B, 2207.
— *Dialogues chrétiens ou Préservatif contre l'Encyclopédie*. Genève (Lyon, Rigollet), 1760. In-8°. B, 1650.
— *Etrennes aux sots ou les Chevaux et les Anes*, 1761. B, 1690-2.
— *Lettre d'un quaker*, 1761. B, 1690.

VI. — Les grands ouvrages de J.-J. Rousseau, 1758-1761.

J.-J. Rousseau. — *Lettre à d'Alembert*. Amsterdam, Rey, 1758. In-8°.
— *La Nouvelle Héloïse*. Amsterdam, Rey, 1761. 6 vol. in-12.
— — (Paris), 1761, 6 vol. in-12 (2).

---

(1) Voir pour les éditions de *l'Esprit* la bibliographie à la page 714 du livre de M. Keim.
(2) Voir sur les éditions de la *Nouvelle Héloïse* l'étude de M. Mornet dans les *Annales J.-J. Rousseau*, 1910.

J.-J. Rousseau. — *Le Contrat social ou Principes du droit politique*. Amsterdam, M.-M. Rey, 1762.
— *Emile ou de l'Education*. La Haye, Néaulme (Duchesne), 1762. 4 vol.
— *Lettre de Christophe de Beaumont*. Amsterdam, 1763. In-8°.
— *Lettres écrites de la montagne*. Amsterdam, 1764.
— *Œuvres* publiées par l'abbé de La Porte chez Duchesne, 1764, 10 vol. in-12.
— *Œuvres*, éd. M.-M. Rey. Amsterdam, 1769. 11 vol. in-8°.

VII. — Les questions politiques jusqu'en 1768.

Mably. — *Entretiens de Phocion sur le rapport de la Morale avec la Politique*, traduction (prétendue) du grec de Nicoclès avec des remarques, 1763. In-12.
— *Observations sur l'histoire de France*, 1765. 2 vol. in-12.
D'Argenson. — *Considérations sur le gouvernement ancien et présent de la France*. Amsterdam, 1764. In-8°.
Boulanger. — *Considérations sur le despotisme oriental*. Genève, 1762.
Coyer. — *De la Prédication*, aux Délices, par l'auteur du *Dictionnaire philosophique* (Duchesne). 1766. B, 2397.
Forbonnais. — *Eléments du commerce*, 1754.
— *Recherches et considérations sur les finances de la France*, 1758. 2 vol. in-4°.
Mis de Mirabeau. — *L'Ami des hommes*. Avignon (Paris, Herissant), 1755, 5 vol. in-12.
— *Théorie de l'impôt* (Paris, Herissant), 1760. In-4°.
Darigrand. — *L'Anti-financier* (Lambert), 1763, In-8°.
Vielle. — *Le Secret des finances divulgué* (Rouen, Besongne), 1764.
Morellet. — *Traduction du traité de Beccaria sur les délits et les peines*. Lausanne, 1766. In-12.
Voltaire. — *Commentaire sur le livre des délits et des peines*, par un avocat de province (Genève), 1766. B, 1724.

VIII. — La lutte contre l'infâme, 1759-1768.

Voltaire. — *Candide ou l'Optimisme*, traduit de l'allemand de M. le Dr Ralph, s. l. (Genève), 1759. B, 1434-1441.
— *L'Ecclésiaste; le Cantique des Cantiques*. 1759. B, 621-629.
Bidex. — *L'Oracle des anciens fidèles*. Berne, 1761. B, 2382.
Voltaire. — *Conversation de M. l'intendant des Menus avec l'abbé Grizel*, 1761. B, 1663.
— *Sermon du Rabin Akib*, 1761. B, 1667.
— *Lettre de J. Gouju à ses frères*, 1761. B, 1664.
— *La Pucelle*, s. l. (Genève), 1762. B, 488.
— *Saül*, 1763. B, 243-249.
— *Pièces originales concernant la mort des sieurs Calas*, s. l. n. d. (Genève, 1763). B, 1675.

VOLTAIRE. — *Mémoire de Donat Calas*, 1763. B, 1677.
— *Histoire d'Elizabeth Canning et de Jean Calas*, 1763. B, 1678.
— *Traité sur la tolérance* (Genève), 1763. B, 1693.
— *Extrait des sentiments de Jean Meslier*, s. l. n. d. (Genève, 1762). In-8°. B, 1895.
— *Sermon des Cinquante*, s. l. (Genève), 1749 (1762). B, 1681.
— *Catéchisme de l'honnête homme ou Dialogue entre un caloyer et un homme de bien*, 1758 (1763). In-12. B, 1689.
— *Dictionnaire philosophique portatif*. Londres (Genève), 1764. In-8°. B, 1400-1406.
— *Essai sur l'histoire générale et sur les mœurs et l'esprit des nations*, s. l. (Genève), 1761. 8 vol. in-8°. B, 1162.
— *La Philosophie de l'Histoire*, par feu l'abbé Bazin, 1765.
— *Questions sur les miracles*, s. l. n. d. (Genève, 1765). In-8°. B, 1714.
— *Le Philosophe ignorant*, s. l. (Genève), 1766. B, 1731.
— *L'Ingénu* (Genève), 1767. B, 1470-71.

L'Evangile de la raison (Amsterdam), 1764-1768. B, 1897.
Recueil nécessaire. Leipsik (Genève), 1765. B, 1899.

VOLTAIRE. — *L'Examen important de Milord Bolingbroke*, 1766.
— *Nouveaux mélanges philosophiques, historiques, critiques*, 1765-1775. B, 2212.
— *Poétique*. Genève et Paris, La Combe, 1766. 2 parties in-8°. B, 2217.
— *Pensées philosophiques*, édition publiée par Contant d'Orville, 1766. B, 2216.

MORELLET. — *Manuel des Inquisiteurs à l'usage des inquisiteurs d'Espagne et de Portugal*. Lisbonne, 1762. In-12.
— *Apologie de la Gazette Littéraire*, 1765.

D'ARGENS. — Traductions de la *Défense du paganisme* de l'empereur Julien et de l'*Ocellus Lucanus*, 1764.

LEVESQUE DE BURIGNY. — *Examen critique des apologistes de la religion chrétienne*, par Fréret, s. l., 1766. Petit in-8°.

FRÉDÉRIC II. — *Abrégé du dictionnaire de Bayle*, 1765. 2 vol. in-8°.

ROBINET. — *Analyse raisonnée de Bayle*, 1770. 8 vol.
— *De la Nature*, 1761-1766. 4 vol.

Dix derniers volumes de texte et cinq volumes de planches de l'*Encyclopédie*. Neuchâtel (Paris), 1765. — Six volumes de planches, 1772.

IX. — Les adversaires des philosophes. Affaiblissement de leur parti.

LA CHALOTAIS. — *Compte rendu* (sur les Jésuites), 1762.
— *Plan d'éducation nationale*, 1763.

D'ALEMBERT. — *La Destruction des Jésuites* (Genève, Cramer), 1765.
— *Lettres à M****, conseiller au Parlement de ***, 1766.

VOLTAIRE. — *Mandement de M. l'archevêque de Novogorod*, s. l. n. d., 1765. In-8°. B, 1712.

MARMONTEL. — *Contes moraux*, 1761-1765.
— *Bélisaire*, 1767.
VOLTAIRE. — *Anecdotes sur Bélisaire*, 1767. B, 1733.
TURGOT. — *Trente-sept vérités opposées aux trente-sept impiétés de Bélisaire*, par un chancelier ubiquiste, 1767.
VOLTAIRE. — *Lettre de Gérofle à Coyer*, 1767. B, 1745.
— *Pièces relatives à Bélisaire*, 1767. B, 1900.
— *Lettre de l'archevêque de Cantorbery à l'archevêque de Paris*. 1768. B, 1756.

X. — La manufacture de Ferney, 1768-1774.

VOLTAIRE. — *Les Guèbres* (tragédie), 1769. B, 276-77.
— *Le dîner du comte de Boulainvilliers*, par M. de Saint-Hyacinthe, s. l. (Genève), 1768 (1767). In-8°. B, 1750.
— *La canonisation de saint Cucufin*, etc., s. l. n. d. (Genève, 1768). B, 1774.
— (Diverses facéties), 1758-1759. B, 1757-1776.
— *Dieu et les hommes*, œuvre théologique, mais raisonnable, par le docteur Obern, traduite par J. Aimon. Berlin, Ch. de Vos (Genève), 1769. B, 1785.
— *Tout en Dieu ou Commentaire sur Malebranche*, par M. l'abbé de Tilladet, 1769. B, 1783.
— *Les Adorateurs ou les louanges de Dieu*, ouvrage de M. de Jonhorff, 1769. B, 1785.
— *Choses utiles et agréables*. Berlin (Genève), 1769-1770, 3 vol. B, 1902.
— *L'Evangile du jour*. Londres (Amsterdam), 1769-1780. 16 vol. B, 1904.
— *Œuvres complètes*. Genève, Cramer, 1768-1769. 45 vol. in-4°. B, 2137.
— *Œuvres complètes*. Genève, Cramer (édit. encadrée), 1775. 40 vol. in-8°. B, 2141.

— *Questions sur l'Encyclopédie*, s. l. (Genève), 1770-1772. 9 vol. in-8°. B, 1408.
Suppléments de l'Encyclopédie (Panckoucke), 4 vol., 1777 (1).

XI. — La secte holbachique, 1767-1773.

D'HOLBACH. — *L'Antiquité dévoilée*, par feu M. Boulanger, 1766. In-4°.
— *Le Christianisme dévoilé*, 1756 (1761). In-8°; 1767, in-12.
BORDES. — *Le Catéchumène*, 1768. In-12.
D'HOLBACH. — *Doutes sur la religion*, 1767.
NAIGEON. — *Le Militaire philosophe*, 1768. In-12.

(1) Voir la notice d'Assézat sur *l'Encyclopédie* dans les *Œuvres complètes* de Diderot, t. XIII.

D'Holbach. — *Les Opinions des anciens sur les Juifs*, par M. de Mirabaud, 1769. In-8°.
— *L'Examen des prophéties*, traduit de l'anglais de Collins, 1768. In-12.
— *L'Enfer détruit*, 1769. In-12.
— *Lettres philosophiques*, traduites de l'anglais de J. Toland. Londres, 1768. In-16.
Naigeon. — *Théologie portative*. Londres, 1768. In-16.
D'Holbach. — *Lettres à Eugénie ou Préservatif contre les préjugés*, 1768. 2 vol. in-8°.
— *La Contagion sacrée*, traduit de l'anglais. Londres, 1768. In-16.
— *Essai sur les préjugés*, 1770. In-8°.
— *Le Système de la Nature*, 1770. 2 vol. in-8°.
— *Le Bon Sens ou Idées naturelles opposées aux Idées surnaturelles*, 1772. In-12.
— *La Politique naturelle*. Londres, 1773. 2 vol. in-8°.
— *Système social ou Principes naturels de la morale et de la politique*, 1773. 3 vol. in-8°.
— *Ethocratie ou le gouvernement fondé sur la morale*. Amsterdam, Rey, 1776. In-8°.
Helvétius. — *Le Bonheur*. Londres, 1772.
— *De l'Homme*, 1772. 2 vol. in-8°; 1773, 1774, 1776.

XII. — Les questions politiques, 1768-1774.

Galiani. — *Dialogues sur le commerce des blés*, 1770. In-8°.
Morellet. — *Réfutation des dialogues sur le commerce des blés*, 1770.
Voltaire. — *L'Histoire du Parlement*, par M. l'abbé Big****. Amsterdam, 1769. 2 vol. in-8°. B, 1247.
— *Essai sur les probabilités en fait de justice* (et autres affaires de réhabilitation). B, 1806-1828.
— *L'Homme aux quarante écus*, 1768. B, 1478-1486.
— *L'A B C*, dialogue curieux traduit de l'anglais de M. Huet, Londres (Genève), 1762 (1768). B, 1772.
— *Siècle de Louis XIV, avec le Précis du siècle de Louis XV*, s. l. (Genève), 1768. 4 vol. in-8°. B, 1191.
— *Les lois de Minos ou Astéric*. Genève et Paris, Valade, 1773. In-8°. B, 290-294.

XIII, XIV, XV. — Les ouvrages philosophiques sous le règne de Louis XVI.

Delisles de Sales. — *La Philosophie de la Nature*, 1770. 3 vol. in-12; 1774, 6 vol. in-12. Nouv. éd., 1777.
Raynal. — *Histoire philosophique et politique des établissements et du commerce des Européens dans les deux Indes*, 1772. 6 vol. in-8°; 1774; nouvelle édition (Genève), 1780.

VOLTAIRE. — *Lettres chinoises, indiennes et tartares* à M. Pauw par un bénédictin. Paris (Genève), 1776. B. 1859.
— *La Bible enfin expliquée par plusieurs aumôniers de* S. M. L. R. D. P Londres (Genève, 1776. 2 vol. in-8°. B, 1861.
— *Un Chrétien contre six Juifs.* La Haye (Genève) et Londres (Amsterdam), 1777, B. 1860.
— *Le Prix de la justice et de l'humanité* (Genève). 1778. B, 1874.
— *Œuvres complètes*, édition de Kehl faite par Beaumarchais, 1783-1790. 70 vol. in-8° et 92 vol. in-12. B, 2142.
J.-J. ROUSSEAU. — *Rousseau juge de Jean-Jacques,* 1780.
— *Les Confessions.* Six premiers volumes, 1782.
Encyclopédie. Genève, 1777. 39 vol. in-4°.
— Lausanne et Berne, 1777-1779. 36 vol. grand in-8°.
— Yverdun, édité par de Félice, 1778-1780. 58 vol. in-4°.
Encyclopédie méthodique. Paris, Panckoucke, 1782-1793, et Agasse, 1793-1832. 166 vol. in-4°.
DIDEROT. — *Essai sur la vie de Sénèque le philosophe, sur ses écrits et sur les règnes de Claude et de Néron,* 1779. Paris, de Bure. In-12.
— 2ᵉ édition, 1782, 2 vol. in-8°.
BUFFON. — *Les Epoques de la Nature,* 1774-1779. 7 vol.
MARMONTEL. — *Les Incas,* 1777.
MABLY. — *Principes de morale.* Paris, 1784.
CONDORCET. — *Pensées sur Pascal.* Genève, 1778.
B. DE SAINT-PIERRE. — *Les Etudes de la Nature,* 1784. 3 vol. in-12; 1787, 4 vol. in-12.
MARAT. — *De l'homme ou des principes et des lois de l'influence de l'âme sur le corps et du corps sur l'âme,* 1777.
SYLVAIN MARÉCHAL. — *Livre échappé du déluge,* 1784.
— *Almanach des honnêtes gens,* 1788.
BEAUMARCHAIS. — *Le Mariage de Figaro,* 1785.
Mⁱˢ DE LANGLE. — *Voyage de Figaro en Espagne.* Saint-Malo (Neuchâtel), 1784. 3 vol.
BACHAUMONT. — *Mémoires secrets,* 1777-1787. 36 vol. in-16.
MÉTRA. — *Correspondance littéraire secrète.* Neuwied, 1774-1793, 19 vol.

XVI. — Questions politiques sous le règne de Louis XVI.

CONDILLAC. — *Le commerce et le gouvernement considérés relativement l'un à l'autre,* 1776. In-12.
NECKER. — *Sur la législation et sur le commerce des grains,* 1775.
CONDORCET. — *Monopole et monopoliseur,* 1775.
— *Réflexions d'un citoyen sur le commerce des grains,* 1775.
VOLTAIRE. — *Diatribe à l'auteur des Ephémérides* (Genève), 1775. B, 1844.
Dialogue entre un curé et un évêque, 1775.
Des inconvénients des droits féodaux, 1776.
LE TROSNE. — *L'administration des Etats provinciaux et la nature de l'impôt.* Bâle, 1779.
NECKER. — *Compte rendu,* 1781.
— *Mémoire sur les assemblées de province,* 1781.
— *L'Administration des finances,* 1785.

MORELLET. — *De la liberté d'écrire et d'imprimer sur les matières de l'administration,* 1774.
Cte DE LAURAGUAIS. — *L'Ami des lois,* 1775.
— *Le Catéchisme du citoyen,* 1775.
MABLY. — *De la législation,* 1776.
MIRABEAU. — *Essai sur le despotisme,* 1776.
— *Lettres de cachet,* 1782.

Vu, le 22 juin 1912.

*Le Doyen de la Faculté des Lettres
de l'Université de Paris,*

A. CROISET.

Vu et permis d'imprimer.

*Le Vice-Recteur
de l'Académie de Paris,*

L. LIARD.

TABLE DES MATIÈRES

	Pages
Bibliographie	5
Introduction	11
Chapitre Ier. — Les premiers grands ouvrages philosophiques	21
Chapitre II. — Les premières années de l'administration de Malesherbes. Les pamphlets, les romans licencieux	35
Chapitre III. — Les débuts de l'*Encyclopédie*, 1750-1758	53
Chapitre IV. — Les grands ouvrages philosophiques, 1750-1758	69
Chapitre V. — La crise de 1758-1762	109
Chapitre VI. — Les grands ouvrages de J.-J. Rousseau, 1758-1761	149
Chapitre VII. — Les questions politiques jusqu'en 1768	181
Chapitre VIII. — La lutte contre l'infâme, 1759-1768	191
Chapitre IX. — Les adversaires des philosophes; affaiblissement de leur parti, 1760-1768	233
Chapitre X. — La manufacture de Ferney, 1768-1774	253
Chapitre XI. — La secte holbachique, 1767-1773	267
Chapitre XII. — Les questions politiques, 1768-1774	289
Chapitre XIII. — Condamnation et surveillance sous Louis XVI	299
Chapitre XIV. — Les ouvrages philosophiques sous le règne de Louis XVI	315
Chapitre XV. — Frivolité du goût sous Louis XVI	341
Chapitre XVI. — Les questions politiques sous le règne de Louis XVI	352
Conclusion. — Les philosophes et la Révolution	363
Liste des ouvrages cités dans cette étude	373

www.ingramcontent.com/pod-product-compliance
Lightning Source LLC
Chambersburg PA
CBHW070446170426
43201CB00010B/1233